电视艺术学丛书

中国当代广播电视文艺学

ZHONGGUO DANGDAI GUANGBO DIANSHI WENYIXUE

U0811926

第2版

张凤铸　关玲◎主编

中国传媒大学出版社
·北京·

目 录 Contents

导 论

艺术的起源可以追溯到人类的原始社会。然而,艺术同广播电视的结合,其历史还不到100年。

1906年12月25日的圣诞节之夜,美国匹兹堡大学电机工程教授费森顿在美国马萨诸塞州的实验电台播放了德国作曲家亨德尔的小提琴曲《舒缓曲》以及《圣经》故事的朗诵,自此宣告了无线电广播的诞生。

1936年11月2日,英国广播公司在伦敦市郊亚历山大宫开播,这一天被认为是世界电视的诞生日。有人对当天的电视节目作了这样的描述:“只见一位舞台监督一声口哨,幕布揭开,英国广播公司电视节目开播了。简短的开幕词之后,著名女歌星艾德尔·迪克森献上一首歌,歌名就叫《电视》。这是世界上最早的一次电视节目。”

尽管最初广播电视文艺节目的形态如同广播电视的其他节目形态一样,尚停留在原始而简单的初级阶段,但广播电视文艺毕竟随着广播电视的诞生而诞生了。从此,文艺与广播电视结成了密不可分的“兄弟”。

广播电视文艺,顾名思义,是通过广播电视媒介欣赏的文艺。它是文艺与先进的现代化传播手段的结合,是以电子技术为传播手段,按照一定的社会目标,反映或直接组织社会艺术创作活动,运用艺术的审美思维,加以广播化或电视化的再创作,并最终以广播电视文艺节目的表现形态播出。

随着广播电视的飞速发展,文艺节目在广播电视节目中占有重大比例与重要位置。文艺节目与新闻节目已构成当代广播电视节目的两大支柱。从广播电视文艺节目中获得娱乐消遣,已成为受众收听、收看广播电视的一个主要动机与目的。世界上,广播电视文艺的受众以数十亿计,它与现代人的生活紧密相连,对现代社会产生重大影响。这在人类的传播史上,也是十分壮观的一个社会现象。

如何从广播电视文艺的传播实践出发,尤其从当代中国广播电视文艺的传播实践出发,对之进行系统研究,在理论上加以升华,这是建立一门新兴学科——当代中国广播电视文艺学的时代要求与历史必然。

广播电视文艺学与其他相关学科既有联系,又有区别。正如美国著名社会学家阿历克斯·英克尔斯所说:“学术界并不是一条防水船,不是整整齐齐地分为几个单独的知识防水舱的。”同样,广播电视文艺学和其他相关学科的界限也不可能截然分割,但它又具有自己的研究对象、任务和方法，并在借鉴多种学科的有关理论成果与研究方法的基础上，建构广播电视文艺学特有的理论体系。

一、什么是当代中国广播电视文艺学

广播电视文艺学是广播电视节目学的一大分支学科，而广播电视节目学又是广播电视学的一个分支。从学科系统上加以划分，广播电视学除了包括广播电视节目学这一分支学科外，还包括广播电视传播学、广播电视受众学、广播电视媒介批评学、广播电视传输工程学、广播电视经济管理学、广播电视史学等，以及广播电视学与相关学科结合而派生出来的一系列边缘学科，如广播电视社会学、广播电视心理学、广播电视符号学、广播电视哲学、广播电视美学等。

节目运行系统是广播电视的主系统。为此，广播电视节目学也是广播电视学的一个主要分支学科，是广播电视理论研究的一个重要源头。而在广播电视节目学下面，又可细分为广播电视新闻学、广播电视文艺学、广播电视评论学、广播电视教育学、广播电视广告学、广播电视节目主持学等。因此，从根本上说，广播电视学是广播电视文艺学的母学科。如果说广播电视学是研究广播电视的传播活动及其规律的一门学科，那么广播电视文艺学的研究对象则是广播电视文艺的传播活动及其规律。

因而，广播电视文艺学是研究广播电视文艺的传播活动及其规律的广播电视学的分支学科。当代中国广播电视文艺学则着重研究新中国成立后，在建设有中国特色社会主义的条件下，广播电视文艺的传播活动及其规律。这一传播活动及其规律是区别于中国以往任何历史时期以及其他不同国家(地区)、不同社会制度的广播电视文艺的传播活动及其规律的。

二、广播电视文艺学与相关学科的关系

(一)广播电视文艺学与文艺学的关系尤为密切

广播电视文艺学必然要研究文艺，要运用文艺学的基本原理来研究广播电视的文艺节目。然而，广播电视文艺学是文艺学的一个特殊的研究领域，它除了要研究文艺学的许多共性与一般规律外，更主要的是要通过广播电视与文艺的结合来研究其某些个性与特殊规律。它是文艺学学科领域的一个延伸与拓展。

(二)广播电视文艺学与传播学也关系甚密

广播电视文艺的传播活动是作为大众传播工具的信息传播活动的一部分，它势必要遵循传播学的一般规律。然而，同样是文艺的传播活动，广播电视文艺无论在艺术

创作的物质手段、传播方式、传播途径与传播效果方面，还是在传播者的素质要求、受传者的审美心理与传播系统的经营管理等方面，都有别于报纸、期刊、书籍等印刷媒介，也有别于电影、音像制品等电子传播媒介。即使是广播与电视，二者也不尽相同，各有其自身的规律。广播电视文艺学更着重于探讨在广播电视文艺传播方面区别于其他大众传播媒介的某些特殊规律。

（三）广播电视文艺学与文化学同样有着紧密的联系

广播电视文艺是一种社会文化形态，在很大程度上体现为大众文化。因此，不能脱离整个社会的文化系统、文化目标、文化环境与文化氛围来孤立地研究广播电视文艺的文化现象。文化学的有关文化价值、文化悖论、文化意识、文化冲突、文化控制等研究成果，无疑有助于审视与解析广播电视文艺的文化传播活动。然而，广播电视文艺毕竟是文化学研究领域中的一个局部、一个特殊的研究对象。由于广播电视媒介的特性及其具有的广泛社会影响，致使对这一特殊对象的研究日显重要，中国所面临的历史转型期又为这一研究提出了许多亟待解决的新课题，这就需要在广播电视文艺学中专门加以研究。

总之，广播电视文艺学与许多相关学科有着难以截然分割的内在联系，但作为一门独立的学科，它又具有自身明确而又不可替代的研究对象与研究任务。

三、广播电视文艺学的研究任务

广播电视文艺学的研究范围很广泛，包括广播电视文艺史的研究，涉及广播电视文艺本体、本源的一些基本问题的研究，以及广播电视文艺的传播系统的研究，而其研究的重心则是对广播电视文艺节目系统的研究。所有这些方面也仅是涉其要者，而不是其全部。事实上，就其中的某个局部，如广播剧、电视剧、音乐电视、编导艺术、策划艺术、主持艺术等，都可单独扩展成一部专著。因此，作为这门学科的理论总纲，广播电视文艺学唯有从总体上择其要者而论之，其主要研究任务可归结为以下三个方面：

（一）系统论述在中国特色社会主义条件下广播电视文艺的传播活动及其规律

这一研究任务并非是通过某一章节来完成的，而是自始至终贯穿在各个章节之中，从各个方面来论述当代中国广播电视文艺的“中国特色”及其“规律”。

这里，首先遇到的是“中国特色”的问题。有人担心，到处提“中国特色”会把邓小平建设有中国特色社会主义的理论予以庸俗化，这并非毫无道理。凡是科学的理论，在任何时候都不应牵强附会，乱贴标签。然而，“中国特色”是一个客观存在，它极其广泛地体现在中国社会的各个方面、各个领域，不能回避，也不应回避。唯有深刻地认识它，才能深刻地感受它，实在地把握它。

所谓“中国特色”,也就是指符合中国国情,为中国所特有的。就当代中国的广播电视文艺的传播活动来说,其“中国特色”体现在各个方面。总体上说,建立在以公有制为主体的经济基础上的社会主义政治制度,决定了我们广播电视文艺的性质、宗旨与任务不同于西方国家的广播电视文艺;五千年民族传统文化的根基,决定了我们的广播电视文艺在其整体风貌、表现形式以及受众的欣赏心理习惯等方面,不同于其他民族文化背景的广播电视文艺;中国广播电视文艺既有社会主义初级阶段的印记,又有发达国家“后工业社会”“后现代社会”的表征。

同时还有一个“规律”的问题。有人认为,广播电视文艺无规律可言,只要收听/视率高就是规律。其实,规律是不以人们主观意志为转移的客观存在。为什么有些文艺节目收听/视率高,有些则收听/视率怎么也上不去,这里没有规律吗?此外,还有一个用什么内容、方式去提高收听/视率的问题。不择手段地用一些低俗甚至恶俗的东西,即使把节目的收听/视率搞上去了,同样对广播电视文艺自身的建设无益。

世界上任何事物都在不停地运动。这种运动都包含着一定的内在规律。拿广播电视文艺的传播活动来说,由于传播媒介的不同,它具有区别于可供阅读的诗歌、小说、散文、画册、乐谱的自身规律,具有区别于电影艺术与舞台表演艺术的自身规律;由于节目形态的不同,它具有区别于广播电视的新闻性、教育性等其他类型节目的自身规律;由于国家与民族的不同,它又具有区别于其他国家与民族的广播电视文艺传播活动的自身规律……在这些方面,人们的实践符合客观规律就前进与发展,一旦违反规律就会受挫乃至失败。

总之,在理论上把当代中国广播电视文艺传播活动的“中国特色”及其“规律”实事求是地加以总结与提炼,有助于我们的广播电视文艺工作者明确方向,更好地“走自己的路”。

(二)研究广播电视文艺节目及其传播的基本原理与方法

这涉及史学的研究。显然,研究中国广播电视文艺的规律,不能脱离已有的实践、正在进行的实践与将要发生的实践。这就是中国广播电视文艺发展的历史、现状及其延伸——未来。

不同于中国广播电视文艺史的是,中国广播电视文艺学侧重于粗线条地展现其发展轨迹,提纲挈领地总结其正反两方面的经验,揭示蕴含其间的某些基本规律,以史为鉴,立足于中国国情,并顺应世界潮流,从宏观上展望中国广播电视文艺的发展走向。

探索当代中国广播电视文艺事业发展过程中遇到的一系列基本问题,通过对长期以来在实践中所取得的历史经验的总结,我们可以进一步加深对其中某些内在规律的认识,寻找解决问题的正确途径,有助于中国广播电视文艺事业的健康发展。

(三)探索当代中国广播电视文艺的发展轨迹及其未来走向

这方面的研究是分层次的:其一,对涉及广播电视文艺本体与本源的一些基本问题的研究，这是其理论的基础；其二，对广播电视文艺节目系统的研究，这是其理论的主体；其三，对广播电视文艺传播系统的研究，这是其理论的必要组成部分。

本体与本源问题关乎这一事物是什么、为了什么，以及由什么元素构成的等一些基本问题。这就涉及广播电视文艺的基本属性（包括其社会属性、自然属性）与主要特征；涉及广播电视文艺的真、善、美的文化价值与社会功能（其中也包括实际存在或可能产生的社会负面影响）；涉及构成广播电视文艺的声画语言系统及其重构原则。大家知道，符号是信息传播的载体，是构成广播电视文艺的基本物质元素。广播电视符号系统包括听觉符号系统与视觉符号系统。广播的声音三元素是言语、音乐与音响。电视除了听觉符号之外，还包括视觉符号。说到底，广播电视文艺由这些符号以不同方式重构而成。那么，广播电视文艺的各种符号，各自具有什么特性与功能？相互之间又有什么关系？它们是以什么原则重构而成的？这就需要从中探寻可以遵循的某些内在规律。

对广播电视节目系统的研究，涉及广播电视文艺节目的表现形态、策划艺术、编导艺术、主持艺术以及广播电视文艺的频道与栏目等的研究。显然这一研究比以往这方面的研究范围拓宽了，不只限于对广播电视文艺的节目形式的研究，尽管对节目形式的研究是重要而必不可少的。但随着实践的发展，人们更关注宏观上如何更好地策划文艺节目，如何合理与科学地规划、设计与完善广播电视文艺的频道与栏目，如何更好地主持广播电视文艺节目……把这些内容列入研究范围，不仅可以增加许多新鲜内容，还可使其更贴近实践。

对广播电视文艺的传播系统的研究是广播电视文艺学的一个重要组成部分。广播电视文艺是一种传播活动，这一传播活动是按其一定的结构，有目的、有选择、有序地进行的。在任何国家、地区的广播电台、电视台，对文艺节目与对新闻节目一样，都具有如何实行有效社会控制的问题。广播电视文艺不是对社会艺术创作活动的消极、被动地反映，而是贯穿着传播者的积极参与，并使之最终为一定的社会控制目标服务。就其方式而言，它区别于新闻纪实，而是运用艺术假定、艺术虚构、艺术夸张等手法，通过艺术形象的塑造，实现与受众的心灵沟通。为此，广播电视文艺在选择原则、参与途径及控制方式上，在对传播者基本素质的要求与受传者的审美心理上，不能与其他类型的节目一概而论。在其经营管理上，它也有自己的一些做法。广播电视文艺学对广播电视文艺传播系统的这些个性特征同样要着重加以研究。

广播电视的文艺传播活动是广播电视整个传播活动的一个重要组成部分。当代中国广播电视文艺事业得到迅速发展，取得不少成功的经验，也遇到不少新情况、新问题，这都有待于进一步从理论上加以系统地总结、提炼与升华。当代中国广播电视文艺学，作为一门独立学科的建立，不仅从理论上拓展了中国广播电视学学科系统的研究领域，而且将有助于进一步认识与把握这方面的内在规律，以期推动中国当代广播电视文艺传播实践。

第一章　当代中国广播文艺的艺术实践

第一节　当代中国广播文艺发展的历史轨迹

当代中国广播文艺是在天安门城楼开国大典的礼炮声中诞生的。它发轫于陕北根据地革命广播，伴随新中国的建立迅速以星火燎原之势覆盖了华夏大地。在新中国成立之后相当长的一段时期里，由于报纸、电视等媒体发育迟缓，广播以其省力、方便等接收优势叱咤媒介传播数十载。曾几何时，中国家庭以拥有收音机、手表、缝纫机、自行车等“四大件”为幸福生活的奋斗目标，昔日家庭桌柜上摆放的匣式收音机、怀中珍藏的半导体比今人家中摆放的电脑、手中携带的“笔记本”还要令人风光十足、神采飞扬。

改革开放以来，尤其是进入转型期以后，广播在汹涌澎湃的媒体大潮中不再独领风骚，昔日的“老大哥”已经退居于后来居上的电视、报纸媒体之后，努力坚守着不知明天是否还属于它的那块领地。昔日那种发号施令的高高在上的腔调也一降再降，直至出现了令听众心悦耳顺的平等交流。于是，在20世纪90年代初，横遭数载冷遇的“老大哥”再造辉煌，全国上下呈现出广播事业繁花似锦的火爆场面，受众纷纷离开电视荧屏和报纸油墨铅字重新守候在收音机旁欣赏他们喜爱的节目……然而令人遗憾的是，到了90年代末，这一令人艳羡的热闹场面却在日渐消歇，在与电视、报纸媒体的激烈竞争中，广播又一次痛失冠军宝座。然而，新媒体时代，广播凭借其“轻快”优势，在融媒体、全媒体的浪潮中迎来新的生机。手机时代，“喜马拉雅”“蜻蜓”“阿基米德”等客户端让广播再次成为最便捷的媒介。

当代中国广播文艺，作为一种满载荣耀又历经坎坷的大众文化现象，它的兴起、繁荣与流变，它本身的特质、意义与功能，都是值得我们放在社会文化结构和审美视野中加以考察和研究的。从某种意义上说，当代广播文艺的发展变迁，反映了当代中国社会生活、人文心态、审美价值取向的迁替嬗变。因此，我们试图从社会心理和审美文化的大视角出发，重新思考当代中国广播文艺荣辱盛衰的发展历程。

当代中国广播文艺大致经历了新中国成立十七年、“文革”十年、新时期、转型期等四个发展阶段，下面分别述之。

一、新中国成立十七年:被集体主义、理想主义和英雄主义激情点燃的广播文艺

中华人民共和国的成立不但在国际国内造成了巨大的政治影响,而且也给中国人民注入了巨大的心理能量。这种心理能量作为一种内在感受,是民族自立、人民当家做主和建设社会主义新中国的自豪感、荣耀感与使命感。由于社会主义制度的建立本身就是一种革命理想的实现,这使人们坚信沿着社会主义的光明大道一定能够奔向共产主义的理想。因而这一时期,理想主义始终是引导人民进行社会主义建设的精神火把。正是借着无私、忘我的集体主义精神,积极乐观的理想主义激情和战天斗地的革命英雄主义豪情,新中国的广播文艺从少到多、从弱到强迅猛地发展了起来。其表现在以下几个方面:

(一)广播文艺的地位由边缘靠拢中心

革命战争时期,广播以发布新闻和时事政策教育为重心。那时的广播文艺尚处于边缘地位,既没有专门制作文艺节目的从业人员队伍,又没有固定的文艺节目栏目。从节目形态来看,革命时期的广播文艺主要是戏曲音乐节目,其节目来源是二十几张被反复使用的旧唱片,一般只被用作每次播音的开始曲或新闻时事宣讲类节目间歇时的插曲。解放战争时期,延安台请鲁艺文工团做了几次周末文艺节目,演唱《义勇军进行曲》《东方红》等革命歌曲,表演秧歌剧《兄妹开荒》《刘二起家》等节目。但是那时由于不具备录音条件,每次演出都是现场直播,牵扯人力物力大,小小播音室演职人员挤成一团,再加上延安台不断转移,环境险恶,文艺节目时断时续。解放战争后期,随着广播每日播出时间的延长,广播文艺在节目样式上新增了解放区文学节目、赏析毛主席诗词、播讲赵树理的作品《孟祥英翻身》等。但从总的播出量来看,不足总节目比重的4%。延安(陕北)台前后近十年间,文艺节目一直未能排入正式的节目表内,与新闻广播相比,广播文艺始终处于附属和边缘位置。

新中国的成立使中国社会生活的基本矛盾发生了转向,即由革命转向了建设。革命战争年代,那种播送战报、宣讲政策、鼓舞全国人民继续战斗的带有明显政治紧迫感的新闻广播,开始被和平建设时期宣传报道社会主义建设中英模人物与事迹的新闻广播和以此为艺术创作题材的广播文艺所置换。战争年代,几乎每一天的政治局势都刻不容缓,必须及时通报给守候在收音机旁焦急地收听着每一场战役的每一步进程的全国人民。到了和平建设时期,这种政治紧迫感明显减弱,人们的心态逐渐从紧张中放松下来,在生产劳动和工作之余,开始需要适当的娱乐和休息。为适应新中国成立后人们不断增长的对文化生活的需求,1950年4月中央人民政府新闻总署规定了广播宣传的三项任务:发布新闻和传达政令、社会教育、文化娱乐。一直被忽略不计的文化

娱乐开始被提到议事日程。1952年12月,第一次全国广播工作会议又把“播送优秀的文艺作品”作为广播电台的五项任务之一。这就确立了文艺节目的地位,促进了广播文艺的发展。广播文艺在节目播出总量中的比重不断增加,1949年为25%,1954年上升到55%左右。以1956年冬至1957年春中央人民广播电台广播时间表为例,可以看出我国当时广播文艺节目的结构安排:

> 1956年冬至1957年春,中央电台广播时间表每周一、二套节目总时间11830分。其中文艺总时间6400分,占全台54.1%:戏曲、曲艺69段2685分,占文艺节目41.95%;中国音乐72段1650分,占文艺节目25.78%;外国音乐46段1575分,占文艺节目25.61%;文学14段490分,占文艺节目7.6%。

由此可见,与新闻广播相比,新中国成立后广播文艺的播出比重不断上升,在广播中的地位不断凸显,其地位逐渐由边缘靠拢中心,除了社会基本矛盾转向这一根源外,在客观上还有如下几个原因可供研究。

1.新闻广播与广播文艺的个性不同

新闻是时效性的,内容越旧越失效。而文艺是永恒的,古代艺术在今天仍闪烁着灿烂的光辉,文艺不会因为时间的延长而失去魅力。这样,在新闻节目源与文艺节目源的可选择范围里,新闻广播只能选择新近发生的素材,而广播文艺却可以采古撷今,选择自由。可见,广播文艺无限丰富的节目源是广播时间不断增加、广播节目大量需求的基本保证。

2.受众对新闻广播和广播文艺所持有的心态不同

新闻广播报道国际国内新近发生的真实事件,听众对新闻广播所持有的心态是求“真”,即知晓世界范围内真实性或带有规律性的事件,从中体认个体在世界中的位置。收听新闻广播使人们获得对所身处的现实世界的存在感,获得与时代同呼吸共命运的时代感。与对新闻广播所持有的求“真”心态不同,听众对广播文艺所持有的心态是求“美”,即在艺术的超现实氛围中得到娱乐和休息,获得审美上的享受与提升。马克思早在《〈政治经济学批判〉导言》中为我们指出,艺术是人们掌握世界的四种方式之一。艺术作为一种非物质的手段,不可能像“实践—精神”手段那样直接地从事改造客观世界的物质活动。艺术又是通过作用于人的情感世界间接地改造客观世界的。也就是说,艺术通过激发人们的情感,唤醒人们改造世界的意志和决心,将精神转化成物质。想当年,《青春之歌》《钢铁是怎样炼成的》等优秀文学艺术作品唤醒和激励了许多青年投身到解放全人类、创造新世界的洪流中去。新中国成立十七年的文艺广播节目,充满了爱国主义、集体主义、革命英雄主义的激情,许多优秀作品,像《歌唱祖国》《英雄们战胜了大渡河》《中国人民志愿军战歌》等,都是在这一时期创作并一直传唱至今的。

人们怀着娱乐放松的心态收听广播文艺，却在不知不觉中得到了灵魂的鼓舞与美的熏陶。这种鼓舞与熏陶极大地激发了中国人民投身社会主义建设事业的激情，掀起了比学赶帮、多快好省地建设社会主义的热潮。可见，新中国成立十七年的广播文艺对我国社会主义建设起到了极大的推进作用。与作为党和政府喉舌的新闻广播相比，广播文艺是一种"软喉舌"，是一种不会引起受众接受屏障和逆反心理的极具潜力的"理论工作者"。

（二）构建了当代中国广播文艺的基本框架

新中国伊始，百废待兴，人民的广播文艺事业一片空白。广播文艺工作者本着全心全意为人民服务的宗旨，克服广播设备简陋、技术条件艰苦等困难，以火一样的工作热情投入到广播文艺的建设事业中，构建了当代广播文艺的基本框架。

1. 采录丰厚的节目资源

节目源是文艺广播播出的前提。中国幅员辽阔，人口众多，广播文艺工作者以"百花齐放"的文艺方针为指南，足迹踏遍大江南北，遍采文艺精华。1955 年中央台建立了广播文艺节目资料库。到 1958 年，中央电台文艺节目的库存磁带达到 8 万盘。从出土的殷磬、编钟到新中国成立后改良的民族乐器演奏的乐曲，都能够在音乐广播中显示光彩；无论是唐诗、宋词、元曲，还是《雷锋之歌》《红旗谱》，都在文学广播节目中占有恰当的位置；戏曲节目里有近 200 个剧种的上千个传统剧目和现代优秀剧目通过广播传向千家万户，这些为不断增加播出量的广播文艺提供了有力的资源保障。

2. 开辟和完善广播文艺的节目形态

新中国成立前，广播文艺以戏曲音乐节目为主体形态，兼有一部分文学节目。新中国成立后，广播文艺工作者为满足人们不断增长的精神文化需求，认真探索广播文艺的审美特性，创造了一批具有中国特色的新型广播文艺品种。新中国成立后的第一部广播剧《一万块夹板》，第一部电影录音剪辑《白衣战士》，以及第一部戏曲录音剪辑和歌剧录音剪辑，在这一时期里相继诞生。在文艺欣赏类节目的基础上，广播文艺工作者还根据受众的不同需要创办了文艺知识类节目（如《京剧知识》《中国民歌讲座》）和教育服务类节目（如《口琴教学》《怎样识简谱》）等。广播文艺的百花园姹紫嫣红，诸种节目形态在这一时期得到了确立。直到今天，广播文艺仍然在这一节目格局中发展、完善着自己。

3. 组建专业广播文艺演播团体

新中国的诞生为中国人民揭开了新生活的序幕，新人、新事、新气象层出不穷，社会主义的新文艺有责任歌咏新生事物，把乐观、明朗的精神色彩涂抹在广大人民心间。为了适应社会生活提出的新要求，另一方面也为了储备足够的节目资源，根据党中央指示,专门从事广播文艺创作的演播队伍——中国广播文工团、广播民族乐团和广播说唱团组建成立。王决同志在《忆组建中央广播说唱团》中写道:“去天津邀请马连登出任广播说唱团的三弦伴奏,马连登毅然抛弃月工资为500元的工作,参加每月只有120元的电台工作。问他有意见吗?他激动地说:‘我参加中央电台的文艺团体是为了革命,不是为了挣大钱,每月工资120元,够吃饭的就行啦!我同意。’”[①]新中国成立初期,许多民间艺人怀着对党和人民的深厚感情投身到建设社会主义新文艺的创作洪流中,录制了大量反映现实生活的优秀广播文艺作品。

这一时期的广播文艺处于当代中国广播文艺最艰苦的创业阶段。广播文艺工作者胸怀共产主义的远大理想,以令人钦佩的敬业精神和忘我的工作热情大步向前地建设新中国广播文艺,描绘了一幅热烈明朗和乐观激进的精神画卷。

1958年出现了大跃进现象,它不仅在社会主义建设实践中有所反映,也在广播文艺领域彰显出来。1958年第五次广播工作会议制定的“三三制”原则,束缚了广播文艺的艺术本性。为了紧跟形势,大批粗制滥造的标语口号式的文艺节目应“急”而生,就连传统艺术也难以幸免,如梅兰芳演播《嫦娥赞公社》、河南豫剧院三团演播话剧《急上十三陵》等。这是“人有多大胆,地有多高产”“一天等于二十年”“英美吓破胆”等政治口号在艺术领域里的同构。

这一时期,社会主义建设和广播文艺事业的发展都不是一帆风顺的,“左”的路线几多泛起,极大地损害了广播文艺的艺术审美品格。反思这段历史,我们无不痛心遗憾。但是,另一方面,这种左倾盲目性似乎也有它的某种历史合情性。为什么这样说?因为经过战争洗礼已经摘取革命胜利果实的人们有理由相信:中国人民是不可战胜的,中国人民建立了社会主义新中国,更加美好的共产主义社会指日可待,必将在中国人民的手中缔造出来。民族自信心的极度膨胀必然物极必反地带来消极后果,使自信沦为自大与狂妄,可贵的理想主义和革命英雄主义精神聚变为不可控制的非理性狂潮。

反观这段历史,我们应当看到,广播文艺大跃进是中国社会主义实践大跃进的直接反映,是新中国成立初期理想主义、革命英雄主义激情的极端化发展,究其本质,并没有违背中国人民情感发展的逻辑。这是一次具有全民性的群体精神的亢进,是脱离社会发展正常轨迹的盲目自信。诚然,我们无意为大跃进和大跃进时期的广播文艺做历史翻案,我们只是试图阐明任何历史挫折的背后似乎都有某种合情不合理的动因。善良的中国人民的美好愿望没有达到,却犯了一次集体性的错误。但是无论如何,有一点可以肯定,大跃进时期的中国人民和大跃进时期的广播文艺始终昂扬着革命的理想主义与革命英雄主义的万丈豪情。

---

① 《当代中国广播电视回忆录(第一集)》,中国广播电视出版社1995年版。

二、"文革"十年:被政治极权话语灌注的广播文艺

"将无产阶级文化大革命进行到底"的号令揭开了中国极权政治时代的灰幕。在民众的意识中,"继续革命"的警钟被敲得一阵紧似一阵,许多在十七年间孕育产生的优秀文艺作品被封为"封资修黑货"打入冷宫,文化专制主义笼罩着中国大地。1966年11月,中央电台因无节目可播,只好取消了主要播文艺节目的第三套节目,因为第三套所播送的文艺节目不论从内容到风格都与"革命的形势"太不相适宜了。1967年1月14日,中共中央发出《关于广播电台问题的通知》,对地方广播电台实行军管,责令停止播出自办文艺节目,只转播中央人民广播电台的节目。1969年,中央电台增加"革命样板戏"播出时间,占全天播出文艺节目时间的85%以上,于是中国进入"八亿人民八出戏"的文化洪荒时代。中央电台只能播放《国际歌》《东方红》《大海航行靠舵手》《三大纪律,八项注意》和经过改词的革命历史歌曲《毕业歌》《工农一家人》《抗日战歌》《大刀进行曲》等八首歌,以及《地道战》《地雷战》《南征北战》三部电影录音剪辑。这就是在偌大中国土地上回响了十年的文艺广播节目,这就是八亿中国人贫困到极点的精神生活!在政治极权话语的统治下,广播文艺沦为政治的奴婢,变成政治工具,从而丧失了艺术的本体属性。具体表现在以下两个方面。

(一)在文艺节目创作上,"以阶级斗争为纲",割裂了文艺与社会的真实联系,违背了艺术规律

艺术作品是艺术家审美意识的物化形态,是艺术家体验社会生活的反映。社会生活是艺术创作的源泉,是一切文学艺术之母。"文革"时期,由于政治拥有强势话语权力,社会生活的方方面面即经济、军事、教育、科研都围绕着政治轴心转,文学、艺术、自然也不能幸免。于是,所有的文艺创作都首先要符合政治需要,体现政治标准。由于不把民众的审美需要、文化心理欲求置于艺术创作的视界中,而是一味地服从政治,炮制"高大全"式的英雄人物,使得这一时期的广播文艺节目极度单调和模式化,所塑造的人物形象都是脱离生活原生态的,只有优点没有缺点,只有怒目圆睁的革命理性,毫无亲情人伦之情感世界的"单面人"。这种"单面人"的塑造不是源于生活,而是与生活相背离的,究其根源在于艺术家违背了艺术创作的规律,将艺术与生活割裂,离开客观真实的生活,纯粹在主观世界中营造虚假幻想的"乌托邦",臆造毫无生活体验之原形的"英雄形象"。这一时期所塑造的艺术形象用政治人格替代审美人格。在这些形象里,美与情感等艺术的内在品质被抽空了,本应意蕴丰厚的艺术作品蜕化为简单、粗糙、毫无审美意趣的政治"应声虫"。"文革"的政治文艺把"文艺为政治服务"的延安文艺路线扭向极端,其实质是对这一在历史上有过正确指导作用的文艺路线的"大反动"。

(二)在评判艺术的价值体系中,政治标准为首要、必需标准的错误理念极大地影响了人们审美心理的健康发展

“文革”时期,随着运动的不断深入,林彪、“四人帮”一伙日益加紧了对电台的控制。文艺节目的广播,一律要报他们批准。频繁的请示报告密如雪片,以政治为唯一标准的艺术评价原则封杀了大量的优秀节目。在极“左”思想影响下,中央台的广播文艺日益单调贫乏。漫漫十年长夜,人们听不到自己内心深处想听的歌,看不到让自己兴奋感动的艺术作品,精神世界日渐呈现荒漠化。由于以政治替换审美的艺术评价标准得不到及时拨正,久而久之,在人们的心灵世界打下了烙印,沉淀为一定程度的“集体无意识”,从而严重地影响了中华民族审美心理的健康发展。

中华民族的审美心理是在华夏五千年的历史长河中积淀而成的。“阴柔”“尚德”“追求意境”等审美志趣都是民族审美心理的积极构成。当然,在民族审美心理中也有不少消极的元素,这其中就包括十年“文革”给人们心理造成的负面影响。十年“文革”使人们不自觉地养成一种艺术评价模式,即以一部作品反动不反动、有没有政治问题作为评价艺术作品优劣的重要标准。至于作品内容是否真正以政治为题材、蕴含阶级性,则不在他们的观照视野之中。在人们的审美心理中已经打上了政治烙印,所以无论什么题材的文艺作品,人们都会不经意地首先用政治的眼光去衡量。其实在人类艺术的海洋中,不是每一件作品都是关涉政治的。中国和世界的文化遗产中有无数的瑰宝之所以能够穿越时空隧道,在历史的今天仍散发着奇异的光彩,其中一个很重要的原因在于这些文学艺术作品超越了阶级观点而反映出某些人类共同的母题,揭示出全人类认同的情感体验,如母爱、童心、忠贞、奉献等,也就是美学语言所指称的“人类共同美”。因此,实事求是地说,以政治为题材的作品在人类艺术的海洋中只占一部分,绝非全部。

“文革”已经风烟散去,但“文革”给社会文化心理造成的消极影响依然滞留在人们心间。艺术评价领域里的唯政治观点就是其中典型一例。审美心理是承继的过程,是累积式螺旋发展的。它不是替代式的,旧有思想痼疾不会自动被新思想挤压出去,而是与新的思想观念结合成一种更为复杂的基因。文艺评价体系中的唯政治标准虽然得到相当程度的校正,但作为一种心理意识已经弥散开来,还要在一定时期内存在下去,这在一定程度上损害了民族审美心理的健康发展。

三、新时期:体现艺术传播和艺术创作属性的广播文艺

十一届三中全会以来,我党制定的正确方针路线为广播文艺解放思想、开拓创新指明了前进方向。尤其是1979年10月召开的第四次全国文代会,邓小平同志在《祝辞》中指出:“党对文艺工作的领导,不是发号施令,不是要求文学艺术服从于临时的、

具体的、直接的政治任务，而是根据文学艺术的特征和发展规律，帮助文艺工作者获得条件来不断繁荣文学艺术事业。”会议确立了“文艺要为人民服务，为社会主义服务”的“二为”方针。这是我党文艺思想史上具有划时代意义的盛会，它标志着文学艺术终于从政治的樊篱中解放出来，见到了新时代的曙光。

文艺是艺术家对社会生活的审美反映。审美反映指的是艺术家情感、意志、直觉、理性以及价值观念等诸多因素的有机融会。艺术家的政治信仰与政治倾向是通过审美意识折射的，也就是说，审美意识包含政治意识。如前文所述，并非每一部文艺作品都是关涉政治的，因此，在许多超阶级性的文艺作品中，审美意识并没有政治的痕迹。文艺与政治的关系本该如此。“文革”时期，内涵于审美意识的政治意识被抬到了至高无上的位置，甚至消解和替换了审美意识，把文艺变成政治的附庸，为临时的、具体的、直接的政治任务服务，从而违背了艺术内在规律。新时期“二为”方针的制定，使文艺开始放开胆子走自己的路，广播文艺是文艺思想解放、大胆创新的先驱，以实事求是的精神为一度发生偏离的文艺找到了回来的路。

(一)和声的魅力——调频立体声广播

由于人们对新闻广播所持有的“求真”心态相异于对广播文艺所持有的“求美”心态，所以在广播声音的质量方面，人们对二者的要求自然不同。新闻广播一般采用播音员播报的形式提供给人们国内外发生事件的“信息”。人们对声源单一的新闻广播不作特别要求，只要播音员口齿清楚、播报准确即可。众所周知，广播文艺是一种听觉艺术形式，其中以音乐、戏曲、广播剧、电影录音剪辑等节目为主。而以上诸种艺术形式从声源性质来看，是多人称、多声部的共时，或人声与乐声、或自然音响与音乐音响的同时发声、齐声合奏。这种多极声源同时发音的艺术本质，内在地要求有与之相适应的多声道来输送声音，而立体声广播正是基于广播文艺的这一特性开发出来的，它使人们不仅能够听得“真”，而且能听得“美”。1979 年 8 月黑龙江省广播事业局开始研制立体声广播，于当年 9 月做出了中国第一台立体声调制器，12 月开办了立体声广播。这项技术很快在全国范围内得到推广。至此，调频立体声节目登上中国广播的历史舞台。

立体声广播利用人的双耳特性，在节目中同时发出左右两个声道的信号，使收听者从收音机左右两个声道的喇叭中同时听到声音，从而得到全方位、层次分明的立体感和临场感。调频立体声节目是广播充分发挥自身优势的成功尝试。各声道发出的声音犹如音乐的和声美妙而有厚度感，这是单声道时期的广播文艺所无法企及的，它极大地满足了人们的听觉审美需求，丰富与提高了受众的听觉感受力。所以它一经推出就风卷海浪般风靡大江南北，从中央电台到各省、地、市电台，甚至县广播电台(站)都纷纷办起了调频立体声节目，其中音乐节目的比例越来越大，满足了人们对音乐文化的需求。

(二)中国文化的魅力——评书、小说、广播剧

调频立体声装置美化了声音,这是广播文艺引人注目的物质基础,但是真正令广播文艺魅力四射的并不是声音本身,而是声音所传达的审美内涵。从20世纪80年代走过来的人们也许谁都不会忘记那陪伴他们度过无数个黄金般美妙正午时光的广播文艺:评书、小说、广播剧。每逢正午来临,几乎全国所有的广播电台都播放《小说连续广播》《评书连播》或《广播剧和小说连播》节目,并以此形成一个传统,长年累月、经久不衰,呈现出万人空巷的景观。可以毫不夸张地说:"20世纪80年代,中国人的正午时光是属于广播文艺的。"曾几何时,中央和各地电台录制的小说《李自成》《上海的早晨》《沉重的翅膀》《穆斯林的葬礼》《高山下的花环》《夜幕下的哈尔滨》,评书《岳飞传》《杨家将》《隋唐演义》《百年风云》《保卫延安》,广播连续剧《红岩》《三国演义》《寂寞的山谷》等,迅速通过节目交流"火"遍全国,吸引了亿万听众,掀起了旷日持久的"长书热"。这股热潮在新中国成立十七年和"文革"十年间从未真正出现过。这说明了广播文艺一旦找回了自我,"把艺术交还给艺术"后,放射出了强大的精神光芒,照亮了一代人的精神世界。

天津电台在播出《钢铁是怎样炼成的》之后,趁热打铁,紧接着播出了该书译者梅益同志的录音讲话《向保尔学习什么》,对青少年循循善诱,效果很好。北京电台播出齐越同志播讲的《在彭总身边》后,鉴于听众的热情反响,临时开辟了《听众来信选播节目》,起到了交流感受、体会真理、互相启发、互相激励的作用。长书广播用生动感人的形象润泽听众的心灵,用高尚的共产主义精神陶冶人的情操,把"令人鼓舞的东西、开朗明快的东西"带给听众,极大地鼓舞了人们投身四化建设的热情与斗志。中午时段的许多长书作品都是在播出之后才荣获茅盾文学奖的,由此可见,长书节目在社会生活中产生了巨大的影响力与感召力,对社会主义的精神文明建设作出了巨大贡献。

(三)品牌的魅力——板块格局的广播文艺

20世纪80年代,随着我国经济体制改革的深化,商品的品牌意识日益深入人心。人们在日常购物时,面对澎湃汹涌的商品大潮,往往选择自己喜爱的名牌产品,品牌成为人们判别商品质量好坏的不成文的标准。这种品牌意识也逐渐渗透到文化生活领域。中央电台和地方电台在改革开放的新形势下,顺应受众的品牌心理,纷纷开辟新栏目,争创名牌,以期塑造听众心目中的"名牌形象"。以中央台为例,它的广播文艺由以下几个大板块构成:《空中大舞台》《广播剧和小说连续广播》《今晚八点半》《音乐天地》和《海外乐坛》。各地方台文艺板块也纷纷上马,争先竞优。这其中,北京台的《每周一歌》、沈阳台的《听众点播》、安徽台的《文艺你我他》、重庆台的《音乐彩虹》、上海台的《滑稽王小毛》、山西台的《空中大观园》等栏目是我国广播文艺实行板块化改革后逐渐被听众认可的"名牌"。

创名牌的过程是艰辛的。板块文艺节目一般都采用主持人形式,对主持人的素质有较高要求。主持人往往集采、编、播于一身,是整个栏目的灵魂。在与听众看似平常的娓娓道来中,透露出主持人深厚的文化素养和知识底蕴。中央国际广播电台的徐曼、广东珠江经济广播电台的李一萍是板块节目主持人的杰出代表。名牌主持人和名牌栏目相映生辉,大大提高了广播文艺的知名度,提高了广播文艺在听众中的声望,因而收听比率呈直线上扬。

正如商品的名牌效应一样,文艺板块一旦成为人们心目中的名牌,也就是其获益的时候,即使今天在受到电视文艺的猛烈冲击之下,许多老听众仍然怀着款款深情收听《今晚八点半》等名牌栏目。这一方面展示出广播的永久魅力,一方面也证明了名牌效应。名牌栏目在人们心目中占有无法割舍的一席之地,喜爱某一名牌栏目的听众已经把这一栏目化成精神寄托,当成个人生活的组成部分。所以他们渴望这一栏目越办越好,即使偶尔哪一期节目做得不够理想,他们也会像母亲对待孩子一样,怀着一份宽容的爱心,把它视为美玉身上偶有的瑕疵。

广播文艺走板块化发展格局是顺应改革开放的现实环境作出的明智选择,它所开创的各种名牌栏目宛若夜空中的点点繁星,在人们心中闪烁着永久的光芒。节目板块化是广播文艺适应听众审美需求改革的第一步,它充分体现了发扬广播优势的发展战略,对于其后的系列分台与热线直播等大手笔的改革举措有着深刻的启示意义。

四、转型期:平等交流的广播文艺

1986 年 12 月,珠江经济广播电台宣告成立,吹响了我国广播体制改革的号角,从此在全国范围内掀起了广播行业走系列化发展道路的热潮。各省市电台纷纷组建了经济台、新闻台、音乐台(有的称文艺台)、交通台、教育台、生活台等系列台,满足了广播节目分众化的需求。1993 年 9 月,全国范围内广播电台的系列化改革基本完成。这是当代中国广播体制上发生的重大变革,标志着当代中国广播进入转型期发展阶段,具有划时代的历史意义。尤其需要指出的是,在节目播出方式上,大板块热线直播形式打破了传统录播将传者与受众彼此隔绝分离的僵硬状态,使广播“流动”了起来,“活”了起来。热线直播方式的开辟悄悄变更着传受双方的地位,对于人们的交流方式、审美方式乃至行为、思维方式都有着极其深刻的影响。

转型期的广播文艺较此前的广播文艺有着本质的不同,这种不同表现在:

(一)节目播出样式:直播对录播的裨补

直播并非转型期广播节目新形式。早在革命时期,直播就已经成为节目播出的主要样式。但是革命时期采用的直播方式与当前转型期采用的直播方式有本质的不同,革命时期采用直播是迫于录音技术条件的限制,不得已而为之。那时还没有现代化的录音设备,所使用的是蜡片和钢丝录音,其磨损性大,所录的声音音质差,使用周期短。即便如此,在艰苦的战争年代,也只能在极其重要的场合使用这些珍贵的蜡片、钢丝录音设备。出于对录音设备的珍爱,战争时期节目播出往往采用直播形式。而转型期广播文艺在录音技术上已经有了质的飞跃,磁带录音乃至高科技条件下的数字录音为节目制作提供了最完美的保障。录播节目早已为人们所司空见惯、习以为常。

在这种情况下,采用直播方式让人们感受来自现实生活的真实声音就成了广播文艺吸引受众、引起受众审美惊奇的卓越方式。于是,文艺直播类节目应运而生。以文艺实况直播节目为例,一般由电台与台外某企业或公司合办,将直播间设在台外,由该公司的员工做现场观众,请来特邀嘉宾现场表演,由主持人与现场观众一道来完成文艺节目的现场演播。由于参加人员多、现场气氛热烈、演员表演真实,因而给听众极强的临场感、真实感,深受听众欢迎。当然,直播并不是要取代录播。对于欣赏性强的文艺节目,为了保证播出质量仍以录播方式为宜;但对于参与性强的节目如《热线卡拉OK竞赛》,则必须采用直播方式来完成,与此同时,随时插播的卡拉OK乐曲仍属录播节目。可见,直播与录播不是对立的,恰恰相反,直播是对录播的有益补充。

此外,直播还是发挥广播便捷传播特性的最佳方式。在与其他媒体的竞争中,以"第一时间,现场同步"占得时间先机,无疑直播是争夺受众的有效手段。随着技术的发展和意识的进步,我国广播直播节目不仅越来越多,而且已经从国内做到了国外。1999年2月24日,北京台在美国洛杉矶现场直播了第41届"格莱美"颁奖典礼的盛况,开创了越洋直播的先河。此后,北京台又相继直播了"东京1999世界地球日"音乐会、奥地利萨尔斯堡音乐节等,引起了广泛的关注。

(二)审美交流方式:单向交流向双向、多极交流嬗递

直拨热线的参与,使广播文艺的审美方式发生了根本性的转变。传统广播文艺在传播"魔弹理论"的假设框架内,主观地认为传者播放的文艺节目会为受者毫无挑剔地全盘接受欣赏,受者的接受态度是一丝不苟的;在审美理解与体验方面,受者也会不差毫厘地领会传者的意图。这种先验的理论假定是缺乏实证根基的。实际上,在艺术传播过程中,传者的"魔弹"大部分并没有射中靶心的受者,而是流向了四方。这种单线式、不可逆的艺术传播模式将本应是艺术欣赏主体的受众搁置一旁,导致大量审美主体的缺席,实际上违背了艺术欣赏的一般规律。即不是由审美主体(受众)来选择审美客体(广播文艺节目),达到审美主客体的交融合一,而是审美客体向审美主体空射"丘比特之箭",至于二者能否结成审美关系则不在传统广播文艺的观照视野之中。因而在传统单向交流的艺术传播模式影响下,所结成的审美主客体的双向互动关系,即真正实现的审美活动是不多的。传统广播文艺令人感到缺乏情致,如同板着面孔的私塾先生,这正是由于它不参与同受众的审美交流所致。

2001年北京"申奥"期间,北京电台文艺广播录制了大量以"申奥"为主题、歌颂北

京古老文明和"新北京、新奥运"的颂歌。节目一经播出，就在听众中引起热烈反应。但是热门题材也需要结合恰当的形式，才能将收听热潮持续下去。在国际奥委会考察团来北京考察时，北京文艺台特邀申奥形象大使杨澜到直播间进行直播，同时进行网络直播，让杨澜和听众、网友直接交流，回答他们最关心的问题。6 月 23 日是世界奥林匹克日，在北京紫禁城举办了世界三大男高音独唱音乐会，北京电台文艺广播不仅进行了现场直播，还把信号传送给上海、广东、天津等 23 家调频立体声电台同时直播。全国各地的听众几乎都可以通过广播领略演唱会的精彩盛况，这种景象可谓中国当代广播电视史上的一道奇观。

现场直播、热线电话使艺术传播模式实现了历史性的飞跃，原有的范式被打破了，毫无生机的单向交流模式就此终结，代之以生动活泼的双向和多极交流。所谓双向交流，顾名思义，就是指通过热线电话的反馈，将受者当下的审美感受即时回传给传者，实现艺术传播与欣赏反馈的共时性。所谓多极交流，指的是受众之间通过热线电话以主持人为中介实现的交流。以"热线赛歌点评"为例，主持人先将预赛的歌曲预告听众，听众纷纷打来热线电话参与，在电话中和着直播间的卡拉 OK 演唱歌曲，唱罢由主持人主持点评。其他听众纷纷打来热线电话对刚才选手的表演发表意见，主持人在其中穿针引线，挖掘引导。"热线赛歌点评"深受听众欢迎，从审美心理角度分析，在于它满足了人们的交流欲望和表现欲望。它使个体行为得到公众的关注与确认，从而增强了受众的主人翁意识。同时，热线直播拓展了审美交流的空间，使单向的虚拟交流演进为双向、多极的真实交流。传播的本质是交换信息，通过热线直播形式变艺术传播的单线不可逆式为交互网络式，从而实现了真正意义上的艺术传播。

（三）审美心态：仪式化聆听向附庸伴随的变迁

改革开放前，中国人民的物质生活不富裕，文化生活相对于今天要单调得多。那时，对于物质贫困的中国人来说，购买电视机或进歌舞剧院欣赏文艺节目都是普通中国人财力所不及的，唯一可选择的文化娱乐方式就是收听广播里的文艺节目。广播"老大"地位是在没有电视、报纸等其他大众媒体与之竞争的前提下自然形成的，这是与物质生产力发展水平较低的经济基础相适应的。那时的人们对广播有着深厚的感情，每逢中午和晚上的工余、学余时间，无论男女长幼，无论文化层次高低，中国家庭都愿意围坐在收音机旁仔细聆听他们喜爱的文艺节目，从古代烽火硝烟的战场到今天大革命斗争的风云，从源远流长的民歌小调到激情满怀的合唱史诗，从小说到广播剧，从评书连播到电影录音剪辑，从西洋古典音乐到中国民间音乐，从诗词鉴赏到戏曲品茗……人们在艺术的百花园中流连忘返，广播文艺给人以知识的启迪、灵魂的陶冶、审美的享受，因而，它在人们心目中的地位是神圣的、至高无上的、不可替代的。对于每一个中国人来说，聆听文艺广播是他们生活中一件神圣的、庄重的事情，在仪式化聆听的过程中，人们屏神静气、专心致志，把一切繁杂之事都抛在一边，艺术欣赏的过程不愿意被打扰、被中断,其审美态度与艺术欣赏的性质是极其纯粹的、超功利的。

随着改革开放的深入,人们的物质生活水平有了大幅度提高,生活的"水流"转得比以往任何时候都快,就连见面时的招呼语也由"你吃了吗"变成"最近忙些什么"。繁忙的工作剥夺了人们许多以前从事艺术欣赏的时间,物质第一的一元化标准暗中催促着人们去赚钱、去工作、去到外面闯世界寻找机会,像飞旋的陀螺永不停息。物质生活的巨大变化深刻地影响着人们的精神生活和审美价值取向。

但是另一方面,人类作为一种与动物有着本质区别的"精神之灵",又总是本能地渴求着精神世界的五彩霞光。在精神生活被挤压成一个平面的凄惶、无奈中,人们不甘于在物欲中沉沦,希冀在艺术欣赏的过程中寻找到精神的支撑点,平定躁动的心绪。于是,这种既渴望金钱又厌恶金钱,既乐于物质享受又鄙薄物欲,追求更高精神享受的二律背反,构成了现代人特有的复杂生活方式。在这种独特的生活方式中,追求物质生活又不肯放弃精神生活的人们将二者巧妙地结合起来,为己所用。于是我们经常看到的情形就是这样:出租车司机一面开着车在街上揽生意载客赚钱,一面津津乐道地听着汽车音响中传出的文艺广播节目;家庭主妇一面做着家务,一面随着广播哼唱歌曲;许多小学生一面写作业,一面头戴耳机听着被他们一致认为能促进智力增长的音乐节目;老人们晨练时一面打着太极拳,一面收听收音机传出的老段子;年轻人一面在月下散步,一面侧耳倾听收音机里传出的柔柔情歌……广播文艺在人们的心目中不再高不可攀,它开始走下圣坛,坐在人们身旁,像一位贴心朋友陪伴人们度过独处寂寞的时光。转型期广播文艺从审美方式看,超出了传统美学秉持的审美超功利观念,是纯审美的艺术欣赏活动与非审美的物质功利活动的交融,是屏气凝神的审美态度与耳听六路、眼观八方的非审美态度的会聚。人们以极其平等的心态对待广播文艺、倾听广播文艺、参与文艺广播,从而使广播文艺不再高高凌驾于听众之上,而是真正走向了生活,实现了艺术向生活的转化。

(四)接受主体的审美创造:艺术创作与艺术生产的转变

传统艺术观认为,艺术生产过程止于艺术作品的完成之日,艺术品的诞生之日即为艺术生产的完成之时。而自20世纪60年代流行于欧美的接受美学理论则深刻地批判了传统艺术观将读者抛在视界之外的致命弱点,大胆扯起"读者中心论"的理论大旗,抗衡盘踞艺术史千年之久的"作者、作品中心论"。诚然,接受美学极力强调读者中心作用的观点不无偏颇,但其对欣赏者能动作用的论述是非常富有启发性的。按照接受美学的观点,艺术家生产了艺术品,只为消费者提供了创造艺术价值的可能性而非价值本身。一般产品的价值是由生产者创造的,而艺术品的价值却是由生产者和消费者共同创造的。艺术作品只有经由接受主体的欣赏过程,才能将潜在的艺术化为现实的艺术,因而艺术作品的欣赏同时也就是艺术创造。虽然在作品欣赏过程中,接受主体并没有实际地创造出物态化的艺术作品。但是,一部艺术作品经过千百人的审美内化，融入了各自富有个性的人生体验、审美情趣后，原有的物质形态作品就在每个人的心中"活"了起来，化为审美意象，跳起生命的舞蹈，闪耀生动的灵光，以不同的感染方式烛照着每个个体人生的精神生活，艺术创造到此才算最终完成。

接受美学关于艺术生产以接受主体的欣赏为终结点的观点是完全正确的。但在实际操作过程中，对于同一文本的不同解读使最终的审美创造难以达成一致的结果，同时，"有一千个读者就有一千个哈姆雷特"的艺术观念也阻碍着人们试图在同一文本的艺术欣赏中求得众口一致的审美创造结果的努力。于是，接受美学提出的这一理论因为无法落实到操作层面而成了一种理论假设，这是令人不无遗憾的事情。但这种遗憾在电子传媒高度发展的今天最终得到了解决，其中最有影响力的就是热线直播文艺板块节目。当一部艺术作品（如一支名曲）在电台播出时听众就进入了艺术欣赏阶段，作品播完后，以主持人为中介的热线交流就开始了，听众纷纷打来热线电话描述对作品的内心感受，其中有一致处，更有分歧。主持人作为作品的代言人，帮助听众理解作品内涵，也在不断接听听众电话畅谈感想的过程中触发灵感的火花，加深了对作品的理解，甚至深化了作品的主题，并对存在歧义的听众之感想分析品评，从中梳理出更符合作品本质的认识。

这样在受众与主持人、受众与受众连续不断的审美交流中，对作品的欣赏与认识达到了相对意义上的共识。这种共识的获得是颇具深意的，它一方面标志着艺术生产在接受主体的审美创造过程中最终得以完成；一方面在达成欣赏共识的过程中，培养了受众的审美感受力、审美理解力和审美想象力。而受众审美能力的提高，对于提高中华民族的整体素质有着不可小觑的价值。

以热线直播形式开办的广播文艺是对传统艺术广播的一次"质"的超越。它使受众一跃成为接受主体，由无从发表和交流意见的被动欣赏者一跃成为拥有部分话语权的主动评价者。主持人不再唱独角戏，将一部分权力分流给受众的做法改善了艺术传播者与艺术接受者由来已久的不平等关系，加速了艺术传播的民主化进程，从而确立了转型期广播文艺平等交流的新型模式。

当代中国广播文艺历经新中国成立十七年、"文革"十年、新时期和转型期四个发展阶段，所走过的风雨历程昭示着当代中国社会生活的心路轨迹。在面临电视文艺等诸多艺术品种竞争挑战的今天，广播文艺工作者与理论研究者必须认真审视自己，以实事求是的精神研究自己、研究受众，不妄自菲薄，不搞艺术殖民与扩张，审时度势，术业专攻，使广播文艺真正做到"汇听觉艺术之精华"，"扬听觉审美之优势"。

五、发展期：商业化与艺术追求的博弈

如果说广播剧代表着广播文艺节目最高的艺术追求，那么专门的音乐频道则体现了广播电台在商业经营上的尝试。广播媒体曾经有很多的优势，比如传播速度快、普

及率高、辐射范围广、收听方便等。但是,电视的出现让越来越多的收音机闲置起来,投放在广播电台广告额的绝对值也少得可怜,从2001年的统计数据看来,广播的广告收入仅为电视的10%和报纸的11%。

近年来,城市汽车数量的激增使可以解放眼球、便于移动收听的广播媒体重新进入时尚人群的主流生活,收听率下降的趋势得到了扭转。而调频立体声的出现,也使中、短波收听效果差的弊端得到了改善。事实证明,这些年来广播业所有营业额与利润的增长都来自于FM频率。广播媒体2002年广告额的增幅超过了20%,其中尤以北京最为突出,已超过40%。而北京交通台以1.2亿元的广告收入成为其他城市电台争相仿效的对象。

节目专业化、听众细分化、经营商业化,这些北京交通台的成功经验,对当代中国广播文艺发展具有一定的借鉴意义。其实广播文艺一直是广播事业最活跃的阵地。1993年1月23日,北京音乐广播(成立之初称"北京音乐台")在春节除旧迎新的鞭炮声中开始播音并全天24小时播出。从1998年1月1日开始,北京音乐广播启用了计算机制作播出网络系统,全面实现系统数字化、制作网络化、播出自动化,这在全国电台尚属首家。2002年6月,"中国歌曲排行榜"首开先河走出国门到海外,在美国纽约举办了海外华人票选颁奖典礼。2002年5月1日,北京音乐广播新开播FM98.6古典音乐有线调频和FM97.0欧美音乐有线调频,全天24小时播出,以最完备的技术手段和最优良的音乐品质为首都音乐爱好者提供了更多的收听空间。此外,北京音乐广播尝试构建一条产业链条,扩大盈利空间。在这条产业链上,不仅有精彩的电台音乐节目,还有终端的消费产品、互联网、杂志及演出等。北京音乐广播还成立了文化公司,代理一些文艺演出;成立了97.4歌迷俱乐部和97.4爱车俱乐部,发展会员业务;与TOM网合作开通了音乐台网站;他们还开办了一家"97.4秀潮",在类似于酒吧的地方举办一些歌迷见面会、音乐沙龙等活动。从1998年起,由北京音乐广播发起的北京国际音乐节取得了可喜的成果,产生了深远的影响,它已经成为北京标志性的文化活动、国家级音乐节。至今已有数百名世界一流的音乐大师参与演出,并受到国际音乐界的瞩目和好评,成为国际知名音乐节之一。

2002年12月2日,中国第一个国家级专业化流行音乐频道——"音乐之声"正式开播。它是中央人民广播电台以频率专业化、管理频率化的立台理念为指导,在改革新阶段隆重推出的全新频道。根据市场调查数据和人们的收听习惯,以2~3小时为单位,将全天节目划分为8个时段,设置8个栏目:《音乐太阳能》《音乐不塞车》《音乐任我行》《音乐快餐车》《经典百分百》《音乐过山车》《音乐新天地》《音乐VIP》。每个栏目在频道整体听众定位的基础上再进行细分,将中国内地、港台地区、欧美及韩日等作品进行严格的比例界定,根据不同的收听方式、不同的收听需求、不同的音乐比例、不同的广告投放要求等,把不同形态的音乐节目进行合理的编排组合,最大限度地满足不同听众的特殊要求。

维珍亚洲电台与国际广播电台合作推出的 Hit-Fm 频率则更加专业化。他们做了 6 个月的市场调查，发现国内青年对摇滚乐甚为着迷，渴望收听外国音乐。所以他们突出国际台的资源优势，以多种语言的流行音乐为主打。

在国家级电台多数处于亏损状态的前提下，这些台相继开播的背后实际上是不同背景的广告代理商的推动。比如中央台“音乐之声”的广告代理是台资背景的七福广告公司；“都市之声”的背后是近年来国内广告业的新锐——神兵天将娱乐传媒有限公司；而 Hit-Fm 则是与纯外资背景的维珍亚洲电台合作开播。

在这样的时机下，国家广电总局将 2003 年定为“中国广播发展年”。中国广播业的复兴之计还在酝酿之中，但政策的导向已经很明显，所以各电台也纷纷开始在节目设计、运作方式上进行改革。比如，中央人民广播电台 2002 年开始进行了频率专业化改革，将原来的四套节目改为“音乐之声”“华夏之声”“经济之声”和“都市之声”，做到了从原来覆盖所有人的媒体变为几个针对不同特定人群的专业频率，同时更在管理体制上走向了企业化经营模式，用招标的方式由广告公司买断广告代理权。有了更为灵活的制作方式，中国广播文艺的明天会更美好。

广播媒体在遭遇电视媒体的冲击后，由盛极一时转为冷媒体。但进入新媒体时代，百年广播重新焕发了生命力。在媒体融合的过程中，广播凭借“轻快”优势，成为最为活跃的新型媒介。

第二节 当代中国广播剧的发展历程

我国广播剧仅比世界最早的广播剧(按目前所知的 1923 年 10 月在格拉斯哥播出的广播剧《罗布·罗依》来说)晚产生 10 年左右。在半个多世纪的时间里，它的发展是曲折向前的。回顾中国广播剧的发展历程，大致可以分成如下几个阶段。

一、广播剧发展初期，即广播剧的直播时期(1949～1952 年)

(一)中国广播剧的诞生和最初发展概况

中国广播剧产生于 20 世纪 30 年代。就目前所掌握的材料来看，我国第一部广播剧是由苏祖圭编写的《恐怖的回忆》，1933 年 1 月在私营的上海广播电台播出。它以“一·二八”事变为题材，爱憎分明，宣扬爱国主义精神，激起了人们对日本法西斯的仇恨。此剧以“播音剧本”的形式刊登在 1933 年的《中国无线电》杂志上。尽管是最早的广播剧，但它已经具备了广播剧的基本特征：

1.剧情凝练集中

它巧妙地通过主人公个人的命运,展现了"一·二八"事变这样一个大的历史事件。全剧共分两个场景,时间从晚饭后到第二天清晨,人物四个。剧情线索清晰,适合广播。

2.没有完全受舞台时空的局限

主人公及其子最后被飞机炸死在逃难的路上。广播剧利用广播触发声音联想而不受时空限制的特性,将主人公拉到比较广阔的外景中去,从而提升了剧情的表现力。

3.发挥了音响的作用

包括开关门声、上下楼声、枪炮声、飞机声、轰炸声等,和剧情联系紧密,起到配合剧情、表现内容的作用。这里需要特别指出的是,音响的每次出现都能引起人物心灵深处的震颤,这无疑都是"立足于广播"的。

当然,它毕竟是初期广播剧,剧作观念、表现手法都受直播的局限,基本上还是舞台剧的结构。此时的广播剧称作播音剧。

中国广播剧产生之后,这种新鲜的艺术形式很快引起了社会的重视。我国广播剧发展的初期,不仅不乏佳作,理论水平也并不幼稚。我国初期广播剧分属在比较复杂的若干营垒之中。一个营垒是国民党统治区,再一个就是解放区,其中,日伪统治区的广播剧在1939～1940年播出了40多个剧目,反动作品主要产生在这里。在国统区,由于中国共产党的统一战线政策,以及革命作家及其他爱国人士的共同努力,有相当多的剧目从内容到艺术形式都是可取的。在中国共产党直接领导下的广播电台播出的广播剧,是人民广播电台广播剧播出的起点。1935年1月,南京政府电台以文字形式发表了首部广播剧《苦儿流亡记》,该剧取材于"九一八"事变后东北热血男儿投身抗日救亡运动的可歌可泣的事迹。与此同时,不少左翼作家、爱国人士和进步的艺术家纷纷拿起笔来编写广播剧,如熊佛西的《卧薪尝胆》、洪深的《开船锣》、夏衍的《"七二八"那天》、孙瑜的播音儿童剧《最后一课》、于伶的《以身许国》等。

初期广播剧,近乎20年,艺术上发展较快。这基本上又可分作前后两个小阶段。第一个小阶段是前十年,即20世纪30年代;第二个小阶段大体在后十年,即从20世纪40年代到50年代初。两个小阶段划分的标志是脱离舞台剧形态的程度。第一个小阶段,舞台剧形态很重,后来广播的特点突出,对舞台形式从剧本结构到演播表现都有明显的突破。

至今《辞海》中对广播剧的解释还是"戏剧的一种",仿佛广播剧与戏剧(舞台剧)之间是一种从属关系。历史地看,这个结论有其合理性。它概括了早期广播剧的基本创作特征,反映了一个新生艺术品种在童年阶段对成熟艺术品种的依赖,反映了广播剧所走过的从直接广播舞台剧(主要是话剧),到模仿话剧,再到自成一体的声音戏剧的历史延续性。

（二）初期广播剧的剧作成绩和艺术特点

我国广播剧创作初期的剧目较为丰富。为纪念“八一”南昌起义而创作的广播剧《红军回来了》是延安新华广播电台播出的第一部广播剧，播出时间是1947年8月1日。此时的广播剧还有《黎明前的黑暗》《留下他打老蒋吧》等。新中国成立以后，中央台、上海台相继播出了不少新作。1950年2月7日，为了纪念“二七”铁路工人大罢工，由中央人民广播电台陈开编剧、广播文工团副团长胡旭导演，制作了以长辛店铁路工人增加生产，支援解放军南下为内容的报道剧《一万块夹板》，这是新中国成立以后中央台播出的第一部广播剧。此外，胡旭还导演了《潘秀芝》（张庆仁编剧）等广播剧。此时的广播剧采用蜡片或钢丝录音，其实是直播形式的当场录音，表现手段与直播差不多，所以仍属初期广播剧。其他电台的广播剧，20世纪40年代有《银光》《西山脚下》等。另外，1948年台湾还播出了根据莫里哀剧作改编的喜剧《装腔作势》。

注重作品的社会价值，紧密反映现实，激发人民的革命热情、爱国热情，是初期广播剧作品的内容特点。20世纪三四十年代，好的广播剧主要为抗日而作，为人民解放事业而作。初期广播剧的艺术形式特点可以概括为以下几点：

1.总体来说，这时的广播剧定位介于广播剧与舞台剧之间

我国早期广播剧的内在特点接近于舞台剧，主要体现在以下两个方面：第一，主要是单一场景场剧形式（如《恐怖的回忆》主要场景发生在主人公的家里，《开船锣》的故事发生在船上，《“七二八”那天》人物活动只局限于杂货店门前）；第二，没有解说，场景转换主要是模拟舞台剧的方法。

另外有一部分场景剧，如《苦儿流亡记》本身标名是话剧，但是，是为电台播出而创作的，它的转场方法用的是音响衔接，这还是话剧的手法，同时也是利用听众看话剧的经验来感觉转场的。

进入20世纪40年代，广播剧创作者对广播的特点思考得多了，广播剧的形态有离开舞台剧的趋势。有三点可证明：第一，较大胆地使用解说。虽在今天看有无解说并不是广播剧的标志，但从历史的发展看，40年代的广播剧普遍使用了解说，这就从观念上离开了舞台剧，认识了广播剧的特性。当时的解说被称作“话幕”“释白”，解说者被称作“报幕人”或“叙述员”“报告员”等。有的解说已和剧情糅合得非常自然，并开始使用第一人称，颇能引人入胜，和剧情造成有机联系。有的剧已有意识地把解说、音乐、音响交织起来，造成强烈的戏剧氛围。第二，声音元素的有机结合增强了广播剧的表现力。广播童话剧《银光》非常注意音响的安排，鸟叫、犬吠、皇宫里的锣声都成了剧中表现情境、展现人物心情的重要因素。第三，较大地突破了舞台剧时空的限制，有的剧可以说达到了“海阔天空”的程度。

2. 戏剧技巧较突出

广播剧《开船锣》通过保安队押解两个汉奸上船瞬间发生的事,巧妙地表现了一个严重的社会问题,探讨了产生汉奸的深层思想根源和社会背景,发人深省。

《"七二八"那天》塑造了一个有爱国心的小商人,当他听说中国军队打了胜仗,他就声明商店的鞭炮不卖了,留着自己放,把店里的啤酒、香烟也高兴地分给大家,以示庆贺。这一笔以小见大,强烈地表达了中国老百姓盼望胜利的心情。

我国20世纪40年代的广播剧,有的已比较懂得重视细腻的心理展现。这是人们对广播剧艺术特性,对广播剧表现对象特点有所认识的结果。广播剧塑造的声音形象,它的欣赏手段是用耳朵来"神会",它的审美流程是信息源(广播剧)—感知—想象—情感—思维。广播剧的唯一媒介——声音,是物化形态的非具象物质。它不是"实以形见"的可见实体,而是"虚以思进"的幻觉形象。它是"神与物游""听声赋形""凝想形物",是"想象力所形成的一种形象显现",它富有可塑性、参与性、想象性。《银光》最后一段的情节心理展现能使听众与之共振共荡。

关于初期广播剧事业情况,有两点值得关注:

其一,20世纪40年代后,有了党领导下的人民广播电台的广播剧,这是我国广播剧史上的新起点。

其二,有许多著名专业作家参与剧本创作。如《"七二八"那天》是夏衍的作品,《开船锣》是洪深的作品,《以身许国》是于伶的作品。这些都是专为电台写的广播剧,虽然由于广播剧刚刚诞生,广播剧的特点还并不十分鲜明,但由于这些剧作家的戏剧构思技巧纯熟,作品显示了较高的艺术水平。就上面提到的这几部剧而言,以强烈的戏剧性和深刻的社会性、思想性取胜,即使在今天重播仍具有相当的魅力。

二、广播剧走向成熟阶段(1952～1966年)

现代科学技术的产生与发展,才生成了广播剧这种艺术样式。广播剧和电影一样,是"可以让我们知道它的诞生日期的艺术"。[①] 它是伴随无线电的诞生而问世的特殊剧种,是以电磁波为载体深入千家万户的"无线电剧"(或称"空中戏剧")。它以广播为媒介,运用戏剧技巧,将思想、文学与动作转化为听众头脑中的赏心悦目的图景,是一个富有艺术生命力和感染力的听觉艺术、想象艺术。

广播剧艺术的发展历史,天然地要受到技术发展的巨大影响。如果把广播剧的发展看作一条长河,广播剧的直播期只是它的上游源头的一个小段落。转入现代技术录制期,广播剧的表现手段与直播期的重要区别是对声音元素的使用调动更为灵活和自

---

① 〔匈〕贝拉·巴拉兹:《电影美学》,中国电影出版社1986年版,第8页。

由。富有表现力和感染力的声音是广播剧的艺术语言基础。声音否定了物质材料的实体空间性，获得了观念转换较强的时间性；声音否定了静止存在实体的物质性而转入随生随灭、自生自灭的运动性；声音否定了语义性和具象性，获得了多义性、演绎性和主观能动性；声音否定了可视性、直观性，获得了可闻性和全方向性，并且富有表情性和想象性。

现代录制技术使广播剧的艺术语言摆脱了原来比较拘谨的状态，使广播剧的艺术陈述具有了一种浑整圆融追求的可能。有人提出“放之则弥六合，卷之则退藏于密室”的广播剧时空观，真正的时空自由，也只能在现代技术录制时期体现。1952 年我国从国外引进了磁带录音技术，开始了我国广播剧生产的新方式。广播剧由在电台直播（包括演播时当场录音）变成磁带录音技术录音合成，使广播剧艺术发生了转折性变化，大大扩展了广播剧艺术表现的可能性，并使广播剧有可能成为一种真正称得起“声音艺术”的艺术，成为一种相对独立的特定艺术样式。

（一）作品及艺术发展概况

新中国成立初期，全国有 49 座广播电台。当然不只中央台一家生产广播剧，但由于对各台材料搜集的困难，下面仅就中央台制作的广播剧来作分析。

其一，在广播剧的题材内容上，继承了延安的传统，以歌颂新时代新人新貌，歌颂革命斗争中的英雄人物为主。如《卓娅》《检验工叶英》《三月雪》《三伏马天武》《红岩》等剧中的主要人物，不可避免地带有那个时代的“高大全式”人物的烙印。

其二，广播剧的艺术特性更鲜明。在声音诸因素的有机综合上，在广播剧艺术语言的运用上，充分表明了这一点。《皇帝的新装》首次把室内录音和室外录音相结合，取得了可喜的效果。上海台的广播剧《两幅油画》也是名噪一时的上乘之作，其中音乐、音响不仅是起一般的烘托气氛和指示环境的作用，而且非常细腻地配合了人物的心理。《红岩》是我国第一部广播连续剧，在同名小说家喻户晓的当时，广播剧《红岩》能够打响，显示了广播剧的传统形式达到了相当成熟的程度。这个时期的广播剧，从剧本结构到演播和声音诸因素的组合，都充分发挥了广播的特点，显示出广播剧再现和表现的能力。

其三，表现内容上的新追求。“像散文一样的冲淡，像诗歌一般的含韵，像梦一般的幽玄”的广播剧《没有织完的筒裙》，几乎没有一般戏剧所依赖的外部冲突。《三月雪》《杜十娘》《第二次考试》等剧都始料不及地显示了广播剧情感表现的优势。

面对庞杂浩瀚的外部世界，听觉的信息摄取量远逊于视觉，用声音去精确地再现客观事物的形状、质感、色彩等比较困难。如果用语言来弥补——通过大量起用介绍说明性语言、描绘性语言，致力于故事、人物、场景等的再现，也能赢得可观的听众。但这样做，等于把广播剧变成了广播小说，等于把广播剧从戏剧家族里解放出来再塞到文学怀抱里，广播剧仍然没有自我。广播剧不适合精确地再现环境、人物、事件，这是它与生俱来的弱项,然而,限制与自由是相对的。声音艺术再现上的弱,恰恰可以转化为表现上的强。在出入人的内心世界的自由度上,在传达复杂情思的深刻性上,在刺激欣赏者的联想与幻想程度上,广播剧自有它得天独厚的优势。由此可见,从听觉规律出发,广播剧是擅长表现人类情感的。

中国是一个抒情文学发达的国家,欣赏诗情画意的情感饱满的作品,是我国人民特定的民族审美情趣。而广播剧只凭声音表现,从它的本质特征来说,是与抒情文学相融通的。回顾历史更可以使我们认识到,注重广播剧的抒情性,注重抒情的民族特点(讲究意境,讲究情景交融,讲究情感的内在等),是广播剧富有魅力的重要保障。注重发挥广播剧的抒情特征,注重优美的诗情画意,也正是我国广播剧在世界广播剧之林显示光彩、显示特色的关键所在。

(二)广播剧事业的发展

新中国成立后的广播剧事业日趋兴旺。全国各省台、市台先后都开始制作广播剧,通过节目交换,广播剧开始走向全国。这时在我国,大众传播领域是广播唱主角儿,电视事业还没有发展起来。这时广播剧事业上值得一提的是中央台、上海台、天津台等一些大省市台先后成立了广播剧团和广播文工团。这些剧团承担了大量广播剧的演播任务。此时的广播剧如雨后春笋般蓬勃发展,如由王扶林和刘保毅导演,根据安徒生童话改编的《皇帝的新装》,既有室内录音,又有室外录音,立体感比较强,艺术质量较高。在此前后,涌现了《黎明的河边》《故乡》《杜十娘》《国际主义战士白求恩》《两幅油画》《没有织完的筒裙》《山谷红霞》《党员登记表》《长长的流水》和广播连续剧《红岩》等优秀剧目。这一时期,广播剧得到了文艺界、戏剧界的承认,受到中央领导和社会各界的关注。

1959年北京广播学院复校,广播剧走向大学讲坛,这是在广播剧事业上第二件值得提起的大事。

我国广播剧从转入现代手段录制以后,到20世纪60年代,艺术上渐趋成熟,显示了自己艺术上的独立性;理论研究也初步展开,广播剧编导自觉地以比较明确的理论认识指导剧作实践,实践和理论探索都出现了可喜局面。但是,1966年由于“文革”开始,10年间广播剧陷入停滞(“文革”后期,虽有少量广播剧出现,但内容上都受当时政治局面的限制,今天评说的价值不大)。1976年之后,广播剧的艺术形式获得解放,编导的积极性迸发,广播剧剧作和理论研究都步入了新的阶段。

三、广播剧的繁荣兴旺阶段(1976年至今)

这是广播剧的黄金时期,广播剧在艺术上卓有成绩,在事业上蓬勃发展,在理论上走向深入研究。当然,这又是艰难竞争时期。因为从1979年以后,另一种大众传播的艺术形式——电视艺术，在我国迅速发展起来，“广播”不再是空中的唯一主角了，广播剧的听众大量被电视所争夺。随着时代的发展，听众的审美心理也在发展变化，广播剧面临着新的要求，新的考验。

同时这也是我国历史上值得书写的一个时期，文化事业的各方面都蓬勃发展，广播剧也是这样。据有关资料，上海台在“文革”前的十多年里生产了不到40部广播剧，而进入新时期后，在1978～1985年间就生产单本剧150部，连续剧10部(109集)，超过了前十七年总和的若干倍。中央台1980年开办了《广播剧院》专栏节目，每星期播出5次，每次90分钟。1983年改名为《广播剧》，每星期增加到6次，每次60分钟。不少地方电台也开办了“广播剧”专栏节目。据中央台统计，1981年全国生产广播剧370多部，1982年达600多部，1983年500多部。中央台每年播出的广播剧约488部。目前全国具有制作广播剧能力的广播电台已超过一百家，每年可以制作广播剧近一千部(集)。广播剧的繁荣不仅表现在数量上，更表现在质量上的普遍提高，具体体现在以下几个方面：

(一)多侧面地、深刻地反映现实生活

这个时期的广播剧仍沿袭着我国的传统，及时地反映现实生活，歌颂新人新思想。《南宫玲霞》的播出受到老戏剧家夏衍的好评。《真与假》是中央台根据曲艺节目改编的广播剧，它运用细腻的笔法刻画了两个同样美丽可爱的女青年的不同心理图画。陈云同志赞扬这个剧有时代气息，有现实意义。这个时期的广播剧从城市到农村，对知识阶层、干部阶层到工农兵各方面的生活都有所反映。

以革命历史经验的深刻反思与回顾为题材的广播剧在新时期也占有相当大的比重。《一座雕像的诞生》是今天的我们对过去战争的思索；《彭元帅故乡行》和《千古流芳彭元帅》带给观众的不仅是传奇故事，也不仅仅是彭总的崇高品格，更有历史经验的总结。这是对广播剧艺术的新开拓。

总之，新时期的广播剧，题材广泛，内容深刻，时代气息强烈，传达了新时期人民的思想感情，也表现了新时期的生活，因此能为广大听众所共读、共赏。

(二)传统形式的广播剧日趋完美

所谓传统形式的广播剧，就是用现实主义的表现方法，戏剧式的(或小说、故事式)结构形式，以及传统的音乐、音响运用形式。传统形式的广播剧是我国广播剧的基本形式。在新时期，我国的电影、戏剧乃至小说都有观念更新，广播剧的观念当然也要扩展。传统形式的广播剧有自己所擅长表现的生活内容，所以它并不陈旧。如新时期较早的一部广播剧《二泉映月》，就是语言、音乐、音响综合得较有意境、有情感的作品。它用音响表现环境，剧中的音乐似乎是从主人公阿炳心里流出来的，这都是广播剧艺术手法在传统中的发展提高。《珊瑚岛上的死光》是一部科幻题材的作品，它用音乐、

音响表现幻想中的环境、情景,收到很好的效果。这是我国第一部科幻题材广播剧。

(三)风格上多姿多彩

就以抒情来说,有委婉细腻的《二泉映月》《南宫玲霞》《暖流》《一座雕像的诞生》;也有史诗风格鲜明或讲究情感力度的《史圣司马迁》《向警予》《秋瑾》《黑骏马》《解忧公主》;还有从平凡生活中捕捉生活情趣,以朴实情感动人的作品,较突出的如《爱迪生的童年》《三个孩子去蛇岛》;也有的广播剧是以小戏风格情调的喜剧方式取悦于听众。

(四)新样式广播剧在探索中佳作迭现

较早迈出这一步的是中央台播出的系列广播报道剧《普通人》。这部剧一石击起千层浪,很快就收到两千多封听众来信,掀起了一个收听热潮。为了满足听众需要,中央台很快又推出了京味很浓的系列广播报道剧《大碗茶》和连续广播报道剧《我们是中国农民》。这些现实题材的广播剧有突出的三个特点:一是吸取了新闻报道结构手法;二是无明确空间环境;三是将实录人物和塑造人物统一起来。在此期间,地方台也佳作迭现,令人耳目一新,如上海台的《刑警803》、广东台的《西关人家》等。

广播剧离开传统戏剧结构,一般说来走向这几个方面:一是趋向散文式结构,讲究诗情或生活情趣,某些音乐广播剧也属于此类;二是走向心理结构,侧重展现人物的心声、隐秘的情感,较少有戏剧式的外部冲突;三是走向纪实报道风格;四是顺应新形势,贴近听众实际生活和思想脉搏,加大信息容量。

广播剧从舞台剧在话筒前演播的雏形发展到加解说的“广播戏”,再发展到文学型的“广播剧”,以至发展到如今风靡一时的情节性很强的广播连续剧和以刻画人物心理、情感、灵魂为主的“内向型”广播剧,是广播剧成熟和独具特色的表现。荣获1987年第十届“柏林未来奖”广播剧大奖殊荣的广播剧《减去十岁》,篇幅不大,内容十分丰富,写得虽然离奇怪诞,却是心理化、声音化的,既真实又深刻。该剧不是照搬原作——谌容的同名短篇小说,而是有诸多创造,如批判地借鉴了荒诞派的某些艺术形式和手法,扬听觉艺术之优势,使超现实主义与现实主义的艺术描写相互补充和融会贯通,既产生了“寓庄于谐”的特殊艺术效果,又剔除了荒诞派某种颓废的情绪,既给人以历史的反思,又给人以光明的希冀。从整体上说,《减去十岁》是一部荒诞色彩较浓的广播剧。所谓荒诞,是一种故意违反现实情态的写法。它把人们的一种幻想用现实形式表现出来,曲折地传达现实社会中人们内心深处的一些东西。由于它仍是现实生活的反映,只不过是一种变了形的反映形式,所以依然是时代的镜子。上海台的《生存还是死亡》《生命的旋律》也是在实验探索中的新成果。

(五)广播连续剧迅速发展

“文革”后,中央台第一部广播连续剧是《居里夫人》(共8集)。20世纪80年代以来，广播连续剧在全国各台不断涌现。1986 年我国的“丹桂杯”就专门设立奖项评选广播连续剧。参加评选的有 53 家广播电台，60 部作品（含 475 集）。《瓜棚风月》《我不是骆驼祥子》等 20 部广播连续剧获奖。此外，湖南台、四川台以《三国演义》为基础改编的大型广播连续剧取得了突破性成就，有许多宝贵经验值得总结和推广。进入 20 世纪 90 年代，系列广播剧以它独有的魅力吸引了广大听众群，如上海台的《刑警 803》、广东台的《西关人家》等。

广播连续剧发展较快的原因有如下几点：其一，反映生活的需要，“连续”可以容纳更多的内容；其二，大众传播形式的戏剧适宜连续的形式。这比剧场、影院有它的优势。中国听众有在广播中听长篇故事的习惯，所以广播连续剧有一定的社会竞争力。如上海台的《有特殊身份的警官》（11 集）、中央台的《居里夫人》和《夜幕下的哈尔滨》（35 集）等。

（六）古典题材广播剧在数量和艺术质量上有显著提高

典雅的古典题材广播剧，是用现代新艺术形式表现优美的古典故事，既有浓郁的民族情趣，又有一种新鲜感。这类剧是对我国古典戏剧、古典名著的发扬光大，又有丰富现代人审美情趣的需要。广播剧《红楼梦》在展现多姿多彩的人物情感方面很有魅力；《窦娥冤》《桃花扇》悲剧气氛的制造比较感人；把典雅同内在的幽默相结合形成美妙的喜剧效果，《陈妙常》是一次较为成功的尝试。比如，陈妙常在向她的潘相公表白心曲时的心口不一，潘必正的躲躲闪闪、百般窘态，都有较强的喜剧意味。但其中却蕴含着对封建意识的无声抗议，作为一种渗透力很强的异化力量，封建观念迫使个性解放的追求者为自己的追求感到不安，甚至感到耻辱。这种反差带来的艺术感染力显然比直接控诉要强烈得多，而且发人深省。这类广播剧在情节的提炼、语言的文学性、音乐的优美丰富上，都达到了较高的水平，受到专家和听众的赞扬。

（七）立体声广播剧的出现与发展

《渔夫和金鱼的故事》是我国第一部立体声广播剧，是广东台于 1981 年录制并播出的。中央台 1984 年先后录制了《海迪》《红楼梦》等立体声广播剧。我国的立体声广播剧现在一般还是双声道的，但它的确给声音艺术的表现力和独特魅力开拓了新的境界。《红楼梦》《窦娥冤》《陈妙常》《桃花扇》等有保留价值的古典题材广播剧，都依赖立体声技术取得了良好的艺术效果。中国第一部获国际大奖的广播剧《减去十岁》，运用立体声效果产生强烈的方位感、层次感，体现了已故著名导演王芝芙运用立体声的功力。

总而言之，新时期的广播剧，在 20 世纪 70 年代活跃，80 年代发展，90 年代繁荣昌盛。它以数量和质量，以反映现实的广度，以自己的特色和美学价值，赢得了社会的认可。与之相应，广播剧事业也获得了长足发展。

1980 年 12 月在成都召开了第一次全国广播剧经验交流会，并成立了中国广播剧研究会。1982 年 4 月举行了第一次全国优秀广播剧评奖活动，有 15 部作品获奖。此后，几乎每年都召开有关广播剧的业务会议和评奖会议，如"广播剧剧本创作座谈会""广播剧制作经验交流会""广播剧音乐工作会议""广播剧音响工作会议""广播剧编导理论研讨会""全国立体声广播剧研讨会"及多次全国性的评奖活动。1981 年后，中央台连续举办了全国优秀广播剧展播月。1984 年开始，举办了广播剧"丹桂杯"大奖赛。黑龙江台的《序幕刚刚拉开》在首次"丹桂杯"大奖中名列前茅，这是黑龙江广播剧的第一个全国冠军，同时获得 4 项单项奖。1986 年，黑龙江广播剧《急流》又荣获第二届"丹桂杯"一等奖。直到 1995 年"龙江杯"中国广播剧评奖，黑龙江台又以连续剧《村民组长》、单本剧《沙狐》、儿童剧《从春天到秋天的故事》分别获得连续剧、单本剧、儿童剧的 3 项一等奖，从而保持了全国广播剧评奖的"七连冠"。

1995 年末，中国广播奖"龙江杯"广播剧奖颁奖仪式在哈尔滨举行。这次活动全国共有 40 家电台的 62 部作品参评，是自 1984 年来参赛作品最多的一届。除黑龙江台以外，上海台的《无言的歌》、中央台的《我是一个零》、山东青岛台的《红叶情思》、江苏靖江台的《密林深处的小站》、中央台的《难船》等瓜分了各大奖项。剧本是一剧之本。著名作家、戏剧家介入广播剧创作，给广播剧艺术注入了新鲜血液，使其陡然增添光彩，强化了广播剧艺术的生命力。此届获奖剧目有不少是出自名家手笔，或是根据著名作家的文学作品改编。《我是一个零》荣获单本剧一等奖，首先就归功于苏叔阳的剧本。此外，著名剧作家郭启宏和作家冯骥才、程锐等人也都直接参加了广播剧创作，产生了广播连续剧《李白》等优秀剧目。

从 1996 年开始，广播剧正式列入由中宣部组织实施的精神文明建设"五个一工程"参评项目。这对我国广播剧界是巨大的鼓舞和鞭策，对广播剧事业的发展起到了极大的推动作用。

在第五届评奖中，广播剧取得了可喜的成绩，全国共有 13 部广播剧入选。其中有山东台的《孔繁森》、上海台的《纸月亮》、河北台的《野山药》、天津台的《石头说话》、广电部的《女兵连来了男家属》和《鞠躬尽瘁》、河南台的《新来的校长》、陕西台的《风雪昆仑山》、内蒙古台的《母亲碑》、江苏台的《雯雯撑起的天空》、云南台的《关肃霜》和福建台的《他留下一片温情》。这些成绩的取得，给全国各电台注入了新鲜的血液，增强了广播剧的生命力。

在第六届评奖中有 29 部广播剧入选。其中有《地质师》(黑龙江台)、《红枫树》(安徽台)、《热血男儿》(上海台)、《运河人》(广电部)等。广播连续剧《地质师》讲述了以骆玥为代表的一代地质师为开发大庆油田无私奉献的精神以及他们成长、生活与爱情的故事。全剧将人物个性、际遇及命运的描写与时代紧密相连，具有浓郁的史诗色彩。该剧直接反映现实生活，弘扬时代主旋律，具有较高的艺术品位。此剧被纳入艺术类高校教材，在学生中产生了一定影响力。

历史的车轮进入 20 世纪末，在第七届精神文明建设“五个一工程”奖评选中，有 45 部广播剧榜上有名，包括《千古流芳》(北京台)、《共和国赤子》(广电总局)、《大河谣》(福建台)、《山里娃的老师、儿的娘》(山西台)、《嫁给中国》(浙江台)、《厉兵石头城》(江苏台)、《喊海》(天津台)等。本届入选的广播剧，不仅数量多于往届，质量也有很大的提高。从编剧到导演，到音乐、音响，再到演播和制作，都显现出中国广播剧前所未有的高度。其中有一些剧目，在艺术技巧上有一定的突破和创新。中央台的《谢庄故事》《年是什么》，北京电台文艺广播的《向天歌》《妈妈你说话》，上海电台的《嫁给了公家人》(单本剧)和《白玉观音》(连续剧)，新疆台的《情满帕米尔》，吉林台的《跟着鸟儿回家》，贵州台的《那山刺梨花更红》等广播剧获得了当年的“五个一工程”奖。这些剧目制作精良，在社会上引起广泛影响，为社会主义精神文明建设作出了应有的贡献。

总之，新时期广播剧的繁荣兴旺，是在党的改革开放政策的推动下取得的。当然，在其领域还有许多不尽如人意的地方，目前更需要创作方面、理论方面的重大突破。从广播剧的历程来看，广播剧的发展是沿着“自律”上升，也受“他律”的影响。但终归它越来越走向独立。广播剧是其他艺术形式所不能代替的、有独特表现力和艺术魅力的一种特定艺术样式。

第二章　当代中国广播文艺理论研究概要

第一节　当代中国广播文艺节目的理论研究勾勒

一、第一阶段:从20世纪60年代开始到“文革”时期停滞

这一阶段广播文艺理论研究的载体主要是北京广播学院编辑出版的《广播业务》杂志,其中很大部分是研究探讨“电影录音剪辑”的文章。这些基本都收录在由王雪梅主编,北京广播学院出版社出版的《从银幕到广播》文集中。这个时期的理论具体涵盖以下几个方面:

(一)初步摸索到“电影录音剪辑”这种节目形式的艺术规律

王芝芙的《从银幕到广播——电影录音剪辑的制作》一文,提出了电影和广播之间存在着很大的差异,“从这两种形式中寻求它们可以统一的地方,电影录音剪辑才能有新的艺术生命”。白景晟的《杂谈电影录音剪辑》也有同感。

(二)对电影录音剪辑的各方面都展开研究

杨震轮的《帮衬——散谈电影录音剪辑中的解说部分》和满生的《解说的功能》都较有深度地研究了解说的性质和作用。熊永立的《收音机里的李双双》和张木桂的《浅谈电影录音剪辑的广播化加工》都是探索电影录音剪辑在失去画面后,只凭声音如何塑造人物形象。

在解说中提到“人称”,是从业人员对这种节目形式艺术规律认识的进一步深化。可炎的《试谈解说的人称》可称为一种艺术的突破。《电影剪辑的戏剧完整性及其他》是居思惠的研究文章,提出了三个值得思考的意见:其一,编辑的剪辑应从塑造一个完整丰满的人物形象着力;其二,应通过剪辑弥补原影片的不足;其三,要立体感地表现影片,取决于剪辑手法的运用。

二、第二阶段:"文革"结束至今

借着改革开放的春风,文艺广播空前繁荣。文艺广播的理论研究,较之以往可算作灿烂夺目、辉煌的时期。为了叙述方便,以下按节目形式来梳理:

(一)广播中的文学节目研究

1. 小说连续广播

这方面的研究全面而扎实。孙武臣的《广播与文学联姻》①一文,较精练地阐述了广播和文学的"双亲"关系。蔡葵的《谈谈长书编辑的文学修养》②,文中指出从文字到有声的广播语言,不是简单的形式转换,这种听觉的再创造需要有较好的文字修养方可完成。《"上帝"青睐的节目——〈小说连播〉业务专著》③一书的出版,表明了这支专业队伍的成熟与执着。其中,叶咏梅、王大方的文章《广播文艺的名牌节目〈小说连续广播〉》,是对近五十年来小说连续广播节目的总论。

2. 电影录音剪辑

进入 20 世纪 80 年代,电影录音剪辑的理论研究从本质上更深入一步。王雪梅的《漫谈电影剪辑的解说》④,重点分析了电影剪辑中"解说"的性质、作用及其语言技巧。《电影录音剪辑论文选》⑤是新中国成立以来规模最大的一次"电影录音剪辑业务研讨会"的论文选编。《电影录音剪辑稿写作需要形象思维》⑥是王雪梅的研究文章,"形象思维"的提出使这种节目更富有艺术感染力。

(二)广播中的音乐节目研究

1. 从整体上探索音乐节目

胡妙德的《音乐广播的特点》⑦一文阐述了在音乐广播中,音乐得益于语言,从而增强了音乐形象的确定性;语言得益于音乐,则使语言所描绘的文学形象更富有表现性。节目的可听性、广适性、抒情性是音乐广播的特点。《广播音乐节目的审美特征》⑧是周游的研究文字,文章指出了音乐广播与音乐会现场的不同、语言在其中的功能、音响的意义和想象的作用是何等重要等。

---

①②⑧　见《广播业务》1992 年第 10 期。

③　中国文联出版社 1995 年 12 月版。

④　见《北京广播学院学报》1981 年第 3 期

⑤　北京广播学院出版社 1989 年版。

⑥　见《北京广播学院学报》1984 年第 1 期。

⑦　见《中国广播电视学刊》1991 年第 4 期。

2.重视音乐节目中情绪的介绍

音乐是一种情绪的展现,广播中的音乐也不例外。在《谈谈音乐广播稿中对于情绪的介绍》[①]一文中,刘道远提出"对作曲意图的基本情绪走向和对演播者即兴发挥的情绪分析"是情绪介绍的两个重要方面,这应该是听众从中得到的最直接的东西。

3.探求音乐节目的发展

在《广播音乐节目的发展策略概想》[②]一文中,曾田力的观点是"只有从音乐本体出发建立广播音乐的发展策略,从音乐与人的本质关系中拓展广播音乐的天地,才是增强广播在大众媒体当中竞争力的根本"。张志根的《向音乐广播的纵深处开掘——对外文艺广播的一个尝试》[③]是对另一个广播领域的新探索。

(三)广播中的戏曲节目研究

广播中的戏曲占有相当大的播出比重,学术界对它的研究也是多侧面的。

1.对戏曲音响的美学作用认识加深

熊生民、孙以森的《谈谈戏曲广播中音响的作用》[④]论及了声音、音响是广播的生命。

2.对戏曲栏目结构和审美研究有所深入

中央台文艺部的《〈空中大舞台〉节目构想》[⑤]和陈福生的《谈谈〈空中大舞台〉》[⑥],文章从几个方面探索了如何使这档节目达到欣赏性、知识性、娱乐性的和谐统一。

3.对戏曲广播节目艺术构成的各个方面的理论问题、技巧方法问题都有较深入的研究

周华斌的《当代戏曲专题节目走向》[⑦],结合具体节目阐述了当前戏曲专题应如何"写人",如何"记事",如何对节目"赏析、赏评"。除此之外,还有范纯的《谈谈中央台的戏曲听众工作》[⑧]等等。

(四)广播中的综艺板块节目研究

对综艺板块节目的研究始于20世纪80年代。研究在理论上的深化则主要是如

---

① 见《中国广播电视学刊》1988年第4期。
② 见《北京广播学院学报》1997年第2期。
③ 见《中国广播电视学刊》1996年第2期。
④ 见《北京广播学院学报》1983年第2期。
⑤ 见《广播业务》1992年第4期。
⑥ 见《中国广播》1993年第7期。
⑦ 见《中国广播电视学刊》1997年第5期。
⑧ 见《北京广播学院学报》1988年第1期。

下几点：

1.透视《今晚八点半》，思索综艺节目

熊生民的《〈今晚八点半〉漫笔》[①]和刘志宏的《〈今晚八点半〉十年断想》[②]是《今晚八点半》开播十年间一头一尾的评论。这档节目之所以能成为广播文艺节目的代表，文章指出是因为重视研究了听众的需求变化，节目内容和形式的出新，以及高质量、高品位节目的推出。起点定得高，是这档节目成功的基础。

2.对综艺板块节目审美特性的探索

栗国安的《关于中央台板块节目特色的思考》[③]和丛林的《试论广播〈综合文艺板块〉节目》[④]较系统地论述了综艺板块节目的审美要求。周华斌的《综艺节目得失谈——1996年中国广播奖第三届文艺奖颁奖会述评》[⑤]，阐述了导演在节目之间的组合、穿插、交融、契合章法和功力的要求。

3.提出编播人员的修养是节目成败的关键

曹仁义的《板块节目对编辑智能结构的要求》[⑥]，提出"积之愈厚，发之愈佳"的古人为训的道理。

(五)广播中文艺晚会节目研究

对广播中文艺晚会的研究相对较晚，并且都是以某台晚会的成功与不足阐述自己的理论观点的。主要有以下两个方面：

1.突破旧的传统，建立新的思维

霍有义、王敏、马彩芬的《〈希望之光〉把我们的心连在一起——春节特别节目〈希望之光〉制作感受》和栗国安的《〈希望之光〉的启示》[⑦]等多篇对《希望之光》的研究文字，都是精心讨论了它的成功所在——突破旧的樊篱，用心去感受、用情去创作是使晚会达到出神入化境地的必然。《变革晚会模式的一次实践——1997年春节文艺晚会〈春回千万家〉创作札记》[⑧]是杨利明、何晓兵的研究文章。文章指出，广播电视文艺晚会已到了一个风格质变的临界期，任何艺术因结构僵化陈旧都会导致它的消亡。这台晚会的主题精心选择、高度集中和有机贯穿而带来的结构模式的变革，是有别于其他晚会的明显特征。

---

① 见《北京广播学院学报》1987年第4期。
②⑧ 见《中国广播》1997年第4期。
③⑥ 见《广播业务》1992年第4期。
④ 见《中国广播电视学刊》1995年第4期。
⑤ 见《中国广播电视学刊》1997年第4期。
⑦ 见《广播业务》1990年第6期。

2.精心立意,实现立意

田维贤的《漫谈〈九州春光〉春节文艺晚会的思考》和熊生民的《立意与特色——〈九州春光〉春节文艺晚会的思考》①,都是深有体会地诠释了这台晚会之所以能得到群众好评和领导肯定,是"全民同乐,普天同乐"立意的确定和晚会富有民族特色、形式活泼起到了决定性的作用。周游的《〈欢乐共此时〉 伴君迎新春》②探讨并总结了1993年春节文艺晚会成功原因之所在。

三、其他研究成果

第一届全国广播电视学术论文评奖于1988年6月1日至10日在湖南张家界举行。马友骏的《声音蒙太奇是待采的富矿》、杨若声的《论广播音乐》、于卓的《论广播剧〈课堂作文〉的结构》、王雪梅的《中国广播剧历程概论》等论文分别获得广播电视应用理论研究类三等奖。这次评奖是我国广播电视系统的一次创举,是对新的历史时期全国广播电视学术研究成果的一次检阅。

除此之外,张凤铸的《广播文艺的形象特征》③阐述了广播文艺是听觉的艺术,是想象的艺术。听觉欣赏是一种积极的认识活动,想象是人类创作活动的重要因素,它始终伴随着听众的审美过程。张凤铸主编的《中国广播文艺学》④是我国第一部较全面而系统地论及了广播文艺的特性、分类及作为独立学科构建的理论著作,该书详细地介绍了中国广播文艺的特点、节目类型、采录、编辑和制作以及广播文艺节目主持人及听众反馈等内容。它填补了此项领域研究的空白,同时也是我国高等院校广播文艺专业的首部正式教材。该书获得中国广播电影电视部1996年度优秀著作二等奖,并被列为我国广播电视艺术学硕士点和博士点考生的必读参考书。

王瑞棠主编的《广播编辑学》⑤,其中有王雪梅撰稿的广播文艺部分。《对文艺广播走向的思考与联想》⑥是王雪梅的研究文字。文中明确指出,为了国家和民族的利益,广播文艺要有自己正确的走向,否则将会失去自身的价值。

1996年12月,第三届中国广播文艺奖评选在天津举办。1997年11月,第四届中国广播文艺奖评选在昆明召开。为从理论高度对中国广播文艺的政府奖进行总结、提升,"中国广播文艺精品系列"⑦丛书应运而"出"。由刘习良同志主编的这套丛书,将

① 见《广播业务》1991年第8期。
② 见《中国广播》1993年第4期。
③ 见《中国广播电视学刊》1989年第3期。
④ 北京广播学院出版社1994年初版,2000年再版。
⑤ 新华出版社1992年版。
⑥ 见《现代传播》1995年第4期。
⑦ 中国广播电视出版社1998年版。

每届广播文艺奖的获奖作品按音乐、文学、综艺、戏曲等节目类型分类，既有专门针对获奖作品的评析，又有对某类节目的概括研究，史论相伴，点面结合，在当时可谓广播文艺研究的集大成之作。其中，周华斌的《戏曲专题节目分类评述》和张君昌的《音乐节目现状及思考》，在今天看来还有相当的借鉴意义。

随着中国广播业的发展，广播理论的研究重心也从具体节目转移到专业化、产业化之类的制度建设，以及与互联网结合的技术传播等宏观层面上，但还是有人执着于"节目之本"，因为所有制度、技术的创新最终还是要落实到节目、编导的微观客体上来。这些理论成果无疑对提高节目质量有直接的帮助，如华汉孝的《试论广播综合文艺板块节目的内容结构》①、陆群的《困惑与思考：关于音乐台节目设置的几个问题》②等。

2000年11月25日至27日，当时的北京广播学院文艺系和北京广播学院广播文艺研究所共同举办了"新时期广播文艺创作与发展研讨会"。有中国广播电视学会、中央人民广播电台、北京广播学院、黑龙江人民广播电台、北京人民广播电台、广西文艺台、湖北人民广播电台等单位和《中国广播》杂志社参加，并准备出版《新时期广播文艺创作与发展研讨会》论文集。北京广播学院文艺系还出版了由《台湾电视文艺纵览》《音响美学》《广播剧编剧艺术》《电视文艺编导艺术》《西方电影史略》《影视艺术导论》《音乐鉴赏基本理论》《广播音乐论集》等组成的"广播电视文艺教材系列"丛书，这无疑促进了广播文艺从电视文艺中汲取营养，发展自身，以适应新时代的需要。

第二节　当代中国广播剧理论研究的大致脉络

中国广播剧理论研究与中国广播剧实践发展的历史进程同步。纵观它半个多世纪的发展历程，同样可分作三个阶段。

一、广播剧的初期发展阶段，即直播时期(1949～1952年)

从20世纪40年代起，中国有了广播剧的初步研究。这时的理论研究虽然刚起步，但却有深度。理论探索触及了广播剧的本质特征问题，表现在以下几个方面：

(一)从观念上提出了广播剧与舞台剧不同

天津台的《如何导演广播剧》③，文章明确指出广播剧是"纯声剧"的概念，提出广

① 见《新闻前哨》1999年第4期。
② 见《中国广播电视学刊》2001年第4期。
③ 见1947年10月26日《广播周报》第255期。

播剧导演必须研究听众的联想作用，指出“导演应当研究进而分析剧本的声音，让自己置身于听众地位来‘品辨’声音”。

(二)对广播剧的创作范围和时空观念有了较深的认识

有文章指出，广播剧的一个特点就是“放之则弥六合，卷之则退藏于密室”。这就是说，它可以海阔天空、自由变幻地展现时空。

(三)对广播剧的表现内容有了新的认识

《怎样写广播剧》一文很有见地。文章指出“理想的广播剧应着重心理表现，避免不必要的实际动作，要从头至尾是一贯的感情流露”。① 另外，一篇研究材料上说：“广播剧不一定如舞台剧本有什么高潮部分必须夸张，全力以赴，有许多广播剧像散文一样的清淡、诗歌一般的含韵、梦一般的幽玄，导演者应把内在高潮培养烘托出来。广播剧导演比诗人、画家、雕刻家、工程师、舞台导演还要值得赞扬，因为声音的感人力量太大了。广播剧的演出，犹如一首世界名曲，使我们永远忘不了那个天才的指挥者。”② 这些论述在今天来看，也是颇有见地的。

(四)对于广播剧艺术的各个方面都展开了研究

如剧本的写作特点、解说的写作方法、广播剧导演的特殊要求、广播剧演播艺术的特殊性、语言音乐音响的组织等方面。张望撰文《演播音剧并不比舞台剧容易》③，文中指出“播音剧岂不较舞台剧容易而简便多了，然而事实上恰恰相反，播音剧的第二自我尤为重要，要认为播音时播音室已不是播音室了，而是入到含有戏剧气氛的境界里了”。关于剧本结构，钟卒的《广播剧的表现领域与分幕》④一文中说，“广播剧的分幕，而应该是电影的分镜头和跟镜头。”文章指出，广播剧宁可从电影中借取表现方法，也要摆脱和舞台剧纠缠不清的关系。“为广播剧开辟一条新的道路。这条道路必须是通达到一个与舞台剧截然不同的境界中去的。广播剧应该觅取新的自己的用武之地，而不应该继续和舞台剧抢天下。”关于语言，如背景环境的说明，在《怎样写广播剧本》一文中提出“措词可不要太主观，应当使听众有自己想象的余地”。⑤

二、广播剧走向成熟阶段，即现代技术录制期(1952～1966年)

进入20世纪60年代以后，广播剧理论研究日渐活跃。北京广播学院编辑出版的

---

①⑤ 见1944年《广播通讯》第10期。
② 见1947年10月26日《广播周报》第255期。
③ 见1947年4月《广播周报》。
④ 见1948年4月18日《广播周报》第279期。

《广播业务》杂志促进了理论研究的活跃，直到“文革”开始，《广播业务》停刊。几年中，在《广播业务》上发表了十多篇有关广播剧的研究文字，这些基本上都收录在由王雪梅主编，北京广播学院出版社出版的《广播剧论集》(1980 年版)当中。这个时期的理论认识有以下几个特点：

(一)对广播剧音响的美学作用认识加深

张庆仁的《杂谈声音因素》一文提出了三个值得重视的意见：其一，广播剧要善于以声咏情，典型声音运用得好，可以起到“一声千金”的作用；其二，提出无声的“静”，也是音响的一种变化；其三，提出了人的大脑有对声音主观选择这个生理特点，应当成为广播剧音响运用的重要考虑。

(二)对广播剧的结构特点研究有所深入

如刘保毅的三篇《广播剧〈红岩〉改编琐记》和邝远焉的《广播剧场景转换的艺术处理》等，在这方面都有一定的阐述。

(三)对广播剧中人物的声音形象塑造研究更符合美学要求

刘溪的《从马天武人物形象的塑造谈起》一文，很缜密地分析了广播剧《三伏马天武》中两个年龄相近又同是男性军人的声音形象塑造，很有学术价值。

(四)国外相关理论被译介到国内

这一时期，日本的堀江史朗、内村直也关于广播剧的理论阐述，由蔡子民编译介绍给我国。他们的理论核心是“广播剧的最终目的不是在听众的心里构成视觉形象后再引起戏剧感觉，而是以声音本身直接打动听众的思想感情”，这一观点，对我国广播剧理论研究界的认识起了一定的推动作用。

三、广播剧兴旺发展期(1976 年至今)

新时期广播剧学术活动空前活跃，尤其是广播剧被纳入“五个一工程”评奖后，科研成果相当丰富。广播剧研究在理论上的深化，主要有以下几点：

(一)关于广播剧的本质特征问题

这一时期比以往更明确地认识到了广播剧不仅仅是一种“看不见的戏”“用耳朵听的戏”，它是吸收了戏剧的营养，形成的一种“特殊艺术形式”。王雪梅的《广播剧艺术论》[①],全面而系统地阐述了广播剧的艺术特征、编剧规律和导表演规律,填补了此领域的空白。在《对广播剧艺术个性的思考》[②]一文中,王雪梅明确提出:“广播剧应当侧重呈现人物的心灵世界,侧重展现内心的复杂细微的状态,包括感情。可以说用声音来表现,侧重表现心灵图画,直接展现心理活动,这是广播剧的艺术个性,或者说是它艺术个性的一个重要方面。”张凤铸、张育华的文章《关于广播剧本性的一点思考》[③]也论及了这个问题。

(二)对广播剧接受美学的研究深化了

对听众的心理、广播剧内容和听众心理沟通的研究加深了。《广播剧〈二泉映月〉艺术特色浅析》[④]是胡源、许志平的研究文字。文章主要从听众的欣赏心理需求去探求广播剧的艺术特质。田本相的《听广播剧漫笔》[⑤]一文,对广播剧界有一定的影响。于君的《脱弃陈骸,自标灵彩——听广播剧〈陈妙常〉》[⑥]、范建的《听觉空间和艺术占领——广播剧作漫谈》[⑦],分别从不同角度探讨了广播剧的接受美学问题。

(三)对广播剧的观念、艺术样式、表现手法展开了比较活跃的研究

对许多形式上、表现手法上的创新剧目,理论评论界都给予了关注,总结了其中的某些美学经验。广播报道剧进入上个世纪80年代以来深受听众的青睐,王雪梅的《探索与奉献》[⑧]和《广播报道剧的动态式与静态式》[⑨]都是探讨广播报道剧的艺术特征。《非戏剧化——广播剧发展的一种趋势》[⑩]是陆群对广播剧走向的见解。

(四)对广播剧艺术构成诸方面的理论问题、技巧手法问题都有一定的研究

宋家玲的《怎样写广播剧》[⑪]、王瑞棠的《广播编辑学》[⑫]、张凤铸的《中国广播文艺学》[⑬],其中都有重点论述广播剧的部分。

除此之外,广播剧理论方面的著作还有祖文忠的《广播剧电视剧概论》[⑭]、朱宝贺

---

① 北京广播学院出版社1992年版。
② 见《中国广播电视学刊》1998年第2期。
③⑤ 见《中国广播剧》1989年第1、2合期。
④ 见《北京广播学院学报》1979年第2期。
⑥ 见《中国广播影视》1987年第1期。
⑦ 见《中国广播剧》1989年第4期。
⑧ 见《中国广播电视》1986年第9期。
⑨ 见《北京广播学院学报》1991年第3期。
⑩ 见《北京广播学院学报》1988年第1期。
⑪ 中国戏剧出版社1983年版。
⑫ 新华出版社1992年版。
⑬ 北京广播学院出版社1994年版。
⑭ 黄河文艺出版社1985年版。

的《广播剧编剧艺术》①、冯福宽的《消失在声音里的青春》②、刘雨岚的《关于广播剧美学的几点思考》③和郦子柏的《漫谈广播连续剧创作》④，都是很有见地的研究。《音乐在广播剧中的作用》⑤是宋铁铮几十年实践的积累，有一定的权威性。《广播剧的空间表现——音响效果的地位、作用》是周传基 1985 年在全国广播剧音响效果经验交流会上的讲课题目，在广播剧界有一定的影响。《论广播剧的制作艺术》⑥是戎雪芬的研究文字。叶咏梅的《用无声的手托起有声的世界——评复制合成广播剧的艺术魅力》⑦总结了广播剧录制艺术的美学所在。

经过半个多世纪的发展，我国广播剧积累了丰富的创作经验和教训。它已经作为一门新的独立学科进入大学讲坛。1980 年北京广播学院文编系开始试讲"广播剧"课，1983 年又开设了"广播剧编导"课。这是广播剧艺术日趋成熟的标志，也是广播剧理论进入专门化研究的新的起点。中国广播剧研究会陆续出版了四部《广播剧选集》，湖南人民广播电台文艺部还选编了《广播剧本选》，这些专门著述标志着广播剧的创作和理论研究进入成熟阶段。

1986 年，中国戏剧家协会主席、著名戏剧家曹禺先生撰文《喜听广播剧〈陈妙常〉》⑧，文章中论述了他关于广播剧的重要见解，提出了广播剧的美学特征，谈了三层意思：其一，广播剧更像"诗"，更有诗的感情；其二，广播剧发挥人的想象力，听众可以比播出的内容想得更多，把人的感情引向更深的境界；其三，它仅靠声音渗进人的灵魂，让人回味。这是关于广播剧美学特征的深刻见解，引起了我国广播界的重视。

早在 1981 年，曹禺先生就曾为《广播剧选》作序。他称广播剧为"百花园中艳丽的花朵，得到人民群众的称赞和喜爱……台词、音乐、音响效果融为一体，使人神往，耐人回味"，并说：

> 广播剧的生命，在于它独特的个性。广播剧的艺术家们，给听众留下了广阔的天地，使听众参与了创作。听众是广播剧的创造者。闭目静听，一切人物、生活的无穷变幻，凭借神奇的语言和音乐，你不觉展开想象的翅膀，翱翔在奥妙的世界中。想象打开了五光十色的宝库，一切人物生活的无穷变幻，一切大自然的莫测高深，就像无边的画卷，流动在你的眼前。诗有多少意境，广播剧就有多少意境。诗魅惑人，广播剧，也魅惑人。

---

① 中国广播电视出版社 1994 年版。
② 陕西人民教育出版社 1994 年版。
③ 见《中国广播剧》1989 年第 1、2 合期。
④ 见《剧作家》1996 年第 3 期。
⑤ 见《中国广播文艺学》北京广播学院 1994 年版相关部分。
⑥ 见《中国广播剧》1991 年第 3、4 合期。
⑦ 见《中国广播》1997 年第 1 期。
⑧ 见《北京广播学院学报》1987 年第 1 期。

20 世纪末,一些国外优秀的广播剧作品和论述被译介到中国来。如德国著名诗人、广播剧作家君特・艾希,他曾以自己的广播剧获得 1958 年"毕希纳"文学奖。他的著作《十五个广播剧》,其中有 8 个已经被翻译、介绍进来。饮誉世界的丹麦广播剧《费尔・柯斯顿》,以及荣获 1989 年"柏林未来奖"广播剧大奖的《不许出去,不许看电视》先后被引进。这些对于开拓我国广播剧从业者的视野,进一步发展有中国特色的广播剧具有积极意义。

进入 21 世纪,机遇与挑战并行的中国广播文艺事业的理论研究曾在一定程度上放缓了前进的步伐,但广播剧从业者们始终没有放弃向未知领域探索的勇气。其中,关于广播剧在新形势下的新发展问题,仍是学术界研究的热点。在这方面出现了一批具有真知灼见的理论文章,如杨树华的《广播剧录制的数字时代》[①],桑世兴的《〈让我爱一次〉:香港广播剧的启示》[②],宋晓茜、王纯的《广播剧:涅槃后重生》[③]等。2001 年 10 月,上海市广播电视学会出版了叶志康等人主编的《上海广播剧论文选集》,勾勒出新世纪广播剧发展的宏伟蓝图。

---

① 见《现代传播》2002 年第 1 期。
② 见《声屏世界》2002 年第 11 期。
③ 见《现代传播》2003 年第 3 期。

第三章 当代中国电视文艺的艺术实践

电视文艺是以先进的电子技术为传播手段，以电视独特的声画造型为表现方式，运用艺术的审美思维，对各类文艺作品进行加工、综合、创造，通过塑造鲜明的屏幕形象，达到以情感人目的的一种特殊的屏幕艺术形态。它具有视听艺术的综合性和广泛的群众性。除广大观众喜闻乐见的电视剧之外，还有根据传统文学形式加工制作的电视小说、电视散文、电视报告文学、电视诗歌等。常见的则是专题文艺节目、专题文艺晚会、综合文艺晚会、各种文艺竞赛性节目、各具特色的电视文艺专栏节目和根据实况演出加工而成的各类文艺节目。一次文艺节目的播出可以拥有数亿的观众，电视文艺可以把小小的电视屏幕变成世界上最大的舞台。

电视文艺是随着电视媒体的出现而出现的。第一次同人类见面的电视台是 1930 年的英国广播公司，它是以文艺节目的转播而开始自己的运作的。综观世界各国的广播电视媒体，一般都以新闻、文艺两种节目形态起手，然后才逐渐繁衍出多种电视节目。这一点在中国也不例外。当代中国电视文艺的发展大致可以分为如下几个阶段：

第一节 当代中国电视文艺的起步阶段(1958～1965 年)

中国的电视事业起始于 1958 年，北京电视台①于创建之初，便有文艺组的建制。1958 年 5 月 1 日是国际劳动节，当晚的 19 时整，首都上空出现了中国电视信号。北京仅有的 50 台电视接收机的荧屏上，出现了一幅以广播大模型作为背景的图案，醒目的“北京电视台”台标和开始曲交相呼应。时政新闻播出后，便是电视文艺节目。试播第一天的文艺节目，是在一间约 60 平方米的由会计室改建的小演播室内直播的。其节目有中央广播实验剧团表演的诗朗诵《工厂里来的三个姑娘》，北京舞蹈学校演出的舞蹈《四小天鹅舞》《牧童和村姑》《春江花月夜》。节目虽称不上丰富多彩，但毕竟是第一次成功的尝试。试播结束之后，新华社为此发了一条电讯，向世界宣告新中国的第一座电视台已于 1958 年 5 月 1 日诞生。

① 中央电视台之前身，因当时接收范围仅限于北京市区几十平方公里，故只能以北京电视台命名。

1958年6月15日,北京电视台播出了我国第一部电视剧《一口菜饼子》。该剧根据同名短篇小说改编,曾在广播电台播出,在舞台上演出过,这次却是以直播电视剧的形式被搬上荧屏。全剧以一块枣丝糕和一口菜饼子为贯穿线进行忆苦思甜的教育。虽然演播室里的布景很简陋,只搭了一座破窝棚和少许道具,但整个程序却是按一种电视化的手法进行操作的。信号发出,演员在表演区表演,两部摄像机拖着长而粗的电缆开始拍摄,其他工作人员屏声敛气、各司其职。随着图像信号和伴音信号不断被传送到控制室,导演在控制台上,眼睛盯着几台监视器的图像,耳朵注意听着话筒传来的伴音信号,按照事先设计和排练过的镜头本,指挥图像的组接,声画同步、一气呵成。

《一口菜饼子》的成功播出,在电视剧的探索方面有几点值得注意:一是戏剧中的姐姐作为第一人称叙述者,采用了广播剧的手法,类似于电影的画外音;二是为了烘托气氛,说明环境,插入了一些外景的空镜头;三是采用了蒙太奇手法,拍摄的角度、景别都有变化;四是演员的调度和表演都是围绕镜头的要求处理。这些手法不仅突破了舞台剧的局限,而且如多机拍摄、音画同期同步、艺术表演一次完成等创作经验,对今天的电视室内剧的制作仍有借鉴意义。

1958年6月26日,北京电视台进行了第一次剧场转播,充分发挥了电视即时传播的特性,让电视观众在同一时间内收看到了剧场演出的现场实况。当天转播的内容是革命残疾军人演出的一组文艺节目。此后如梅兰芳主演的《穆桂英挂帅》,尚小云主演的《双阳公主》,周信芳主演的《四进士》,马连良和张君秋合演的《三娘教子》,张君秋、叶盛兰和杜近芳合演的《西厢记》等,都是通过剧场转播与广大观众见面的。此后,剧场文艺演出的转播成为了当时电视文艺的主要形式之一。

1959年国庆期间,北京电视台转播了前来参加演出的前苏联芭蕾舞团表演的《天鹅湖》,乌兰诺娃主演的舞剧《吉赛尔》和《海峡》的片段。外国文艺从此成为中国电视文艺的一个组成部分。是年国庆,北京电视台还第一次进行了大规模实况转播活动,让电视观众同步目睹与欣赏了天安门广场国庆10周年大型文艺晚会的盛况。此后,每逢国际劳动节和国庆节,北京电视台都要实况转播这里的焰火文艺晚会,而且规模越来越大。

1960年,北京电视台首次在演播室里排练、播出了综合性春节文艺晚会,有诗朗诵、相声、戏曲、歌舞等,这就是后来流行的大型文艺晚会的雏形。这年,北京电视台新建了600平方米的演播室,演播条件和艺术加工能力有所进步,像介绍小提琴协奏曲《梁山伯与祝英台》的专题片,由黄一鹤任编导,在处理解说词、组接镜头和插接戏曲(越剧)影片片段等方面都做了十分有益的尝试和创新。此外,舞蹈《赵青独舞》、甬剧《半把剪刀》、话剧《七十二家房客》等文艺节目,都运用电视手段进行艺术再创造,丰富了电视文艺节目类型和节目的艺术表现力与电视化。此后,播出这类经过电视化处理的戏剧成为了电视文艺的又一形式,它与剧场原样转播相比,上了一个新台阶。这类剧目还有在中央及地方电视台陆续播出的歌剧《刘三姐》《洪湖赤卫队》《江姐》,京剧

《红灯记》，评剧《双玉蝉》《祥林嫂》，昆曲《李慧娘》，川剧《燕燕》，话剧《伊索》《雷雨》等。

播放电影和纪录片一直是电视文艺的重要内容之一，从北京电视台的第一天试播，便有故事影片的播出。1959 年国庆期间，北京电视台前后播映了 4 部重点发行的献礼片（《林则徐》《风暴》《老兵新传》《我们村里的年轻人》）和 4 部大型纪录片（《英雄战胜北大荒》《第十个春天》《远征沙漠》《红光照山村》）。

1961 年 8 月 3 日，北京电视台首次举办了以“笑”为主题的专题晚会，内容是北京和天津的相声演员表演的相声。第二次《笑的晚会》于 1962 年 1 月 20 日举行，仍以相声为主，增加了其他喜剧性节目，以文艺茶座形式播出。1962 年 9 月 30 日播出的第三次《笑的晚会》，以电影、话剧演员表演小品为主，与前两次风格样式不同，侧重表演，减少了说唱，以此欢度国庆。这三次晚会试图突破现有文艺节目的局限，创作一些适于电视演播的喜剧节目，为探索电视文艺节目的新形式积累了有益的经验。

1961 年 12 月 11 日至 19 日，为庆祝著名京剧表演艺术家周信芳舞台生涯 40 年，北京电视台第一次进行大规模连续转播活动，转播了周信芳主演的《打渔杀家》《乌龙院》《打瓜招亲》《宋世杰》《张飞审瓜》《斩经堂》《四进士》和《海瑞上书》等剧目。如此大规模的连续专题转播，形成系列，造成声势，营造规模，在中国电视文艺史上尚属首次。

1961 年 1 月 4 日，为庆祝《毛泽东诗词》出版，北京电视台举办了毛泽东诗词大型朗诵会。同年 7 月 1 日又举办了毛泽东诗词欣赏晚会。在后来的特定历史时期内，为配合当时主要的政治活动，诗歌朗诵会这一形式在电视文艺中不时出现。它以诗为主，配合歌舞，诗情画意并存，歌声舞蹈纷呈；其间名家云集，朗诵家、歌唱家、舞蹈家各显其能，交相辉映，相得益彰，成为我国电视文艺中一道引人瞩目的景观。

1964 年 12 月底，北京电视台利用黑白录像机录制了常香玉主演的豫剧《朝阳沟》第二场和京剧《红灯记》中“智斗鸠山”一场，在迎接 1965 年元旦的文艺晚会中播出。这是我国电视媒体第一次使用录像播出的文艺节目。从此，电视文艺进入第二阶段，即从实况直播舞台演出向录像播出过渡。电视文艺借助录像技术，既可保留节目，又可提高艺术质量，为丰富荧屏节目提供了良好条件。

我国的电视媒介从诞生之日起，就是党和国家的宣传机构，它不仅受国家经济形势的影响，而且意识形态领域的风云变幻，在电视文艺的领域中很快就能反映出来。“左倾”思潮的影响，从“社会主义教育”运动的开展而初见端倪。北京电视台自我检查了 1962 年以来播出的文艺节目，在 1963 年 11 月形成的材料中，对一部分节目作出了错误的批判，如戏曲《红梅阁》《李慧娘》《钟馗嫁妹》等被称为“鬼戏”；《大登殿》宣传了“投敌思想、一夫多妻观念”；《莲花剔目》“宣扬个人主义”；《桑园会》《汾河湾》《武家坡》“宣扬封建道德”；音乐《晴朗的一天》（歌剧《蝴蝶夫人》选段）“有不健康情调”；《笑的晚会》则“低级粗鄙，思想不健康”等等。从这份材料可以看出，当时已用简单粗暴的扣帽子取代了严肃的实事求是的文艺批评，电视文艺遭到无端打击，“文化大革命”的气息似乎已隐隐可闻。

虽然存在着各种条件的限制,加之政治及经济形势的影响,可在短短的8年间,中国电视文艺从无到有、从小到大,仍然取得了很大的发展。不仅中央电视台的文艺节目崭露头角,而且地方电视台的文艺节目也初露锋芒。其中较为突出的上海电视台和广东电视台,其文艺节目的播出量都占节目总量的70%。在“文革”之前,广东电视台播出电视剧40多部,上海电视台播出39部,仅次于北京电视台的70多部。另外,其他地区的电视台也由少到多地办起了富有民族特色和地区特色的电视文艺节目。

这一时期的电视文艺经历了从简单到复杂、从低级到高级的发展过程。在表现手段上,从演播室实况直播到剧场演出直播再到初次尝试录像播出;在内容与形式上,从较为简单原始的转播电影、戏剧、歌舞、曲艺等既有艺术形式,到进行更富电视化特点的再创造和探索,对几乎后来的各种电视文艺形式都有涉足与尝试,为我国电视文艺的发展打下了良好的基础。特别值得一提的是直播电视剧,它是电视文艺初创期特有的产品,其整个发展历程也在这一阶段宣告结束。从第一部直播电视剧《一口菜饼子》,到1966年2月26日北京电视台播出的长达两小时的《焦裕禄》,直播电视剧走完了其发展历程。其间产生了我国的第一部电视诗剧《火人的故事》,第一部电视小品《穿花布拉吉的姑娘》,第一部较长的电视剧《新的一代》。直播电视剧,由于受直播和客观技术条件的限制,镜头和角度的变化不如电影自如,基本上是一个模式:“一条主线,两三个景,四五个人物,七八场次,六十分钟,二百个镜头”,以内景为主,以近景为多。但它也具有制作时间短、反映现实生活快的优势,形成了我国电视剧的优良传统,并被后起的电视剧在更高层次上加以借鉴和吸收。

这一时期,电视文艺坚持为工农兵服务、为社会主义事业服务的方向,播出了大量的优秀文艺节目,丰富了人们的精神文化生活,深受广大观众的喜爱。但一段时间也存在“配合中心服务”的节目,存在标语口号式和图解政策的倾向,制作上简单、粗糙,“直奔主题”,艺术质量较差,可观赏性较差。正反两方面的经验和教训,是值得我们认真总结和记取的。但一场波及全国上下所有领域的政治运动“文化大革命”,打断了电视文艺的正常发展进程。

第二节　当代中国电视文艺的停滞与复苏阶段(1966～1978年)

一、停滞期

“文化大革命”使党、国家和人民遭受到新中国成立以来最严重的挫折和损失。它首先从文化界开刀,电视文艺这一稚嫩的事业自然首当其冲,成为重灾区。“文革”初期,全国广播电台一律实行军事管制,地方广播电台停止自办节目,只能转播中央人民广播电台节目。全国大多数电视台也被迫停办,北京电视台(中央电视台前身)也有诸多限制和管制。

1966 年 5 月,北京电视台(即中央电视台)作出关于宣传“无产阶级文化大革命”的一些安排,提出关于文艺节目播出的四项措施:要求编审人员加强政治责任心和阶级斗争观念,保证电视屏幕上大放鲜花,不播毒草;要求文艺节目树立正面典型、英雄形象,反映工农兵生活,属于样板的节目要反复播;要求紧密配合政治中心任务和重大节日的宣传活动,编选旗帜鲜明、战斗性强、小型多样的文艺作品;要求积极扶植工农兵及青年学生的业余文艺活动,设立“工农兵业余文艺”专栏。另外还详细规定了八类“坏节目”一律不播。这八类所谓的坏节目包括:“歪曲历史真实、专写错误路线的”;“歪曲英雄形象的”;“描写战争恐怖、渲染苦难、宣传和平主义的”;“专写中间人物、丑化工农兵形象的”;“美化阶级敌人的”;“提倡资产阶级人道主义、宣扬人性论的”;“写谈情说爱、宣扬小资情调的”;“帝王将相才子佳人及鬼戏一类的传统剧目”等等。

这样,在“四人帮”文化专制主义的统治下,只有一家独鸣、一花独放。电视文艺的发展受到极大的破坏,充斥屏幕的是样板戏、语录歌、“文革”节目及偶尔一些带较浓政治色彩的外国文艺节目。

《红旗》杂志 1967 年第 6 期发表了《欢呼京剧革命的伟大胜利》的社论,指出:京剧革命“给无产阶级新文艺的发展开拓了一个崭新的纪元”。1967 年 5 月 23 日,北京电视台直播了《首都纪念毛泽东〈在延安文艺座谈会上的讲话〉发表 25 周年大会》。其纪念活动期间,京剧《红灯记》《奇袭白虎团》《智取威虎山》《海港》《白毛女》,交响乐《沙家浜》等 8 个样板戏同时在首都各大剧场、舞台演出,电视台相继播映,从此电视台几乎每天播放“样板戏”。从 1971 年 10 月起,又增播《龙江颂》《杜鹃山》《沂蒙颂》等剧目。从 1971 年 11 月 18 日起又变换手法,开始教唱“样板戏”选段。

“样板戏”是“文革”期间出现的一种极为复杂的文化现象。这批“样板”凝聚着当时很多艺术家的心血,具有一定的艺术成就,但它被少数阴谋家所利用,被当作压制其他文艺的工具,这本身又起到了极坏的作用。转播“文革”节目也是停滞期电视文艺的内容之一。主要节目有:首都红卫兵演出的大型音乐舞蹈《毛主席革命路线胜利万岁》,驻京部队“革命派”文体战士联合演出的歌舞《毛泽东诗词组歌》和《井冈山的道路》,中直所属音乐舞蹈学院联合演出的毛主席语录大联唱、大型交响合唱《毛泽东诗词组歌》、大型音乐舞蹈史诗《无产阶级文化大革命万岁》,北京工农兵体育学院的“毛主席语录操”汇报表演,工农兵文艺节目《热烈呼唤全国山河一片红》。1976 年 5 月 16 日转播的由《诗刊》社等单位联合主办的《歌颂文化大革命、反击右倾翻案风诗歌朗诵演唱会》成为“四人帮”“阴谋文艺”的最后表演。

电视文艺的停滞期,也播出了一些外国文艺节目。这些节目都来自当时与中国交往密切的国家,其政治色彩很浓。如越南南方解放军歌舞团来华演出,阿尔巴尼亚地拉那市“一手拿镐、一手拿枪”业余艺术团访华演出,朝鲜大型歌舞《党的好女儿》,日本松山芭蕾舞团演出的《白毛女》和日本话剧《野火》等。1970年9月，为了庆祝越南民主共和国成立25周年，北京举办"越南电影周"，北京电视台先后播放了影片《英雄的昏果岛》《上前方之路》等。这些水平不算太高的外国文艺节目竟让当时处于文化饥渴状态的中国观众颇为着迷。另外，每年的"五一"国际劳动节和"十一"国庆节，天安门广场举行盛大焰火晚会，北京电视台均进行了实况转播。

十年浩劫期间，国际上电视大发展，电视文艺也非常活跃，而国内的电视文艺却一片荒芜，甚至发生了倒退。但出于一定政治需要而进行的电视事业建设和技术更新，毕竟使电视文艺获得了几项收获。

1971年5月1日，转播焰火晚会的实况已能通过微波传送到20个省、自治区、直辖市，电视文艺的传播手段、传播覆盖面都在加强和扩大。

1973年4月14日，北京电视台开始彩色试播。8月1日，上海电视台开始彩色试播，成为全国第一个播出彩色电视节目的地方电视台。同年10月1日，北京电视台彩色节目转入正式播出，转播了首都人民国庆游园活动的实况。这次实况转播首次使用了国产的彩色电视转播车，同时使用了国产彩色磁带录像机。彩色电视较之黑白电视，有了质的飞跃，从而大大提高了电视文艺的表现力和感染力。

十年动乱期间的电视文艺节目主要采取转播舞台演出实况的形式。但这时的转播工作做得比较细致，不再是早期转播时导演只写提纲式的镜头本，而是事先分好镜头，并写出详细的转播镜头本，分发给有关转播人员，做到心中有数，有章可循。这一做法提高了文艺节目转播的艺术质量和技术水平。

抢救国家著名艺术家的传统节目迫在眉睫。1975年前后，北京电视台调动彩色录像设备抢录了一批文艺资料，有著名相声演员侯宝林、郭启儒等表演的传统保留节目，有著名京剧演员李和曾、赵燕侠、谭元寿和著名粤剧演员红线女等人的拿手戏、精彩段子。这项工作一直进行到1976年秋。有些地方电视台也抢录了一批文艺资料，如天津电视台从1976年初开始，花了5个月时间，抢录了50多个传统戏曲节目，如京剧《蜈蚣岭》《恶虎村》《二堂舍子》《打酒馆》，河北梆子《拾柴》《柜中缘》《挂画》等。这些行动为保存我国优秀的戏曲文化遗产作出了重要贡献，使一些濒临失传的著名艺术家的代表作保留了下来，并在不久之后的电视文艺复苏期派上了用场，安排在电视节目中播出。

二、复苏期

粉碎"四人帮"以后，我国的社会政治形势发生了巨大变化。全国人民人心大快、群情振奋，长期被禁锢的电视文艺也呈现欣欣向荣的景象。歌颂老一辈无产阶级革命家和庆祝粉碎"四人帮"胜利的节目如雨后春笋；一批长期受到禁锢的传统剧目重放异彩；一些电视文艺新形式也涌现出来。

1976 年 12 月 21 日，北京电视台直播了《诗刊》编辑部主办的诗歌朗诵音乐会实况。一批遭"四人帮"迫害的艺术家包括王昆、郭兰英、王玉珍、常香玉等登台表演，缅怀老一辈无产阶级革命家，纵情歌唱粉碎"四人帮"的伟大胜利。会上演唱了许多长期被禁的优秀革命歌曲，如《绣金匾》《兄妹开荒》《夫妻识字》《洪湖赤卫队》等。演唱者一边流着热泪一边表演，声情并茂。压抑已久的广大观众终于又听到他们喜爱的艺术家歌咏的诗歌和音乐作品，百感交集，产生了强烈的共鸣。此后在 1977～1978 年间，北京电视台先后转播了大批此类节目。如 1977 年 1 月 18 日中央乐团演出的庆祝粉碎"四人帮"伟大胜利综合音乐会，北京电视台主办的专题文艺节目《我们永远怀念你啊，敬爱的周总理》，《诗刊》社主办的第二次诗歌朗诵音乐会，纪念周恩来总理逝世一周年文艺演唱会和诗歌朗诵会，鲁迅和郭沫若诗歌朗诵会，"亿万人民的心声——《天安门诗抄》"选播等。

1977 年 9 月 9 日，北京台转播了隆重纪念毛泽东逝世一周年文艺演出，并配合毛主席纪念堂落成大典，播放了电视片《毛主席在中南海住过的地方》，播出后在国内外获得好评。

在复苏期内，这类文艺节目政治色彩浓厚，符合当时的时代背景和人民需要，大多采用诗歌朗诵、独唱等直抒胸臆的艺术形式，深受观众欢迎。值得一提的是，1978 年 11 月 7 日，中央电视台转播了话剧《于无声处》，又录播了话剧《丹心谱》《左邻右舍》等反映人民群众与"四人帮"进行斗争的艺术作品，引起观众的强烈共鸣。

思想的解放，禁锢的逐渐破除，使这一时期的电视文艺走上了复苏之路。恢复播映丰富多彩的文艺节目和各种形式的艺术作品，满足广大人民群众文化生活的多方面需求，是这一时期电视文艺的一大特色。

1977 年 10 月 18 日，北京电视台陆续播出了湖南花鼓戏《十五贯》、京剧《闹天宫》、昆曲《大破天门阵》和京剧《打渔杀家》等。1977 年 11 月 29 日，北京电视台播出了南斯拉夫电视剧《巧入敌后》，这是"文革"后我国电视台播放的第一部外国电视剧。1978 年 1 月 27 日，英国广播公司出品的电视连续剧《安娜·卡列尼娜》(10 集)在北京电视台第一套节目中播出。随后北京电视台又播出了日本故事片《望乡》和《追捕》等。

1978 年 2 月 6 日，北京电视台为观众举办了粉碎"四人帮"后的第一次春节联欢晚会，播送到凌晨 1 时左右。郭沫若特为晚会题写了春联"飞雪迎春到，心潮逐浪高"，杨沫、李苦禅、李瑛、于蓝、王晓棠、马季等文艺界著名人士出席并表演节目。它标志着我国电视文艺开始恢复生机。这一年，许多外国优秀文艺团体纷纷来华演出，北京电视台陆续转播了墨西哥、印度舞蹈家访华团的演出实况，小泽征尔指挥中央乐团交响乐队演出的交响音乐会和中央乐团、中央音乐学院演出的奥地利作曲家舒伯特音乐会。古今中外的优秀艺术作品重上荧屏，人民重新获得了欣赏艺术的权利。

1978 年 4 月，"文革"后第一部国产彩色电视剧《三家亲》播出，它标志着我国电视剧事业的新生。1978 年 5 月 1 日，北京电视台正式改名为中央电视台，英文缩写为

CCTV。另外，在电视文艺的复苏期，也出现了标志我国电视文艺转型的萌芽新栏目。1977年5月23日，北京电视台(中央电视台)开办《文化生活》栏目。尽管它在当时还不太引人注目，但与此前的电视文艺节目相比较，它明显地具有更多的艺术性、知识性、欣赏性和趣味性。更重要的是，它标志着电视文艺自制节目的新起点。1979年1月，中央电视台又开办了《外国文艺》专栏，介绍外国各种优秀文艺节目。

1978年，党的十一届三中全会召开，标志着中国社会历史发生了根本变化。电视文艺的春天到了。

第三节　当代中国电视文艺的发展与兴旺阶段(1979年至今)

从1979年开始，电视事业的发展步伐大大加快了，开始迈入高速发展和兴旺的时期。1979年1月，中央电视台开始对宣传个人、神化领袖和鼓吹以阶级斗争为纲的节目内容进行清理，这是电视文艺开始转型的标志，即从单纯配合政治宣传转变为重新确立电视文艺自身的价值与功能。1979年6月，中国电影发行放映公司决定不再向电视台提供新故事片，这对当时的电视是个不小的打击；同时，粉碎“四人帮”后复演、复映一批传统剧目和影片形成的暂时繁荣很快过去，观众们在要求看反映新时代、新生活的作品。这一切都在刺激着电视文艺应该确立自己的形象与品位，尽快从依靠转播社会文艺团体的演出和故事片播映中脱离出来，寻找一条新路。为此，中央电视台于1979年和1980年连续举办“全国电视节目联播”，1981年举办全国优秀电视节目评选，并召开全国性电视节目专题座谈会，鼓励探索和创新，促进各种文艺节目如雨后春笋般地涌现在屏幕上。

时代要求电视文艺为改革开放服务、为广大观众服务，坚持“自己走路”的方针，充分发挥电视媒体自身的特点，“扬独家之优势，汇天下之精华”，促使电视文艺真正站立起来。

1981年的电视文艺节目开始充满亲情与欢乐。1982年1月25日，中央电视台播出了由39个科技出版单位联合主办的《迎春联欢晚会》，姜昆和李文华、常宝华和常贵田的相声，李谷一、蒋大为、德德玛、苏小明的独唱，谢莉斯、王洁实的二重唱和刘诗昆的钢琴独奏，都深受观众欢迎。

1982年6月5日，中央电视台《舞台与银幕》栏目开播，此举既是为了协调与已经中断向电视台无偿供片的中国电影发行公司的关系，又是试图把以剧场转播为主变成以自办节目为主的电视文艺栏目化的先声。1984年，中央电视台推出了《艺苑之花》《音乐与舞蹈》《曲艺与杂技》及带综合性特点的《周末文艺》。1985年又推出改版后的地方电视台节目的窗口《百花园》，及以播出各类社会文艺演出录像剪辑为主的《电视剧场》。1988年又将《周末文艺》分为《文艺天地》和《旋转舞台》两个独立栏目，将《文化生活》调整为《花信风》，推出《短剧与小品》。至此，中央电视台电视文艺栏目建设已基本定型。而在此期间，地方电视台的电视文艺栏目建设也取得了长足发展。早在1981年，广东电视台就开办了大型文艺专栏《万紫千红》，同时又推出了《百花园》。1984年上海电视台开办了《大世界》和《大舞台》两个著名栏目，而其他地方台也先后推出了许多好的文艺栏目。

一年一度的春节联欢晚会可以说是发展中的中国电视文艺的标志。电视文艺是借助于先进的电子技术和屏幕的视听兼具的特点而产生的一种新型的综合艺术，是一个综合性最强的艺术门类，这门十多年来迅速发展成熟的新型艺术的代表，首推集各种表现方法于一身的每年一届的春节联欢晚会。从1983年黄一鹤、邓在军执导的第一届春节联欢晚会开始，经过二十余年持续不懈的努力，它已具有深远的社会影响和广泛的国际知名度，成为中国人民过年时必不可少的一道文化大餐和全世界华人沟通民族感情、寄托乡思的纽带。这台已形成传统的超大型综合文艺晚会，耗资最大，演出时间最长，规模最大，参加演职员最多，传播面最广。每届春节联欢晚会都有明确的指导思想和主题，团结、欢乐、祥和是其一贯的基调，并形成了一定的模式，如开场踢响头三脚，照顾观众的过年习俗，讲究黄金分割线，准时敲响零点钟声，以相声、小品、歌舞为三大支柱，由名主持人串联节目，坚持现场直播，增加观众的现场感和参与感等。

一系列大型文艺竞赛活动的举办，是这一时期电视文艺发展繁荣的又一标志。电视台组织大型文艺竞赛，不仅为电视文艺的发展开拓出一条新路，而且有利于扩大影响并支持参赛艺术本身的发展。在这一点上，中央电视台起到了表率作用。中央电视台自1984年起先后举办了“全国电视相声歌手大赛”“‘中华杯’谜语大赛”“全国电视相声大赛”“全国业余相声邀请赛”“‘长治杯’全国曲艺大赛”“全国戏剧小品电视大赛”“全国喜剧小品邀请赛”等。另外，中央电视台还与各地方台合办了“全国青年京剧演员电视大赛”“全国青年越剧演员电视大奖赛”“梅兰芳金奖大赛”等许多专业艺术电视大奖赛。与此同时，各地方台也争相举办电视文艺竞赛活动。

随着电视文艺呈现繁荣局面，中国电视文艺的国际间交往也日益增多。一方面是中国的电视台与国外电视台联合制作、播出文艺节目；另一方面是中国电视文艺节目频频参与世界交流，并在国际上获奖。以中央电视台为例，除固定的《外国文艺》栏目外，中央电视台还转播了大量外国优秀艺术家和文艺团体的访华演出。如中央电视台与意大利合作转播帕瓦罗蒂独唱音乐会、歌剧演出，节目在中国和意大利同时播出，取得圆满成功。1986年6月，中央电视台应邀首次参加意大利电视一台主办的《夏至世界音乐之夜》节目，文艺部录制的琵琶独奏《十面埋伏》和古筝独奏《渔舟唱晚》参加了联播。1987年7月，中央电视台与德意志联邦共和国一台联合录制的《北京—波恩》之夜晚会，在科尔总理访华期间播出，获得好评。另外，中国电视服务公司与美国德克萨斯州卫星公司合作的《美国百人合唱团音乐会》、中央电视台与日本NHK联合举办的《中日歌星演唱会》等都获得了圆满成功。

走向世界的中国电视文艺在国际上频频获奖。如中央电视台的文艺节目连续参加了在莫斯科举办的三届民间创作“彩虹”国际电视节。1987年2月,《民族歌舞与杂技》节目获“中国人民多种传统形式艺术专业表演奖”。1989年,《中国民间舞蹈——秧歌》获“电视观众大奖”和“优秀创作奖”。1991年9月,《中国戏剧绝技荟萃》获二等奖。1988年6月,中央电视台的《金舞银饰》在第25届“金色布拉格”国际电视节上获“传统与民间音乐电视奖”。在1992年美国首届“南海金猴奖”的评选中,中央电视台的1992年春节联欢晚会获综艺节目一等奖,《综艺大观》获综艺节目二等奖,戏曲片《红楼十二宫》获戏曲节目三等奖。另外,各地方台也积极参加国际电视界的交往。如上海台和四川台分别从1986年和1991年起,举办“白玉兰奖”国际电视节和“金熊猫奖”国际电视节。

这一时期的中国电视文艺还出现了诸多新的电视文艺形式,电视荧屏上充满了探索精神。电视艺术片在充分体现电视艺术的创作规律、电视化特点的同时,将多种艺术样式,如文学、戏剧、音乐、舞蹈、绘画、摄影等融合在一起,创造出独特的意境,成为发展期电视文艺的又一引人注目的形式。它已成为在电视中表现与探索中华民族风情、民族艺术、民族精神的一种极富潜力的形式。电视文学节目也在兴起,电视小说、电视散文、电视诗歌、电视报告文学等新形式都有积极的尝试。

这一时期的电视译制片也呈现繁荣的局面。中央电视台于1980年开办《电视译制片》栏目,到1985年已译制并播出了世界各国电视剧和故事片200多部(集)。如《娜拉》《鸽子号》《大西洋底来的人》《居里夫人》《黑名单上的人》《福尔摩斯探案集》等,引起了很大轰动。之后还有《阿信》《音乐之声》《金色小提琴》等脍炙人口的译制片问世。另外,中央电视台的《正大剧场》《国际影院》等栏目也播放译制片。同时,各地方电视台也开始大量制作译制片。外国影视片的大量译介,不仅丰富了中国电视文艺节目,也促进了中国电视文艺的发展。

这一时期最令人关注的现象是电视剧的飞速发展。1978年是中国电视剧的复苏年,中央电视台播出了《三家亲》等8部电视剧。1979年,为了加速发展电视剧,在第一次全国电视节目会议上,中央广播事业局建议各地电视台,凡有条件者都可制作电视剧。这一年,中央电视台共播出18部电视剧。

在中国电视剧发展史上,最先崭露头角的是单本剧。1979年中央电视台录制的《有一个青年》,通过剧中青年工人顾明华的形象,真实地反映了十年动乱给一代青年留下的精神创伤及他们在新形势下渴求知识、要求上进的迫切心情。该剧播出后观众反应热烈,获第一届(1980年)全国优秀电视剧评奖一等奖。同时获此荣誉的还有1980年中央电视台录制的《凡人小事》《女友》。20世纪80年代前期是单本剧的兴盛期,在这一时期获奖的单本剧还有《新岸》《何日彩云归》《乔厂长上任记》等。特别值得一提的是1986年由几家电视台与上海戏剧学院联合录制的《希波克拉底誓言》,它以强烈的探索精神与创新意识,通过独特的屏幕造型与风格化的布景,使荧屏视听形象超越了生活的表层，升华到关于人与人生的思考，融纪实、叙事、哲理于一体，获得第七届（1986 年）“飞天奖”单本剧一等奖。

单本剧的繁荣好景不长，到 80 年代中期，电视连续剧创作趋于成熟之际，单本剧也随之跌入低谷。1980 年，中央电视台拍摄了我国内地第一部电视连续剧《敌营十八年》。该剧由于在内容上存在一些缺陷而受到观众批评，但对于电视连续剧的创作形式却做了有益探索。我国电视连续剧创作的真正发展则始于 1982 年。这一年涌现了《蹉跎岁月》《鲁迅》《武松》等优秀作品。1983 年有《高山下的花环》《华罗庚》《诸葛亮》，1984 年有《今夜有暴风雪》《少帅传奇》《夜幕下的哈尔滨》，1985 年出现了《四世同堂》《寻找回来的世界》《新星》，1986 年涌现了《凯旋在子夜》《雪野》《红楼梦》等，一时间，电视连续剧成为电视屏幕上的重头戏。

这一时期电视剧的发展是全方位的，在题材、样式、风格等方面都极为丰富多彩，使电视剧成为一个内涵与外延都很广泛的概念。

为鼓励电视剧（片）创作，1981 年中央电视台创办了“全国优秀节目评选”。当年在北京召开的第三次全国电视节目会议，对 1980 年 1 月 1 日至 1981 年 3 月 31 日在中央电视台播出的各类节目进行评选，由此延续下来的全国年度电视剧评奖到 1983 年被正式冠以“飞天奖”的名字。1989 年，国家广电部进一步指定“飞天奖”评选工作由中国电视艺术委员会主持，并明确了其“政府奖”性质。每年一届的评选活动对中国电视剧创作的繁荣起到了很大的促进作用。为繁荣电视文艺创作，提高文艺节目质量，办好电视文艺专栏，从 1987 年开始，又设立了每年一届的电视文艺“星光奖”的评选活动。

总的看来，电视文艺在整个 80 年代迅速成长、繁荣，在各种已存艺术形式的基础上脱颖而出，终于取得了自己独立的形象与品格。它从转播舞台演出实况为主，逐步转为自办节目为主，涌现了大量有电视特点的文艺节目，题材的广泛性、思想的深刻性、艺术的精湛性，与电视优势、民族特点、地方特色相结合，提高了电视文艺节目的可观赏性和审美价值；它从编排节目播出为主，逐步转为精心开办文艺专栏为主，从中央电视台到地方电视台，各自设置了饶有特色的文艺栏目，并有很多已成为拥有大批固定观众的名牌栏目；多数定位为雅俗共赏、老少咸宜的多功能、多层次的服务栏目。认真贯彻“弘扬主旋律，提倡多样化”的中央指示精神，既体现了时代精神，又注重丰富多彩，思想性、艺术性、观赏性兼具的电视文艺节目逐渐多了起来。

进入 90 年代，中国的电视文艺日趋成熟。1990 年，中央电视台推出了综艺栏目《综艺大观》和《正大综艺》，它们以全新的样式，丰富多彩的内容，加上吸引观众参与的创作手法和现场直播的效果，引起了观众的普遍关注，并带动起一股兴办综艺栏目的热潮。中央电视台推出的其他综艺栏目还有《艺苑风景线》《东西南北中》《曲苑杂坛》等。各地方台的综艺节目也层出不穷，如上海台的《今夜星辰》、浙江台的《调色板》、江西台的《相聚今宵》等。综艺节目较为充分地体现了电视文艺的综合性与兼容性，成为最具特色的电视文艺类型,也是最受观众欢迎的形式之一。

与此同时,文艺节目栏目化的趋势仍在进一步发展,除综艺栏目外,专题性栏目也在不断增多。中央电视台在20世纪90年代新设的文艺专栏还有《中国音乐电视》《环球45’》《人与自然》《国际影院》《电视书场》《动画城》《动画15’》《美术星空》《读书时间》《文化视点》等。文艺节目专栏化,能在固定的时间里,以特定内容、形式、风格的文艺节目吸引稳定的观众群,代表当代电视的一种发展趋势。

电视艺术片的制作也在20世纪80年代以《西藏的诱惑》《椰风海韵》《黄土情》等为代表的基础上得到进一步发展,佳作迭出。在中央电视台《地方台30’》及《百花园》专栏的带动下,全国许多电视台摄制了一大批强调纪实手法的电视文艺专题片,如《少年启示录》《格拉丹东女儿》《血染的诗篇》《大山・女人・魂》《三千里路情与歌》。而中央电视台推出的“全国电视散文展播”,更是发掘出一批风格迥异,或追求画面与造型,或重在纪实性,或重在抒情,或重在营造意境,或着意发挥音乐歌舞的感染力的电视散文。这些作品在电视声画手法的运用及其与各类艺术样式的结合方面作了很好的探索。

进入20世纪90年代的电视文艺晚会更是异彩纷呈,好戏连台。1991年,中央三台联合举办的第二届民乐展播和《风雨同舟,情暖人间》赈灾义演、中央电视台播出的大型文艺节目《拥抱太阳》、“全国中青年京剧演员电视大赛”和春节联欢晚会等,鲜明地体现了时代精神,弘扬了民族文化,具有强烈的艺术感染力。

1993年12月26日,是毛泽东诞辰一百周年,全国各家电视台纷纷举办了电视文艺晚会,拍摄了大量电视文艺节目,如中央电视台的大型文艺晚会《人民领袖毛泽东》、大型专题文艺晚会《毛泽东诗词京剧演唱会》,吉林电视台的大型文学专题片《心中的太阳》《北斗・太阳》《我与毛泽东》,上海东方电视台的《上海文艺界纪念毛泽东诞辰一百周年文艺晚会》,贵州电视台的青年歌手大奖赛《毛泽东颂》;河南电视台的大型电视艺术片《黄河・太阳》等。中央电视台还摄制了21集大型电视艺术片——《毛泽东诗词》,它采用纪实、政论、风光、史料及舞蹈、美术、音乐、文学相结合的创作方法,精心构思,细腻描画,开拓了毛泽东诗词艺术的新境界。此外,中央电视台的大型文艺晚会《人间正道是沧桑》、北京电视台的大型文艺晚会《人民领袖毛泽东》等均以磅礴的气势,高雅的格调,真切的缅怀之情,表达了全国人民对毛泽东的怀念之情。

1994年,中央电视台在其春节晚会的总体设计上比往年有了新的突破,首次在三个频道同时分别播出“春节联欢晚会”“春节戏曲晚会”和“春节音乐歌舞晚会”。

1995年是世界电影诞生100周年暨中国电影诞生90周年的大庆之年,中央电视台现场直播了大型文艺晚会《创造永恒》,以“电影与时代”“电影与观众”“电影与电影人”三大主题为线索,全面回顾了中国电影90年的光辉历程和对广阔前景的展望。

与此同时,中央电视台还举办了大型电视文艺晚会《世纪之光》,荟萃了世界电影100年、中国电影90年的银幕精彩镜头,并以“音乐之声”回顾了中国电影和世界电影走过的不平凡的道路，融纪念性、观赏性、知识性、资料性、文献性、科技性于一体，反响颇佳。

在举国欢庆香港回归之际，中央电视台于 1997 年 7 月 2 日在人民大会堂现场直播了大型文艺晚会《回归颂》，把庆回归活动推向了高潮。

综观 20 世纪 90 年代，大量风格迥异的电视文艺晚会陆续涌现，体现了这一现代艺术形式走向成熟。但在受到观众喜爱的同时，它也面临着如何求新、求变的问题。这在人们对于春节联欢晚会的期待与批评中已体现得很明显。

在电视剧方面，20 世纪 90 年代是长篇电视连续剧取得巨大成就的年代。1991 年，北京电视艺术中心拍摄的长篇连续剧《渴望》引起了全国性的轰动，一时间，“《渴望》现象”“刘慧芳现象”成为专家和老百姓口中的时髦名词。接着，北京电视艺术中心接连推出《编辑部的故事》《北京人在纽约》，都获得极大成功。

中央电视台在 90 年代的长篇电视剧创作上也取得了丰收，如《三国演义》《英雄无悔》《咱爸咱妈》《九一八大案纪实》《苍天在上》《水浒传》等精品的大量涌现。

拍摄长篇连续剧是 20 世纪 90 年代电视剧创作的主流，几乎各地电视台无不参与其中，许多地方都拍出了自己的精品。如广东陆续推出的《外来妹》《情满珠江》《和平年代》，体现了改革最前沿的电视剧精品战略和独到的眼光。而在巨大的商业利益的推动下，电视剧制作逐渐走向市场，开始形成商业化的制作模式。

20 世纪 90 年代的电视剧创作不仅仅是数量的简单增加，创作者们开始自觉追求更富电视特点的电视剧模式，其中最有影响的大概是室内剧的兴起。《渴望》是第一部主要在摄影棚内表演、多机拍摄、同时切换、同期录音的电视剧，即较为标准的“室内剧”。它的成功引来了一大批追随者，如《编辑部的故事》《爱你没商量》《皇城根儿》《海马歌舞厅》《我爱我家》《新七十二家房客》等。它们之中既有成功之作，也有不少劣质作品，但不管怎样，“室内剧”代表着电视剧的一个发展模式。

总之，20 世纪 90 年代的电视连续剧创作进入了全面繁荣时期，各种题材、各种模式、各种观念的连续剧异彩纷呈。它们的通俗化、大众化、商业化的性质得到了充分重视，但也出现了大量平庸之作。随着近几年来电视剧出现的某种程度的滑坡，对精品的呼唤已成为大部分创作者的共识。

进入 20 世纪 90 年代，我国电视文艺的百花园内长出了一枝奇葩，并迅速形成异军突起的局面，它就是音乐电视，英文简称 MTV。它创始于美国，后迅速风行欧亚，于 80 年代末传入中国。MTV 是音乐艺术与电视艺术的结合，融音乐性与强烈的视觉冲击于一体，具有极强的感染力。MTV 在中国的发展，以 1993 年为界限，可以大致分为两个阶段。1993 年以前，中国内地电视上出现的基本是一些港台地区和国外的 MTV 作品，它们的出现促使内地的一些通俗歌手也开始尝试制作 MTV 作品。1993 年以后，中国音乐电视开始步入正轨。中央电视台于这一年开办了《中国音乐电视 MTV》栏目，并举办首届中国音乐电视 MTV 大赛。该栏目不断推出新作，并在全国选拔优秀节目参加大赛,促进了本土 MTV 的发展,涌现了如《长城长》《我爱五指山,我爱万泉河》《祝你平安》《春天的故事》《黄河源头》《公元 1997》等一大批佳作。同时,中国的一些优秀 MTV 作品也被推广到海外,《乡风乡韵》(孟欣编导)、《黄河源头》(崔亚楠编导)、《阿姐鼓》(薛芳芳编导)等几部作品也在国外获奖。

实践证明,音乐电视这种新的电视文艺形式具有极强的生命力和发展潜力,深受广大观众特别是青少年观众的喜爱。虽然我国的音乐电视已取得一定的进展,但应该看到,当今荧屏播出的音乐电视不少仍是港台地区及国外的作品。我们的音乐电视创作与国际先进水平之间还有一定的距离。

20 世纪 90 年代,电视文艺在中国内地、台湾、香港三地的联系和国际交流也在进一步发展。

1991 年 7 月,《风雨同舟,情暖人间》晚会通过卫星传送到台湾播出,反响很好。同年 9 月,中央电视台第一次与台湾电视公司、香港无线台联合录制《神州一片月》中秋文艺晚会,在内地、台湾、香港三地播演。

1993 年,中外艺术交流节目在荧光屏上异彩纷呈、丰富多彩。如中央电视台现场直播了"'93 中国国际标准舞国际锦标赛";上海东方电视台首次转播了"第 65 届奥斯卡颁奖仪式",主办了"上海国际魔术节",转播了"韩国国立艺术团访沪演出""哈萨克斯坦马戏团访华演出""美国百老汇舞蹈团访沪演出"。北京电视台举办了"第二届国际电视周",推出了《东方神韵》和《灿烂星空》大型文艺晚会,大大拓宽了观众的视野。

1993 年 4 月,中央电视台与香港无线电视台等机构在北京人民大会堂联合举办了"扶贫救灾献爱心"大型文艺晚会,通过卫星现场直播,在海外产生了强烈的反响。

对外交流不仅在中央电视台和海外电视机构之间进行,地方电视台也积极参与、打通渠道,主办了许多有重大意义的电视文艺交流活动,既丰富了荧屏节目,又增进了友谊、交流了经验。享誉中外的上海国际电视节和四川国际电视节已举办了多届,以友好、交流、合作为宗旨,活动内容从电视节目展播和交流到国际电视学术交流会以及节目评奖等,成为"友谊的彩带,合作的桥梁"。

为了抓好精神文明建设,中宣部在 20 世纪 90 年代推出"五个一工程"。实施这一工程,就是要在精神生产领域始终坚持以邓小平同志建设有中国特色社会主义的理论为指导,认真做好江泽民同志在全国宣传思想工作会议上提出的"以科学的理论武装人,以正确的舆论引导人,以高尚的精神塑造人,以优秀的作品鼓舞人"四项重点工作,为改革开放和现代化建设提供精神动力,创造良好的舆论环境,旗帜鲜明地宣传正确的思想、信念、人生观、价值观,努力创作健康有益、丰富多彩的精神产品,用高格调的精神产品提高人们的精神境界,陶冶人们的情操,使人们振奋精神,鼓舞斗志,为人民、为国家和现代化建设作出贡献。"五个一工程"评奖已进行多届,从入选的作品来看,体现了"五个一工程"的宗旨。

20 世纪 90 年代电视文艺的全面繁荣还体现在中央电视台两大新频道的开播。

中央电视台电影频道于1995年11月30日开播。以弘扬中国电影文化为宗旨，以为全国影视观众提供丰富的精神食粮为目的，电影频道每天播出8部不同时代、不同风格的中外优秀故事片及国内外各类优秀短片和美术片。在播出电影的同时，电影频道还开辟了一批围绕电影文化开展的各种专栏节目，使观众可以通过这些栏目了解最新电影动态，把握世界脉搏，追踪中外电影热点问题，全面获悉新片情况，目睹诸多名人风采，并可以通过这些栏目获得各方面的电影知识，提高对电影艺术的鉴赏能力，从而充分享受电影文化的无穷魅力。

电影频道的开播，率先开辟了中国影视合流的道路，为中国电影提供了一个全面的、立体的宣传空间，解决了中国电影在宣传上的弱势，提高了广大观众对中国电影的兴趣；反过来，再将观众吸引回电影院里，为振兴电影作出一份贡献。

同一时间，中央电视台文艺频道也正式开播。中央电视台文艺频道是以娱乐性节目为主的频道，它的主干节目由6个方面组成：(1)国产电视剧；(2)译制片(含国外电影或电视剧)；(3)中外音乐电视；(4)综艺性节目；(5)经过精编的首播节目；(6)动画节目。在这6个主干节目的基础上，还充实了其他类文艺节目，以使文艺频道办得丰富多彩，让观众在轻松愉快中得到休息，受到教育、启发和鼓舞。

20世纪90年代中后期，电视文艺深入基层，深入群众，扎根于人民中间，演员受到了教育，观众得到了享受。遵照江泽民同志“深入基层，深入群众”的批示精神和中央关于“文化下乡，深入基层”的要求，根据丁关根同志“中央电视台要成立‘心连心’艺术团”的倡议，中央电视台于1996年上半年成立了“心连心”艺术团，并随之深入到农村革命老区、工厂、学校、部队等进行了一系列慰问演出，产生了很好的社会效益，在观众中引起了强烈反响，受到社会各界的普遍欢迎和好评。

1996年上半年艺术团成立后，共进行了十多场慰问演出，第一次是春节前夕组织120名新老艺术家赴河北革命老区平山县进行大型露天演出，题为《沃野春潮》；第二次是1996年“五一”劳动节前夕，到北京第一机床厂慰问演出，题为《五月花正红》；第三次是1996年5月上旬，赴革命老区井冈山地区的遂川进行慰问演出，题为《永远的深情》；第四次是1996年“七一”前夕，到北京大学慰问演出，题为《七月歌如潮》；第五次是1996年“八一”建军节之际，到部队进行大型慰问演出，题为《我是一个兵》；第六次是1996年8月下旬，到革命圣地延安进行慰问演出，题为《延安颂》。继之，中央电视台“心连心”艺术团又先后到大庆、井冈山、百色、香港、鞍山、左权县、拉萨等基层进行慰问演出，受到中央领导的赞扬和人民群众的欢迎。“心连心”艺术团的实践说明，文艺工作者只有扎根于人民中间，从观众中汲取营养，才能使艺术之树长青。

节日庆典、周年纪念一向是电视文艺大展身手的舞台。1999年恰逢中华人民共和国成立50周年、澳门回归祖国怀抱之际。在新旧世纪交替的时候，中国当代电视文艺再次迎来一个创作高潮。《祖国颂》《国庆焰火晚会》《江山如此多娇》三台大型国庆晚会在荧屏上轮番登场，还有“国庆50周年音乐电视展播”，制作精良、大气磅礴，充满时代气息和民族风格。为迎接澳门回归祖国,《首都人民庆祝澳门回归——中华日月明》《澳门回归大型群众联欢活动》《正大综艺——澳门特辑》等大型宣传性节目显示出我国电视文艺编导驾驭大题材、大场面的能力。在《相逢2000年》24小时直播节目中,直播文艺晚会《天·地·人·和》着力于营造新千年临近时分分秒秒里现场观众热烈兴奋的气氛。在九大行星组成的时光轮的舞台上,歌舞演出的是一种时间的推移,而观众席上,世界各主要时区钟表的走动,又与现场和电视观众热盼新千年到来的心声呼应。这是一台形式和内容并重的晚会。2000年《〈人间天堂〉——中国杭州2000年西湖博览会开幕式大型文艺晚会》,由神话传说“西湖明珠”、《白蛇传》、民间歌舞《采茶新曲》、古诗词越剧联唱、通俗音乐剧、时装表演、钱江大潮等11个部分组成,透出浓厚的江南文化气息。《〈大地飞歌〉——2000年南宁国际民歌艺术节开幕式晚会》是在融合海内外众多知名歌手的基础上,集多种演绎形态于一身、多种表演风格于一炉的音乐盛典。这些节目可称得上是对我国电视文艺制作水平的整体检阅,从中显示出我国电视文艺事业在新世纪来临之际的“大家风范”。

1999年,中央电视台在对原有的第三套戏曲音乐频道进行改版的基础之上,又将第八套节目改为电视剧频道,于5月3日正式播出。这是我国国家电视台第一个以播放电视剧为主的专业频道。开播伊始即推出了《燕子李三》《天地豪情》等一批优秀的电视剧,平均收视率从0.28%一跃上升为0.53%。2001年,中央电视台戏曲频道开播,成为央视第三个文艺专业频道。

全国各地方电视台也在文艺节目上加强交流,资源共享,推出了一系列力作。1999年10月是中国西部电视集团成立十周年的日子。以四川电视台为主,联合陕西、云南、甘肃、贵州、宁夏、青海、重庆、新疆、西藏、广西、内蒙古等数十家西部电视台,共同举办了大型歌舞晚会《西部神韵》,并在第五届“四川国际电视节”上通过卫星进行了现场直播,显示了一直被忽略的西部电视文艺制作实力。

在上个世纪末的最后几年,电视游戏娱乐节目经历了从“一炮而红”到归于平淡的戏剧化过程。以1996年湖南卫视率先推出的《快乐大本营》肇始,据说《快乐大本营》最红火时,平均收视率曾达到33%,广告价格甚至超过中央电视台的平均价格,一时“娱乐”风潮席卷全国。据广电总局的材料显示,全国省级电视台开办娱乐节目的有33家,地(市)级电视台开办娱乐节目的有42家。1999年以来,先后又有32家电视台开办或引进了娱乐节目。1999年1月20日北京有线电视台开播的《欢乐总动员》,被全国近40个城市的电视台引进播出。

在经过三四年的相对平缓期后,电视游戏节目从内容到形式都渐落俗套,难以寻求新的突破,对观众的吸引力逐渐减弱,然而,以中央电视台《开心辞典》《幸运52》为代表的,益智类节目后来居上,难能可贵地在普通观众和理论研究者中获得一致好评。其实益智类节目在欧美国家早已兴起。以1998年英国的戴维·布里格斯策划的《百万富翁》和2000年罗宾逊首创的《最弱一环》为代表的益智类节目,都曾在英、美等国收视榜上独占鳌头。英国BBC的《最弱一环》收视人数曾达到1400万，美国版《百万富翁》的收视人数更是高达7700万。前者已在美、德等30多个国家和地区播出，后者已行销法、德等70多个国家和地区。

2000年7月7日，中央电视台经济信息部推出了一档全新的知识娱乐栏目——《开心辞典》，它是借鉴国内外相关经验，经过精心设计的电视知识问答节目。它面向普通观众，通过预赛、复赛多重选拔，让普通人在节目现场展示心理素质、知识储备和智力才华。首次实现的电视、网络联动(既有节目现场观众按键答题，又有场外观众通过网络或短信答题)使电视娱乐节目和观众之间结束了以往单纯的播出和收视关系，形成了真正互动的全面参与，而且"实现全家的家庭梦想"的主题，剔除了国外及港台地区同类节目赤裸裸的金钱刺激，更符合国人的欣赏习惯。

步入新世纪，传统的电视文艺节目继续发展，并在形式上有所创新。2001年7月13日晚，北京获得2008年奥运会主办权后，中央电视台一、四、五、九套并机直播了长达4小时的庆祝晚会《奥林匹克情》，并在第一时间直播了中央领导同志在世纪坛和天安门的活动，开创了综艺晚会直播的新样式。与此同时，一些交叉、边缘形态的电视文艺节目也相继出现，其中不能不提到的是电视文艺类谈话节目《艺术人生》。2000年12月23日在中央电视台三套黄金时段开播的这档节目，以老、中、青各代艺术家和明星的感情和心路历程为主要内容，"用艺术点亮生命，用情感温暖人心"，"以人文关怀关注中国文化艺术界的重大事件，以强大的制作班底制作完美节目"，"编导坚持用制作纪录片的严谨方式来制作文艺节目，每一个选题仅前期筹备最起码要半个多月，先约嘉宾，再近距离地采访和了解嘉宾，而且还要把与嘉宾有关的人都要采访到，一个个感人的细节就这样被挖掘出来。所以几乎每一个到《艺术人生》作客的嘉宾都会泪流满面"。① 不少地方台和民营制作机构也紧随其后，设立了以展示演艺明星从业道路和心路历程的类似节目，其中较为成功的有《超级访问》《夫妻剧场》等。

除此之外，《同一首歌》也是新世纪中国电视文艺的一个"著名品牌"。2002年6月，《同一首歌》进行了一次公开的广告招标，这是中央电视台首次对文艺栏目进行广告招标。现场气氛热烈火爆，最终落槌定音的数额为6560万元，是底价的2.3倍，可见只有短短3年时间，《同一首歌》的品牌价值已经飙升到其他节目难以企及的水平。2000年2月，《〈同一首歌〉——相逢2000大型演唱会》在北京工人体育馆举行，它以宏伟的气势、独特的风格、时尚的手法和强大的阵容在中国乐坛刮起了一股旋风，因此这一天也被认作《同一首歌》栏目的诞生日。在接下来的时间里，这个栏目曾两赴宝岛台湾，与台湾艺术家和电视观众一起过正月十五、度中秋佳节，还曾率海峡两岸的艺人为北京申奥呐喊，为国足出线高歌……在央视收视率调查当中，《同一首歌》几乎每周都是独占鳌头，成为中央电视台响当当的名牌精品栏目。尤其是在2003年，《同一首

---

① 见 http://www.cctv.com.cn《艺术人生》相关网页。

歌》抗“非典”特辑——《同一首歌——走进北京中日友好医院》播出后，引起了广大观众、医护工作者、各大媒体及社会各界的广泛关注。《北京青年报》《北京晨报》《北京晚报》《北京娱乐信报》先后发表专题文章，对《同一首歌》这期特别节目进行重头报道。将大型室外演出的文艺形式与公益主题结合起来，《同一首歌》成为电视文艺新的成功典范。

2000 年 12 月 18 日，中央电视台第三套节目(综艺频道)正式改版，包括《周末喜相逢》《挑战主持人》等在内的 34 个各类栏目，以全新姿态面对广大观众。中央电视台代表着中国电视文艺的最高水平，综艺频道又是中央台唯一的以播出文艺节目为主的频道，三套节目的改版，成为新世纪中国电视文艺发展的新的起点。

在频道专业化的基础上，坚持节目多样化、制作精品化，是以中央台为龙头的中国当代电视文艺发展的必由之路。改版后的中央台综艺频道，每天开播时间提前到早 6：00，每天播出时间为 19 个小时，其中从 18：00 开始均为首播节目，约 3817 分钟，比改版前的 3149.5 分钟有了很大提高。改版后，综艺频道重点突出黄金时段和周末节目、戏曲节目以及高雅严肃音乐。在晚间 19：30 至 22：00 的黄金时段，安排了主打栏目，如《音乐擂台》《音画时尚》《新视听》等。在黄金档节目中，又特别加强了周五至周日节目的竞争力。其中既有融表演性和语言性节目于一体的《周末喜相逢》，也有通过家庭竞赛形式，着重突出综艺特点的《神州大舞台》，还有寓娱乐于竞赛，悬念迭出的《挑战主持人》。为保证频道的整体质量，除保留部分原有优秀节目，如《朋友》《旋转舞台》《舞蹈世界》《中国音乐电视》外，综艺频道还开办了一批短小精悍的全新栏目，如提供最新文化信息、娱乐动态的《综艺快报》，具有浓郁文学意蕴的《艺术之窗》和为地方台节目播出提供窗口的《八面来风》等。这些创意独特、体裁各异、形式多样的文艺节目，力争满足各个年龄层次不同观众的收视需求，是电视文艺面临分众时代的自我调试。全国观众同看一台晚会的时代已经一去不复返了，在娱乐选择多样化的今天，如何将目标受众科学地加以区分，如何改造传统的文艺形式，以适应观众不断提高的欣赏水平，成为摆在中国电视文艺工作者面前的新的课题。

当然，中国电视文艺的发展不能依靠中央台的一枝独秀，各地方台也结合重大活动和自己的实际情况，推出了各具特色的电视文艺节目。2001 年，北京电视台推出的纪念建党 80 周年主题晚会《红旗飘飘》，通过卫星频道面向全国播出，受到国家广电总局的好评。该台的《外国人唱中国歌电视大赛》已经成功举办了几届，成为北京台的一个标志性品牌。2001 年 APEC 会议在上海召开，上海电视台出色地完成了开幕欢迎酒会上文艺演出节目的直播。随后《跨越太平洋：上海东方明珠广播电视塔—多伦多电视塔新世纪的对话》成为上海广播电视史上跨空间最大的一次双向传播。辽宁台为纪念建党 80 周年，制作了 30 集大型电视评书《为信仰而奋斗的人们》，突破了传统评书的模式，成为内容和形式上都有所创新的电视文艺力作。云南电视台推出的《云南大不同》，紧密结合旅游业的发展，重点反映云南的自然景观和民族民俗文化，内容信息丰富，主持活泼得体，保持了较高的收视率。另外，山西、内蒙古、贵州等中西部省级电视台也结合“西部大开发战略”，制作了大量优秀的文艺节目。

中国的电视文艺经历了漫长的草创、探索时期，终于走到了全面发展、全面繁荣的新阶段。在新世纪开始之际，除了总结既有的经验，我们还必须看到电视文艺的一些新的发展趋势。由于高科技的大量引入、传播的网络化及观众对于娱乐性与参与性的要求，电视文艺形式正处于不断更新和发展中。而随着我国正式加入世界贸易组织，不少海外电视传媒将目光转向我国内地，其中一些已经在部分沿海试点城市合法落地。海外媒体丰富的娱乐传媒经验，巨大的资金、技术和人才实力，将会给国内电视媒体带来挑战。2003 年初，央视改革又有新的举措：除了保留新闻频道，其他频道逐步转化为商业经营的专业频道，全部采取市场核算，以广告收入决定节目生存，也就是实现电视频道的商业化管理。首先以 10 个栏目为试点，彻底进行制播分离的改革。面对机遇与挑战并存的未来，中国当代电视文艺不能故步自封，除了让既有的形式焕发蓬勃的生机，还应继续探索新形式，将本土化与国际化、商业化与艺术性完美地结合起来。电视文艺从来就不是一块封闭的园地，它的生命力正来自于它的兼收并蓄与永远创新。

第四章　当代中国电视文艺发展历程

中国电视文艺从1958年开始，经历了四个时期：一、初创时期(1958～1966年)；二、停滞时期(1966～1976年)；三、恢复时期(1976～1979年)：四、繁荣发展时期(1979年至今)。

1979年至今是中国电视文艺的繁荣发展时期。这个时期，中国电视文艺不断涌现新的节目样式，掀起新的收视热潮。在此期间，中国电视文艺产生了很多标志性的作品。有作品具有里程碑的价值和意义：

1979年1月，中央电视台《外国文艺》栏目播出，被禁锢许久的国外文艺节目色彩斑斓地呈现在全国观众面前。用电视节目来体现改革开放的深层含义，是新时期电视综艺杂志类节目的开端。这一阶段，全国各地电视台正在逐渐实行栏目化，将各种艺术门类的文艺节目进行拼盘，做成集锦式、杂志类综艺节目。广东电视台的《万紫千红》、上海电视台的《大世界》《大舞台》等都是这个时期的代表性作品。

1983年除夕，中央电视台的春节联欢晚会创造了独具中国特色的电视综艺晚会模式。由它引领，电视综艺晚会在全国各级地方电视台盛行，开启了蔚为大观的综艺节目时代。

1990年3月17日，中央电视台的《综艺大观》栏目开播，成为一个新阶段的标志。综艺晚会的栏目化，意味着每周都有一台小春晚，电视文艺晚会的繁荣可见一斑。同年4月7日，中央电视台的另一个著名栏目《正大综艺》开播，一种与晚会完全不同的节目形态，带着文化气息，在将综艺节目推向高潮的同时，也为电视综艺节目的未来发展提供了多元的可能性和开放式的岔口。这个时期，除了晚会，还有文艺专题、MTV等品种。而晚会也形成了多种类型，如单一艺术门类的晚会，包括音乐晚会、舞蹈晚会、戏曲晚会、曲艺晚会等；两种艺术门类结合，如戏曲曲艺晚会、相声小品晚会、音乐舞蹈晚会、音乐诗歌朗诵会等；还有三种以上艺术门类的综艺晚会，如节庆晚会、专题晚会、颁奖晚会，以及后来转型了的行业晚会等。以审美为追求目标的传统电视文艺在空前繁荣之后，因功能不能完全满足大众的娱乐需求而渐渐式微。

1997年7月14日，借助上星的契机，湖南电视台的《快乐大本营》一夜红遍全国，受到全国观众的喜爱。《快乐大本营》以全新的理念、内容和形式出现，成为十八年综艺时代的终结者。自此，中国电视文艺开启了娱乐节目时代。这个时期主要的节目类型和代表作有:《娱乐报道》所代表的娱乐资讯类;《快乐大本营》所代表的综艺类;《城市之间》所代表的竞技类;《幸运52》所代表的游戏类;《开心辞典》所代表的益智类;《玫瑰之约》所代表的婚恋交友(情感)类;《超级访问》所代表的娱乐访谈类,等等。从这七种类型的名称上可以看出,一大批舶来品初入中国时,我们与世界的接轨还不深入,版权问题尚未被认识,大部分节目都以模仿抄袭为主,类似模式的节目名称与别的国家并不一样。

后来火爆荧屏的大型户外活动也开始进入中国。1999年在荷兰诞生的《老大哥》、2000年在美国出现的《幸存者》都能同步在中国找到踪迹。2000年6月,广东电视台《生存大挑战》节目开播,让中国观众首次领略到了全球风靡的电视真人秀节目的魅力。随后,中央电视台及上海、湖南、四川、贵州、浙江等省级电视台纷纷开办真人秀节目,"真人秀"浪潮首次席卷全国。中央电视台的《金苹果》,浙江卫视的《夺宝奇兵》,贵州电视台的《峡谷生存营》,拇指英雄与央视联合制作的《开心辞典》以及《幸运52》特别节目——《欢乐英雄》等一大批节目如雨后春笋般涌现,在全国范围内遍地开花。同时,职场类、婚恋类、旅游类、整容类等各种类型的真人秀节目也已出现。职场类真人秀《赢家》、体验类真人秀《加油,好男儿》等都曾经受到广泛关注。

作为一种新的节目形式,很多节目的内容与国情、中国文化传统以及观众的收视习惯不相吻合,并由此引发了众多非议。如湖南经济电视台制作的《完美假期》被叫停,浙江卫视的《夺宝奇兵》、中央电视台的《金苹果》等也受到批评。第一轮真人秀节目因为本土化策略的失误,导致整体水土不服而暂时告一段落。

需要强调的是,尽管这一时期中国电视文艺在娱乐功能上进行了全面挖掘和探讨,有很多创新节目样式出现,但传统的电视文艺依然在一定需求下低调成长。春节联欢晚会在央视引领下,不断寻找新的表现手法,其他类型的节目也在不断完善和创新。类型的多元化发展,使中国电视文艺的功能不断完善,能够从不同侧面满足全国亿万观众的收视需求。

2003年至今,中国电视文艺进入了真人秀时期。一种既有真实记录又有戏剧性效果的节目受到全国观众的喜爱。这类节目在规定情境中,通过真实人物的角色化设计及他们的自然表现,在完成规定任务的过程中,产生了良好的娱乐效果。真人秀时代分为两个阶段:

2003年10月28日,中央电视台《非常6+1》开播,选秀节目登上了中国电视历史舞台。2004年10月,《星光大道》开播。2005年湖南卫视的《超级女声》开播后引起全社会的强烈反响,将选秀节目推向高潮。这三档与《美国偶像》有着千丝万缕联系的节目,宣告电视选秀节目时代的到来。以"海选""草根""平民""参与""互动""造星"为主要特征的"表演选秀类"节目成为当时最受欢迎,同时也是收视率最高的节目类型。一句"想唱就唱"成为追求梦想的口号,"我的梦想我做主"反映出新时代年轻人的理念。中央电视台的《梦想中国》、东方卫视的《莱卡我型我秀》《舞林大会》,湖南卫视的《超级女声》《快乐男声》《名声大震》等很多至今让人记忆犹新的节目，在电视荧屏上争奇斗妍，你方唱罢我登台，都取得了非常好的收视成绩，也使电视文艺从单纯的节目样态发展成为一种成熟的电视产业。选秀类节目在这一时期一枝独秀，创造了收视奇迹和文化奇观。

2010年上海东方卫视的《达人秀》开启了选秀节目的2.0时代，引进模式、遵循宝典，国外制作团队指导或直接加入，选秀节目迎来了“大片”时代。《声动亚洲》《中国好声音》《梦想合唱团》《最美和声》《我是歌手》《中国梦之声》等一批顶级制作水准的节目集群，将中国选秀节目推向了世界最高制作水平。但随之而来的是高昂的版权引进费、明星出场费和广告费。为了降低研发和制作风险，购买国外节目版权成为各台首选，中国成为世界上最大的电视节目版权购买国。

除选秀类真人秀节目外，其他类型的真人秀节目也带着几分成熟重新回归中国荧屏，其种类之多、内容题材之丰富，都超过以往水平。《爸爸去哪儿》等大型户外真人秀的成功播出，现象级节目的一次次出现，引起全社会的高度关注，成为社会焦点话题和热门现象。

2016年6月，国家新闻出版广电总局发布“限洋令”。根据要求，同一档真人秀节目，原则上一年内只播出一季。各电视上星综合频道每年在19:30～22:30开播的引进境外版权模式节目，不得超过2档。每个电视上星综合频道每年新播出的引进境外版权模式节目不得超过1档，第一年不得在19:30～22:30之间播出；上星综合频道播出引进境外版权模式节目(包括当年新引进和往年引进的节目)，均需提前两个月备案。中方未取得完全知识产权的联合制作节目，视同引进境外版权模式节目管理。

严控“舶来品”的同时，无疑为本土原创综艺节目留下了空间。观众期盼有营养、有价值、有智慧的国内优秀原创综艺节目出现，中国电视文艺从此进入了新的历史阶段。

第一节　2012～2013年中国电视文艺(文化)节目概观

中国的电视文艺(文化)节目自诞生之日起就承载着多重功能和属性。它的媒体属性和特征，决定了它和其他国家的同类节目相比，有着更丰富的内涵和外延。它在世界范围内有着最高的政治地位、最广阔的传播力和最深厚的社会影响力。它不仅仅是电视节目中的一种类型，更是中国社会文化发展的见证和主流价值观导向的载体。它既是中国社会文化的镜像，也是中国电视审美文化的显现表达。它既是百姓认知文化艺术、满足精神文化需求最便捷的途径，也是社会主义价值观与娱乐表达手法交融的结果。它具有明确的教育性，同时又必须让观众喜闻乐见。它是即时消费的产品，却用丰富的内容、多样的形式记录着时代变迁。它弘扬民族精神，构建和谐社会，促进社会文化健康发展。在中国社会文化发展进程中，电视文艺（文化）因其所具有的不可替代的作用，占据着极其重要的地位。

从中国电视文艺（文化）节目自身的发展历程可以看到，它具有与时俱进的特征。它站在社会发展前沿，跟随时代前进的步伐，伴随文化的成长。同时，它创造新的文化。作为文化的重要组成部分，它具有很强的前沿性；作为文化的记录者和传播者，它有传播先进文化的重大责任。近些年来，国家文化发展战略的制定和推进，加大了电视文艺（文化）节目文化引导责任的力度，同时也带来了它自身发展的新机遇和新挑战。2012～2013 年，中国电视文艺（文化）节目不仅在数量上体现出了它的规模，节目品质上的大幅提升也是有目共睹的。数量多、规模大、类型丰富、品质优良、创新性强，商业运营模式日趋成熟，制播分离机制初见成效，与新媒体合作开创了新局面，电视文艺（文化）节目在这个阶段表现出了历史性的变化，显现出很多标志性的特征，具有历史进程新起点的意义。这个阶段是综艺晚会、选秀类节目摒弃低俗、重新具有较高审美价值，而文化类节目在内容和手法上更加多样的时期。新的定位和追求，让中国电视文艺（文化）节目在 2012～2013 年昂扬蓬勃。

2012～2013 年的中国电视文艺（文化）节目呈现出繁荣的局面，一大批深受观众欢迎的作品出现，同时产生了像《中国好声音》《舌尖上的中国》这样的“现象级”节目，引起了全社会的广泛关注，成为社会热点话题。在这些作品中，我们可以看到一如既往的文化品格、美学追求以及较高的思想性和艺术水平，同时又有创新性的亮点。题材的不断拓展，选题角度的深入挖掘，创作技术和手法的日渐丰富，类型样式的完美融合，带来了这两年节目本体的新面貌，而生产机制、管理体系、运营体制的不断完善，则推动了节目良性和健康地发展。

从布局上看，中央电视台以及江苏卫视、浙江卫视、湖南卫视、东方卫视、北京卫视、安徽卫视、山东卫视、深圳卫视等频道继续领跑，凭借资金、队伍的实力和优质资源，锐意进取，开拓创新，积极调整。除引进国外模板外，它们还依靠自制综艺节目不断刷新收视纪录，品牌节目常办常新，全面覆盖娱乐、体育、民生等各个领域，满足普通民众的精神文化和休闲娱乐需求，引领中国电视文艺的前进方向。内蒙古卫视、甘肃卫视、宁夏卫视、青海卫视、新疆卫视、广西卫视、云南卫视、四川卫视、贵州卫视、西藏卫视等西部少数民族地区的卫视频道，凭借地域特色、民族风情、民俗资源的优势，采取差异化竞争策略，不断拓宽中国电视文艺（文化）节目的表现空间，在中国电视文艺（文化）节目的百花园中撒下了五彩斑斓的种子，结出绚丽的花朵和果实，呈现出靓丽的风景。天津卫视、重庆卫视、黑龙江卫视、吉林卫视、辽宁卫视、河北卫视、陕西卫视、山西卫视、江西卫视、湖北卫视、河南卫视、广东卫视、东南卫视等频道，在平稳发展中加大改革力度，根据各自的资源和条件，努力发挥自身特长，创作有特点的节目。而全国各省级卫视的地面文艺（文化）频道，也以开阔的视野、创新的思维、脚踏实地的作风，坚守、创造、培育着众多的老节目和新节目，“接地气”而“好看不贵”，让很多地面频道和节目名声远扬，和卫视一起汇聚成蔚为大观的中国文艺(文化)节目潮流。

为检验中国电视文艺(文化)节目的创作成果，梳理创作脉络，研究创作现状和发展趋势，引领创作思想和方向，2013年“第二十三届中国广播影视大奖·电视文艺星光奖”如期举办。评选活动坚持以爱国主义为核心，以继承传统、弘扬民族精神为理念，以改革创新、具有时代精神为方向，以思想性、艺术性和观赏性为评判标准，弘扬了社会主义核心价值观，促进了创作繁荣发展。这次评选，全国共有1079个节目参评，时长3596.39小时，作品涵盖了2012—2013年中国电视文艺(文化)节目的所有类型。最终有50多个节目分获各类奖项。从这些获奖作品中我们可以看到积极进取的职业精神，符合时代需求的创作理念，努力打造精品的前沿意识，精湛而富有创造力的制作水平以及符合市场规律的宣传推广手段。这些作品能够遵循电视文艺(文化)节目的创作规律，彰显时代精神和民族特色，注重对社会道德和主流价值观的建设和引领。获奖作品在塑造和构建社会文化新风尚、提升民族精神、提高百姓文化素质、培养健康的审美情操、倡导创新创优的艺术精神、鼓舞人心、促进社会和谐等方面，起到了政府奖获奖作品应有的作用。评选活动有着重要的现实意义和指导意义。

一、弘扬主旋律，引领价值观，促进文化多元发展

进入后工业社会，电视文艺(文化)节目被看作是为了满足大众审美和娱乐需求而生产的电视产品，它是可批量复制生产的商品。但是，中国电视文艺自诞生之日起就一直是党和国家政策最具号召力的诠释者和践行者，它在很长的一段时间里具有明显的教育功能和审美功能。

中国电视文艺(文化)节目在艺术性和政治性之间，一直在寻找最佳的角色定位。尤其是中国电视媒体开始具有商业属性之后，电视文艺(文化)节目需要在艺术性、政治性、商业性、观赏性之间寻找平衡点。在导向和如何导向这一问题上，中国电视文艺(文化)节目走了一条漫长而意味深远的道路：从正襟危坐的宣讲，到目的性、功利性很明显的寓教于乐，再到即时消费、娱乐至上。从党和政府的喉舌到商业化产品，中国电视文艺(文化)节目曾经存在着理性缺失、道德滑坡、文化媚俗、内容庸俗、趣味低俗等现象。主流价值观的引领，一直是中国电视文艺(文化)节目在娱乐节目时代的一项重要而艰巨的任务。有趣的是，经过反感和反思阶段之后，自觉地承载社会责任，彰显社会正能量，正在成为当下电视文艺(文化)节目获得成功的核心元素。《中国达人秀》《中国好声音》《中国好歌曲》等节目，去掉了以往娱乐节目的低俗和粗糙，以较高的文化品质和精美的艺术质量赢得了观众的认同。

通过对社会一时兴起的文化热点和社会风尚进行甄别和判断，抓取和反映社会发展的本质特征，在节目中彰显时代强音，引领主流价值观，这是中国电视文艺(文化)节目的中国特色，也是其具有深刻性和思想性的原因。作为国家媒体，用喜闻乐见的方

式传达党和国家的方针政策，用艺术和娱乐的形式表达国家立场，已成为媒体的一种自觉意识和自觉行动。

反观2012年和2013年的中国电视文艺(文化)节目我们不难发现，除了在节目形态上追求差异性定位之外，那些以娱乐功能为基础，同时在思想建树、社会责任担当、审美价值呈现方面有所作为的节目，不仅取得了很好的收视效果和商业业绩，也取得了良好的社会反响，并成为这一年的亮点。在娱乐之余，那些还能温暖人心、用艺术启迪心灵、充满时代感、具有主流价值观的节目让我们难以忘怀。

(一)官方立场，国家话语

中国电视文艺(文化)节目发挥媒体优势，通过节目对党和国家重大事件及文化发展战略下的重要举措进行艺术化的宣传和演绎，从中我们可以明确地感受到国家立场、官方角度，以及主旋律、主流价值观电视化表达之后的恢宏与震撼。例如：河北卫视的《中国好人季——2012好人好梦主题公益晚会》，上海东方卫视的《盛世中华——中华艺术宫、当代艺术博物馆开馆盛典》，西藏卫视的《雪域颂歌——喜迎十八大电视文艺晚会》，甘肃卫视的《感动甘肃——2012十大陇人骄子颁奖典礼》，宁夏卫视的《和谐富裕新宁夏——2013年宁夏春节联欢晚会》，新疆卫视的《春天绽放——中央新疆工作座谈会两周年主题晚会》，以及中央电视台的《“艺术人生”特别节目——温暖2011》《五月鲜花·心中的歌儿唱给党——2012全国大学生校园文艺会演》等。

(二)平民视角，百姓情怀

对普通人的观照，充分传达出电视媒体和电视文艺(文化)节目的人文情怀。在以草根、平民为表演者或收视对象的这些节目里，温暖和导向如影随形。节目对人生观、爱情观、生死观、恋爱观、婚姻观、交友观、金钱观等价值观的倡导、引领，具有重要的现实意义。节目贴近百姓生活，在节目中以他们为表现对象，不仅让节目接了地气，也让大众媒体、大众文化的本质得以彰显。电视文艺(文化)节目运用多种类型的节目表现形式，在文化理想的日常化、生活化中，将价值观引导功能有机融入，弘扬了主流价值观，为促进社会和谐健康发展做出了应有的努力。例如：北京电视台的《2013网络春晚》《2013“美丽乡村”主题晚会》，天津电视台的《天津美丽乡村大型电视评选活动颁奖晚会》，上海广播电视台的《达人秀》，江苏广播电视台的《非诚勿扰》，辽宁电视台的《2013辽宁卫视百姓欢乐大春晚》，长春电视台的《家在黑土地——2013长春市农民春节联欢晚会》，徐州广播电视台的《金蛇狂舞闹新春——2013徐州市百姓春晚》，宁波广播电视集团的《宁波达人巅峰之夜暨颁奖盛典》，金华广播电视总台的《百姓大舞台——社区总动员》，江西广播电视总台的《有才你就来》，浙江电视台的《第三季“中国梦想秀”梦想盛典》，河南电视台的《劳动者之歌——河南省庆祝2012五一国际劳动节电视文艺晚会》等。

(三)专业内容,审美品质

主旋律与平民视点、百姓情怀的交相辉映,勾勒出中国文化的两个不同层面。而浙江卫视的《中国好声音》(第一季)、东方卫视的《声动亚洲》、湖南卫视的《我是歌手》(第一季)、北京卫视的《最美和声》(第一季)、中央电视台的《光荣绽放·十大青年钢琴演奏家音乐会》《光荣绽放·十大女高音歌唱家演唱会》等广受欢迎的节目,则因专业性的内容、精美的电视化表达,传播了精英文化的理念。节目品质精良,具有较高的审美价值,得到了高学历、高收入收视人群的认可。

电视文艺(文化)栏目也是2012～2013年度持续被关注的热点,中央电视台的《文化视点》《文化正午》《开讲啦》,北京卫视的《书香北京》,上海广播电视台的《可凡倾听》,山东卫视的《天下父母》,福建卫视的《新视觉》等,都能够在文化内涵、文化品格、思想道德、核心价值观的建设和弘扬方面,发挥作用、产生影响。

2012—2013年的中国电视文艺(文化)节目从总体上看,是从以平民、草根为表现对象向明星节目转化的时期,它奠定了未来中国电视文艺(文化)节目的走向。

国家媒体的官方文化意识,大众媒体的娱乐文化性质,专业内容的通俗化表达,中国电视文艺(文化)节目在2012—2013年呈现出了多元文化和谐发展的状态。

二、关注现实生活,承担社会责任,实现功能多样化存在

现实与艺术不可分割,生活是艺术的源泉,艺术是现实生活的升华。与其他艺术门类不同,对现实的关注,不仅是中国电视文艺(文化)节目创作的需要,也是其传播目标和影响力实现的需求。作为大众传媒载体的电视文艺(文化)节目,它在功能上与现实生活的关联度较其他艺术形式更加紧密。用电视文艺的形式抒发爱国之情,讴歌人间真情,歌颂时代楷模,在节目中贴近生活、反映生活,体现国家主流媒体的历史责任感和社会责任感,成为电视文艺(文化)节目的特性。

(一)在现实重大事件中发挥媒体优势

电视媒体具有即时传播的特征,当重大事件和突发事件发生时,除了及时反映、快速应变外,还可以发挥文艺节目所具有的抒情性优势,讴歌国家成就,歌颂伟大时代,凝聚抗击困难的力量、勇气和民心。比如,中央电视台的《领航中国——中央电视台喜迎党的十八大召开大型文艺晚会》《为人民放歌——纪念"在延安文艺座谈会上的讲话"发表70周年》《睦邻友好夜——第十二次上海合作组织成员国元首理事会文艺演出》,西藏电视台的《雪域颂歌——喜迎十八大电视文艺晚会》等,都是这两年电视文艺(文化)节目在重大事件中充分利用即时性、纪实性等特点,发挥重大宣传作用的作品。

（二）在文化生活中记录时代的足迹

中国电视文艺（文化）节目的题材范围广泛，基本涵盖了社会文化生活的各个领域。用电视文艺的形式记录生活，在节目中留下现实生活的印记，电视文艺（文化）节目因此而成为共同记忆的载体。而一时的风向潮流可以凝结成时代的足迹。纵览2012～2013年的电视文艺（文化）节目，仅节目标题就可以显现它涉及领域之丰富和广泛，政治、经济、文化、社会，可以说它是这个时期中国各个领域活动的缩影：北京卫视的《第二届北京国际电影节开幕式》《第六届中国国际文化创意产业博览会开幕式文艺晚会》《第七届中国国际文化创意产业博览会开幕式文艺晚会》，大连广播电视台的《翩翩起舞的城市——第23届大连国际服装节暨国际狂欢节闭幕式晚会》，上海东方卫视的《第14届国际泳联世界锦标赛开、闭幕式》《韩国丽水世博会·中国国家馆日专场文艺演出》，安徽卫视的《春风颂——全国文化体制改革工作会议文艺晚会》，湖北卫视的《人民至上——湖北省"三万"活动大型情景音乐会》，湖南卫视的《第十一届"汉语桥"世界大学生中文比赛》，深圳卫视的《第八届中国音乐金钟奖流行音乐大赛金钟盛典》，海南卫视的《民乐三月 蕉海欢歌——2011年黎族苗族三月三暨中国海南乐东第五届香蕉节开幕式晚会》，重庆卫视的《第四届"汉语桥"世界中学生中文比赛》，成都广播电视台的《幸福城市 美丽中国——2013中国城市春节联欢晚会》，甘肃卫视的《第二届"敦煌行·丝绸之路国际旅游节"开幕式》，宁夏卫视的《九曲黄河——脉书香——第22届全国图书交易博览会文艺晚会》，新疆卫视的《丝绸之路——首届中国亚欧博览会开幕式晚会》等。

（三）在媒体活动中担当社会责任

除了娱乐功能外，2012～2013年中国电视文艺（文化）节目还突出地表现了它的社会责任感与媒体担当。

公益，一直是中国电视文艺（文化）节目承载的重要内容，体现了它的媒体担当。中央电视台的《向幸福出发》，每周一期，帮助了无数需要帮助的人。节目中，残疾人、贫困者、失学儿童、孤寡老人等弱势人群，表现出的自强、善良打动了观众，体现出残健同融的理念和积极向上的乐观主义精神。2012年11月30日至2013年2月9日，综艺益智类节目《梦想合唱团》第二季播出，由8位当红明星分别回到家乡，组建一支城市梦想合唱团，强调"有梦想的歌声更动人"。2013年《梦想合唱团》的姊妹篇《梦想星搭档》播出，节目延续了《梦想合唱团》的公益内核，并有了一个具体的主题——"为了孩子"。参加节目的每一个歌手都是一名公益使者，他们不仅用歌声传播公益理念，还身体力行地参与各项公益活动。节目不仅仅关注这些公益项目本身，更重要的是，通过央视这个平台，汇聚了全社会爱的力量，鼓舞和启发更多的青年人关注慈善，献身公益。

三、传承优秀文化，彰显时代精神，在国际化语境下创新突破

没有继承，就无所谓创新。对传统文化的坚持，对原有形态的继承，是中国电视文艺(文化)节目前行和发展的基础。

(一)对中国传统文化的艺术传承

2012—2013年，中国电视文艺(文化)节目中荟萃了歌舞、戏曲、杂技、魔术、小品、曲艺、相声、民歌等中国传统的艺术形式。比如《2013中央电视台春节戏曲晚会》《第六届CCTV电视相声大赛》《2012年上海春节京剧晚会》《2012年上海各界人士元宵联欢晚会》《戏宴天下——2012全国十三省市电视台元宵戏曲晚会》，以及青海卫视的《好花儿迎来了春天——花儿小调专场晚会》、广西卫视的《一声所爱·大地飞歌——2012民歌大赛总决选》、陕西广播电视台的《山花烂漫——陕西省首届民间文艺节暨第二届民间文艺山花奖颁奖晚会》、新疆卫视的《让我们舞起来——第二届新疆国际民族舞蹈节》等。古老的艺术形式与电视媒体的结合，使电视表现手段更丰富、表现内容更精彩，节目具有了新的面貌和活力。

(二)对中国传统节日文化内涵的晚会表达

中国所有传统节日在电视文艺节目中都有表现，并几乎都以晚会的形式进行。春节、元宵节、清明节、七夕节、重阳节、中秋节等，因节日内涵的不同，带来不同的主题晚会。

2012年正值央视春晚三十年，作为中国原创的节目模式，这一年它在形式和内容上都有很大的变化。晚会依靠先进的电视技术，在节目形式和话语方式上进行了大胆的突破与创新，而坚守中国传统文化仍然是节目创作的根本宗旨。

在央视春晚的引领下，全国各省级卫视春晚也是一片繁荣景象。《2012年湖南卫视春节联欢晚会》《龙腾中原——河南省2012年春节联欢晚会》《2013年北京电视台春节联欢晚会》《晋善晋美过大年——2013年山西春节联欢晚会》《幸福NO.1——江苏卫视2013年春节联欢晚会》《金蛇狂舞幸福年——2013年安徽卫视春节联欢晚会》等全国地方台春晚，以地域文化为内容定位，在全国有很好的收视效果和很大的影响力。

与春晚不同，中央电视台的中秋晚会是在室外进行的大型景观晚会。《福州月·中华情——2012年中央电视台中秋晚会》《梅州月·中华情——2013年中央电视台中秋晚会》紧扣全球华人爱国思乡之情，以思念、团圆为主题，在浓厚的中华文化的感召力和凝聚力下，体现出了文化的力量。这些节目既有文化传统，又有时代印迹；既渗透着历史的积淀，又有时尚前沿的表达方式。凭借其文化理想、主流价值观和与时俱进

的表现手段，这些节目赢得了全国观众的喜爱。

（三）国际化语境下的创新与突破

2012～2013年间，中国电视文艺（文化）节目极其繁荣，节目在继承发扬中华文化传统的基础上，主动与世界接轨，在制作水平上显著提高。除了日常播出的栏目外，各种类型的特别节目以季播等方式在荧屏上异彩纷呈。以春晚及各种节日晚会为代表的传统综艺节目历久弥新，焕发出时代的气息；而引进模板带来的新形态、新面貌更是此起彼伏，央视和各大卫视，你方唱罢我登场，让电视荧屏充满了活力。这一年，中国电视文艺节目在新技术、新手段、新形态的引领下，不仅继续成为各台排名竞争和实力较量的风向标，也成为广告的理想载体，更是百姓茶余饭后的热点话题。与往年一样，它已经超越了电视节目本身，具有广泛而深刻的社会影响力。

这一阶段，中国电视文艺（文化）节目在形态上有更多类型与世界接轨，如真人秀、脱口秀、游戏竞技秀等。

元旦，是个世界性的节日，而这一时期电视也用“跨年晚会”取代了传统的“元旦晚会”，融入了更多的国际化元素。《青春向上中国梦——2013快乐中国湖南卫视跨年狂欢夜》《幸福绽放 传递能量——2013江苏卫视跨年演唱会》等都从开年的大投入、大制作以及明星阵容的比拼中获得影响力和市场份额。

2012年是中国从境外大规模引进节目模板最成功的一年。2012年4月19日，山东卫视《天籁之声》启动，开创中国选秀节目“盲选”先河。2012年5月13日，上海东方卫视新型益智类游戏闯关节目《梦立方》第一季开播；2012年7月11日，上海东方卫视《声动亚洲》首播；2012年7月13日，浙江卫视《中国好声音》第一季播出；2012年7月29日，上海东方卫视中国首档美食才艺秀节目《顶级厨师》第一季播出；2013年1月18日，湖南卫视开播《我是歌手》。凭借引进模板，电视真人秀节目在中国取得了巨大成功，歌唱类节目尤其引人注目，占据了很大的市场份额。

《中国好声音》不仅仅是一档优秀的选秀节目，在中国电视历史上，更是真正意义上的首次制播分离的产品。而《声动亚洲》也是由十余家亚洲顶尖主流媒体以及实力经纪公司、演艺公司共同完成的全亚洲超大型歌唱比赛。好节目及新的制作播出机制，带来了中国电视文艺（文化）节目的极大繁荣。

2013年4月6日浙江卫视播出的《中国星跳跃》、2013年4月7日江苏卫视播出的《星跳水立方》，开辟了体育领域的电视真人秀，定位独特。2013年4月14日，由灿星制作的《舞出我人生》在央视一套黄金时间播出。2013年4月19日，湖南卫视播出大型励志音乐类电视真人秀节目《中国最强音》。2013年4月29日，湖南卫视《快乐男声》启动；2013年5月2日，安徽卫视《我为歌狂》播出；2013年7月4日，山东卫视《中国星力量》播出；2013年7月12日，浙江卫视《中国好声音》第二季播出。2013年8月1日安徽卫视开播的《超级演说家》，在歌唱节目一派繁荣的情况下，它以语言为要素,打造演讲类电视竞技真人秀,立意新颖。2013年7月20日,北京卫视《最美和声》播出;2013年8月2日,中央电视台竞猜类节目《汉字听写大会》开播,中国文化的全新呈现引起轰动。2013年10月11日江苏卫视的《全能星战》开播,节目考验歌手在歌唱类型和风格上的全面能力。同一天,湖南卫视开播《爸爸去哪儿》,以野外生存真人秀方式展示父子亲情,在全国引起巨大反响。从2013年10月25日起,央视《梦想合唱团》的姊妹篇《梦想星搭档》播出,在娱乐节目中镶嵌了公益主题。2013年12月8日,东方卫视第五季《中国达人秀》带着"梦想依靠坚毅,奇迹需要努力"的主题播出,身怀绝技的普通人怀揣梦想,希望通过自己的努力争取到更多更好的发展机遇。

2013年,中国电视文艺繁花似锦,除了上述提到的节目和栏目以外,湖南卫视的《百变大咖秀》、深圳卫视的《年代秀》、江苏卫视的《一战到底》、东方卫视的《百里挑一》《梦立方》《舞林争霸》、天津卫视的《爱情保卫战》、江西卫视的《家庭幽默录像》、浙江卫视的《一周立波秀》《转身遇到TA》、河南卫视的《汉字英雄》等,也都在这一年里留下了深深的印迹。《今晚80后脱口秀》等一批脱口秀节目也在2012—2013年兴起,节目在带来欢笑的同时,还结合时事进行评议,具有较强的贴近性。

在季播选秀类和歌唱类节目一浪高过一浪的主线下,电视文艺各类栏目始终保持着良好的收视效果。《非诚勿扰》对婚恋情况的折射与引领,《快乐大本营》《天天向上》对年轻人的生活状态的反映,《非你莫属》《职来职往》对求职者的建议,《艺术人生》对艺术生活的观照,《向幸福出发》对残障贫困等弱势群体的真诚帮助,《星光大道》为普通人的造梦等,这些栏目一如既往地从不同角度让观众了解到民生民情,并从中反映出媒体为社会服务所付出的努力和真诚的态度。

在国际化语境下,中国电视文艺(文化)节目一方面继承了中国传统文化内涵,另一方面加大了追赶世界先进制作水平的步伐。在"双百"方针的指引下,中国电视文艺(文化)节目以其新颖的形式和多样化的内容,很好地诠释了社会主义核心价值观。

但是,大制作、大投入,以及节目数量和制作规模的巨大,带来的资金和资源的浪费也是非常明显的。

四、调整政策,积极转型,构建健康的节目生态环境

广电总局在2011年出台《广电总局将加强电视上星综合节目管理》文件,要求各地方卫视从2011年7月起,在17:00至22:00黄金时段,娱乐节目每周播出不得超过三次。该文件也被大众称为"限娱令"。这个政策对2011年下半年及2012年的中国电视文艺(文化)节目起到了一定的调控作用。但随着创作和播出的新情况出现,再一次的宏观调控在所难免。

2013年1月,广电总局下发《关于节俭安全办节目的通知》;7月24日,广电总局发布消息,对歌唱选拔节目实施总量控制、分散播出的调控措施;9月30日,进一步明

确2014年上星卫视仅保留4档音乐选秀节目;8月,中宣部、财政部、文化部、审计署、广电总局联合发出通知,要求制止豪华铺张、提倡节俭办晚会;10月,广电总局下发《关于做好2014年电视上星综合频道节目编排和备案工作的通知》,这一系列对电视节目内容进行规制的政令相继出台,构成了2013年中国电视综艺娱乐节目制作生产的政策环境。广电内容规制的政策与电视综艺娱乐节目生产机制的互动,形成了2012～2013年电视综艺娱乐节目独特而饶有意味的生产制作景象,也促进了电视综艺娱乐节目的生态转型。

(一)不仅仅是“限”的政令

对于上述提到的一系列政策,人们通俗地把它们分别冠以“节俭令”“限歌令”“升级版限歌令”“限奢令”和“加强版限娱令”,给人一个鲜明的印象就是“限”字。其实,所谓的一系列“限”令,并不是准确的词汇描述。2013年的这一系列政策并不是限制娱乐、限制娱乐节目,更不只有简单的“限制”。简单化的读解带来的是片面化的误导。纵观2013年的一系列政策,我们可以发现“限”字之外丰富的内容,这主要有以下几点:

1.强调价值观引领

在《关于节俭安全办节目的通知》中,要求包括春晚在内的节日广播电视节目,要在思想性、艺术性、观赏性统一上下功夫;五部委的联合通知中也着重指出,要切实在丰富思想内涵、引领价值追求、增强文化底蕴上下功夫,要从建设社会主义先进文化的高度,坚持社会效益与经济效益相统一的原则,把握好文艺晚会和节庆演出的立项关、内容关、监管关,切实担负起管理责任。“限歌令”中也提出,要尽可能为爱好唱歌的普通群众提供展示才艺和精神风貌的机会,要对参赛选手、评委、嘉宾、主持人等做好把关和引导工作,“语言、行为、服饰等都应符合媒体格调”。对贴近实际、贴近生活、贴近群众的原创电视节目,广电总局将加大鼓励扶持力度;鼓励电视台在提升节目的思想内容、价值导向、审美品位和自主创新上下功夫,努力为广大电视观众奉献形态多样、丰富多彩的电视节目。自2013年起,各电视上星综合频道须在每年年末,向广电总局提交本频道落实各项管理规定、履行社会责任的年度报告,总局将对各频道的年度报告进行审核,并依据实际情况做出奖惩。

2.分类指导,总量控制

继2012年《中国好声音》产生轰动效应之后,《我是歌手》高调开启2013年歌唱类选秀节目的序幕,《中国最强音》《快乐男声》《中国梦之声》《中国星跳跃》《星跳水立方》《舞出我人生》《我为歌狂》《梦立方》等一系列节目纷至沓来,将卫视竞争推向白热化。有意思的是,除《快乐男声》是正式拿到批文的选秀节目之外,许多节目,尤其音乐类节目打的都是选秀的擦边球,回避“赛区”“海选”“选手”“评委”等选秀“敏感词”而登堂入室。

为避免电视节目形态单一雷同,广电总局对歌唱选拔节目实施总量控制、分散播出的调控措施,要求歌唱选拔类节目要坚持少而精的原则,不能一哄而上,跟风模仿,2013年各台一律不再投入制作新的歌唱类选拔节目,已制作、准备开播的节目将推迟至第四季度播出。这其中停播的就有江西卫视的《中国红歌会》、湖南卫视的《男声学院》、青海卫视的《花儿朵朵》;金鹰卡通频道《中国新声代》取消原定于8月4日播出的“毕业典礼”提前结束,而央视的《梦想星搭档》、江苏卫视的《全能星战》等延期播出。

为实现丰富节目类型的目的,《关于做好2014年电视上星综合频道节目编排和备案工作的通知》对进一步扩大电视上星综合频道新闻、经济、文化、科教、生活服务、动画和少儿、纪录片、对农等类型节目的播出比例做出规定,以实现节目结构的优化。

3.从内容的事后监管转向播前监控

回顾电视综艺娱乐节目此次有影响的广电内容规制:从2002年广电总局下令停播《流星花园》,2004年对跨省赛事参赛选手年龄必须年满18周岁的规定,2007年通报停播《第一次心动》和《美丽新约》,到2011年的“限娱令”,我们可以看出过去的以事后监管为主,而《关于做好2014年电视上星综合频道节目编排和备案工作的通知》规定,凡拟在2014年1月1日起每天任何时段播出的新闻类、道德建设类、歌唱选拔类、晚会类、引进境外版权模式节目需要提前两个月申报备案;每天19:30～22:00播出的婚恋交友类、才艺竞秀类、情感故事类、游戏竞技类、综艺娱乐类、访谈脱口秀、真人秀等类型的节目,需按规定履行备案手续,通过系统的报备制度强化播前监控,避免恶性竞争和资源浪费。

(二)广电内容规制的政策效应

2013年关于广电内容方面的一系列政策,对电视节目市场的调控力度是十分巨大的,对电视综艺娱乐节目的影响更是直接而且明显。

1.晚会总量减少,节俭成为办晚会的主题词

五部委联合通知发布后,最直接的市场反馈就是中秋晚会的减少,2012年共有央视、北京、天津、浙江、深圳、广东、山东、河北、四川等9家电视台角逐中秋晚会市场,而2013年仅剩央视、北京两家电视台举办。各电视台更是进一步压缩晚会项目,以中央电视台为例,9月至12月中央电视台减少播出17项晚会类节目,占原计划播出量的50%左右;自2014年起减少播出56项晚会类节目,占以往播出量的60%左右。中央电视台除了继续办好以春节联欢晚会为代表的自主品牌晚会外,停办《盛世少儿大联欢》《为中国喝彩》《中国电视剧明星盛典》等晚会类节目,把清明、端午、中秋、重阳、七夕等传统节日的晚会节目调整为新闻报道、专题节目、专家与百姓访谈等形式的特别报道,对于“心连心”系列慰问演出等配合党和国家重大宣传报道活动的晚会,央视也

坚持因地制宜、简朴大方、杜绝豪华奢侈、不大操大办的原则。对于与各部委、地方、行业、部门、社团等联合主办的晚会，央视也按照“不联办、不录制、不播出”的原则进行削减，不再与各部委、地方、社团组织、国有企事业单位合办节假日等庆祝晚会和活动。

跨年一直都是卫视的兵家必争之地。2012 年辞旧迎新之际，有 16 家卫视推出了跨年晚会，且大都是演唱会形态，也因此掀起了激烈的明星资源争夺战。2014 年，这种局面有所改变，按照《关于做好 2014 年电视上星综合频道节目编排和备案工作的通知》提出的总量控制的要求，同一个晚上，晚会只能举办三档，这使得各大卫视很难在“跨年晚会”这个概念上打擦边球。

在数量锐减的同时，“节俭”成为办晚会的关键主题词。从年初的《关于节俭安全办节目的通知》发布后，各电视台纷纷表态，2014 年的春晚将以策划和内容为王，“不比排场，反对铺张浪费”。五部委联合通知发布之后，“将节俭进行到底”更是晚会创作亮出的鲜明旗帜。第十二届全运会开、闭幕式从晚上改到白天进行，将镜头从明星大腕身上转移到普通百姓的风采展示，比原预算缩减了近 90%；央视和北京卫视的中秋晚会都把室外摄制计划改在演播室进行，在舞美灯光、视频制作、服装道具等方面以节俭、实效为原则，尽量控制成本。

2. 电视综艺娱乐节目结构得到优化

“限歌令”发布实施后，音乐选秀大战进入尾声，全国 34 个电视上星综合频道纷纷调整了节目配置。与暑期音乐选秀节目一团混战不同的是，进入 10 月以来，电视屏幕上的节目类型明显丰富起来，这主要有以下几种较为突出的类型：

(1)亲子类节目

2013 年 10 月 11 日，湖南卫视和陕西卫视相继推出《爸爸去哪儿》《好爸爸坏爸爸》。《爸爸去哪儿》节目版权和模式购自韩国 MBC 电视台的《爸爸！我们去哪儿?》。作为一档明星亲子旅行生存体验真人秀，该节目聚焦亲子关系，对五位明星爸爸与子女进行 72 小时的乡村体验，获得了很高的收视率和社会关注度。而《好爸爸坏爸爸》号称首档关注父亲的亲情节目，聚焦父子关系，但参加节目的嘉宾大都是普通人。10 月 13 日和 23 日，青海卫视和浙江卫视接连推出《老爸老妈看我的》和《星星知我心》。前者主要是通过纯记录的形式展现 3～5 岁儿童完成“人生第一次任务”；后者采取的是“明星当临时父母，带陌生小孩”的全新模式。加上深圳卫视之前的《饭没了秀》和浙江卫视的《我不是明星》，亲子类节目构成综艺娱乐节目的重要类型。

(2)演艺类选秀

相对于在中国经历了十余年发展的歌唱类选秀节目，演艺类选秀节目还属于一种新类型。选秀并非只有歌唱类，表演也可以进行选秀。2013 年 10 月，浙江卫视的《中国梦想秀》强势回归，重庆卫视推出《奇迹梦工厂》；11 月，辽宁卫视的《本山带谁上春晚》开播；12 月，东方卫视的《中国达人秀》(第五季)亮相荧屏，天津卫视也推出了《全能星工厂》。这一类节目除了在演艺开辟新的战场外,节目以草根为主体。

(3)情感类节目

这一时期,《我们约会吧》《非诚勿扰》的热度虽有消退,但收视率仍不容小觑;2013年10月,东方卫视的《盛女大作战》、四川卫视的《心动女人帮》加入情感类节目阵营,它们将目光聚焦于都市“剩女”人群,致力于为广大单身女性提供一个展示自我、剖析内心的诚意平台。河北卫视和湖北卫视于11月8日同日推出《我知女人心》《恋爱学院》。前者是一档大型原创情感益智类节目,后者不再纠结于生硬地配对,而是向单身男性传授恋爱经验,让他们学到更实用的内容。

(4)竞技益智节目

江苏卫视于2012年3月推出的益智答题类节目《一站到底》,是一档全新的充满悬念的益智攻擂节目。同年10月,山东、浙江和四川等几家卫视相继推出《好运连连到》《谁敢站出来》《两天一夜》。

可以看出,改版后的各卫视晚间电视综艺节目形态结构更趋丰富合理,过度娱乐化和低俗倾向得到较为明显的遏制。

3. 差异化竞争促进电视综艺节目良性市场的建立

应当说,各家卫视一哄而上、扎堆相拼,对于大多数卫视尤其是二三线卫视而言,并未能赢得太多的市场份额和经济效益,电视节目市场强者愈强的“马太效应”使得观众的注意力和收益反而向几个品牌节目集中,而二三线卫视为了追求市场效益和关注度又不得不紧随跟风,这无疑造成了极大的资源浪费。特别是观众对这类节目需求和审美的过度消耗,反而会形成节目市场的潜在危机。分类调控和总量控制的政策,无疑是对这种浪费和过度消费的及时制止,更为重要的是,它为各卫视理性寻找不同发展路径,在新的市场环境中寻求突围提供了可能,使电视综艺节目良性市场和竞争环境的建立成为可能。

针对强势频道普遍采取以唱歌选秀类栏目为核心,重点领域进一步拓展,其他领域有限尝试的策略,二三线卫视频道可以在特定市场与领域进行强化,在细分市场基础上结合自身的资源优势,采取差异化竞争策略。比如河南卫视在强势平台选秀歌唱节目的夹缝中寻求差异化竞争,以汉字听写节目《汉字英雄》开疆拓土,在二三线卫视中获得足够的关注度。

目前,很多二三线卫视的平台定位尚不明晰,在受众群中的品牌可塑性也较强,新的政策给这些卫视提供了更好的成长环境,关键就看如何强化前期调研,加大节目研发与投入,建构特色内容体系,壮大频道的内容供给能力,以差异化策略形成自己的独特竞争力,并最终促进整个电视综艺节目良性市场和竞争环境的建立。

(三)电视综艺娱乐节目的生态转型与发展

处于经济社会转型期的当下中国,社会生活的多样和思想文化的多元,既为电视综艺娱乐节目的繁荣发展提供了广阔的空间，也对其传播和功能提出了诸多挑战。如果说广电系统的一系列规制是在实现电视综艺娱乐节目社会效益与经济效益双赢的理想目标过程中施加的外力，那么，面对“市场”这双看不见的手，更需要的是电视综艺娱乐节目在可持续发展的生态转型理念下的内在蜕变。

1. 生态转型与发展的出发点：坚守电视综艺娱乐节目的社会责任

“大学之道，在明明德，在亲民，在止于至善。”对于电视综艺娱乐节目而言也是一样，精神内涵与社会良知是节目创作的根本，丰富节目内容，提高节目质量，传递正能量，是使节目保持活力的根本所在。第十二届全运会开幕式用全民健身展示替代文艺演出，用体育语言讲述体育，回归体育本质，展现体育精神；安徽卫视原创语言类竞技节目《超级演说家》，节目选手演说内容触及道德、家庭、社会等方方面面，故事悲情而不煽情，他们的演说都以充满正能量的态度收场，令每位观众有所思考和收获，节目开播以来备受关注；《中国好声音》作为一档歌唱选拔类节目，在坚持“专业性”“音乐性”的同时，高举主流价值观的大旗，为立志、励志喝彩，四位导师始终以尊重和平等的姿态，给予学员专业的点评，更用各自的方式激励歌手的梦想；《爸爸去哪儿》在尊重原版的基础上，增加了考验明星带孩子的能力，让更多的人重视亲子之间的交流与互动，向观众传递正能量。

近年来，一些具有公益性质的综艺娱乐节目进入电视荧屏，其中比较有代表性的节目包括中央电视台的《梦想合唱团》《为你而战》、浙江卫视的《中国梦想秀》、湖南卫视的《天声一队》等。尽管这些节目在表现形态上有所不同，但都把“公益”作为重要理念贯穿其中，节目以健康向上的娱乐形式诠释“公益”，实现娱乐与公益双赢共生的新态势，应当说这也是电视媒体传达主流价值观、承担社会责任的重要体现。

2. 生态转型与发展的核心：内容形式创新，打造艺术精品节目

当然，坚守电视综艺娱乐节目的精神内涵和社会良知，并不意味着在内容形式上的故步自封。要实现电视媒体的文化引领，恰恰更要在内容和形式上进行大胆的艺术创新和更为精细的艺术创意。

《中国梦想秀》作为一档模式引进节目，节目组在原版节目的基础上进行创新，内容从惊喜秀升级为梦想秀，增加了梦想大使和观察团。该节目逐渐把对个体演艺梦想的关注扩大到对民生等主题的回应，贴合了当下百姓的心理诉求。

电视媒体的竞争力最终体现为电视内容的生产提供。借助差异化和具有个性特征的内容吸引忠实观众群体，打造电视媒体的核心竞争力，并通过对核心价值观的坚守以及不断的内容创新来培育和强化电视媒体的品牌价值，是电视媒体获得稳定观众群和良好经济收益的根本保证。

3. 生态转型与发展的关键：强化本土节目研发原创力

强化本土节目研发原创力就是要顺应前沿潮流趋势，参与市场竞争，研究基本规

律,大胆向国内外一切优秀节目学习取经,增强本土原创节目的传播力、影响力和竞争力,从而生产创作出既有全球视野又有民族情怀,既有先进理念又有本土特色的高艺术水准的电视综艺节目。比如《中国梦想秀》从国外引进版权后,经过自主研发创新,改进成自主版权,令英国BBCW公司对回购节目模式产生了兴趣,为国内电视界树立起了一个良好的模式发展榜样。

4. 生态转型与发展的路径:电视产业结构优化升级

中国的电视媒体具有公共性和产业性的双重属性:作为党和政府的喉舌,电视媒体必须坚持正确的价值导向,始终把社会效益放在第一位;而另一方面,产业性又决定了电视媒体追求产业利益的必然。党的十八大三中全会指出,要紧紧围绕使市场在资源配置中起决定性作用,深化经济体制改革。电视产业如何调动电视生产各要素实现有中国特色的电视产业结构优化升级,对于业界来说,是一个严峻的课题。总体来说,我们可以从几方面入手:(1)加强广电管理的制度顶层设计,以改革的系统性、整体性、协同性,推动与规范产业的优化,鼓励电视节目制作播出机构在符合国家广电总局政策条例的基础上,实现节目内容的多样性、丰富性和可视性,满足人民群众多元化的文化娱乐需求;(2)建立科学全面的节目评价体系,兼顾社会效益和经济效益;(3)加强行业合作与行业自律,调动并充分发挥广电行业组织在行业自律中的重要作用,建立一个法治、政府和社会公共治理相互支撑的监管体系。

五、媒体合作,开拓空间,寻找新的增长点

随着数字技术革命性的进步,网络技术和移动技术支撑下的新媒体不断涌现,借助电脑终端、手机终端,人们看电视的方式和习惯发生了巨大改变。人类生存的信息化、虚拟性和泛媒介化倾向日益显著。以数字化技术为先导的科技发展为整个大众传媒产业带来一次次"技术范式转移",推进了媒介产品和业务模式的创新、传播渠道和信息终端的整合,并最终导致大众媒体传播形态的趋同——媒体融合趋势日益显著。全媒体时代,中国电视文艺(文化)节目在开展与其他媒体合作、开拓新的表现空间、寻找传播力和影响力新的增长点方面做出了不懈的努力。

(一)网络视频围绕电视播出进行实时传播

互联网时代,交互式的信息传播成为媒介传播的主要方式,使得社会个体的基本生活方式和日常行为模式发生了巨大的改变。媒介接触行为越发成为人们一种基本的、必需的生活行为。在交互信息时代,电视媒体在内容生产、传播渠道、受众反馈等环节都需做出重大调整,在保留电视媒体核心价值的基础上,以互联网思维方式和新媒体形态重塑电视,"泛视频"成为时代的主题词。

在众多的电视节目形态中，电视文艺（文化）节目最具有互联网发展的必要性和可能性，也成为电视媒体最先与新媒体合作的内容形态。2011 年 3 月 31 日，《非诚勿扰》网络版试水，节目改变了以往电视文艺节目简单以网络作为重播平台的结合方式，第一次先于电视播出制作专为网络播出的 16 分钟视频内容。在新浪网、腾讯网上“守候”视频的在线人数据统计突破了 50 万。2012 年，随着各个电视台综艺节目的强势出击，激烈的竞争也蔓延到网络平台，搜狐视频独家买断《中国好声音》的网络播出权，力图进行“全中国最好的制作、新媒体、电视平台的结合”。2013 年被称为各大视频网站全面向综艺节目进军的一年，电视文艺（文化）节目在播出期间由网络实时分段跟进成为普遍现象。这不仅增加了节目传播的途径，提供了再次收看的可能，扩大了收视人群的范围，同时也反过来在创作上影响了节目的内容和结构。2012～2013 年电视文艺（文化）节目悄然应用“泛视频”的概念探索适应新媒介时代的发展策略。

（二）社交平台围绕话题形成网络社区

随着新媒体时代的到来以及互联网、3G 手机、平板电脑客户端等介质的大量普及，由电视文艺（文化）节目播出引发的热点话题，带动了社交平台上各种以节目为讨论中心的社区的建立。就连最具代表性的春节联欢晚会，从导演选定直到播出，同步的“吐槽”使这一节目的创作过程转变为社会瞩目的跨媒介事件。

伴随节目的播出，通过微博、微信等社交平台，能短时间内聚集起对相同节目共同关注的人群。这些或认识或不认识的受众，通过网络在不同的地方，对相同话题发表意见、热烈讨论并伴有即时的评论出现，形成了一个个具有网络特点的临时社区。尤其是著名学者和其他名人的参与，更带动社交平台形成了新的媒介话题和媒介事件，在扩大电视节目影响力的同时，也拓展了节目的内涵和外延。“看节目、刷微博（微信）”，成为收视不可分割的两大部分。甚至，有时社交平台上的讨论，比节目本身更吸引观众。2013 年北京卫视《最美和声》播出时，就是以网上几乎零差评的难得结果，引起了广电总局的关注。

受众以电视观众和网民的双重身份出现，看电视节目与即时交流结合，变被动收视为主动参与。普通观众的意见能够及时得到创作者、管理者、研究者的关注和反馈，极大地调动了他们收看的热情和积极性。

电视文艺（文化）节目在 2012～2013 年的繁荣局面，与大量观众在网络社交平台的互动参与密不可分。一个节目推出后是否获得成功，很大程度上要看这个节目在社交平台上的热议度和美誉度。

（三）“大众评审团”围绕全媒体推广发生转变

2012 年《中国好声音》将之前流行的“大众评审团”改为“媒体评审团”，选手的去留由来自全国各地的 99 位媒体评审团和四位导师共同决定。这不仅仅是节目赛制上的变化,也不仅仅意味着评审权利由现场观众代表的大众百姓向精英阶层的媒体转变,而是一次从全媒体参与推广运营角度进行的有效策划。《中国好声音》的成功,“好声音现象”的产生,不仅是电视节目的成功,也是全媒体共同运作、合力完成的一个杰作。

2013年,有媒体评审团参与的节目日益增多。同时,制播分离的机制也为电视节目的全媒体参与带来了便利和更大的可能性。投资、制作、运营、播出的分工,使一个电视文艺(文化)节目不再为某一个媒体所专属,功能上的优势结合和利益上的合理分享,使全媒体的合作更加有机。这一时期,电视文艺(文化)节目的全媒体运营尝试,为未来发展做了积极的探索。

“由传统媒体向现代媒体转变、由单一媒体向综合媒体转变、由本土媒体向跨国媒体转变”的电视文艺(文化)节目转型期逐渐到来。在这个背景下,电视文艺(文化)节目的创作形态和生存状态正在发生改变。对这个正在发生的改变和转型期电视文艺(文化)节目的动态研究,则既有现实意义,又有重要的战略指导意义。

第二节 2014～2015年中国电视文艺(文化)节目概观

唱出时代强音,反映时代变化,一直是中国电视文艺的基本媒介功能。电视文艺是时代前进的号角,能够代表一个时代的风貌,引领一个时代的风气。纵观2014～2015年间的中国电视文艺,它反映了人民生活的变化、审美情趣的提高 ,为国家的强大、社会稳定的局面欢呼歌唱。它倡导先进文化,在新的历史时期,立时代潮头,发时代先声。

这一时期,全国广播电视机构认真学习落实习近平总书记系列重要讲话精神,特别是在文艺工作座谈会和党的新闻舆论工作座谈会上的重要讲话,坚持正确政治方向,坚持以人民为中心的工作导向,把创新创优工作摆在更加突出的位置,创作了一大批弘扬中国精神、传播正能量、讴歌真善美,思想性、艺术性、观赏性有机统一的原创精品节目,满足了广大人民日群众益提高的精神文化需求,为全面建设小康社会凝聚力量、鼓舞士气。

这一时期,中国电视文艺(文化)节目不仅在数量上继续体现出了它宏大的规模,也在内容和制作水平上表现出了较高的品质。同时,节目类型更加丰富,创新性体现更加充分,商业运营模式更加成熟,与新媒体结合的全媒体战略有了实质性进展。

在运营模式上,制播分离机制成效明显,中央电视台及各省市电视台相继都播出了来自社会制作公司制作的节目,并且安排在黄金时段。

与新媒体合作、多屏多终端地呈现电视文艺(文化)节目已经成为常态。新媒体、多终端不仅成为制作手段,也成为节目新形态。与往年相比,电视文艺(文化)节目在这一时期同样表现出了历史性的变化，显现出了很多标志性的特征，在历史进程中具有重要意义。

与往年相比，这一时期的真人秀节目呈现出爆发状态，各个领域、各种题材几乎都采用真人秀节目形态。真人秀节目裂变出了无数子类型。除了用室内、室外划分外，还因题材、年龄、生活领域等不同而产生了新的类型。

无论是综艺晚会还是真人秀节目，摒弃低俗、追求较高审美价值成为共识，中国电视文艺（文化）节目在 2014～2015 年间蓬勃向上，充满了正能量。

与 2012～2013 年相比，2014～2015 年间的电视文艺（文化）节目呈现出更加繁荣的局面，节目内容几乎涵盖衣、食、住、行等与生活相关的方方面面，好节目不断涌现，新节目数量大大增加，节目制作水准也普遍提高，但节目的同质化倾向开始显现，从题材、内容甚至片名都有很高的相似度。为此，各电视台、各机构大力拓展题材领域，丰富不同的选题角度，凭借越来越成熟的创作技艺和手法，电视文艺（文化）节目整体上呈现出了新面貌。

从内容上看，节目的主题能够反映主流价值观，节目充满阳光、朝气、包容、善良，以及对生活的美好追求。节目用喜闻乐见的方式，树立了和谐社会与美丽中国的形象，为实现中国梦而增光添彩。

从形式上看，从传统的综艺晚会到时尚流行的真人秀，多样化的节目形态传达着普通百姓为美好生活而努力的心愿。节目样式既有中国特色，又与世界接轨，制作水平高，具有前沿性和国际性。尤其是真人秀节目，数量多、覆盖领域大，是这一阶段的主要节目形态。

纵观 2014～2015 年间中国电视文艺（文化）节目，整体上有以下几个特征：(1)规模大、数量多；(2)类型丰富，题材多样；(3)主题积极，寓教于乐；(4)新技术、新手段广泛运用，全媒体理念与实践成果丰硕；(5)制播分离进一步见成效，社会力量成为制作中坚，市场化运营有了新气象；(6)原创节目不断涌现，引进模式改造手法趋于成熟。

从数量上看，电视文艺体量大。尽管新媒体冲击力度与日俱增，但仅从数量上看，都难以取代电视媒体在文艺（文化）方面的主流作用和繁荣局面。2015 年，48 个上星频道，共播出了 600 余档综艺节目，播出时长约 266 万分钟，相当于全年人均收视 6980 分钟（约 116 小时），比 2014 年增长了 9.3%，是五年来的收视时间最高点。

除了数量多、体量大，类型丰富也是这两年的主要特征。

从跨年晚会、春晚、秋晚到重大活动的庆典晚会，从日常栏目、特别节目到季播节目，这两年电视文艺（文化）节目因其类型之多、品种之丰富，可以说是历史上最完整的两年。这一方面是因为品牌节目从往年延续到了 2014 年和 2015 年，是多年积累的结果；另一方面是在创新需求下，从类型入手寻找空白点和差异定位的结果。可以看出，创新策划首先是从类型分析研究开始。2014～2015 年，电视文艺（文化）节目的每一种类型，都产生了多个受关注程度高、影响力大的节目，这使电视文艺（文化）节目类型

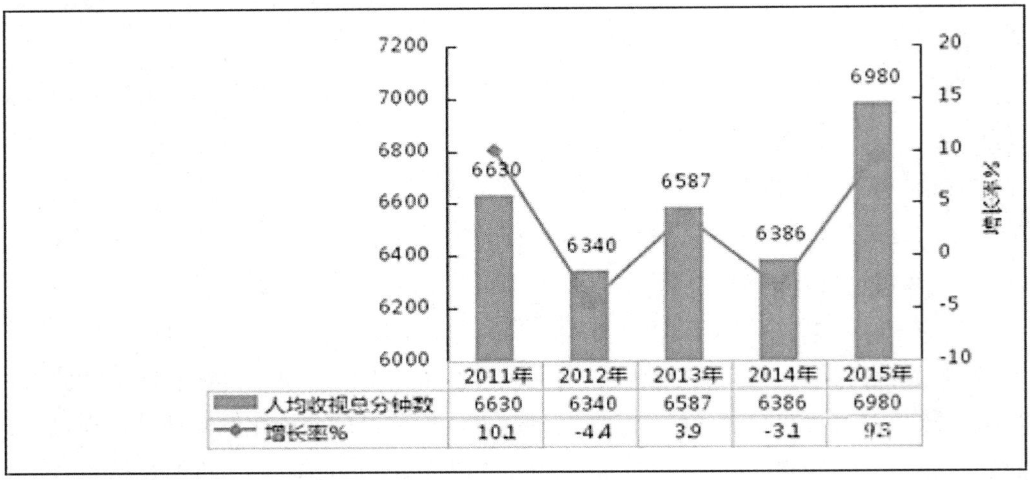

图4—1　2011～2015年综艺节目的全年人均收视时长及增幅

资料来源:CSM媒介研究。

本身的重要价值凸显。类型,作为节目成功的重要元素被认识、被运用,产生了良好的效果。

娱乐性与思想性在电视文艺节目中一直难以有机相融,“寓教于乐”在节目创作中,尤其是娱乐节目中具有极高难度。2014～2015年,我们看到大量在主题思想上有深度,同时娱乐性也很强的好节目。如四川广播电视台的《我们穿越吧》《诗歌之王》、北京卫视的《传承者》、湖南卫视的《真正男子汉》等,都是运用娴熟的娱乐手法,弘扬了中国精神,导向正确,形式活泼,深受欢迎。

2014～2015年,电视媒体与社会制作机构的合作越发紧密,几乎所有的大型节目都与影视公司的参与有关。而与新媒体合作,用全媒体制作理念指导创作,也成为这一时期中国电视文艺(文化)节目创作的重要特征。

这一时期,依靠国外引进模板加以改造仍然是主要创作模式,但原创节目正如雨后春笋不断地涌现。如中央电视台的《叮咯咙咚呛》、四川卫视的《诗歌之王》、浙江卫视的《中华好故事》、河北卫视的《中华好民歌》等都是原创好节目。

依循不同类型,我们可以看到中国电视文艺(文化)节目在2014～2015年间的创作特征是如何具体呈现的:

一、综艺秀彰显时代华章,颂扬核心价值观

作为中国电视文艺传统的节目样式,节庆晚会承担者彰显时代主旋律的光荣使命。它是盛世华章,是盛世镜像,它以提炼、表达社会发展主旋律及核心价值观为己任。捕捉文化热点和社会一时风尚,提取社会发展本质特征,用文艺节目引领主流价值观,它电视文艺节目的中国特色,也是中国电视文艺(文化)节目具有深刻性和思想

性的原因。用喜闻乐见的方式传达党和国家的方针政策，用艺术和娱乐的形式表达国家立场，已成为这一类型节目的自觉意识和自觉行动。综艺晚会往往与节庆日关联，以节日或庆典事件本身的主题为基本核心，并用丰富的内容将此核心加以丰满，最终有血有肉地以情感和气势感染人，实现美学理想。

2013年中宣部、财政部、文化部、审计署、国家新闻出版广电总局五部委联合发出了《关于制止豪华铺张、提倡节约办晚会的通知》。2014～2015年度，在反对奢侈、节约办晚会的精神指导下，全国各省市电视台取消了许多晚会，如央视播出的《公安部春节联欢晚会》等。各地卫视和地面频道调整和取消了一些大型盛典，如各类活动的开幕式等，并在演出场地、演员阵容、舞美灯光、制作规模等方面，严格落实通知规定。2014年度晚会数量大幅减少，尤其是上星频道的电视文艺晚会总量得以控制。但是，深受观众喜爱的品牌节目仍然保留，并在节俭办晚会的基础上，凭借创意取得了良好的社会效果。

在各种收视数据中，综艺晚会仍然是观众关注度最高的电视节目和电视文艺（文化）节目类型。

（一）春节联欢晚会

春节是全球华人阖家团聚、祭祀祖先、祈求丰年、辞旧迎新的最重要的节日，充满喜庆、祥和的气氛。三十多年来，电视春节联欢晚会，在除夕之夜陪伴观众吃年夜饭、放鞭炮、听钟声，度过守岁之夜，成为一种新的民俗仪式。电视春节联欢晚会是民间的、百姓的，具有很强的伴随性；同时，在普天同庆的日子里，也是党和政府通过大众传媒回顾过去的成就，展望未来的美好，鼓舞人民斗志、增强民族自豪感和凝聚力的好时机。春晚是百姓欢庆的节日，也是国家感谢人民辛勤工作、给全国人民拜年的重要渠道。从电视春节联欢晚会中，我们往往能够体察到国家未来的发展趋势和政策信息，增强迈向新的一年的勇气和信心。

数据显示，2014年中央电视台春节联欢晚会收视率为9.032%（CSM48城数据），低于2013年的11.362%，全国202家电视台并机直播收视率为30.98%。2015年央视春晚收视率有所提高，达到22.71%，同时关注度仍然排名第一。

表4—1　2015年央视晚会收视排名

计数	节目主要描述	频道/变量	收视率
1	2015中央电视台乙未年春节联欢晚会	中央一套	22.71
2	2015中央电视台元宵晚会	中央一套	14.97
3	70年胜利与和平文艺晚会	中央一套	10.88
4	2015年中央电视台中秋晚会	中央一套	

（来自尼尔森，央视综艺TOP30）

尽管当年万人空巷的现象已然不再,但春晚依然是全国关注度最高的电视节目,尤其是央视春晚,仍然是全国最有影响力的电视节目,每年依然有七亿以上的观众在收看。

2014年,央视第一次启用央视以外的导演——冯小刚作为总导演,"开门办春晚"的理念进一步贯彻实施。春晚,是国家主流话语与平民日常话语的协调与交融,既需要体现国家政治高度,也需要艺术表现的技巧。2014年春晚那段"春晚是什么"的开篇,有深度也有感动,令人耳目一新。节目中如《群发的我不回》,原本相声的题材改为歌曲表述,新颖、有创意,也很接地气。春晚不仅要具有艺术性、文化性、思想性,还要兼顾全国性。每年央视春晚剧组都会通过各省市推荐、走基层采风、遴选等方式搜集节目,力求荟萃东西南北特色,打造全民联欢盛世。

2015年央视春晚主题为"家和万事兴"。在"吉祥过大年""团圆话家常""家和万事兴""中华全家福"四个板块中,与全世界的中华儿女共同分享国兴盛世、家有喜事。讲中国故事、展中国精神、共度中国年,2015年羊年央视春晚着力演绎"中国梦""中国情"两大主线。这一年,苗阜的反腐题材的相声让人们惊喜之余,也感受到了党的新一届领导集体在惩治贪腐方面所做的努力,令人振奋。互动,是这一届晚会的特色,"摇一摇"成为这一届晚会的标志。除夕之夜,央视春晚和腾讯合作,开启了"摇一摇"引领的全民狂欢模式,微信总摇次数110亿次,互动高达每分钟8.1亿次,送出微信红包1.2亿个。而春晚现场直播公示的数据则显示,春晚期间,共有110亿人次参与了春晚的互动,是融媒体下的一次实践。

受"限娱令"和"勤俭办晚会"通知的影响,2014年和2015年全国卫视春晚的数量和往年相比有所减少,但北京卫视、辽宁卫视、湖南卫视、江苏卫视、深圳卫视、天津卫视的春晚,因创意好、有新意而受到极大的关注和欢迎。2014年北京卫视春晚深受好评,在2014年全国春晚中成为亮点。晚会以"欢乐中国梦 幸福传万家"为主题,既有平民趣味、接地气,又有"中国梦"的大气恢弘;既有北京地域文化特色,又有都市文化的时尚与国际化氛围。2015年,北京卫视春晚再次以1.629%的收视率在全国卫视春晚中排名第一。我们可以看到,2013年、2014年春晚数量大大减少、制作经费大大缩减的同时,晚会制作与播出集中在央视和实力较强的几家卫视,电视文艺晚会调控成果明显。

除了综合性春晚外,中国农业电影电视中心的《全国农民工春节大联欢——回家过年》、湖北广播电视台垄上频道的《中国农民春节联欢晚会》、江苏广播电视总台城市频道的《民和年丰——2015全国六省百姓春晚》、山西广播电视台的《祥和中国年——2015春节戏曲晚会》、陕西广播电视台公共文艺频道的《秦关陇月喜迎春——"秦之声"春节戏曲晚会》、内蒙古广播电视台的《蒙语春节晚会》、西藏电视台的《春节藏历新年电视联欢会》、山东广播电视台的《点赞2015——第九届全球华人网络春晚》、江苏广播电视总台优漫卡通卫视频道的《优漫星未来羊年少儿春晚》等,在春节晚会中各具特色。

元宵节晚会也是全国电视综艺晚会的重要内容。元宵节既是春节期间的重要节点，也是春节期间电视文艺晚会策划和制作的节点，但因距离春晚很近，时间、精力、制作实力和经费投资等都受到考验，所以在全国范围内，央视的元宵节晚会一直都最具有知名度，制作水平也最高。它往往利用央视春晚剩余的节目资源，并用揭晓全国观众评选的最佳春晚节目来与除夕之夜播出的大春晚呼应勾连。

在电视晚会受到限制后，元宵节晚会大大减少。陕西广播电视台公共文艺频道、广西电视台综艺频道、贵州广播电视台大众生活频道等地面频道也制作播出了电视元宵晚会。

（二）跨年晚会

自从传统的元旦晚会大多转型为跨年晚会后，它原本与春晚相似的形态也发生了巨大变化，在时间长度、节目内容、变现方式等方面都有改变。以往的传统节目定位被颠覆，代之以青年人的时尚狂欢，综艺晚会基本上变成了歌舞盛宴。如果说春节期间的春晚和元宵晚会侧重中国传统文化，节目厚重端庄，全民关注，那么跨年晚会基本定位在青年观众，是一场年轻人的狂欢盛宴。可以说，跨年晚会是流行文艺的风向标，代表流行文化的年度风尚。在勤俭办晚会的通知下达后，跨年晚会的奢华程度大大下降，尤其是各台竞相高薪邀请当红明星的现象得到有效遏制。

2014 年，湖南卫视、浙江卫视、东方卫视的跨年晚会制作投入大，制作水平高，内容丰富，体现了国际化的制作理念，受关注度最高。

东方卫视跨年狂欢面向全球直播，为响应节俭办晚会的号召，东方卫视此以《梦之声》学员作为基本演员，不再拼明星阵容，而是用有新意的节目编排来获得节目效果。《梦之声》学员作为“青春”“挚爱”“梦想”“起航”四个篇章的串引，贯穿了整场演出。创新的编排，互动的方式，以及明星和歌曲的选择，都让此次东方卫视跨年晚会收获了不少好口碑。同时，结尾以外滩 4D 倒计时灯光秀为亮点，火树银花迎接新年，成为近三年来这个世界都市迎接新年的新仪式，为世界所瞩目。

湖南卫视跨年演唱会已经连续十年蝉联收视冠军，在节俭办晚会的精神指导下，2015/2016 年度的跨年晚会创意出奇彩，互动有新招，环节巧编排推陈出新，嘉宾邀请上更加突出“家人”概念，环节设计也让观众更具有参与感。

自 2012 年中央电视台加入跨年晚会阵营以来，资源和制作优势明显，在省级卫视天下的跨年晚会中，定位上更具全国性和全民性。《起航 2014》和《起航 2015》新年特别节目在综艺频道直播，综合频道、中文国际频道也并机直播。节目持续 5 个小时，老、中、青三代知名演员云集，流行元素与怀旧风潮完美融合，也成为央视跨年晚会的与众不同之处。

湖北卫视、贵州卫视、东南卫视、天津卫视、江西卫视等也举办了跨年晚会，取得了一定的关注度,有很多创意成为亮点。

(三)中秋晚会

央视的中秋晚会创办于1991年,是继春晚之后,央视在下半年着力打造的综艺节目品牌,每年全球有近3亿观众观看。秋晚与春晚,在一年中的上下半年遥相呼应,演绎着"阖家团圆"的主题,承载着中国传统文化的传达。与春晚的室内表演和热闹喜庆不同,秋晚在室外表演场地演出,舞美标志性的月亮与水面,营造的是沉静与诗意,意境和风格迥异。十几年来,中秋晚会都选择在国内有较高知名度、地域特色鲜明、文化氛围浓厚的城市举办。

2014年"苏州月,中华情——央视中秋晚会"分为上、中、下三个篇章,分别为"问明月""望故乡""中国梦"。昆曲、苏州评弹、园林古镇、小桥流水等中国元素贯穿其间,在120分钟的直播时间里,晚会通过巧妙的构思与编排,将流行歌曲、情景歌舞、民俗表演、戏曲、钢琴演奏等多种艺术形式融为一体,自始至终洋溢着温馨浪漫的气氛和时尚活力。全球华人在月明团圆的日子里,感受到中国优秀传统文化的博大精深和浓浓的故乡之情。

2015年"月圆江油——央视中秋晚会"在李白的故乡举办。晚会以李白的诗歌串联,采用篇章式的结构,由开篇"问明月"、上篇"举杯邀月"、中篇"静夜思乡"、下篇"月圆江油"和尾声"海上明月"五个部分组成。各个篇章分别以李白名篇的吟诵与歌曲贯穿,将诗歌、音乐、戏曲、舞蹈、民俗表演等情景化的表演融为一体,将团圆、思念、亲情、乡愁这些不变的情愫与"中国人民抗日战争暨世界反法西斯战争胜利70周年"等社会热点元素结合,让"望得见山、看得见水、记得住乡愁"的思乡与团圆有了历史感和厚重的民族情。

除了央视的秋晚,2014年北京、天津、浙江、深圳、广东、山东、河北、四川等多家省级卫视和地面频道也举办了电视中秋晚会。2014年,湖南卫视在停办三年后,恢复制作播出中秋晚会。在地方卫视中,北京卫视的中秋晚会一直独具特色,可以和央视秋晚媲美。在五部委关于勤俭办晚会的通知下达后,电视秋晚的数量大大减少。北京卫视中秋晚会放弃了"卢沟晓月"的标志性室外实景舞美演出场地,改在室内演播室进行,用相声小品打造欢乐中秋。湖南卫视也是小成本制作,多用"快男""超女"和《爸爸去哪儿》的演员资源。

(四)重大活动庆典及开闭幕式

2014～2015年的庆典活动并不多,中央及各省市本着勤俭节约原则,大型活动不再像节俭办晚会通知下达之前那么普遍。在严格遴选和审批制度下,政府资金支持的各类活动大大减少,尤其是活动的开闭幕式,能够在电视媒体上播出的开闭幕式就更少。两年间,大型活动庆典可以载入史册的就只有"中国中国人民抗日战争暨世界反法西斯战争胜利 70 周年”的大阅兵和晚会了。

2015 年 9 月 3 日，中央电视台除了全程直播白天的阅兵式，也直播了晚上在人民大会堂演出的文艺晚会《胜利与和平》。晚会由中宣部、文化部、国家新闻出版广电总局、解放军总政治部、北京市委组织实施。中央领导、各国元首、部分外国政要、抗战老兵老同志代表以及首都各界代表 6000 余人观看了演出。“铭记历史、缅怀先烈、珍爱和平、开创未来”，晚会主题表现了作为东方主战场，中国人民抗日战争在世界反法西斯战争中所发挥的重要作用。开篇“胜利”和“浴血中华”“正义力量”“和平梦想”三个篇章，彰显出中国共产党在全民族抗战中所发挥的中流砥柱作用。节目感染人、激励人，振奋人心。

与重大政治活动完全不同的是，2015 年 11 月 10 日，湖南卫视举办了“双 11”狂欢夜晚会，为新媒体背景下诞生的新的生活方式和新型社会经济模式欢呼歌唱。这台晚会 4 小时全球互动直播，将综艺内容、明星游戏、移动购物融为一体，消费者可以通过电视、网络、手机等平台，实现边看边玩边买，通过多场景互动，让全球亿万“双 11”粉丝共同参与到这场狂欢中来。这是电视史上，电视台第一次与电商联合推出的大型电视文艺晚会。根据 CSM50 城数据，晚会收视率 1.47%，超过了同时播出的 CCTV 京东“京喜夜”的收视率，而天猫也以 912.17 亿创历年来“双 11”销售额纪录。但是，尽管晚会的内容和形式都很新颖，过于浓厚的商业气息也遭到了质疑。

（五）专题晚会

除节庆晚会以外，电视专题晚会也是中国电视文艺晚会中分量重、数量多的一种类型，它彰显时代精神和民族特色，注重对社会道德和主流价值观的建设和引领。这类作品在塑造和构建社会文化新风尚、提升民族精神、提高百姓文化素质、培养健康的审美情操、倡导创新创优的艺术精神、鼓舞人心、促进社会和谐等方面，起到了积极的作用。

2014～2015 年，广西电视台的《我们的中国梦 文化进万家——2015 广西电视台手拉手艺术团“美丽广西 清洁乡村”主题宣传演出》、山西广播电视台黄河频道的《牵手过大年——2015 黄河公益之夜》、河南电视台的《百花回报沃土——2015 年河南省文艺家“深入生活、扎根人民”文艺进万家主题实践活动》、中国农业电影电视中心的《第五届魅力农产品嘉年华》、解放军电视宣传中心的《2015 军营大拜年》等作品，深入基层，从不同角度贯彻了文艺为人民服务的精神。

（六）颁奖晚会

颁奖晚会是中国电视文艺节目中，与节庆晚会、专题晚会并列的另一种综艺晚会。伴随着每年电影节、电视节等高规格评奖活动，颁奖晚会成为一道独特的风景线。它不仅是颁奖过程、成果展示与汇报，也是讲述成果获奖原因和背后故事的平台。随着大型活动的减少，颁奖晚会的数量较往年大幅下降，晚会制作流程越来越简洁，大量文艺节目被削减。颁奖晚会的仪式感不再由文艺演出和华丽舞台来营造，奖项的内容和内涵被凸显，那些被奖励的人物和事件成为晚会中的突出元素，文艺节目的分量减弱。

《“金鸡”“百花”电影节颁奖晚会》《电视剧“飞天奖”颁奖晚会》《电视“金鹰奖”颁奖晚会》等，不仅是影视类艺术作品的成就表彰，也是核心价值观通过艺术作品表达的平台。节目有内涵、有思想，也有较强的观赏性和审美品格。

与跨年晚会同时进行的《国剧盛典》，其节目形态也应该被归类为颁奖晚会。它由安徽卫视主办，光线传媒承办，首都广播电视节目制作业协会协办。评选项目分为三大类，涉及近30个单项，是覆盖范围很广的电视剧评选活动。每年伴随新年的到来进行表彰，也是对一年来电视剧成果的回顾总结。

二、真人秀题材多样，展现丰富的社会生活

2014～2015年，真人秀节目大面积覆盖中国电视荧屏，成为电视上的主要节目类型。它涉猎才艺、职场、旅游、军训、科技、游戏、竞技、恋爱、美食、服装、装修等题材和领域，几乎囊括衣、食、住、行等社会生活的方方面面，可以说无题不能成“秀”。真人秀，是这一时期中国电视荧屏上所占比例最高的电视节目类型，也是大众关注度最高的电视节目类型，

与以往不同，真人秀节目在这两年间不再是只有娱乐、没有思想深度的节目类型了。主题，成为2015年中国电视真人秀提升品位的重要突破口，大多数真人秀节目都能够在休闲娱乐的过程中表现励志和温暖，传达出积极向上、热爱生活、爱岗敬业、团结合作、包容博爱等生活态度。主题上的深入挖掘和有力度的表现手法，从电视真人秀节目的这些变化中，我们看到它与中国社会文化共同发展、与时代共同前行的步伐。

以《幸存者》为例，它曾经在2000年进入中国，但与当时中国文化、社会生活、经济水平都不相适应，观众认可度低，没有发展起来。尽管此后的几年这类节目不断发力，收效却微乎其微，不得不变异或淡出中国。2013年湖南卫视播出的《爸爸去呢儿》凭借独特的切入点，以明星父子情为核心，既满足了观众对明星家庭生活的好奇心，也在男性明星与孩子单独相处的过程中感受到了他们和普通人一样的父子情深。《爸爸去哪儿》打破了十多年来才艺真人秀独占中国电视荧屏的格局，2014～2015年，户外真人秀节目开始盛行。

引进国外节目模式，寻找正面主题，融入中国社会生活，接触当下社会热点，触摸中国发展脉搏，成为真人秀节目的必修功课。那些承载百姓情怀，符合中国文化传统，又具有艺术前沿手法的节目受到了观众的喜爱，产生了巨大的社会影响力。

从图4－1中可以看出，一直受到观众喜爱的选秀类节目依然保持着旺盛的生命力。真人秀节目的关注度高、播出量大、播出时间长。

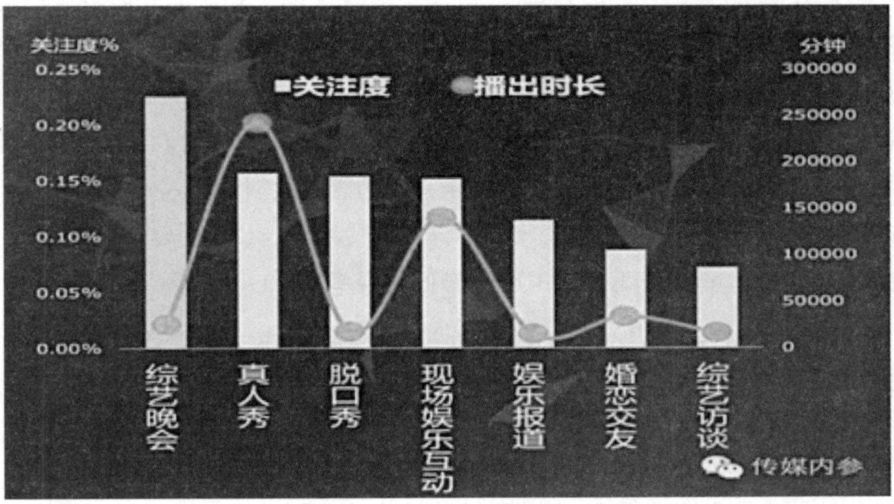

图 4—2　各类电视综艺节目的关注度及播出时长

数据来自酷云 EYEPro，全国首播，转引自《传媒内参》。

这一时期与往年相比，现象级节目有所减少，各种类型的真人秀节目旗鼓相当、齐头并进的现象成为显著特征。以往某一种类型、某一个节目异军突起、一花独放的局面不再，取而代之的是各种类型节目的百花齐放。

(一)游戏类真人秀

表 4—2　卫视 TOP30 综艺节目排名及收视率

计数	节目主要描述(群组)	频道	收视率
1	奔跑吧兄弟Ⅱ	浙江卫视	8.18
2	中国好声音Ⅳ	浙江卫视	7.84
3	奔跑吧兄弟Ⅱ	浙江卫视	6.67
4	跑男来了	浙江卫视	6.66
5	我是歌手Ⅲ	湖南卫视	6.53
6	真声音	浙江卫视	6.45
7	快乐中国加多宝 2015—2016 跨年演	湖南卫视	5.18
8	爸爸去哪儿Ⅲ	湖南卫视	5.03
9	加多宝元宵喜乐会	湖南卫视	4.93
10	偶像来了	湖南卫视	4.28

(来自尼尔森，卫视 TOP30 综艺节目)

2014 年 10 月 10 日，《奔跑吧兄弟》第一季首播，是当年游戏类节目中影响力最大的节目。2015 年 4 月 7 日，《奔跑吧兄弟》第二季播出，同样保持了同类节目中最高的关注度。2015 年 10 月 30 日又播出了第三季。

这个节目是引进韩国 SBS“Running Man”的模式，由浙江卫视和韩国 SBS 联合制作的大型户外明星竞技真人秀节目。它真实地展现了明星嘉宾们在游戏中所遭遇的各种情境,顺利、艰难、阻碍、突破,与人们在日常生活中的遭遇有着许多共通之处。它在游戏中告诉人们:生活中既要有智力,也要有行动力;要挑战自我、赢得胜利,也要有团队意识,敢于牺牲自己、顾全大局。这些价值观、人生观的生动表达,引发了青年观众的共鸣,得到观众的普遍认可。据央视索福瑞的收视数据显示,《奔跑吧兄弟》(第一季)首播收视率1.132%,整季最高收视率3.180%,最低收视率1.808%。第二季首播收视率4.794%,最高收视率5.016%,最低收视率4.303%。

表4—3　2015年上星频道真人秀首播关注度排名TOP10

排名	节目名称	播出频道	类型	关注度
1	奔跑吧兄弟第二季	浙江卫视	竞技类真人秀	1.858%
2	中国好声音第四季	浙江卫视	歌唱类真人秀	1.765%
3	我是歌手第三季	湖南卫视	歌唱类真人秀	1.531%
4	奔跑吧兄弟第三季	浙江卫视	竞技类真人秀	1.464%
5	爸爸去哪儿第三季	湖南卫视	亲子类真人秀	0.958%
6	偶像来了	湖南卫视	体验类真人秀	0.925%
7	奇妙的朋友	湖南卫视	体验类真人秀	0.811%
8	出彩中国人第二季	CCTV—1	表演类真人秀	0.736%
9	挑战不可能	CCTV—1	竞技类真人秀	0.639%
10	星光大道	CCTV—1	歌唱类真人秀	0.619%

资料来源:酷云EYEPro,转引自《传媒内参》。

2014年9月19日,《正大综艺》引进国外版权,改版为充满艺术智慧的文化栏目《正大综艺·谢天谢地,你来了》,嘉宾在没有剧本的情况下扮演规定角色,面对游戏规则,巧妙机智地应对,即兴表演,既有专业水准,又有即兴创作带来的趣味。

2014年10月19日,根据《密室逃脱》改造的《星星的密室》第一季首播,第二季于2015年9月13日播出。该节目借鉴日本、美国的相同主题综艺,经过本土化创意改造,融智慧、体力、想象力、人际情感于一体。

2015年11月6日,湖南卫视联合东阳欢娱影视文化有限公司、于正工作室,引进了日本富士电视台的综艺节目《全员逃走中》,并改造推出了大型创意实境游戏秀节目《全员加速中》。

(二)竞技类真人秀

根据酷云推出的《中国首份家庭互联网大数据电视节目盘点分析报告》显示,2015年,一线卫视频道全新推出的86档综艺节目中,真人秀节目就有66档,占比76.7%;而在真人秀节目中,体验类、竞技类占主流,分别占据22.7%和19.7%。从尼尔森和索福瑞的数据来看,也是以体验类、竞技类真人秀为主。2015年,竞技类真人秀排在第一名的是央视一套的《挑战不可能》。东方卫视的《极限挑战》是省级卫视中关注度最高的。

2014 年 1 月 3 日，江苏卫视源自德国综艺“Super Brain”模式的《最强大脑》第一季播出，它集结了有特殊脑力的选手及脑神经专家，在脑力活动上进行竞技，是国内首档大型科学类真人秀电视节目。节目刚播出时，因为内容具有专业性，不是大众话题，收视率并不算高。但它用科学内容做娱乐节目，引发大众的好奇心。据 CSM50 城收视数据排名，首播收视率 1.400%，在当晚同时段卫视节目排名榜中位列第二名。经过一年的培育，2015 年第二季《最强大脑》最高收视率达到 2.709%，排名当晚同时段第一位。科学题材竞技真人秀的成功，为拓宽真人秀节目的选题起到了良好的示范作用。

2014 年 7 月和 2015 年 1 月，江苏卫视播出了益智类竞技节目《一站到底》，来自社会各界的参与者在限定的时间内回答问题，进行知识竞赛。它由美国 NBC“Who's Still Standing”模式改编而来。

2014 年 10 月 17 日，深圳卫视将引进的美国 CBS 的“The Amazing Race”，创新性改造成旅游度假题材的竞技速度节目《极速前进》播出。来自演艺、体育界的知名人士难得在节目中近距离相处，并为共同目标携手前进。

2014 年 4 月 11 日，《中国梦想秀》第七季播出，2014 年 10 月 11 日第八季播出，2015 年 2 月 25 日第九季播出。它源自英国 BBCW 频道创全国收视第一的王牌综艺《就在今夜》，是浙江卫视重金购入的英国模板。它是一档明星帮助平民圆梦的大型公益活动，普通人和他们生活中的愿望是节目策划的核心。节目反响强烈，第七季首播收视率达到 1.258%，但之后呈现递减状态，第八季首播收视率 1.088%，第九季首播收视率 0.533%，平均收视率 0.598%。收视率的递减，反映出观众审美趣味的变化。

2014 年 4 月 4 日，安徽卫视与能量传播合作，推出中国首档原创语言竞技类真人秀节目《超级演说家》，它以“挑选中国最会说话的人”为目的，在演说中展现思想和语言表达的魅力。

2014 年 10 月 4 日，江苏卫视原创语言竞技节目《我是演说家》播出，2015 年 8 月 28 日第二季播出。节目主题涉及亲情、友情、理想、人生等多元话题。

2014 年 8 月 1 日，浙江卫视《中华好故事》第一季开播，2015 年 2 月 4 日第二季播出。这个原创文化类节目，以中华传统故事为主要内容，用知识竞赛、故事演绎等方式普及中华传统故事相关知识，有文化底蕴，又充满朝气，有娱乐元素，也有人文精神。

2014 年 11 月 28 日，河北卫视自主研发的原创文化类节目《中国好诗词》开播，通过寓教于乐的轻松形式，打造出一档广大观众喜闻乐见的优质文化节目。国家新闻出版广电总局专门下发文件，将《中华好诗词》作为范例向全国推荐，鼓励各地积极创办原创文化节目。《中华好诗词》以高雅的立意、精巧的设计、轻松的形式，将中华诗词艺术与电视媒体巧妙结合，满足了电视观众对传统文化多样性、多层次的需求。

2015年1月4日,江苏卫视播出《超级战队》,这是江苏卫视推出的国内首档超级体能PK秀,选手以最强身体挑战世界纪录。

2015年4月12日,江苏卫视原创明星夫妻真人秀《为她而战》播出,12对明星夫妻(情侣)协作配合进行挑战,一个充当大脑,一个作为身体,为对方而坚持,与对方并肩作战。

2015年6月9日,江苏卫视大型户外竞技类真人秀《极限勇士》播出,普通人通过闯关,获得竞技胜利。

2015年6月14日,东方卫视大型原创明星户外竞技类真人秀《极限挑战》播出。节目中,六位上有老下有小、过了而立之年、工作生活压力大的男性明星嘉宾,在追逐、竞争中焕发出睿智与魅力,他们不怕困难,努力获得胜利。节目播出后受到好评,五岸传播有限公司将节目版权输出到了境外,Fox卫视中文台以及台湾八大电视台等多家境外电视台都争相购买节目的播出版权。

2015年8月2日,中央电视台《挑战不可能》播出。节目每期选择中外8名左右选手,涵盖技能、体能、脑力等多个项目的极致挑战。《挑战不可能》展示这些选手挑战各种不可能的任务和故事,表现他们"挑战自我"和"认识自我"的过程。节目不依赖明星,将普通人作为主角,并成功地将这些具有超凡能力的普通挑战者送到了国际舞台。因节目有影响力,很多外国选手也参加了此节目,这被媒体成为"影响力反哺"现象。节目在国际范围内传递中国精神、中国力量、中国价值。节目有较大的影响力,首播收视率2.017%,最高收视率2.017%,平均收视率1.792%。

2015年12月6日,由韩国MBC电视台、灿星制作和央视联合研发制作的节目《了不起的挑战》播出。相较于韩国版原来以综艺为主的《无限挑战》,中国版的《了不起的挑战》侧重于表现劳动者真实的生存环境,展现他们工作、劳动的生活场景,节目深入国内各行各业,覆盖上百个工作岗位。主持人也要和普通人一起完成一系列艰难的任务挑战,做普通人做的工作。《了不起的挑战》第一季共制作12期,首播收视率0.934%,最高收视率1.077%。从收视率上看,节目受关注度不算最高,但社会美誉度很高。

竞技类节目体现了积极向上、战胜困难的精神和勇气,激励人、鼓舞人,发挥了对社会积极引导的作用。

在竞技真人秀中,参与者可以为科学发明竞技、为知识竞技、为体能竞技、为速度竞技、为感情竞技、为梦想竞技、为语言竞技、为劳动技能竞技,题材多样。

(三)才艺类真人秀

2014~2015年,才艺类真人秀《中国好声音》播出了第三和第四季,《我是歌手》播出了第二和第三季。这些现象级的品牌节目,有可以信赖的品质,节目具有稳定性。

浙江卫视的《中国好声音》有让人惊叹的收视奇迹,其中第四季首期收视率达到

5.308%。整季最高收视率为 6.566%，最低收视率为 3.478。

湖南卫视的《我是歌手》第二季首播收视率为 2.2%，最高收视率为 3.99%，最低收视率为 1.771%。第三季首播收视率为 2.757%，最高收视率为 3.08%，最低收视率为 1.404%。

2014 年初，灿星团队与中央电视台共同研发的《中国好歌曲》，延续了《中国好声音》的成熟制作方式，巧妙地用作曲替换了《中国好声音》中的核心元素，实现了同类型歌唱表演选秀类节目的突破，有创意，有新意，有专业性，也有情怀，受到观众的好评。

2014 年 4 月 19 日，由浙江卫视联合灿星制作强力打造的大型励志专业舞蹈评论节目《中国好舞蹈》，让更多人享受到中国舞者特有的形体美，同时也学习和了解了舞蹈知识，体验了舞蹈的艺术之美。

2014 年 12 月 21 日，《梦想合唱团》播出了第二季。节目延续了第一季的公益内核，16 位风格鲜明、路线迥异的明星，用音乐与歌声为代言公益项目"为了孩子"而挑战。

2014 年 4 月 5 日，由新娱乐联合韩国 CJ E&M 共同打造的大型歌唱真人秀节目《妈妈咪呀》第三季启动，让许多年少时有过梦想、现在成家做了主妇的妈妈们能在节目中一展歌喉，绽放惊人魅力。

《百变大咖秀》2014 年 1 月 2 日播出了第五季，它是湖南卫视引进自西班牙版权节目"Your Face Sounds Familiar"制作播出的明星模仿赛。节目让明星来模仿明星，在"百变"的模仿过程中，展现明星和经典作品的"另一面"，给观众耳目一新的感受。

2014 年 2 月 9 日，央视和灿星制作携手打造的平民励志真人秀《出彩中国人》第一季播出，2015 年 3 月 1 日第二季播出。第一季最高收视率达到 2.238%。第二季最高收视率达到 2.2%，产生了较高的收视反响。节目在全国范围内寻找各行各业的劳动能手和行业标兵来担任出彩候选人，在节目中展示才艺，讲述他们的奋斗故事。

2014 年 6 月 6 日，来自德国原版节目"Schiller Street"的即兴喜剧真人秀《喜乐街》第一季播出，2015 年 6 月 28 日第二季播出。几位主演在没有剧本的情况下，根据导演通过耳机发出的指令即兴表演，是戏剧表演才艺秀。节目通过喜剧的人物、幽默的语言，对青年男女择偶、都市邻里关系等社会热点话题进行了艺术表现。

2015 年 3 月 6 日，《中华好民歌 · 炫动中国风》第五季播出。节目搭建了一个由新生代歌手与老一代艺术家在音乐上互相交流与沟通的平台，展示了中华传统文化的魅力。《中华好民歌》通过全新的节目形式，彰显了音乐新生代对中国传统文化的传承和弘扬。

2014 年 4 月 6 日，广西卫视的新民歌选秀节目《一声所爱 · 大地飞歌》播出，它源自瑞典最受欢迎的音乐节目"True Talent"，通过竞技获胜的全国三强将直接参加央视《直通春晚》。

2015 年 7 月 19 日，江苏卫视播出了从韩国 MBC 重金引进的王牌综艺《蒙面歌王》,所有的明星歌手均以面具遮面,观众无从辨别歌手的身份,所有的评分标准只以歌手的歌声为考量依据。

2015年11月14日,北京卫视联合能量传播制作的国内首档传统文化展示真人秀《传承者》开播。该节目是一个展示中华文明的华丽秀场,力图找回远离了的文化根源,激活潜藏着的文化基因,唤醒丢失了的文化之魂。该节目成为2015年底荧屏的一大亮点。

才艺真人秀有歌唱竞技、舞蹈竞技、戏剧表演竞技、诗歌吟诵、民间艺术竞技等,题材类型丰富。

(四)体验类真人秀

2013年底《爸爸去哪儿》的火爆,让体验类真人秀持续升温。2014～2015年,体验类真人秀涉猎了旅游、军事、服装、家居等各个领域,基本覆盖了社会生活中观众感兴趣的领域和话题,主题也非常多样。

2014年4月25日,湖南卫视制作播出了《花儿与少年》第一季。自助远行中,人物关系、相处之道成为节目的核心。人与人之间、陌生人之间、代与代之间如何相处,引起了全社会的热议和反思。

2014年6月5日,中国版《花样爷爷》由韩国原班导演团队和东方卫视共同打造。节目由平均年龄超过77岁的明星爷爷们组成,在交通工具和经费有限的情况下,体验世界十多个国家的旅行。

2015年3月15日,继《花样爷爷》后,东方卫视再次与韩国TVN电视台合作,引入明星真人秀旅行节目《花样姐姐》。

2014年10月10日,江苏卫视新家庭生活体验真人秀《明星到我家》开播。节目中,四个女明星以媳妇身份融入陌生家庭,成为对应农家的一员。节目探讨了婆媳关系、邻里关系,在角色体验中,展现出"婆媳"两代人在生活方式、习惯等方面的种种碰撞,以及日常生活的喜怒哀乐,真实情感的流露,家人的相偎相依。

2014年7月,浙江卫视亲子互动真人秀节目《爸爸回来了》第一季播出,该节目如实地呈现了爸爸们单独带孩子时不断发生的意外状况。

2014年10月17日,湖南卫视校园纪实真人秀《一年级·小学季》开播,2015年10月31日,《一年级·大学季》开播。《一年级》是湖南卫视推出的原创校园节目。该节目讲述了一群一年级新生进入校园之后的生活故事,并由明星嘉宾担任实习教师,全程陪伴,记录教师与学生之间的互动,关注新生们的学习、生活与成长。节目找到了综艺与教育的平衡点,既有欣赏性又有教育意义,是真人秀节目向上提升的标志性作品。

《女神的新衣》第一季由东方卫视、广东百合蓝色火焰文化传媒股份有限公司联合制作。节目以"24小时制衣+T台秀+竞拍"等环节组成,并首次在电视荧屏上全景呈现裸眼3D和全息投影技术，视觉效果非常震撼。节目还与电商合作，在播出过程中，线上线下直销服装成为新的节目形态，受大极大的关注。

2015年10月4日，央视一套携手欢颜文化出品、奥飞多屏制作的情感互动节目《我爱妈妈》播出。节目每期选择一位明星嘉宾，以“为妈妈完成一个心愿”为主线，用镜头记录最真实的母子关系，传递母子之间深厚的情感。

军旅题材，是体验类真人秀节目中播出量较大、关注度较高的一种节目类型。江苏卫视在2014年播出的《超级女兵》，是由解放军电视宣传中心、中国海军陆战队联合江苏卫视和中广天择传媒联合打造的。节目记录了90后女兵们训练和生活中表现出的坚韧、质朴、勇敢、互助的品格。

2015年4月17日，湖南卫视引进韩国MBC模板、与中国人民解放军八一电影制片厂联合制作的大型国防教育节目《真正男子汉》播出。节目中，7位明星改变身份，深入一线部队，以不同军兵种身份体验真实的军营生活，展现部队的现代化装备和军人不凡的风采。节目具有较高的表现力、感染力和影响力，最高收视率曾达到1.232%。

2015年9月12日，浙江卫视、华策影视和中喜传媒联合出品的大型原创职业体验真人秀《挑战者联盟》播出。节目中，明星和嘉宾以轻松娱乐的形式，齐心协力挑战各种职业任务，传递积极进取和温暖励志的正能量，向所有普通职业者致敬。节目的平均收视率达到2.038%。

2014年7月12日，美食类真人秀《十二道锋味》第一季播出。该节目由明星谢霆锋当厨师主持，邀请其家人、圈中好友一起环游世界，搜寻并制作世界各地美食。节目将真人秀、微电影、广告片融合，将美食节目和旅游节目融合，讲述了12个有关亲情、爱情和友情的故事。

2015年10月9日，《中国味道》开播，节目以“寻找传家菜”为核心主旨，原创“选手秀菜+boss拍卖”模式，透过美食，呈现了一个个普通人身上的人情温暖和技艺传承，让传奇美食从平常人家走向顶级餐厅。

《变形计》是湖南卫视重点研发的一档角色互换节目，它涉及当下社会热点，引起了大家对青少年教育的关注。

2015年3月11日，江苏卫视与中广天择传媒共同制作的《远方的爸爸》，记录了孩子第一次离开亲人的保护，在爸爸毫不知情的情况下，由一名陌生的明星叔叔陪伴，前往国外与打工的爸爸惊喜见面的过程。节目关注的是“出国打工热”和“留守儿童”的热会热点问题。

2015年1月24日，湖南卫视《奇妙的朋友》邀请李宇春等明星加盟，进入野生动物园内担任实习饲养员，真实记录明星们近距离与动物相处、交流的全过程，倡导环境保护。

中央电视台经济频道的生活服务类节目《交换空间》，一直是一档以提供生活服务为主的体验类真人秀节目。它贴近普通观众,倡导自主动手、节俭装修的家居理念。

2015年7月26日,由四川卫视、世熙传媒、华谊常升、阿里影业、耀莱影视联合投资,引进自韩国CJ E&M集团的《时间探险队》,经过本土化改造成历史体验真人秀《咱们穿越吧》在四川卫视开播。节目让现代人和历史生活进行融合,通过现代人真实、自然的反应和理解,重新体会感受中国历史的趣味和魅力。节目承载着中国文化内涵,还原中国历史故事,领略中国各个时期的文化,具有独特的文化价值和社会意义。

体验类真人秀的题材覆盖了亲情、旅游、职业、环保、人际关系、美食、服装、教育、军事、文化等各个领域,视野开阔,样式丰富。

三、脱口秀幽默犀利,深层挖掘思想的魅力

与综艺秀、真人秀并列的另一个大的电视文艺(文化)节目类型——脱口秀节目,也是2014~2015年度非常活跃的一种节目类型。脱口秀依靠语言的魅力,能够在主题上进行深度挖掘,使节目在幽默中表现出思想的魅力。

2015年1月28日,东方卫视的《金星秀》开播。节目中,金星结合自身的人生阅历,对时下的一些热点话题进行解读与分析,言语热辣却不失道理。

《今晚80后脱口秀》是东方卫视的品牌节目之一。节目主持人王自健辛辣讽刺的风格,既有传统相声的意蕴,也有脱口秀的时尚和国际气质。节目表现了年轻人对社会热点、文化事件、时尚潮流的态度和思想,幽默风趣却又不失智慧与锐度。

央视与天娱传媒共同开发的《嗨!2014》,用独特的"嗨聊"+"嗨唱"的模式,将脱口秀与才艺秀融合成了一个新型的综艺节目。

2015年4月16日,《世界青年说》经韩国JTBC《非首脑会谈》授权,在江苏卫视播出。节目中,来自十一个国家的型男生和一位明星嘉宾,围绕当下中国年轻人最关心的议题展开讨论,力求以全球性眼光审视议题。

功能上被定位为生活服务类节目的《非诚勿扰》,从形态上划分应该归为脱口秀节目,男女嘉宾及主持人之间的谈话和问答,展现的是语言的魅力。2015年1月3日,《非诚勿扰》节目进行全面升级,增加了海外专场,同时环节、规则、舞美、主题曲等元素都有新的面貌。

2014年4月30日,央视和唯众传媒联合制作的话题性综艺节目《青年中国说》播出。节目针对当下青年人的困惑,通过数据调查,从近100个话题中挑选出青年最关注的问题。"说青春,看中国,向未来",青年人用他们的思考和行动,展现当下青年人的多元选择和生活方式,梳理中国青年的真实状态,传递积极向上的青春朝气。作为中国首档青年思想秀,《青年中国说》以独特的话题视角给青年人加油。首期节目播出后,在当日全国同时段收视排名第一。

2014 年 4 月 25 日，江苏卫视推出了一档纪实外拍的韩国文化探访节目《带你看星星》，遍访韩国娱乐明星、制作人、作家和电视剧制播机构，探班最新韩剧筹拍片场，探秘韩星制造秘籍，意在解析韩国娱乐文化产业的经验，探寻韩国娱乐文化发达的缘由。

2015 年 4 月 3 日，江苏卫视开播文化评论节目《一票难求》，集电影映前预测、电影评论、剧组求票为一体，有融媒体的形态和特征。

2014 年 5 月 15 日，山东卫视推出文化综艺脱口秀节目《中国面孔》，2015 年 4 月 30 日第二季播出。这是一档基于史学、美学、人类学、解剖学的趣味综艺脱口秀节目。节目利用古典文化，解析我们在“面孔”上的各种困惑，把“面孔”信息置入我们现代人所处的时代社会生活中，分析大众一直深深为之焦虑的社交、职场等问题，借古喻今，对当下社会的一系列急功近利的现象给予批评，发挥疏导和引领的作用。

脱口秀节目对主持人和话题都有着极高的要求，可遇而不可求。

2014～2015 年，中国电视文艺（文化）节目引进国外版权的节目数量仍然可观。国家新闻出版广电总局于 2013 年出台政策，鼓励各大卫视播放国产原创内容和非娱乐节目。文件明确说明：每家卫视每年新引进的国外版权模式节目不得超过 1 档。严格限制新引进模式节目的数量和播出时间，呼唤和等待原创节目，也希望荧屏有更多样化、差异化的节目形态。鼓励原创节目的政策效果在 2014 年有所显现，电视节目制作者开始潜心研发节目，“原创”“首档”“全新”等词语频频出现在新节目的宣传口号中，原创节目迎来发展期。同时，诸多真人秀节目进入了与海外模式方的共同研发制作阶段。

这一时期出现了电视文艺节目电影化的趋势。《爸爸去哪儿》由电视荧屏转入电影银幕；北京卫视推出的大型真人秀《私人订制》是根据冯小刚执导的同名电影衍生而来，由北京电视台、华谊兄弟传媒集团和北京木火通明影视文化传媒公司联合出品。《私人订制》延续同名电影的精神内核和主题框架。市场经营模式发生了改变——媒体合作，开拓空间，寻找新的增长点。

调整政策、积极转型、构建健康的节目生态环境，是 2014—2015 年中国电视文艺（文化）节目发展的基调。营造完整、和谐的电视节目生态，有利于电视文艺（文化）的进一步繁荣发展。2014 年 9 月 29 日，新闻出版广播电视总局发出通知，对有劣迹的艺人严格限制。2015 年 7 月 22 日，国家新闻出版广电总局发出《关于加强真人秀节目管理的通知》，指出近年来真人秀节目已成为上星综合频道的重要节目类型，但存在缺乏价值引领的问题。为了抵制过度娱乐化和低俗化，总局提出引导和调控真人秀的五个方向：要求真人秀节目应该主动融入社会主义核心价值观，发挥真人秀节目的价值引领作用；真人秀节目努力转型升级，丰富思想内涵，实现积极的教育作用和社会意义；真人秀节目要主动融入社会主义核心价值观，防止把节目办成脱离现实、脱离群众的无聊游戏,不能助长社会浮躁心态和颓废萎靡之风;摆脱对境外节目模式的依赖心理,坚决纠正一窝蜂式的盲目引进;避免过度明星化,摒弃“靠明星博收视”的错误认识,不能把节目变成拼明星和炫富的场所。

反观2014～2015年中国电视文艺(文化)节目不难发现,除了在节目形态上追求差异性定位之外,那些在娱乐功能的基础上还在思想建树、社会责任担当、审美价值呈现方面有所作为的节目,不仅能取得很好的收视效果,有很好的商业业绩,也能收获很好的社会反响,产生较大的社会影响力。

进入2016年,中国电视文艺在各种节目类型中均有所突破。春节联欢晚会等传统综艺节目在勤俭办晚会的方针下,有了新面貌。各类真人秀节目逐渐脱离引进模式,开始了原创节目策划创作的实践。《中国好声音》改名为《中国新歌声》,北京电视台也播出了原创节目《跨界歌王》,中央电视台推出了原创节目《挑战不可能》,这些作品代表着国内原创电视综艺节目的水平和未来发展趋势。

2016年,电视综艺与网络综艺的结合变得既紧密又泾渭分明。网络从开始的播出平台到后来的参与联合创作,再到现在的独家制作,网络综艺借助电视综艺节目形式,发展建立了自己独有的生产体系和节目模式。未来网络综艺对电视综艺会有哪些影响?电视综艺会有哪些变化?期待并呼唤下一个时期——原创节目时期的到来。

第五章　当代中国电视剧的艺术实践

中国属于发展中国家。电视事业之于中国，自党的十一届三中全会以来的 30 多年间，伴随着改革开放和现代化建设的历史进程，获得了迅猛发展，呈现出生机蓬勃的喜人景象。中国已拥有由卫星、有线、无线等多种技术手段组成的世界上覆盖人口最多的广播电视综合覆盖网。截至 2002 年年底，全国共有广播电台 306 家，电视台 360 家。广播节目套数 1933 套，广播人口覆盖率达到 93.21%；电视节目套数 2058 套，电视人口覆盖率达到 94.54%。对电视台而言，电视剧是一个回报率极高的行业，现在我国年电视剧投资在 20 亿元左右，而通过媒体播放后带来的经济效益大约是 200 亿元。对于电视台来说，电视剧肩负了 70%的营收重担。从时段的编排可以看出电视剧在频道中的地位，黄金时段基本都要让位于电视剧，在晚间两个小时左右的时间里，电视剧可以为其创收全天广告业务总量的一半以上。其他类型的电视文艺节目，如综艺晚会、电视歌舞、电视音乐、电视曲艺、电视小品等的产量也极为可观。中国电视观众的日常拥有量在 9 亿左右。因此，中国既是世界上电视文艺的生产大国，又是世界上电视文艺的消费大国。

在中国，电视剧和其他形式的电视文艺节目在整个电视播出比例中，已高达 60%。一部如《渴望》《水浒》这样的电视剧、一台中央电视台春节联欢晚会这样的节目都能产生轰动性效应，闯进寻常百姓家，造成万人空巷的局面。这在人类文艺鉴赏史上，都堪称罕见的奇观。可以毫不夸张地说，中国电视文艺在整个中国社会主义精神文明建设中，起着别的文艺形式难以替代的重要作用。电视文艺节目的思想内涵比较深刻，文化意蕴比较丰富，审美情趣健康向上，作用于最广泛的人民群众的鉴赏心理，就会产生正面的积极效应，有利于培养造就一种深邃而非浅薄、沉稳而非浮躁、幽默而非油滑、健康而非媚俗的文化心理和欣赏习惯，从而形成全社会的一种良好的文化环境。

第一节 当代中国电视剧的发展轨迹

一、从历史发展角度回顾

中国电视剧起始于1958年的实况直播《一口菜饼子》,其他形式的中国电视文艺节目制作,也大致同时起始。但包括电视剧在内的中国电视文艺的复苏和发展,是起始自党的十一届三中全会以后。中国电视文艺的发展历史大致可以划分为以下几个阶段:

(一)初创阶段(1958~1966年)

中国自筹建电视台起就同时开创了电视剧事业。不过这一阶段采用直播手段,系黑白电视,内容多为纪实性作品,反映的是社会上好人好事好风尚的题材。这一阶段中,北京、广州、上海三家电视试播台共生产了80余集电视剧,虽然产量不多,但取得了较好的社会效果,尤其值得大书一笔的是为中国培养造就出第一代电视剧的编、导、演、摄、录、美等制作队伍。

正当中国电视剧起步时,"文革"十年浩劫使这种新兴的艺术被剥夺了生存和发展的权利。于是,整整十年,中国电视剧无声无息。其他形式的电视文艺也遭受了同样的命运。

(二)复苏阶段(1978~1980年)

粉碎"四人帮"后,经历了两年徘徊,中国历史进入新时期。电视事业作为现代化的传播媒介,开始取得比人们预想的要迅猛得多的发展。全国各省、市、自治区都普遍建立了电视台,电视剧的需求与产量之间很快成为了一对突出的矛盾。中国电视剧的制作队伍重新集结,为中国电视剧生产的复苏、发展进行了艰苦创业的工作。这一阶段,电视已进入彩色录像时期。中国电视剧的年产量,由1978年的10余集发展到1979年的30余集,再发展到1980年的80余集。在此阶段,一些电视台率先开始组建文艺部,各种形式的电视文艺节目制作也得以复苏,并在整个电视节目播出中占据了一席之地。

(三)飞跃发展阶段(1981~1986年)

这一阶段,为了适应迅猛激增的电视节目需求,不仅各地有条件的电视台都开始积极生产电视剧,而且各家电影制片厂也纷纷成立了电视剧部,成为国内电视剧生产的一支重要力量。社会各行业的宣传部门、一些文艺团体也开始涉足电视剧生产。国产电视剧送中央电视台播出的年产量，由 1981 年的 110 集增加到 1986 年的 1500 集左右。数量在激增，品种日趋多样，质量也在明显提高。不仅出现了一批思想、艺术水平较高的制作精致的短篇电视剧，而且产生了一批引起社会强烈反响的长篇连续剧，特别是 1984 年以来荣获"飞天奖"的一批优秀电视剧，如《新闻启示录》《走向远方》《巴桑和她的弟妹们》《希波克拉底誓言》《太阳从这里升起》《寻找回来的世界》《新星》《红楼梦》《努尔哈赤》《雪野》等，引起了社会各界的广泛瞩目，使电视剧这种新兴的艺术形式在中国文艺领域里占有了一席重要位置。

(四)稳定发展阶段(1987 年至今)

这一阶段，鉴于中国电视剧的年产量迅猛增长，而人才、设备、物力诸方面条件都准备不足，造成了一批平庸之作乃至劣次产品问世。自 1987 年起，电视剧制作开始贯彻执行"提高质量、控制数量"的方针，使中国电视剧创作进入稳定、健康发展的新阶段。以数量论，各地送中央电视台播出的电视剧年集数大体一直保持在与 1986 年相近的水平；以质量论，思想、艺术均为上乘的佳作逐年增多，平庸之作明显减少。特别是这一阶段出现了堪称短篇电视剧艺术精品的《秋白之死》和根据古典名著改编的长篇连续剧《西游记》、根据同名小说改编的《围城》，以及引起举国轰动的反映当代生活的《渴望》等优秀作品，标志着中国电视剧已经开始走向成熟，并预示着主要生产方式将由"小土群"式逐步向"基地化"式过渡。之后，尤其是进入 20 世纪 90 年代以来，中国电视剧创作坚持"二为"方向和"双百"方针，弘扬主旋律，提倡多样化，出现了一大批思想性和艺术性相统一、为人民群众喜闻乐见的优秀作品，为满足人民日益增长的多样化的文化需求作出了突出贡献。其他形式的电视文艺也绚丽多彩，繁花似锦，呈现出栏目化的发展趋向，并自 1987 年起，由中央电视台发起了一年一度的全国电视文艺"星光奖"评选活动。

伴随着中国电视剧及其他形式的电视文艺逐步走向成熟的历程，中国电视文艺开始逐步走向世界。如《红楼梦》《西游记》《武松》《济公》《诸葛亮》《甄三》《努尔哈赤》《末代皇帝》《宋庆龄和她的姐妹们》《三国演义》《水浒》等先后在美国、日本及欧洲、东南亚的国家播映。中国也开始选送电视文艺节目参加某些国际电视节的评选活动，《太阳有七种颜色》《小木屋》《小船》《穷街》《南行记》和少儿节目《丑角风波》《小船小船》等，分别在参赛的国际电视节上获奖。

二、从中国电视文艺创作队伍方面考察

二十多年来，中国电视文艺创作队伍获得了迅猛发展。以电视剧为例，20 世纪 70 年代末，中国专职从事电视剧的编导人员不过数十名，但到 80 年代末，则已逾万人。

这支庞大的创作队伍除少数人受过专门教育和培训外，大多数都是半路出家，因此，提高思想、业务素质是摆在这支队伍面前的一项紧迫而重要的任务。

(一)剧本

剧本乃一剧之本。中国尚未真正形成一支阵容整齐的电视剧编剧队伍，包括专业的和业余的。除了上海的黄允(《结婚一年间》《上海一家人》等)，山西的石零(《太阳从这里升起》《有这样一个民警》《好人燕居谦》等)，北京的周振天(《热血》《李大》《蓝色国门》《潮起潮落》等)，四川的张鲁(《巴桑和她的弟妹们》《希波克拉底誓言》《南行记》等)、陆天明(《苍天在上》《冻土带》等)、谢丽虹(《外来妹》等)、李功达(《北京人在纽约》《青春之歌》等)、陈育新(《凤凰琴》《陈明的故事》等)和钱滨(《赖宁》《寂寞锋利》等)屈指可数的几位专业编剧外，其余的或由小说家兼任，或由戏剧家改行，或由电影家代劳，甚或由其他战线工作者业余为之。无论是专业还是业余编剧，都面临着"学习马列和学习社会"以提高理论修养和加强生活功底的繁重任务，同时面临着一个学习和掌握电视剧剧作的特殊审美规律的新课题，尤其是电视剧创作大量走向"基地化"之后的创作规律的探索课题。因此，中国电视艺术委员会、中国传媒大学、北京电影学院、中央戏剧学院、上海戏剧学院等有关学术机构和高等艺术院校，都举办或筹办了电视剧编剧专修班，以提高编剧的思想、文化和审美素质。

(二)导演

导演是整个创作的中心。中国电视剧界已形成了一支由老、中、青三代组成的导演队伍。老一辈的如王扶林(《红楼梦》《三国演义》)，林汝为(《四世同堂》)，杨洁(《西游记》《司马迁》)等；中年的如蔡晓晴(《蹉跎岁月》《家教》)，潘霞(《宋庆龄和她的姊妹们》《巨人的握手》《弘一法师》)，周寰(《末代皇帝》《苍天在上》《天下财富》)，阿因(《喜脉案》《粉墨情痴》)，虞志敏(《秋白之死》《评梅女士》《红蜻蜓》)，王岚(《新岸》)，马龙骧(《长江第一漂》)，杨涛(《师魂》)，赖淑君(《绿荫》《凡人小事》)，张绍林(《太阳从这里升起》《好人燕居谦》《沟里人》《水浒》)，李莉(《家·春·秋》《杨乃武与小白菜》)，张戈(《济公》《上海的早晨》)，富敏与张弘(《十六岁花季》《上海人在东京》)，姜申(《苍茫》《大学》)，张慧中(《大年初一》《原野上的马车》)，张惠娟(《跑跑的天地》《一个真实的童话》)，倪绍钟(《四川好人》)，陈雨田(《篱笆·女人和狗》《辘轳·女人和井》)，郭信玲(《大酒店》《故土》)，康征(《焦裕禄》)等；青年的如潘小杨(《巴桑和她的弟妹们》《希波克拉底誓言》《南行记》《人间正道》)，尤小刚(《凯旋在子夜》《巾帼悲歌》《京都纪事》)，郑小龙(《北京人在纽约》)，成浩(《商界》《外来妹》《风生水起》)，陈胜利(《黑槐树》《9·18大案纪实》)，王宏(《走向远方》)，王大鹏(《工程师们》《白栅栏》)，都晓(《颍河故事》《乡里故事》《难忘岁月》)，谷锦云(《吴福的故事》《戏》《大宋贤王》)，王新民(《东方商人》《总督张之洞》)，斗琪(《离太阳最近的人》《岁月长长路长长》)，王文杰(《孔繁森》《红十字方队》)，石学海(《一个姑娘三个兵》《长征岁月》《山不转水转》)，鲁晓威(《渴望》)，王志强(《你为谁辩护》《舞蹈教师》《问鼎长天》)，翟小菲(《夫妻井》《白色山冈》)，孙波(《梁子》《百姓》《车站》)，林大庆(《甄三》)，欧阳奋强(《山梁上的太阳》《欲海狂潮》《我的妈妈在西藏》)，袁牧女(《南唐遗事》)等。这支生气勃勃的专业导演队伍，是中国电视剧创作的中坚力量。

此外，1985 年以来，随着世界"影视合流"大潮和中国电影生产战线成建制地并入新组建的广播电影电视部，中国约有 20 多家电影制片厂都先后建立了电视剧生产机构，于是成批著名的电影导演纷纷涉足电视剧创作。如黄蜀芹(《围城》《孽债》)，陈家林(《努尔哈赤》《唐明皇》)，黄健中(《爱与仇》)，许雷(《寻找回来的世界》《京九情》)，李新(《新星》)，张华勋(《妹妹行》《隋唐演义》)，齐兴家(《雪野》)，王好为和李晨声(《武生泰斗》)，郑洞天(《命运》《老师》《寻呼妈妈》)，金继武和葛晓英(《严凤英》)，吴贻弓(《十八岁男子汉》《海之魂》)，李歇浦(《上海大风暴》)，谢晓军(《艾黎与何克》)，武珍年(《结婚一年间》)，石晓华(《儿女情长》)，谢添(《那五》)，冯小宁(《病毒・金牌・星期天》《北洋水师》)，张泽鸣(《丹姨》)，王进(《刘山子的喜怒哀乐》《香港故事》)，丁荫楠(《农民的儿子》)，宋昭(《乌龙山剿匪记》《林则徐》)等。电影界的这支导演队伍执导电视剧，不仅壮大了电视剧导演阵容，而且促进了电视剧语言在吸收电影美学营养方面日渐成熟。

还有一批话剧界的导演，如史启发(《葛掌柜》)等也投入了电视剧创作。尽管如此，从总体上说，目前活跃在中国屏坛的导演还普遍存在着一部戏接一部戏、缺乏必要的理论美学修养和生活积累的补充的问题，以及未能对自己的创作实践进行科学的总结和提高。长此以往，便难当重任。中国电视剧思想艺术质量的"更上一层楼"，关键在于从事电视剧创作的导演素质的率先提高。除编、导外，中国电视剧的制片、摄像、剪辑、美工、灯光等创作人员的专业素质也都普遍有待提高。

(三)理论研究和评论

与创作一翼相比，中国电视剧的理论研究和评论队伍显得更加薄弱。面对着迅猛增长的电视剧年产量，理论研究和评论显得苍白无力。专业的电视剧理论研究和评论工作不仅数量极少，而且质量也不高。业余的电视剧理论研究和评论工作者大都散兵游勇，战斗力有限。筹建中国电视剧资料馆，是亟待完成的一项国家电视文化设施。这也是进行理论研究和再创作借鉴的必须具备的一个重要条件。筹备招收、培养具有中国特色的电视剧艺术理论研究生，也是着眼于未来的一项任务。

三、从审美历程的角度考察

中国电视剧在 30 余年的发展历程中，曾呼唤过要汲取文学的、话剧的和电影的营养。如果说，文学的营养始终不断滋补着迅猛发展并走向成熟的中国电视剧，那么，尚处于初级阶段的中国直播式电视剧和复苏阶段的电视剧则主要汲取的是话剧的美学营养，待到飞跃发展阶段的中国电视剧，就在相当程度上侧重于向电影汲取美学营养了。概而言之，中国电视剧在向电影汲取美学营养的历程中大体经历了这样几个阶段：

(一)形式美学

20世纪70年代末、80年代初，中国电影界出现了以黄健中执导的《小花》和杨延晋执导的《苦恼人的笑》为代表的影片，在电影语言的叙事时空顺序上，汲取形式美学和西方某些影片的营养，给中国观众以耳目一新的审美感受。这种电影语言上的创新探索，打破了中国银幕上长期以来传统的较为单一的叙事时空模式，拓展了电影语言的表现天地，增强了视听形象的形式美感。这是其积极方面。另一方面，由于过分追求形式而注入的人为色彩，又给银幕上带来了某种程度的“形式大于内容”的负面作用。中国电影创作中的这种审美思潮，虽然对于尚处复苏阶段的中国电视剧创作未能产生明显的直接影响(从这一阶段的电视剧创作中很难找到明显接受这种审美思潮的例证)，但这主要是因为接受这种审美思潮的大多是青年人，此时他们尚未登上中国屏坛执掌创作大权，他们(如潘小杨、何为、孙周、张光照、王宏等)实际上已经把接受的这种审美思潮的影响化为了自己正式执导电视剧创作前的一种文化准备，消融到自己的创作思维之中。这一点，从他们以后的作品中可以得到明证。

(二)纪实美学

大约当中国电视剧创作进入飞跃发展阶段后，中国电影界出现了以郑洞天的《邻居》和张暖忻的《沙鸥》为代表的影片，明显地吸收了法国电影评论家安德烈·巴赞在《什么是电影》和德国电影理论家齐格弗里德·克拉考尔在《电影的本性》中阐明的纪实美学营养，使中国电视剧语言的创新迈上了一个新的台阶。这次创新的贡献在于，不仅匡正了前一阶段形式美学创作思潮中出现的“形式大于内容”的弊端，而且由于“长镜头”的运用和对“生活化”的追求，有力地冲击了中国银幕上长期存在的那种程度不同的伪饰的审美时尚，在中国现实主义文艺复苏的大潮中产生了独特的作用。但世间恐无有百利而无一弊的事，由于这种纪实美学过分强调逼真，又产生了拘泥于生活的原貌以致限制了电影语言的表现张力的弊端。如果说形式美学的追求对尚处复苏阶段的中国电视剧创作还找不到直接影响的明显例证的话，那么，纪实美学的追求对已处飞跃发展阶段的中国电视剧创作则产生了明显的直接影响。这在一批纪实性极强的电视剧，如《女记者的画外音》《新闻启示录》《丹姨》《长江第一漂》《大角逐序曲》《有这样一个民警》《一个叫姚金兰的人》《好人燕居谦》《黑槐树》《9·18大案纪实》《情感守望》等佳作中，可以得到证明。

(三)造型美学

针对纪实美学追求中过于拘泥于生活的原貌以致束缚了电影语言的丰富表现力的局限,一批较多地受到西方"新浪潮派"电影审美思潮影响的中国青年导演,如张军钊、陈凯歌、田壮壮、张艺谋等,分别以他们执导的影片《一个和八个》《黄土地》《盗马贼》《红高粱》等,一反《邻居》《沙鸥》所体现的美学原则,力求在银幕上以富于鲜明个性色彩的视听造型语言超越生活的原生原貌,从而产生强烈的审美冲击波和艺术感染力。公允地说,电影语言的这一次变革,其积极意义在于进一步丰富和强化了导演意识和电影语言的表现力,而其消极意义则在于由此滋生了一种轻视观众鉴赏习惯、人为淡化情节的创作倾向,尤其是创作主体一旦误入那种"自我表现"和"玩电影"的歧途,那么作品势必要脱离为人民服务的正确轨道。中国电视剧界的大批极富才华的青年导演和艺术上已日臻成熟的中年导演,显然在汲取电影界造型美学追求的成功经验方面下了不少功夫。这一点,只需认真分析研究一下《希波克拉底誓言》《秋白之死》《太阳从这里升起》《白色山冈》《南行记》等电视剧的视听造型语言,便不难得出肯定的结论。

毋庸置疑,如上所述,中国电视剧语言在逐步走向成熟的历程中,呼唤过汲取文学的、戏剧的和电影的美学营养。这些营养都产生了积极的效应。但 20 世纪 80 年代后期以来,尤其是在 1990 年 50 集室内连续剧《渴望》问世后,人们越来越清醒,也越来越深刻地认识到:鉴于中国的国情国力,鉴于中国电视节目源的需求量与节目制作能力的突出矛盾,中国电视剧创作再也不能主要靠沿用拍摄电影故事片的办法了。相反,中国电视剧生产要多、快、好、省,就要改革工艺流程,走一条主要靠"基地化"生产的新路,这就需要逐步摸索和建立具有中国特色的,有别于文学、戏剧和电影的独立的电视剧审美体系。这是摆在中国电视剧从业人员面前的一项光荣而艰巨的任务。

其他形式的中国电视文艺节目的制作发展历程与审美历程,与电视剧当然有所不同。这里不另整述。但可以肯定指出的是:当现代化的电视传媒与文学艺术的各种门类结缘产生新的电视文艺品种时,年轻的电视文艺必须向源远流长的文学艺术汲取营养。在这里,既需要粗通与之结缘的文学艺术门类原有的审美属性和规律,又需要精通电视文艺这门新兴艺术独特的审美属性和视听语言规律,并进而把握两者的"通点",从而在新的层次上创造出新的审美样式。中国电视文艺,正沿着这一审美历程健康发展。

第二节 对"飞天奖"部分获奖作品的述评

从一定意义上来讲,历时 30 届的全国电视剧"飞天奖"评选,忠实地记录了 30 多年来中国电视剧从幼稚逐步走向成熟的历史。历时23届的全国电视文艺“星光奖”评选,忠实地记录了这一时期中国电视文艺从幼稚逐步走向成熟的历史。“飞天奖”与“星光奖”榜上有名的优秀作品,标志着中国电视剧和电视文艺所达到的较高的思想和艺术水平。这里,仅对“飞天奖”的主要获奖佳作,以其在中国电视剧发展历史上的位置与价值,作扼要述评。

从创作角度即作品所取得的实绩的角度考察,说中国电视剧已经从幼稚走向成熟,其主要标志是出现了一批为社会所普遍公认的,历史内涵较为丰富、美学形态趋于成熟的具有标杆意义的优秀作品。

一、反映改革开放和现代化建设的佳作

这首先应提到的是问世于1984年的荣获第五届“飞天奖”短篇电视剧一等奖的《走向远方》。在《走向远方》之前,中国荧屏上反映改革开放现实的电视剧大都落入如下模式:

要么将复杂的人际关系两分化,简单地把剧中人物设计为改革派与反改革派两大营垒,然后让双方围绕着某一桩人事更迭、某一项新产品试制、某一座桥梁架设,争斗一番,由一位“乔厂长”来扭转乾坤,包打天下,最后高奏凯歌,弹冠相庆。

要么将现实的体制弊端道德化,人为地把改革中遇到的阻力和所要解决的问题,归结为思想品质恶劣、道德作风腐败的个别干部的违法乱纪,似乎只要反掉这种坏干部,代之以“当代包公”,不触动这种干部赖以生存的自下而上的体制弊端,仅仅依靠“人治”而不靠“法治”,改革便可一帆风顺,所向披靡。

要么将纷繁的历史运动纯净化,习惯于靠单向思维把新旧杂陈、各种向力相互作用的现实生活形态,净化为我们在理论框架上归纳出来的社会矛盾模式。用抽象的历史理由随意裁剪多姿的生活现象和“合力”运动。

《走向远方》不是如此。它率先突破了上述套路与模式,将镜头推向了变革现实的更深层次:人们在潮流冲击下精神格局的震荡和心理状态的变化。它的题旨所含,不仅是生产工具的变革,也不仅是社会体制的管理方式的变革,而更重要的是包括了人们的价值观念、思维方式和行为准则的变革;它所观照的,不只是改革的具体事件,而主要是各种人物的不同心态;它所传递的,不只是兴华厂兴衰的历史,而主要是对人、人生,乃至整个“国民性”的哲学思考。

正如著名电影评论家钟惦棐所指出的,《走向远方》的艺术启示力,集中表现在艺术家勇于并善于给自己设置障碍。这里所谓的障碍,不是一般意义上的戏剧冲突,而是观念更新上的障碍,包括社会观念和艺术观念两方面更新的障碍。譬如“杜建国之死”这一障碍的设置,就不旧凡响,颇见功力。其内蕴的深沉、锋芒的锐利,令人震惊。首先,杜建国死于对新工资制度的愤愤不平之中,这本身就关联到多年来知识分子在

中国的实际地位，以及与之相应的一整套理论政策。因为正是这种对知识、对知识分子的社会偏见，蒙蔽了杜建国的视野，使他看不见何茹的知识在振兴兴华厂的历史进程中的作用。其次，杜建国之死，更直接的内在因素是由于他头脑中那根由“麻石巷”的街道意识长期铸就的“哥儿们义气”的封建精神支柱彻底倒塌所致。他万万没有料到，自己的“大哥”竟真的“六亲不认”，把他开除出厂。这就深刻地启示人们：在革故鼎新的今天，由封建文化长期积淀形成的精神格局必须打破，否则就只能葬身于时代潮流的漩涡。再次，杜建国之死，又促成周梦远的顿悟，使他由此也反省到自己的弱点，明白了自己的主观武断和独断专行已堵塞了言路，工人们有好建议也不敢向他提出。于是，他进而清醒地认识到，自己已不宜再留在兴华厂，主动让贤于掌握了科学管理知识的郑伯雍，并决心到新的岗位上去克服弱点，超越自我，贡献聪明才智。这一笔，使周梦远精神格局的调整和心理状态的更新，提到了正确认识和处理事业的无限性与个人的有限性的辩证统一的高级层次上。可见，与那些惯于将人际关系两分化，将体制弊端道德化和将历史运动纯净化的平庸之作相比，“杜建国之死”所产生的艺术启示力是多么发人深省！

“杜建国之死”除了在社会观念上有所启示之外，在艺术观念上也是开放的，它促成了全剧非封闭式结构的完成。描写现行生产管理体制在“推销”问题上的弊端，非自《走向远方》始。但问题不在于谁是第一次，而在于谁的感知更独特、更深刻。过去描写改革题材的作品观照体制弊端大都带有鲜明的悲剧意识，令人从沉痛中唤起根除弊端的勇气。但《走向远方》却不尽然。“推销烫金机”的情节就一反传统，采用了喜剧方式去观照和表现弊端。在这里，观众几乎与何茹一起，以充满时代活力的姿态开了我们管理体制弊端的玩笑，并在笑声中嘲弄了弊端，迎来了胜利。这场戏的喜剧色彩与全剧总体上的悲剧氛围形成强烈反差，张弛得当，浑然一体，造成的艺术启示力既是独特的，又是深刻的。

这之后，审美化程度较高的，当属荣获 1991 年度第 12 届“飞天奖”长篇电视剧一等奖的《外来妹》。有中国特色的社会主义文艺，理应高奏爱国主义、社会主义、集体主义的主旋律，理应在题材选材上重点倡导反映改革开放和现代化建设的创作。但这种创作又必须是具有艺术魅力的而非公式化、概念化的。《外来妹》的突出优势，一是它以极为可贵的拥抱现实改革的火样热情和艺术敏感，把镜头瞄准了当代中国改革开放的前沿阵地——南国的日新月异，展现了许多鲜为人知的生活和人们普遍关注的未知领域；二是一反过去同类题材往往难于摆脱的围绕着一项工程、一件新产品、一桩人事安排构思剧作的模式，将镜头聚焦到一群来自内地贫穷农村的打工妹和外资企业老板的精神世界深层，形象地展示出他们的心灵轨迹。这样，《外来妹》所营造的荧屏世界就形成了一个吸引关注改革开放和现代化建设宏伟大业的广大观众情感投入的巨大艺术磁场，调动了人们的参与感，给人们以思想的启示和审美的享受。它之所以获得了这一年度现实题材电视剧的最高收视率，其缘由正在于此。

科学技术是第一生产力。当代的中国社会主义文艺要为经济建设这个中心服务，自然要热情地反映科学技术战线的建设生活，为科技知识分子传神写貌。在这方面，《中国神火》(荣获1991年度第12届"飞天奖"长篇电视剧一等奖)、《天梦》(荣获第12届中篇电视剧一等奖)、《问鼎长天》(荣获1996年度第17届"飞天奖"长篇电视剧二等奖)树起了耀眼的标杆。如果说《中国神火》以严谨的纪实手法，大气磅礴地再现了新中国"两弹"艰苦创业的历史，弘扬中华民族无坚不摧的浩然正气，堪称一部编年体的史诗性电视剧，那么，《天梦》和《问鼎长天》则以浓烈的抒情笔触，谱写了一曲当代知识分子的动人颂歌。三剧相映生辉，为历来薄弱的工业题材电视剧创作乃至整个文艺创作，提供了弥足珍贵的、具有普遍借鉴意义的成功经验。

反映工业战线改革开放题材的力作，还应提到《大潮汐》(荣获1993年度第14届"飞天奖"长篇电视剧二等奖)、《车间主任》(荣获1996年度第17届"飞天奖"长篇电视剧一等奖)和《人间正道》(1997年度第18届"飞天奖"长篇一等奖)。正如现实生活中的国有大中型企业的改革步履艰难、进展较慢一样，文艺创作中正面描写作为国民经济命脉的国有大型骨干企业的改革，也是一个弱项。但《大潮汐》和《车间主任》却知难而上，把镜头直接对准我国经济体制改革的关键部位，即国有大型骨干企业的改革生活，从最困难处写起，念好了一本难念的"经"。编导以厚实的生活积累和新鲜的生活体验，把本来很容易写得枯燥乏味的东西表现得形象生动而富有力度。而《人间正道》则是一部气势磅礴的改革史诗，它以共产党人带领平川地区一千多万人民抓住历史机遇、摆脱贫穷落后的改革和建设为主线，全景式、近距离地形象描绘了上至省委、下至基层，从国企改革到招商引资，从兴修水利到修路办电，从班子建设到反腐倡廉、从公司兴衰到诉讼风波的波澜壮阔的生活画卷，热情讴歌了不断创造人间奇迹的伟大变革时代。就一部作品而言，它真实地反映改革生活的规模和力度都是前所未有的。

这里，我们要特别提到广东继《外来妹》之后连年推出的奏响时代主旋律的长篇佳作《情满珠江》(荣获1993年度第14届"飞天奖"长篇电视剧一等奖)、《英雄无悔》(荣获1995年度第16届"飞天奖"长篇电视剧一等奖)与《和平年代》(荣获1996年度第17届"飞天奖"长篇电视剧一等奖)。这三部佳作，为中国特色的长篇电视剧创作提供了具有普遍意义的宝贵经验，充分显示出具有岭南风格的电视剧所特有的文化品格和美学风貌。三部佳作叙事讲究，语言生动，人物形象个性鲜明，虽长，但内涵深广，引人入胜，不但给人以人生价值真谛的启示，助人认清当今改革现实的本质及其发展趋向，而且带人进入一种审美创造和鉴赏的崇高境界，情操、志趣都受到美的陶冶和净化。

随着改革开放的深入以及随之而来的中国社会变革，反映改革开放和现代化建设的电视剧作品直面人生，开拓未来，敢为人民"鼓与呼"，体现出鲜明的时代特征，表现出强烈的现实主义精神。尤其是一些反腐题材的作品，普遍关注思想性的审美化、艺术化程度和艺术性的思想内涵、历史意蕴，即更加自觉地追求有艺术的思想和有思想的艺术的和谐统一。

比如1999年的《走过柳源》(获1999年第19届“飞天奖”长篇电视剧一等奖),就具有强烈的现实感和鲜明的思想性。一方面题材和主题审美化、艺术化:借助夏莲一案的侦破和省委书记包治平的柳源之行这两条线索交织结构,一张一弛,环环相扣,悬念迭起,引人入胜,以独特的艺术构思和戏剧节奏紧紧地吸引了广大观众;另一方面又十分注重让从省委书记到县委书记等各级领导和各种人物都置身于这种艺术结构之中,或主动或被动地参与牵扯到这桩案例和省委书记的调查研究视野之中,艺术地充分展现出他们不同的政治文化心态,开掘出改革生存环境和现行社会运作机制之间的深层矛盾,传递出丰富的社会信息,从而由反腐败而更深广地触及人治与法治的冲突、现行干部队伍建设、呼唤加强良性的管理监督机制等一系列重要课题。这样《走过柳源》成为一部有艺术的思想和有思想的艺术较为完美地和谐统一的优秀作品。

2001年出现了一批反腐倡廉、弘扬正气的好作品,如《大雪无痕》和《当关》。前者情节跌宕,环环相扣,步步深入,引人入胜;而后者以纪实为主,质朴无华,于平实中见深沉。两部作品风格迥异,互补生辉,共同反映了人民的心声,奏响了时代的主旋律。《忠诚》精心塑造了改革开放大潮里两代市委书记的生动形象,深刻地揭示出作为人民的公仆,要真正做到忠诚于党、忠诚于人民、忠诚于祖国,就必须既继承发扬党的优良传统,与人民心心相印,去“官气”,长“人气”,又坚持与时俱进,开拓创新,不断有所超越,真正做到胸怀爱民之心,善谋富民之策。焦晃与张国立的表演,相得益彰,珠联璧合,堪称一绝。《大法官》以哲理和思辨见长,对话考究,意蕴深厚,艺术地呼唤法治,其思想的深刻性与艺术的穿透力都值得称道。《公家人》《帕米尔医生》为社会主义新人树碑立传;《其实不想走》描写农村知识青年求学、求业中的人生选择和人生况味;《庄稼院里的年轻人》展示几代农民经改革大潮洗礼,精神世界发生的深刻变化;《国球手》讴歌乒乓健儿乘改革东风为国争光的灿烂人生;《杨总正传》尝试以喜剧形式表现国有企业艰难奋进的改革历程……所有这些,在荧屏上谱写出波澜壮阔的改革开放的时代颂歌。

二、为当代中国谱写变革“心史”的电视剧

中国是一个拥有8亿多农民的发展中国家。当代中国震惊世界的改革大潮,源起于农村。因此,坚持为人民服务、为改革开放鸣锣开道的中国电视剧艺术,理所当然地要把反映伟大的农村变革当成自身的神圣使命。这样,又一类具有标杆意义的作品便是为当代中国农民谱写变革“心史”的电视剧。如《雪野》(荣获1986年度第7届“飞天奖”连续剧一等奖)、《葛掌柜》(荣获1987年度第8届“飞天奖”长篇电视剧二等奖)、《颍河故事》(荣获1993年度第14届“飞天奖”长篇电视剧三等奖)、《乡里故事》(荣获1994年度第15届“飞天奖”长篇电视剧二等奖)、《梦醒五棵柳》(荣获1995年第16届“飞天奖”长篇电视剧二等奖)、《牛玉琴的树》(荣获1995年度第16届“飞天奖”短篇电

视剧一等奖)等。但其中,要数《篱笆·女人和狗》(荣获1988年度第9届“飞天奖”长篇电视剧三等奖)、《辘轳·女人和井》(荣获1990年度第11届“飞天奖”长篇电视剧三等奖)和《古船·女人和网》(荣获1992年度第13届“飞天奖”长篇电视剧三等奖)这“三部曲”组成的长篇力作,规模最大,影响最广。

这“三部曲”是通过对中国当代农村经济变革生活的描述,揭示当代农民思想观念和文化心理的深刻变革——冲破世代相袭的封建意识的樊笼,艰难地但不可遏止地奔向现代文明。正如导演陈雨田在《导演阐述》中所说:“剧中的人物,从心灵到行动,都始终处在新观念和思想情感的斗争漩涡里。”“现代文化与古老文化的撞击,是这部戏的神经中枢。”“三部曲”的突出特点是把农村家庭联产承包制历史性变革和农村乡镇企业崛起这两桩新时期农村惊天动地的壮举都推为背景,而在这波澜壮阔的背景上着力刻画茂源、枣花、小庚、铜锁、狗剩媳妇、香草、小豆倌以及金锁、银锁、巧姑、马莲等当代农民思想观念和文化心理发生的深刻变化。

这个视点的选择是高明的。艺术要反映和表现历史,但艺术作品并不等于历史专著。艺术是传达情感的,其表现对象和作用对象都主要是人的精神世界。从这个意义上说,“三部曲”立意写当代农民的变革“心史”,正应了它自身的审美优势。考察“三部曲”的镜头语言,焦距主要是对准了茂源父子和枣花母女们的日常生活和情感纠葛,但由此透视出的底蕴,却是处于改革开放中的中国农村社会和当代中国农民精神世界的现实情状。

别林斯基曾认为,“要想忠实地描写一个社会,首先必须了解它的本质、它的特性”,而要做到这一点,又必须研究两种哲理,“一类是学究式的、书本的、郑重其事的、节庆才有的;另一类是日常的、家庭的、习见的”。因此,想认识某一民族的人,他首先得考察他的家庭生活的一方面。如果说,别林斯基在这里阐述的“每个民族都有两种哲理”的观点主要是从认识论角度讲怎样才能全面地认识某一民族和某一社会,那么对于审美艺术创作活动来说,则常常是通过描写日常的、家庭的、习见的生活和置身于这种生活中的人的情感活动来展示整个社会生活,整个民族思维、人的情感活动和心路历程,以小见大,表现新的时代精神和社会风貌。

从《篱笆·女人和狗》到《辘轳·女人和井》,再到《古船·女人和网》,这“三部曲”在这方面积累的审美经验,对整个社会主义文艺创作具有普遍的借鉴意义。但“三部曲”还存在明显的不足,这主要表现在对枣花这一主要人物形象的塑造上。观众有理由企盼在第三部作品《古船·女人和网》中,枣花能发展成为典型的社会主义新人形象。这不仅因为中国农村如火如荼的改革现实确已孕育和诞生了一批有理想、讲道德、有文化、守纪律的社会主义新人,而且也因为这是改革开放的时代潮流作用于枣花的精神世界后,符合她的性格逻辑和情感逻辑的一种结果。当然,这也应是社会主义文艺审美思想的一种自觉追求。但观罢《古船·女人和网》,方知枣花的精神走向并非如此。编导仍在充分展示封建意识的这张“网”的顽固性和残酷性上做文章。我们看到，枣花从小庚那里挣脱出来后，勇敢地回到了大栓承包的饭店里。这时，她主观上为的是争取独立的女性人格和实现自身的人生价值，而客观上农村改革开放的现实生活又为她这种主观追求提供了环境和条件。然而令人遗憾的是，她终于倒退了，重新回到了小庚用封建意识为她编织的"网"里。也许，编导的本意是要通过枣花这种精神悲剧的"心史"描写，振聋发聩地让观众深思我们这个民族反封建任务的长期性和艰巨性，以增强作品的历史感和启示力。但观众审美视线所追寻的，主要还是荧屏上枣花形象的性格逻辑和情感逻辑的必然发展，以及改革开放的农村生活的历史流向，而不是创作主体所要着力渲染的某种意念。

因此，《古船・女人和网》在主要人物枣花形象的塑造上，似乎又多少有点重犯了《辘轳・女人和井》里塑造小庚形象的错误——让创作主体的意念过于浓烈地"牵"着人物走，而不是严格地让生活自身的发展逻辑和人物自身的性格、情感逻辑去安排人物的命运。这样，枣花形象本应具备的理想光彩和艺术魅力，以及荧屏上的这部枣花"心史"的历史内涵及其认识价值和审美价值，都不能不受到影响。

此外，前面提到的《雪野》也值得一提。这部作品的艺术魅力令人折服。它完全超越了经济变革的历史事件的表层，穿透到"人心"中做文章。"办养鸡场""开大车店"之类的事件，乃至整个社会经济变革的风雨进程，都被推向后景。镜头所展示的，是一部变革中的农民的"心史"。

拆穿来说，《雪野》描写的是一个女人与四个男人的故事。吴秋香除了与第一个男人齐来福是结婚又离婚外，与后面三个男人（会计陈文彬、采购刘中志、车夫林大个子）都是"欲嫁不成"。这本身就够戏剧性的了。而《雪野》的每集之间都是靠"嫁不成"来制造悬念，以紧紧地吸引观众去关注吴秋香的命运。倘若后面的三次哪一次嫁成了，"戏"也就没有了。这样分析，丝毫不意味着贬低这个剧。恰恰相反，《雪野》的高明之处正在于以严谨的有中国特色的现实主义精神，在荧屏上展现了一幅幅古朴豪放、充溢着浓郁的关东"土"味的风俗画面，刻画了一个个栩栩如生、性格各异的普通农民形象，描绘了一条条不同个体在当代中国农村变革中的心灵轨迹，让观众如临其境，感到"真实、质朴、粗犷、深沉、含蓄、清新、淡雅、抒情、平易"。

这应当归功于导演的总体把握。《导演阐述》说得很清楚："时代改革的步伐，促使人们思变，要求改革沉重的生活形态，向往并追求着美好的、丰富的物质生活和精神生活。《雪野》给我们传达了这样一个信息。这视角是深层的，它写了改革时代人们心态的变化。这变化关系着人们的思想感情、价值观念、生活方式，直到心灵。""这个作品好就好在，它写了民风，写了人物复杂的内心世界，因此，它有真实的艺术魅力。"这当然也应当归功于演员的表演，尤其是扮演吴秋香的演员方青卓。《雪野》在表演美学上的突出贡献便是有力地冲击了时下荧屏尚存的那种拿腔拿调、矫情做作的非现实主义的表演作风。

在揭示农村文化与城市文化的冲突方面，最有特色的要数《葛掌柜》。这出戏不同于从一般经济变革层面上描写一家农民企业的兴办过程，也不止于为一位农民企业家树碑立传。葛寅虎从城里带回来的，绝不仅仅是3500元钱，而是城市文化所特有的新的生产方式、思维方式和生活方式。他要靠这一切完全有别于封闭、落后的葛家庄的农村文化的新的生存方式，使葛家庄开放、文明起来。因此，《葛掌柜》所展示的，是20世纪80年代改革开放变革中城市文化对农村文化的冲撞、交融和提高。这一点是了不起的突破。按照马克思主义的观点，城市与农村的分野，本来是人类文明史上的一大进步。从文明的角度看，城市文化是比农村文化更高一级的文化。但是，较长时期以来，在文明建设上，我们基本上沿用的是"以农村包围城市"武装夺取政权的道路——用农村文化去改造、同化城市文化。只需回忆一下20世纪50年代初期对萧也牧的《我们夫妇之间》从小说到电影的批判就可以明显地看出旨在以"妇"所代表的农村文化去改造以"夫"为代表的城市文化。因此，《葛掌柜》把这个案翻了过来，旗帜鲜明地表现了20世纪80年代变革"以城市文化提高农村文化"的艺术主题，其意义不可低估。

至于《沟里人》(荣获1994年度第15届"飞天奖"中篇电视剧一等奖)和《难忘岁月——红旗渠的故事》(荣获1997年度第18届"飞天奖"长篇电视剧一等奖)这两部力作，其镜头对准的虽不全是改革开放后中国农民的变革"心史"，而主要是逝去的历史岁月中充分显现出来的中华民族最宝贵又具生命力的锲而不舍、艰苦创业的优秀传统美德，却也因艺术家意识到历史内容的深度和广度，以其震撼人心的艺术魅力，在中国电视剧的发展历史上占据了引人注目的重要位置。

进入新世纪，反映大开大阖的时代主题的电视剧依然存在，但更多的视角落到了凡人小事上，反映普通人情感经历的电视剧逐渐增多，其中最有名的是被称为"第二次握手"的《牵手》(获第19届"飞天奖"长篇电视剧二等奖)。把它与几年前曾经红极一时的《过把瘾》比较，可以发现它的高明之处，正在于自觉地把钟锐与晓雪的爱情、婚姻生活与其所处的改革开放时代的社会生活紧紧联系，从而使全剧所反映的现实的深度和广度大大超越了《过把瘾》里的"身边琐事"和"小悲欢"。在这里，钟锐的公司创业与软件发明，晓雪的下岗与求职，都与两人间的爱情、婚姻变迁息息相关。惟其如此，《牵手》的认识价值与审美价值远非《过把瘾》所能相比。这事实启迪我们：人类的风花雪月、男欢女爱是艺术表现的对象，但只有当这些风花雪月、男欢女爱同人类对真、善、美的追求相联系时，这种艺术表现才具有了宝贵的认识价值和审美价值；人类的自然属性也可以成为艺术表现的对象，但只有当这种自然属性同人类的社会属性相联系时，这种艺术表现才有助于人们认识历史的本质及其发展规律，并进而获得美的享受。

2002年，《激情燃烧的岁月》(荣获第22届"飞天奖"长篇电视剧一等奖)悄然而至。它不人为炒作，却在全国热播，激起了强烈的情感共鸣。人们从该剧在荧屏上塑造的石光荣、褚琴这两个极富典型认识价值和审美价值的人物身上，不仅深刻感悟了那段难忘的共和国历史，而且或多或少地照见了自己和自己身边的亲友的影子。

《空镜子》更拉近了荧屏艺术形象与普通观众的心理距离。荧屏上两姐妹对事业、爱情的不同追求显示出不同的人格魅力和精神境界，激起了不同观众的情感共鸣。严谨、朴实的现实主义，令该剧超越了传统的是此非彼的艺术思维模式的局限，从而赋予姐妹两个艺术形象更具时代感的复杂内涵——妹妹在传统人格意义上的美和姐姐在现代意义上不安于现状的追求精神，都同样能给人以启迪。也许，两者的互补，才是更理想的现代人格。

《永不放弃》看似抓住了医生与病人的关系这一极具普泛性的所有观众都有过切身体验的题材，实际上，它从人类的生命意识、从代表人民群众根本利益的高度，讴歌礼赞了一种"永不放弃"的敬业精神，这正是该剧引起人们广泛关注的主要原因。

三、历届"飞天奖"榜上有名的短篇佳作

短篇电视剧称为荧屏上的"轻骑兵"。一方面，它投入较少，制作周期较短，能使人们在较短的单元时间里完整地欣赏一部电视剧；另一方面，它还往往因其短小精悍，而被勇于探索和创新的电视艺术工作者作为拓展电视剧语言形态和审美能力的试验园地。这样，又一类具有标杆意义的电视剧便是历届"飞天奖"榜上有名的短篇佳作。

最早出现的应数《凡人小事》(荣获 1980 年度第 1 届"飞天奖"一等奖)。作为中国新时期现实主义电视剧创作具有开拓意义的发轫之作，其稚嫩之处固然难免，但它开风气之先，功不可没。它较早自觉地汲取了中国新时期现实主义文艺思潮复苏过程中的两大鲜明特长：一是努力贴近现实生活，敢为人民"鼓与呼"；二是努力描写现实生活普通人的心灵，为"凡人"传神写貌。

稍后出现的，是汲取了纪实美学营养的《女记者的画外音》(荣获 1983 年度第 4 届"飞天奖"短篇电视剧一等奖)和《新闻启示录》(荣获 1984 年度第 5 届"飞天奖"短篇电视剧一等奖)。这两部作品令荧屏短篇电视剧别开洞天，以一种崭新的面貌出现在观众面前。尤其是《新闻启示录》，其独特的形式感和节奏感，给以后的短篇电视剧创作带来深远的影响。

再往后出现了《巴桑和她的弟妹们》(荣获 1985 年度第 6 届"飞天奖"短篇电视剧一等奖)，描写藏族人民生活的这部电视剧较好地顾及了大众的审美习惯。该剧以强烈的创新意识，打破了过去民族题材影视艺术的传统模式——要么如《农奴》，写奴隶打倒奴隶主，翻身得解放；要么如《亲人》，写少数民族与汉民族的团结，最高形式是通婚。所有这些，实质上都是汉民族眼中的少数民族。《巴桑和她的弟妹们》另辟蹊径，为民族题材的影视剧开了新生面。导演同小说原作者扎西达娃(他又在剧中扮演作家这一角色)一起，以藏族人民的眼睛为视角，再现和表现今日西藏宗教文化与现代文明的交叉冲撞，并由此朴实自然地揭示出西藏地区改革的历史性文化流向。应该说，展示这种冲撞，揭示这种流向，并非易事，弄不好就会沦为对宗教礼仪和古朴民俗的猎

奇,湮没掉深沉的历史诗情和哲学精神。但我们的青年导演却知难而进,他们聪明地选择了以扎西达娃为视点。屏幕上,一开始就展现扎西达娃推着辆自行车从雪山峡谷间走来,在雪峰蓝天的深广而恢宏的画面中,回荡着男性的雄浑而朴拙的藏语歌声。于是,在扎西达娃的导引下,观众沉浸在屏幕造型和音乐形象的新鲜感和亲切感中,去追踪巴桑和她的弟妹们。这样,本来散点似的具有多层次含义的毛边画面,那雪峰蓝天和只有这雪峰蓝天里才会问世的歌声,那磕一路长头的信徒与"哲学恳谈会"上的中学生们……才会被"导游"扎西达娃穿成意蕴深沉的一串,构成一个拥有巨大社会信息量的视听表意系统,从而使散文结构的《巴桑和她的弟妹们》具有了较强的艺术魅力。难怪该剧在西藏试播时,受到了藏族观众的热烈欢迎。

正是在注重荧屏影像本体的造型美学观念兴起的视听文化的发展背景下,《希波克拉底誓言》(荣获1986年度第7届"飞天奖"短篇电视剧一等奖)锐意创新,作出了独特的贡献。此剧创作主体的探索精神和创新意识极强。它既与某些因过分追求形式而步入唯美主义歧途的作品不同,也与某些强调创新而背离广大观众的审美习惯以至令人看不懂的电视剧不同。它注重内容与形式的统一,注重创新与观众的鉴赏心理的结合。《导演阐述》说得明白:"大凡影视作品,不论政治性、艺术性、商品性及其他的什么性,恐怕都离不开或者忽视不得娱乐性。电视剧与其他艺术门类相比恐怕有更多的范式区别:广泛的观众、没有强制性的接受场地、松散的观赏方式等。我们既应该有新的意识和观念,还应该找到适合这部戏的世俗形式。"因此,这部剧从特定的生活出发,充分顾及电视剧的审美特性和观众的鉴赏心理,采用了观赏性较强的戏剧性结构和现实主义的叙事手法,讲述了母子二人的最后两只眼睛由于主治医生醉心于竞争主任而误诊,以至于被摘除的医疗事故悲剧。如果戏仅止于此,即止于讲清一幕悲剧本身所呈现的医疗道德主题,那么该剧就根本谈不上有什么创新意识。可贵的是,编导只是把重要的一环当作载体"垫底",然后把三位不同类型的医生(一个医生代表着好医生,一个医生代表着坏医生,还有一个医生代表着不好不坏的医生)艺术地符号化,把整个医院环境通过线、形、色的造型处理并运用象征、夸张、浓缩、变形等多种手法创造出一个既联结现实又超越现实的审美情境,进而伴随着故事的推进,将激情与理性、情节与情绪、戏剧展开与情感积聚恰当地结合起来,追求审美过程中的心理真实,调动观众的参与意识。通过对三位医生的医疗道德的理性分析,升腾到对人生准则的评判。这样,全剧的视角便不仅是社会的和历史的,而且也是文化的、哲学的。现实主义的创作精神主导下博采多样化的创作方法,使荧屏视听形象超越社会事件的层面而升腾到人与人生的直接对话,揭示出一个永恒的共时性的人生哲理。

相比起来,《太阳从这里升起》(荣获1986年度第7届"飞天奖"短篇电视剧二等奖)虽然同样也是以现实主义深化的创作精神为主导,并博采多样化的创作方法,但却没有采用传统的戏剧结构和叙事手法,而是采用了近似散文式的板块结构和以人物情绪发展为主线的叙事手法。无疑,此剧的人物和景物都具有创作主体赋予的一定的象征意蕴。在老军营村，那以土为本、顽固守旧的爷爷，那酷似巫婆、"九斤老太"式的姨姥姥，以及那"只知道挣钱、吃饭、睡觉、生娃"的二货，是愚昧的象征；那精心发掘古墓的考古专家申教授，是古代文明的象征；那拔地而起的大型现代化露天煤矿和青年工人张磊等，是现代文明的象征。至于那规模宏伟、气派轩昂的现代化企业，象征着时代精神；而古墓群，象征着僵死的封建文化形态；那烽火台，则象征着历史的见证；那公园游艺场，则象征着现代的文化生活……总之，在这里，正如《导演阐述》中所声明的："《太阳从这里升起》中的人、景、物都不是生活中的'这一个'，而是主体意识的形象造型，具有一定的象征性，有着极强的意念性，给人以思索、启迪。"所以，按照一般现实主义艺术的要求去苛责此剧中的人物不够血肉丰满，不像现实生活中的"这一个"，恐怕就有悖于创作者的本来意图。尽管我们也确实感受到创作主体的意念投射到荧屏上的明显痕迹，但仍须指出，创作主体的这种意念，归根到底，还是采自沸腾的变革。这是一种深刻的现实主义精神。且看荧屏上所展示的文明与愚昧、古代文明与现代文明之间复杂的交叉冲突的形象画面，以及这些画面和声音汇合而内蕴的"我们民族从传统的人格心态向现代人格心态过渡、转变的艰难历程"(《导演阐述》)，确以颇具弹性的美学张力，启迪观众在鉴赏中沉思新旧交替、革故鼎新的社会变革，去自觉呼唤人自身的观念现代化。

荣获1986年度第7届"飞天奖"短篇电视剧二等奖的《大年初一》既好看，又耐看。它采用的是充满戏剧性的传统"三一律"结构，却不露戏剧痕迹，段段有味、节节生津，一切都是那么真实和实在。此剧很能说明即便是严格的传统的现实主义艺术，在荧屏上也是能够征服观众的。它给人留下几点颇为深刻的印象：

第一，生活化。关东的粗犷，北国的风情，真实的生活氛围，确像一个实实在在的家；栩栩如生、性格各异的十几个人物，确如一个"平民家庭"里的真实成员；跌宕的情节，复杂的事件，确都汇成了一股令人身临其境的生活流；台词道白，喜怒哀乐，确都"听来人耳，道来亲切，想来在理，思来有情"。这一切，即景式地向观众真实展示了关东一个普通平民家庭的生活断层。

第二，信息量。《导演阐述》中说："在这个戏里，一个明显的特点，是它向人们传达较大的信息量。随着信息的传递，影响着全剧总的节奏并作用于观众的欣赏心理。今天我们生活在一个信息时代，随着信息的不断增加，生活的节奏正在加快，来自四面八方的强大的社会信息正通过电视这扇窗口传递给每一个人，逐渐地使社会的每一个细胞都同时形成了一种对信息进行储存和处理的适应能力，并逐渐使心态发生变化，形成了一种新的思维方式和行为方式，表现在艺术欣赏上就是对快节奏的需求和参与，以及对自身价值的寻找。"这段分析极有见地。《大年初一》的节奏快而不乱，一气呵成，很少见到像它这样仅在一个半小时的有限时间里就将老老小小13个人物都刻画得有血有肉、个性鲜明的电视剧。而且，每个人物都从不同的角度给荧屏带来社会变革的新鲜信息。这样，透过作为社会细胞的这个平民家庭，观众感受到来自社会变革大潮中的各种信息交流碰撞，看到维系家庭的传统道德伦理、陈规陋习，都在受到新思潮、新观念的冲击。

第三，超前性。这部严格的现实主义作品流溢出一种关于当代中国家庭形态发展走向的超前意识。是的，每个人物的性格都是一部历史，“都带着他昨天走过来的脚印、今天行进着的脚步和即将远去的走向”。细心的观众一定会从程家的生活断面中去深思这断面上交织的脉络和发展走向。深思的结果便是中国传统的“大一统”的家庭模式，在当今变革潮流的冲击下，正如程家立柜那块破碎的玻璃上面倒贴的“福”字，已经或将要被翻个个儿，淡化、弱化乃至解体，恐怕是必然的趋势。

在中国电视剧发展历史上，短篇喜剧历来是薄弱环节。而《不该将兄吊起来》(荣获1986年度第7届“飞天奖”短篇电视剧三等奖)却异彩凸现，堪称是一出具有浓烈喜剧色彩的社会剧。作为反映戏曲演艺生活的题材，它不再止于在“为艺”“为人”上开掘主题，而力图超越题材自身，揭示变革中的那些具有普遍意义的社会问题。一是与人才成长攸关的文化环境的改善问题。弥漫于我们社会的那种嫉贤妒能的文化氛围，那种“谁冒尖中伤谁”的邪风舆论，严重地压抑、伤害着人才的成长。而尊重人才、珍视人才、培育人才正是我们进行现代化建设的一个关键，岂容小视！夏小风勤学苦练，成了名角，于是大白梨、小水葱加上马佩良便集中火力攻讦之。而马佩良一旦因助人为乐在社会上做了件好事，被黄书记当成“活雷锋”加以拔高并委了个“二路货角色”后，他自己顷刻之间便成了大白梨、小水葱们攻讦的对象。这样的文化氛围，这样的落后心态，不彻底改造不行！二是党政不分，“外行领导内行”的弊端。那位黄书记，硬要给嗓门早已沙哑、功夫早已荒疏的“活雷锋”马佩良派个角色，害得马佩良悲凉地叹道：“不该不该大不该，不该将兄吊起来!”戏砸了锅，人受了苦。是讽刺，也是幽默，令人在酸楚的笑声中深思……

比较起来，《秋白之死》(荣获1987年度第8届“飞天奖”短篇电视剧一等奖)更堪称艺术精品。如果把第7届“飞天奖”称为电视连续剧创作的丰收年，那么第8届“飞天奖”则可以说是电视短篇剧的丰收年。《秋白之死》就代表着这个短篇剧丰收年的最高水平。艺术家研读了大量的有关史料，吸收了近年来中国现代革命史、思想史、文化史研究领域里关于重新认识和评价瞿秋白的新鲜思维成果，以可贵的胆识和勇气，将镜头聚焦于曾使瞿秋白蒙垢多年的《多余的话》，并以此结构全剧。这样，全剧以独特的视角，将瞿秋白就义前对人世的这篇诀别辞在屏幕上转化为对当代观众心灵的直接对话与交流，大大强化了审美对象之间的亲切感，从而使人物形象更加真实可信、富于艺术魅力。而且，由于《多余的话》的正面表现，使全剧实际上以艺术的方式介入了当前全民族对中国现代革命史、思想史和文化史的大反思，触及了民族思维更新和文化心理变革的兴奋点，所以又势必强化了哲学意识的渗透，启迪人们从对这段历史的文化反思中汲取精神力量，因为对过去的新的理解就是对未来的新的展望，进而也深化了作品的内涵与底蕴。

难能可贵的是,《秋白之死》重神采、重风骨,立意高远、情思隽永,融情入景、韵味悠长。它既写实,又写意,透过《多余的话》,发散式地把瞿秋白这位集共产党人坚强忠贞的品质与温文尔雅的文人气质于一身的“真人”而非“完人”的丰富内心世界和复杂性格内涵,充分地展示在屏幕上。瞿秋白形象首先是阶级的、政党的,然而又是超越了阶级、超越了政党的。惟其如此,他所体现的伟大而高贵的人格力量,不仅深深地感染了我们,甚至也征服了敌对营垒里像宋师长那样的良知未泯者。

继《秋白之死》之后,江苏的电视剧艺术家们一发而不可止,陆续拍摄出《朱自清》(荣获1991年度第12届“飞天奖”短篇电视剧二等奖)、《戈公振》(荣获1993年度第14届“飞天奖”短篇电视剧二等奖)、《吴贻芳》(荣获1995年度第16届“飞天奖”短篇电视剧二等奖)等人物传记体短篇佳作。

《朱自清》剧中流贯《匆匆》诵声,剧末终于《荷塘月色》的意境,全剧呈现出一种朱自清散文特有的美学风格和诗的韵味——清新秀丽、雅致凝练。《朱自清》以这种独特的风格真实地再现了朱自清热爱真理、严谨治学和淡泊清贫的一生,展示了这位濡染着中国传统文化的散文大家从狷者到斗士的奋进轨迹,讴歌了他那“温美如画,外润而内贞”的人格精神。

《戈公振》的拍摄难度应当说是很大的。其一,戈公振其人,一位鲜为人知的报界巨子,其新闻生涯本身很难构成引人入胜的戏剧冲突;其二,要在荧屏上真实地再现戈公振当年所处的历史文化氛围,亦非易事。但导演李忠信却在驾驭和处理这一特殊题材上显示了可贵的审美创造才能和智慧。首先,在确定全剧的主旨时,他抓准了戈公振的“魂”——“强烈的爱国主义信念,鞠躬尽瘁的敬业精神,一丝不苟的治学态度,温良宽厚的处世品行”,从而“紧扣‘我是中国人,这一爱国主义主旋律,满怀激情讴歌这位报业巨子所特有的国格、报格和人格”。其次,他在形象地体现这一主旨时,清醒地认识到切忌“把人物塑造成抽象概念的化身”,而应依傍于对“戈公振内心情感世界的刻画和性格的多层次、多侧面的开掘”,努力塑造好这“一个有着独特个性、独特情感和独特生活轨迹的人”。再次,他准确地确定了由这一特殊题材决定的“文献体纪实手法”,即“采用历史文献资料为经线,串联人物一生的叙事风格”。应当说导演的意图在作品中得到较充分的体现。荧屏上完成的是一部颇具个性的短篇电视剧,它在中国电视剧的人物传记片创作历史上具有开拓性的意义,占有重要的一席之地。

在短篇电视剧领域里进行辛勤耕耘和探索的,还有导演过《好人燕居谦》(荣获1991年度第12届“飞天奖”短篇电视剧二等奖)、《有这样一个民警》(荣获1989年度第10届“飞天奖”短篇电视剧一等奖)的张绍林,导演过《一个姑娘三个兵》(荣获1993年度第14届“飞天奖”短篇电视剧二等奖)、《两个姑娘两个兵》(荣获1995年度第16届“飞天奖”短篇电视剧二等奖)、《三个姑娘一个兵》的石学海,以及导演过《牛玉琴的树》和《午夜有轨电车》(分别荣获1995年度第16届和1996年度第17届“飞天奖”短篇电视剧一等奖)的杨阳。他们或以纪实见长,或以造型取胜,或纪实、造型皆优。

譬如石学海的《一个姑娘三个兵》,就是一部有着鲜明美学追求的风格化作品。一位班长带着两位战士,在荒漠上的护线小站值勤。他们的用水,靠一位当地小姑娘定期骑着骆驼送来。于是,在一个姑娘与三个兵之间,"戏"产生了。整部作品的外层结构完全是风格化的,从环境、人物造型到影像色调,都融入了一种统一的美学追求。即是说,这一切,都是导演石学海在其美学理想导引下精心构思的。正如《导演阐述》中所说:"在本剧中,大漠、骆驼、直升机、三色旗等造型因素,都不仅是从形式上去造型,而是通过自己的叙述逻辑,融化到具体的叙事情节之中,使观众在感到它十分可信的同时,去领悟其感染力。"因此,这部作品在自觉地探索电视剧语言的审美表现力方面,作出了可喜的贡献。欣赏这样的作品,对于提高观众的审美修养,无疑大有好处。剧中仅出现的四个人物的造型,导演也颇具匠心。有人批评那位送水姑娘长得秀丽,不像是大漠上摔打磨炼出来的女性。但对这类风格化的作品进行审美评判,不宜只固守"生活真实"的尺度,而更应考察创作者在整体美学追求上的需要。荧屏上,这位骑骆驼的送水姑娘实际上主要是一个艺术符号,创作者正是以她的秀美灵巧来反衬、烘托性格各异的三个兵的性格特征。姑娘越显得秀美灵巧,则与在枯燥乏味的大漠生活中磨炼的三个兵从外在造型到内在气质形成的艺术反差便越强烈。于是,美感与魅力便由此产生了。

《两个姑娘两个兵》在整个艺术肌体的和谐与完整上,确实又前进了一步。但风格化的追求似乎又过了"度",作为形式的意味超过了作为意味的形式,即多少给人以形式大于内容之感。意蕴的开掘,在人为的形式感中受到阻隔。

待到《三个姑娘一个兵》,在内容与形式,即思想性与艺术性的有机统一上,又有了新的进展。无论是人物的个性刻画,还是画面、影调、氛围、造型、情境的整体形式感和风格美,都给人留下了较前两部作品更深的印象。

也许有人认为,这三部系列短篇电视剧,仅题目就给人以雕琢之嫌。其实,这正是艺术创作道路上自觉追求风格化的强烈主体意识的表现。风格即人。自觉努力地进入风格化追求的艺术境界,绝非易事。要看到,这种风格化的自觉追求,在中国特色的电视剧视听语言形态的探索及审美表现张力的扩展上,具有先锋意义和创新意义。

作为中国电视剧艺术的最高政府奖的"飞天奖",自1981年创办以来,一直十分重视给那些在电视剧语言形态的创新上勇于探索并取得成就的作品以恰当的位置。这是因为,电视剧这门新兴的艺术,为了不断增强自身审美的表现能力,就必须不断完美和丰富其语言形态。这些富于探索意义的创新之作,尽管都还不同程度地存在不足之处,但其先锋作用在于提高电视剧艺术向着更高级的审美层次发展,功不可没。翻一翻"飞天奖"史册,从《走向远方》《新闻启示录》到《巴桑和她的弟妹们》《希波克拉底誓言》等,都为开拓中国电视剧艺术的表现领域,丰富从短篇乃至到中、长篇电视剧的语言表现形态,作出了可喜的积极贡献。

四、产生轰动社会效益的室内剧

电视剧作为一种进入万户千家的大众化艺术，必须高度重视它的可视性。否则，观众在一种颇为自由的选择性极强的时空条件下进行鉴赏，审美心理一旦受到阻隔，势必要改换或关闭电视频道。

早在 1988 年，中国电视剧制作中心率先进行室内剧的创作尝试，成功地拍摄出 8 集电视连续剧《家教》(荣获 1988 年度第 9 届"飞天奖"连续剧二等奖)。进入 20 世纪 90 年代后，中国电视剧创作以《渴望》(荣获 1990 年度第 11 届"飞天奖"长篇电视剧一等奖)发端，北呼南应，接二连三地在荧屏上出现了《上海一家人》(荣获 1991 年度第 12 届"飞天奖"长篇电视剧二等奖)、《编辑部的故事》(荣获 1991 年度第 12 届"飞天奖"长篇电视剧二等奖)、《半边楼》(荣获 1992 年度第 13 届"飞天奖"长篇电视剧一等奖)、《风雨丽人》(荣获 1992 年度第 13 届"飞天奖"长篇电视剧二等奖)等受到广大观众热烈欢迎的长篇室内剧。这几部产生了社会轰动效应的作品，为中国电视剧创作树起了另一类标杆。

在今天看来，《渴望》虽称不上艺术精品，但它所引发的几乎是全社会性的"《渴望》热"文化现象却发人深省，其意义远远超过了《渴望》自身。一部朴实无华的电视剧，造成万人空巷，举国评说，且并未像某些剧作那样尚未面世就先期营造所谓的"宣传声势"，轰动是在播放后自然发生的事。个中缘由，大致有三：

第一，《渴望》准确地拨动了中国当代观众群体性的审美神经，触及了人民大众审美心理的兴奋点和共鸣区，强烈地感应了社会心理中蕴含的那股强大的爱国主义、社会主义、集体主义和民族自尊自强的热流。

第二，《渴望》及时顺应了中国当代观众对现实主义艺术的深情呼唤，它以真实、质朴、自然的艺术风格，再现了"文革"前后 20 余年中国人民所熟悉的时代风云和平凡人物，从而激发了广大观众强烈的精神共鸣，显示出现实主义艺术的强大生命力。

第三，《渴望》真实地表达了中国当代观众对社会主义道德风尚和以奉献、宽厚、真诚为核心的人间至情的崇尚与追求。它通过屏幕上塑造的刘慧芳、宋大成、罗刚等血肉丰满的艺术形象，深刻地反映了人民大众在新的历史条件下继承、发扬中华民族传统美德，加强社会主义精神文明建设的迫切愿望，同时也蕴含着对不合国情的五花八门的利己主义人生态度和道德观念的有力鞭挞。

这样高度评价《渴望》的标杆意义，并不意味着认为它的创作者们已经自觉地把握了当代社会审美意识的最高成果。恰恰相反，《渴望》顺应时代和人民的呼唤，重视研究和充分尊重当代观众审美心理的创作态势使其获得了巨大成功，而这种"顺应"中尚缺少一种"着意于提高"的自觉意识，则是造成有时背离人物特定的生活逻辑和性格逻辑去人为设计戏剧冲突，以及对刘慧芳的人生观和对王沪生、王亚茹、王子涛等知识分子的形象塑造上的审美价值判断的某些偏差和失误的重要缘由。在顺应的基础上提高,在提高的指导下去顺应,即为了提高去顺应,从而使艺术更有力地促进中华民族精神素质的提高——这正是《渴望》的不足留给我们的宝贵启示之一。

《上海一家人》和《编辑部的故事》在中国电视室内剧的发展历史上,乃至在整个中国电视剧的发展历史上,都具有独特的地位和价值。前者的特点是通俗而不媚俗、可视性强而又具有较高的文化品位和历史内蕴。它在情节的丰富性,即"莎士比亚化"的程度上颇见功力。该剧通过对女主人公若男一生在事业与爱情上的追求、遭际的细腻描绘,展示出上海自"五四"运动以来至新中国诞生这段风云变幻的历史。因此,《上海一家人》不失为一部以人民大众喜闻乐见的艺术形式向广大观众尤其是青少年一代进行中国现代史教育的形象化教材。从以史鉴今的意义上来说,这部作品在提高国民素质上具有特殊的价值。

当然,大概由于女剧作家黄允过分钟爱若男童年与黑皮哥、卷毛哥的窝棚情谊,过分钟爱笔下人物的"情"与"义",因而始料不及地让这种"情"与"义"的涓涓细流,在某种程度上冲淡和削减了那个黑暗时代阶级斗争和民族斗争的历史风云的狂涛巨澜。这样,作品所意识到并反映的历史内容的深度和广度就多少有点不尽如人意。

《编辑部的故事》的标杆意义在于填补了中国电视室内系列喜剧的空白,为向来较为乏味和板滞的电视剧人物语言注入了一种新鲜的幽默感和机智感,所以播出时令人耳目一新。但必须指出,这部系列剧各集所达到的艺术水平参差不齐,上乘之作叫人捧腹之余回味无穷,咀嚼出对人生和社会的新的认识;而下乘之作则有贫嘴过"度",失之于油滑之嫌,且主要人物大体上都是一个腔调、一种味道,不免有些倒观众的胃口。

《半边楼》为高等院校的知识分子传神写貌。作为长篇室内剧,《半边楼》具有的开拓性历史贡献主要表现在:

第一,以成功的创作实践突破了那种所谓"室内剧因受拍摄条件(主要场景均在摄影棚内)限制,所以只宜反映家庭伦理与婚姻道德题材"的似是而非的观念。按照鲁迅先生当年倡导的"选材要严、开掘要深"的美学主张,从高等院校教工宿舍那狭窄的"半边楼"里普通的人与事,开掘出跳动着改革开放和现代化建设的时代脉搏与亿万人民息息相关的宏大的社会题旨。

第二,真实、感人地塑造了具有典型意义的当代中国三代知识分子的艺术形象,讴歌了中国知识分子最宝贵的爱国主义情操和无私奉献精神。那就是以范、黄教师为代表的一代人,作为新中国第一代大学毕业生,他们胸怀理想、勤勉务实、忧国忧民、淡泊明志。在他们看来,个人悲欢不足挂齿,国家兴衰匹夫有责。

第三,为长篇室内剧创作应抓好"一剧之本"提供了一个成功的范例和具有普遍意义的经验。

五、根据小说改编的电视剧

中国电视剧艺术在其走向成熟的发展历史上，曾汲取文学、电影、戏剧的营养。电视剧与文学结缘，一方面固然提高了电视剧的文学品位；另一方面，也为文学名著的广泛普及和传播找到新的现代化媒介。

20 世纪 90 年代的中国屏幕上，出现了根据同名小说改编的电视剧《围城》和《南行记》，标志着中国电视剧在自觉吸收文学营养上所达到的较高美学水平。这两部作品均忠实于文学原著的灵魂，但前者基本遵循着小说的布局结构，充分发挥高超的文学语言的独特优势并尽量使之转化为视听语言；后者则打破了原著的文学思维结构，充分发挥视听语言的时空优势，以沟通历史与现实之间的联系。两者确实存在一种“互补”的关系，分别树起了从小说到电视剧的两根具有不同代表性的成功标杆。

先说《围城》。钱钟书先生作为中外著名的大学者，博古通今、中西贯通，他一生所写的唯一一部长篇小说《围城》，所达到的文学高度引人注目。正如他自己在那部绝妙精深的《谈艺录》里所言，“凡艺术品，大约可分三个层次：一是起码的层次，曰‘事之法天’，即艺术家对客观世界处于被动效法的状态，追求的是‘真’；二是中间的层次，曰‘定之胜天’，即艺术家在‘事之法天’的基础上进而对客观世界采取主动战胜和超越的态势，注入主体的一种褒贬鲜明的道德评判，追求的是‘善’；三是高级的层次，曰‘心之通天’，即艺术家在‘事之法天’和‘定之胜天’的基础上再进而以其心灵的感悟与客观世界融合，你中有我，我中有你，追求的是包容和沟通了‘真’与‘善’的‘美’。”这当然是对艺术品的审美化程度的精辟分析。而《围城》，就不妨看作是钱先生身体力行“心之通天”的美学理论的一次成功艺术实践。

且看流贯于小说全篇的“魂”，确实是作家心灵与人生的一种独特、深刻的体验和感悟——爱情、婚姻、事业乃至人生万事，都如“围城”一般，外面的人想冲进去，里面的人想逃出来。杨绛女士对小说灵魂的点化，实在是一语中的。整部小说的故事，不过是这种人生感悟得以表达的载体。实事求是地说，中国电视剧在审美化程度上真正升腾到“心之通天”的精品确实不多，要想成功地把小说《围城》搬上荧屏，缺少胆识和才气都是不行的。电视剧《围城》的标杆意义，首先正在于以整齐的编、导、演、摄、录、美阵容，相当精彩地把小说高超的文学语言转化为具有较高文化品位和美学品位的视听语言。这对于整个中国电视剧提高审美水平，无疑具有可贵的示范和促进作用。

10 集电视连续剧《围城》，以严谨的手法、整齐的演员阵容、忠实于原著“心之通天”的“魂”，在屏幕上颇为成功地传达出小说对人生的那种独特体验和感悟。尽管小说的结构原则是时间，它往往采取假定的空间，以错综的时间顺序来形成其叙述，而电视剧的结构原则却是空间，它往往采取假定的时间，靠空间的穿插安排来形成其叙述，但导演黄蜀芹却出色地完成了这种由文学语言到视听语言的转化。屏幕上，无论是那位既不想欺世盗名却又不得不违心地弄虚作假,既不愿同流合污而又只好随波逐流;既要结婚又厌倦身陷“围城”,既欲与人竞争又不谙世事更无纵横捭阖手段的主人公方鸿渐,还是那群或故作高深的浅陋、或貌似聪明的愚蠢、或功架十足的虚伪、或一本正经的无聊、或八面玲珑的卑鄙的“知识分子众生”,都蕴含深沉,启人心智,透示出原著对社会、对人生的一种强烈的批判意识。

也许还有熟读小说《围城》的人会对改编成为电视剧的《围城》尚未尽如人意地完成从文学语言到视听语言的转化表示某种程度的遗憾,这是完全可以理解的。的确,正如美国著名电影理论家乔治·布鲁斯东在《从小说到电影》中所说:“最电影化的东西和最小说化的东西,除非各自遭到彻底的毁坏,否则是不可能彼此转换的。”从小说改编成电影如是,从小说改编成电视剧亦如是。更何况像钱钟书先生这样的学贯中西的学者型语言大师,将其具有熔西方幽默与东方幽默于一炉的精致的小说语言转化为屏幕视听语言,绝非易事。信手拈来一例,如小说中对方鸿渐一度追求的大学生唐晓芙的描写:

> 唐小姐妩媚端正的圆脸,有两个浅酒窝。天生着一般女人要花钱费时、调脂和粉来仿造的好脸色,新鲜得使人见了忘掉口渴而又觉得嘴馋,仿佛是好水果。她眼睛并不顶大,可是灵活温柔,反衬得许多女人的大眼睛只像政治家讲的大话,大而无当。古典学者看她说笑时露出的好牙齿,会诧异为什么古今中外诗人,都甘心变成女人头插的钗,腰束的带,身体睡的席,甚至脚下践踏的鞋袜,可是从没有想到化作她的牙刷……

请看,如此精彩的“最小说化”的修辞机趣、奇譬妙喻,倘若不“遭到彻底的破坏”,如何能转化为屏幕上的视听语言?事实上,观众从电视剧上看到的唐小姐形象,的确也还远远未淋漓尽致地传达出小说中用文学语言塑造的唐小姐形象的神韵,但我们不能因此而否认电视剧《围城》在汲取文学的丰富养料以营造视听语言方面所具有的标杆意义。

应当承认,由《围城》而产生的“《围城》热”,其覆盖面远不及由《渴望》而产生的“《渴望》热”。“《围城》热”主要产生在知识分子集中的地方,这是由《围城》的题材内涵和文化品位决定的。如果说《渴望》是通俗、健康的力作,那么,《围城》则堪称严肃、雅致之作。两剧在中国电视剧发展史上各有各的位置,也各有各的价值。

其次,电视剧《围城》的标杆意义还在于为中国电视剧理应普遍重视文学剧作的基础和人物语言的个性化起到了宝贵的示范作用。众所周知,小说《围城》以其熔西方幽默与民族幽默于一炉的精致文学语言著称于世。电视剧《围城》创作的难度在于此,而受益亦在于此。荧屏上的方鸿渐、赵辛楣、孙柔嘉、苏文纨、曹元朗、李梅亭、高松年……一个个人物形象之所以栩栩如生,都不能不得益于小说提供的文学基础。电视剧《围城》给中国荧屏带来的人物语言上的机智感与幽默感,与电视剧《编辑部的故事》所具有的人物语言的机智感与幽默感，虽然各有千秋，都具有价值，但究其文化品位而论，却有高低、文野之分。前者的文学性、个性化程度，恐怕都是后者难于比拟和企及的。为着意于提高全民族的文明水平和精神素质的久远大计，我们理应更着重于前者。

再说《南行记》。如果说，从小说到电视剧的《围城》是屏幕汲取文学的戏剧结构和语言艺术营养的成功范例，那么，从小说到电视剧的《南行记》则主要是屏幕汲取文学的诗化意境营养的成功范例。在中国现当代文学史上，艾芜是一位以散文化小说独树一帜的名家。他的小说往往以诗化的意境取胜，这给搬上荧屏带来的特殊难度也就可想而知。青年导演潘小扬是一位颇具才气的锐意创新的斗士。若他只是循着从小说到电视剧的《围城》的成功经验走，那么本身缺乏引人入胜、跌宕起伏的戏剧结构的《南行记》恐怕很难被搬上屏幕。可贵的是，他和他的创作集体知难而进，另辟蹊径，大胆打破了小说的原结构，精心设计了三个时空：20 世纪 20 年代末、30 年代初"我"首次南行的时空；60 年代"我"再次南行的时空；90 年代已经 87 岁高龄的作家艾芜与饰演"我"的演员共同探讨人生的时空。三个时空，交错进行，取得了较好的审美效果。第一，加深了原著所叙述故事的历史感，拓展了有限屏幕时空的社会内涵，使历史与现实在荧屏上得到巧妙的沟通；第二，请出享有盛誉的文坛宿将艾芜先生作为智慧老人，在荧屏上与当代青年探讨人生的真谛与意义，不仅吸引了文艺界同仁的极大兴趣，而且调动了广大观众的参与感；第三，艺术形式的新颖也给人们以新鲜的审美享受。于是，在两部根据同名小说改编的电影《漂泊奇遇》与《南行记》之后，电视剧《南行记》后发制人，赢得了更广泛的社会反响，先后荣获中国四川国际电视节的"金熊猫大奖"和"飞天奖"的桂冠。

电视剧《南行记》的又一标杆意义，是在营造荧屏意境上的精益求精的创作态度。中国不少电视剧作品在制作上显得粗糙，因而引起观众的不满。《南行记》从摄像、用光到画画、造型，都得到了国内外行家的一致好评。一般说来，小说的结构原则是时间，它靠文学语言造成读者的空间幻觉形成叙事和营造意境，而电视剧正好相反，它的结构原则是空间，靠蒙太奇造成观众鉴赏时的时间幻觉来形成叙事和营造意境。因而要把小说的意境成功地转化为电视剧的意境，确非易事。潘小扬们精心拍摄每一个画面，在剪辑上狠下功夫，使全剧声画互补、意境深邃、通体和谐、韵味无穷。它跨越不同国家、不同民族的语言障碍，征服了来自美国、俄罗斯、日本、巴基斯坦的影视专家评委的艺术魅力，正在于此。

谈到从小说到电视剧的改编，不能不论及中国电视剧制作中心历经十余年的奋斗，成功地把我国四部古典小说名著先后搬上了荧屏，功在千秋，荫及后人。其中《红楼梦》荣获 1986 年度第 7 届"飞天奖"长篇电视剧特别奖；《西游记》荣获 1987 年度第 8 届"飞天奖"长篇电视剧特别奖；《三国演义》荣获 1994 年度第 15 届"飞天奖"长篇电视剧一等奖；《水浒》荣获 1998 年度"飞天奖"长篇电视剧特别奖从《红楼梦》到《水浒》，四部古典文学名著被搬上荧屏，堪称我国当代电视文化建设名垂史册的一项系统工程。

首先，这对于普及古典文学名著功不可没。众所周知，电视文化的崛起，令历史悠长的书籍文化失去了昔日在文坛的显赫地位。再畅销的小说，印数不过数十万册；而一部引起轰动性社会效应的电视剧，一经播出即可拥有数以亿计的观众。但一种严峻的现实文化现象令人思考：中华民族乃至整个人类文明精华的积累，主要并未体现在荧屏上，而是集中体现在图书馆经过历史筛选和确认的古今中外自然科学和社会科学的文化名著里。而毋庸否认的是，电视文化的崛起却令越来越多的人，尤其是青少年把大量的休闲时光耗在荧屏前，日渐疏远了图书馆，冷落了优秀的书籍文化。即使是大学生、研究生，居然也有人坦陈自己是看过电视剧《红楼梦》《西游记》和《三国演义》后，才激起了认真研读文学原著的浓厚兴趣。事实上，不光大学生、研究生们如此，恐怕普通观众均是如此。且看电视剧《红楼梦》播放之后，新华书店的《红楼梦》被抢购一空，甚至出版社接连再版的现象！《西游记》《三国演义》都有过类似的"遭遇"。利用现代化的电子传播媒介，将古典文学名著送进亿万寻常百姓家，福荫所及，不独当代。由中央电视台播出这批古典文学名著改编的电视剧，在中华大地乃至东南亚地区刮起蔚为壮观的"红楼风""西游热""三国潮"和"水浒浪"。

其次，这对于提高电视剧的文化品位和美学品位成效显著。年轻的中国电视剧艺术，亟须向戏剧、电影等姊妹艺术汲取营养，尤其需要向源远流长的文学汲取营养，以提高自身的文化品位和美学品位。实践证明：将古典文学名著改编成电视剧搬上荧屏，实乃明智之举。它不仅有效地丰富了电视剧艺术的文化意蕴，升华了荧屏视听艺术形象的美学品位，而且在实现从文学思维向视听思维转化的过程中，有效地促进了电视剧语言形态的日臻完善及其审美表现能力的提高。从这个意义上讲，从电视剧《红楼梦》到《水浒》，确实也从一个重要方面折射出中国电视剧艺术日趋成熟的发展历程。

再次，这还有利于提高电视剧艺术工作者的历史修养、文化素质和审美能力，有利于提高广大观众乃至国民的整体精神文化素质。一般说来，电视剧艺术工作者转战于一个又一个的拍摄现场，镜头接镜头，荧屏复荧屏，容易养成一种对优秀的书籍文化"坐不下来、读不进去、想不深入"的习惯。然而，从把《红楼梦》搬上荧屏起，直至电视剧《水浒》的拍摄，都逼着主创人员们反复研读文学原著，并向一批资深的古典小说专家、教授请教。这对于帮助电视剧艺术工作者养成良好的读书思考习惯，大有好处。不仅如此，由于电视剧艺术工作者自身素质的提高，也保证了作品的思想艺术质量。

此外，《钢铁是怎样炼成的》(获第20届"飞天奖"特别奖和最佳导演奖)是我国首次把外国文学名著搬上荧屏的长篇连续剧；《红岩》(获第20届"飞天奖"长篇电视剧二等奖)是把已经搬上过银幕的中国当代文学名著用更长的篇幅再度搬上荧屏，两部作品在观众中都产生了强烈反响。它们在从小说到电视剧的改编拍摄的艺术实践中，就如何忠实于改编者对原著的正确理解、如何忠实于长篇电视连续剧特有的审美规律、如何忠实于电视剧艺术家独特的审美风格和个性，以及如何实现从小说的文学思维到电视剧的视听思维的转化等诸多方面，都创造了值得珍视和借鉴的新鲜经验。

六、历史题材和革命历史题材电视剧

中华民族是一个拥有五千年文明历史的伟大民族，历史题材和革命历史题材一直是电视剧艺术家们十分关注的领域之一。《努尔哈赤》(荣获 1986 年度第 7 届“飞天奖”长篇电视剧一等奖)、《末代皇帝》(荣获 1988 年度第 9 届“飞天奖”长篇电视剧特别奖)、《唐明皇》(荣获 1992 年度第 13 届“飞天奖”长篇电视剧特别奖)和《宋庆龄和她的姊妹们》(荣获 1990 年度第 11 届“飞天奖”长篇电视剧二等奖)、《巨人的握手》(荣获 1991 年度第 12 届“飞天奖”中篇电视剧三等奖)、《豫东之战》(荣获 1993 年度第 14 届“飞天奖”中篇电视剧一等奖)、《雪震》(荣获 1994 年度第 15 届“飞天奖”长篇电视剧二等奖)、《邓颖超和她的妈妈》(荣获 1995 年度第 16 届“飞天奖”长篇电视剧二等奖)、《上海风暴》(荣获 1995 年度第 16 届“飞天奖”中篇电视剧二等奖)等，便成了这方面树立的标杆。

这中间，《努尔哈赤》在历史意识和美学意识上的新突破，尤其值得称道。

先说历史意识。什么是历史意识？英国当代著名学者爱德华·霍列特·卡尔在其代表作《历史是什么》中曾说过一段颇为极端而又不无道理的话：“历史是历史学家的经验。历史不是别人而是历史学家制造出来的，写历史就是制造历史的唯一办法。”与他同时代的英国政治家温斯顿·丘吉尔把这段话发展得更极端，认为“创造历史的最好办法是写历史”。这些说法显然片面夸大了“写历史”者的历史意识，即历史观的作用。他们所指的“写历史者”，主要是历史学家，但扩而言之，文艺家以其作品艺术地再现历史，又何尝不是另一种形式的“写历史”？然而，我们是马克思主义的历史唯物主义者，在我们看来，无论是历史学家“写历史”也好，还是文艺家“写历史”也好，都不过是在一定的历史观，即历史意识的指导下，所能达到的对历史本体的历史认识或艺术再现，而绝不是永恒、客观的历史本体自身。

严格说来，历史分为历史本体和人们对它的认识两个方面。从本体的角度看，历史是客观实在的，它是不以人们对它的不同认识而改变其本来形态的东西；但从认识的角度看，历史又是主观可变的，它只存在于人们的记忆、思考与描述之中。同一部历史，在不同时代、不同社会和不同人的头脑里，会产生不同乃至对立的看法。惟其如此，科学的、现代的历史观即历史意识，才显得尤其重要。因为只有在科学的、现代的历史观即历史意识的导引下，人们才能尽可能地克服自身的主观局限，最大限度地逼近和把握历史的个体，从而通过正确认识历史达到更深刻地认识现实的目的。

《努尔哈赤》创作主体的历史意识是全新的。这表现在：

第一,艺术家突破了从荧屏到荧屏,而对荧屏之外却更决定着荧屏形象的认识价值和审美价值的其他领域里的新鲜思维成果不予关注的局限,自觉把视野拓展到历史学界、文学界、哲学界、民族学界、文化人类学界,注重汲取各界在新时期变革大潮中科学研究的新成果。

第二,《努尔哈赤》创作主体坚持唯物史观,实现对长期以来存在于民族题材和历史题材文艺作品中那种"以华夏为中心"的狭隘民族意识和文化偏见的超越,从而在现代意识的观照下,对女真族的历史文化培育的民族英雄努尔哈赤作出正确的历史评价和审美褒贬,赢得各民族广大观众的普遍认同。

第三,《努尔哈赤》创作主体将历史唯物主义的治史精神与现实主义的创作态度结合,尤其是那种对历史与现实、民族文化与现代意识的交叉契合点的既敏锐又准确的捕捉,很值得称道。

再说审美意识。《努尔哈赤》在这方面的突破,集中体现在艺术家坚持宏观审美,超越过去荧屏和戏剧舞台上司空见惯了的那种塑造民族英雄"爱而不知其恶,憎而不知其善"的单向度审美意识和思维模式,从而在政治霸业与情感需求的尖锐冲突和强烈反差中,刻画出既是威震一世的民族伟人,又是情欲俱全的普通凡人的努尔哈赤形象。在开创帝王基业的历史进程中,努尔哈赤是英雄、是强者;而在弘扬人性的情感世界里,他却是独夫、是弱者。霸业的辉煌与情感的悲苦,不但撞击出《努尔哈赤》深沉的历史悲剧感,而且也是全剧的剧作结构枢纽和情节发展的内驱力。这样在以全新的历史意识和审美意识建构的史诗格局的艺术世界中,既熔铸着艺术家在历史哲学引导下对历史事件独到的思辨意识,又流贯着艺术家在艺术哲学观照下对历史人物浓烈的审美诗情,且两者交融形成一种启人心智、怡人性情的艺术冲击波,从而在荧屏雄浑恢宏的历史画面上荡漾起激越的史诗气韵。

潘霞导演的《宋庆龄和她的姊妹们》,以其出色地塑造了20世纪中国最杰出的女性和艺术地展示了一部中国现代革命史,成为这一创作题材领域里的一个成功范例。

众所周知,要塑造像宋庆龄这样一位当代中国人民和世界人民所熟悉的、敬仰的伟人的艺术形象,可谓难矣。因为演员只能通过自己现实主义的艺术创作,去努力逼近那永远活在人民心中的历史上的真实伟人。这逼近的程度越高,则被当代观众认同的可能越大。这比演员塑造那些艺术虚构的非历史真实人物形象,自由驰骋的创作天地显然要有限得多。

该剧的主要标杆意义在于:一是正确处理了塑造伟人与再现伟人所活动于其间的重大历史事件的关系;二是正确处理了展现伟人的政治气质、色彩与刻画伟人的丰富人性、人情的关系。该剧为重要人物传记片创作克服那种危害匪浅的非历史主义、非政治化的错误倾向,高高地树起了一根醒目的标杆。

2001年恰逢中国共产党80周年华诞。以《长征》《日出东方》《少奇同志》《向前,向前》为代表的重大革命历史题材献礼电视剧,在荧屏上形成了一道壮美耀眼的风景线，赢得人民群众的普遍赞誉。

第一，这些优秀作品，坚持马克思主义历史观与美学关，自觉把握历史科学与历史剧艺术两种思维的联系与区别，“徘徊在艺术虚构与历史真实之间”，努力实现“有思想的艺术”和“有艺术的思想”的尽可能完美的统一。这批作品既注重对历史精神的科学把握，又注重在此基础上充分展开艺术想象和虚构的翅膀，做到“大事不虚，小事不拘”，“不必实有，只要会有”，从而具有了较强的艺术魅力和较高的审美价值。

第二，这些优秀作品，坚持以彻底的唯物主义精神，对重大革命历史及其重要历史人物进行艺术观照和审美表现，尽可能地开掘其文化内蕴和人性深度，“史”中觅“诗”，追求史诗品格。

第三，这批优秀作品，坚持实现重大革命历史题材创作资源的最佳配置和编、导、演、摄、录、美、音、化、服、道诸种创作因素的优化组合，培养造就了一批思想精深、艺术精湛、作风优良的创作骨干人才。

七、其他（如少儿题材电视剧和戏曲电视剧）

徜徉于绚丽多彩的中国电视剧画廊，做如此扫描似的“述评”，显然难免挂一漏万，有遗珠之憾。比如，同样取得了显著成就的少年儿童题材电视剧创作和戏曲电视剧创作，这里均未涉及。像《喜脉案》（荣获 1985 年第 6 届“飞天奖”优秀戏曲电视剧奖）、《跑跑的天地》（荣获 1987 年度第 8 届“飞天奖”儿童连续剧一等奖）、《好爸爸、坏爸爸》（荣获 1988 年度第 9 届“飞天奖”儿童连续剧一等奖）、《病毒 · 金牌 · 星期天》（荣获 1989 年度第 10 届“飞天奖”儿童连续剧二等奖）、《四川好人》（荣获 1995 年度第 16 届“飞天奖”戏曲连续剧一等奖）、《春》（荣获 1996 年度第 17 届“飞天奖”戏曲连续剧一等奖）、《少年先锋》（荣获 1996 年度第 17 届“飞天奖”少年儿童题材长篇电视剧一等奖）等许多优秀作品，都在中国当代电视剧发展史上占有重要的一席之地。

1999 年，戏曲电视剧共有 13 部作品获得“飞天奖”的一、二、三等奖，在以往历届评奖中数量最多。其中包括京剧、越剧、吕剧、川剧、黄梅戏、汉剧、花鼓戏等剧种，既有经过精心加工整理的优秀传统剧目，也有像《贤母宝璧记》这样的新编历史剧，还有反映抗日战争生活的根据同名小说改编的《苦菜花》和描写当代农村改革现实的《清明过后》《不倒的汉子》等剧目。

这些作品，在充分发挥电视传媒的语言优势的同时，充分尊重和发挥各剧种在长期的艺术实践中形成的审美个性和审美优势，从而为电视与戏曲结缘积累了宝贵经验，为弘扬优秀的民族戏曲文化开创了一条新路。

第三节　对当代中国电视剧发展经验的理论梳理

一、认识和处理好“弘扬主旋律，提倡多样化”的关系

近三十余年来中国电视剧和其他形式的电视文艺创作的成功经验表明：要真正贯彻执行好“二为”方向和“双百”方针，就必须全面、正确地认识和处理好“弘扬主旋律，提倡多样化”的精神内涵和辩证关系，从而坚持做到“以优秀的作品鼓舞人”。

首先，“弘扬主旋律”，是鼓励作家、艺术家努力表现反映社会进步主潮的时代精神。而要做到这一点，作家、艺术家自身就必须自觉接受和真正把握这种时代精神。这种时代精神，就是江泽民同志《在全国宣传思想工作会议上的讲话》中具体概括的：“一切有利于发扬爱国主义、集体主义、社会主义的思想和精神；一切有利于改革开放、现代化建设的思想和精神；一切有利于民族团结、社会进步、人民幸福的思想和精神；一切用诚实劳动争取美好生活的思想和精神。”这种思想和精神是他们进行审美创造的指导思想和强大动力。强调弘扬主旋律，既是时代的召唤、人民的要求，也完全符合文艺创作自身的规律，符合唯物论和文艺的现实主义精神。

其次，强调“弘扬主旋律”，确实又是针对一个时期里文艺创作在题材选择上一度出现的严重倾斜现象提出来的，因而它本身还有一个题材选择上的重点论要求，即需要突出重点地扶持和倡导作家、艺术家创作反映改革开放和现代化建设有艺术魅力的精神产品，努力塑造好社会主义的新形象。须知，在这些重大题材和新人形象上，更集中、更强烈地体现着时代的精神，代表着社会前进的大潮。所以，在反映时代精神的深度和广度上，题材选择在电视文艺尤其是电视剧创作中占有重要地位。历届“飞天奖”的获奖电视剧也充分证明：题材的选择应有重点。而题材并不能决定一切，具有决定意义的是作家、艺术家注入创作全过程中的指导思想和精神，及其生活功底和艺术才能。我们既要反对题材决定论，防止对弘扬主旋律作狭隘的理解，甚至只把直接表现改革开放和现代化建设生活的重大题材当成弘扬主旋律，排斥其他一切题材，从而限制了创作思维和视野的开拓；又要坚持题材重点论，防止对弘扬主旋律作泛化的解释，即所谓“主旋律是个筐，什么都可以往里装”，从而取消了弘扬主旋律对题材选择的重点要求。

再次，“弘扬主旋律”的作品，一定要讲究艺术魅力，其题材、风格、样式理应多样化，才能不断提高声誉，赢得越来越多的观众。历届“飞天奖”获奖的优秀作品，都相当讲究艺术魅力，其风格、样式非常多样化。这些作品坚持思想性、艺术性的有机统一，强化精品意识，荧屏形象体现出有思想的艺术与有艺术的思想，启人心智、动人情愫，共同为弘扬主旋律的创作赢得了较高声誉。

二、促进生产诸因素的优化组合,实现精神生产资源的最佳配置

三十多年来中国电视剧和其他形式的电视文艺创作的成功经验又充分证明:强化宏观调控意识,努力促进电视生产诸因素的优化组合,实现精神生产资源的最佳配置,是提高电视文艺思想、艺术质量的重要保证。

众所周知,中国电视艺术事业的迅猛发展与创作、生产管理工作的严重滞后,已成为一个引起人们普遍关注的亟须解决的突出问题。以电视剧为例,一方面,电视台系统、电影厂系统、中央和国务院各部(委)系统、军队系统的百余家制作单位组成的电视创作、生产的“四方面军”,其年产总量已超过一万集;另一方面,整个电视剧创作、生产的导向、总量、结构,以及题材、风格、样式的比例,又亟待靠科学管理来加以有效的宏观调控,以更好地服从和服务于社会主义现代化建设的宏伟事业。历届“飞天奖”获奖作品所呈现的当今我国电视剧创作的整体风貌,充分反映出加强科学管理、强化宏观调控方面取得的可喜进展,标志着我国电视剧创作的导向更加明确,主旋律更加突出,结构日趋合理,题材、风格、样式、品种也越来越多样。

加强科学管理、强化宏观调控还有力地促进了电视文艺生产力诸因素的优化组合,即资源的最佳配置,确保了作品思想、艺术质量的提高。物质生产有一个优化组合和资源配置的课题,精神生产也同样面临着这样的课题。电视文艺是一种集体创作和生产,其题材资源、场景资源、设备资源、投资资源乃至编、导、演、摄、录、美、化、服、道等各方面的人才资源,不同的战线、不同的部门、不同的地区,有着不同的优势。这就带来了一个如何实现资源的最佳配置和人才的优化组合,以形成审美创造的最大合力的课题。“星光奖”“飞天奖”的许多获奖作品的成功经验都证明,加强管理和宏观调控,是解决好这一课题的有效途径。

三、形成鲜明的中国特色、地方特色和个性特色

三十多年来中国电视剧和其他形式的电视文艺创作的经验还启示我们:善于认清和发挥电视文艺创作者自身的优势,善于学习和吸收古今中外文化名著的营养,善于借鉴其他艺术形式中一切有用的东西融入审美创作,以形成鲜明的中国特色、地方特色和个性特色,是促成中国电视文艺实现百花齐放的有效途径。

知己知彼,百战不殆。历届“星光奖”“飞天奖”的获奖作品表明,中国电视文艺虽然是一门年轻的艺术,但发展迅猛,正在逐步形成自身鲜明的中国特色和电视文艺特色。这里所谓的中国特色,即指民族风格与时代精神相结合的从内容到形式的中国气派;这里所谓的电视文艺特色,指从视听语言、造型构图、色彩影调、表演规范到审美环境诸方面的区别于其他姊妹艺术的一套独立的美学体系。强调中国特色,丝毫不意味

着排斥外来优秀文化，而是要努力吸收古今中外一切优秀文化的营养，用人类文明的成果去提高自身的思想素质，充实自身的文化结构，丰富自身的审美经验，真正做到“古为今用、洋为中用”；强调电视剧特色，也丝毫不意味着排斥借鉴其他姊妹艺术形式的有益经验，而是要努力吸收话剧、戏曲、文学、电影、音乐、舞蹈等各种艺术形式的美学营养，以丰富电视文艺语言形态，强化电视文艺的审美张力，完善中国特色的电视文艺美学体系。

特别值得称道的是，历届“星光奖”和“飞天奖”的获奖作品，除具有鲜明的中国特色和电视文艺特色外，还具有突出的地方特色和个性特色。这里所谓的地方特色，系指不同地域的人文背景、地理环境、民族风格、生活习俗诸方面的特色；这里所谓的个性特色，系指电视艺术家独具魅力的艺术风格和审美个性。艺术忌雷同，忌重复。电视创作的每一集体和个体，就其艺术生命而言，都是有限的；而艺术创作之海，却是无涯的。所以，任何创作集体和个体，都在以有限应对无限。

“闻道有先后，术业有专攻。”符合艺术规律的聪明做法，是扬长避短，发挥优势，使自身成为擅长对某种具有浓郁地方特色的题材、风格、样式进行审美把握的行家里手，并逐步形成独具魅力的审美个性，而不要“打一枪换一个地方”，蜻蜓点水，浅尝辄止，门门似通，样样平庸。创作者只要锲而不舍地发扬地方特色和个性特色，勤奋耕耘，不断实践，就能创作出独具艺术魅力的电视文艺佳作。

四、重视电视艺术理论与美学建设

电视艺术学(尤其是电视文艺学)作为一门新兴的学科，学术界呼唤加强其理论批评与美学建设已经多年。但迄今为止，收效仍远不尽如人意。生活之树常青，扎根于生活沃土的创作亦势必生机盎然，而理论批评与美学建设倘安于滞后，则先导的作用顿失，创作的生机也会随之减弱。

(一)电视艺术理论、美学建设应与时代对应

电视艺术理论批评建设与美学的深化应当取决于并对应着整个社会改革大潮的深化，这本来是老生常谈的一条原则。因为马克思主义的根本原理之一就是理论来源于实践，实践是理论发展的动力，是检验理论的唯一标准。理论的生命在于它或迟或早能指导实践。但是，较长时期以来，无论是文学还是电视艺术领域，每当创作的实践顺应整个社会变革思潮的前进，冲破了现成理论框架的束缚，即现成的理论已经阐释和概括不了新鲜的创作经验，甚至已经证明现成的某种理论指导是有悖于创作的发展时，我们往往不是科学地考虑理论自身应当如何调整、充实和发展，而是不分青红皂白地指责创作“越了轨”。这种僵化的思维定势不仅妨碍了创作的繁荣，而且也自然损害了理论自身的声誉和尊严。

物极必反。于是创作界有了一种责难理论甚至排斥理论的呼声，理论界自身似乎也有人提出了一种索性建设"与创作实践根本不搭界"的"纯理论"的主张。而日新月异的创作现实又总是对应着社会变革的历史大潮的，因此这"纯理论"也就自然与社会改革"不搭界"了。毋庸置疑，文学、电视艺术理论建设尤其是美学建设，确实应有专门人才侧重于对艺术本体进行高层次抽象思维的"纯理论"建设。而我们民族传统的文艺理论之所以抽象思维能力和逻辑演绎能力都还不够发达，恐怕也多少与我们缺乏这种"纯理论"建设有关。这一点，只需把刘勰的《文心雕龙》、陆机的《文赋》与亚里士多德的《诗学》、贺拉斯的《诗艺》做个比较，便看得非常清楚。黑格尔曾指出，中国哲学思辨不发达，连孔子的著述也只是"道德箴言"。

翻一翻李约瑟的《中国科技史》，也可以发现一个发人深省的现象：在中国，代数学很早就很发达，而几何学则不然。这大概是因为代数重在"求算"，而几何则重在"求证"。凡"求算"的都很早就算出来了，如南北朝时期的祖冲之就早于欧洲人一千多年推算出圆周率 π 的值在 3.1415926 和 3.1415927 之间，并著有《缀术》《九章术义注》等书。但凡"求证"的则很晚才证出来，如古希腊早已发现的几何学上的欧几里得定理，我们一直到明朝才由徐光启在《几何原本》中译介过来。这些都足以证明我们民族文化传统中实际存在的这一弱点。说它是弱点，因为正如恩格斯所说："一个民族要想站在科学的最高峰，就一刻也不能没有理论思维。"从这个意义上讲，呼吁整个电视理论建设中应有专门人才去从事这种"纯理论"建设，以促进理论思维的深化和提高，自有其合理性和迫切性。

但即使是这种"纯理论"建设，也必须对应整个社会改革深化的大潮，必须从整个社会改革深化的大潮中自觉汲取动力。从发生论的观点看，无论是文学界还是电影界，新的理论研究思潮和新的批评方法的崛起，从根本上讲，都是既起因于对整个社会改革开放的时代思潮的观照，又是整个社会改革开放的时代思潮在审美领域里抽象思维成果的直接体现。试想，没有社会改革开放的总背景，西方文艺理论批评的一些新鲜思维成果，如阐释学、现象学、符号学和意识形态分析、精神分析方法等等，能引进到我国新时期的文艺理论批评领域里来吗？文学、影视艺术理论批评的日趋细密化、理论化、科学化，是对应着整个社会改革的深化，理论批评自身也随之深化的必然结果。而且，一个国家电视艺术理论批评与美学的建设，无论是实践性强的理论建设，还是所谓的抽象性强的"纯理论"建设，都不能脱离这个国家的国情和它的经济实力及文化传统。因此，在我国，理论批评要深化，要发展，需要马克思主义的指导，也需要建立自身的尊严和相对独立的品格。但无论如何，文艺理论批评思潮的深化，只有更自觉地对应整个社会变革思潮的深化，并自觉地从中汲取动力，才是有源之流，才能形成浩博之势。

(二)借鉴西方影视艺术理论和整个文艺理论的间接思维成果

这一问题实际上是前一问题的深化。无疑，理论的建设和发展既是一个历史积累和横向借鉴的过程，也是一个对现实的创作实践经验进行直接抽象并上升为理论范畴和逻辑体系的过程。这两者虽有区别，但归根结底是统一在理论形成和发展的历史长河中。由于直接从创作实践经验中进行科学抽象并建构理论体系的任务极其艰巨，而任何个人的才智和精力都是有限的，包括刘勰那样的大师，也很难说全靠这种直接抽象建构他的理论框架。这就需要借鉴和吸收古代和外国的间接思维成果。

新时期社会开放和文化开放以来，西方文艺理论批评的一些新鲜思维成果被介绍进来，这是大好事。因为从宏观上讲，开放带来的认识线索的多维化和理论批评的多样化，是以承认事物本身(包括影视艺术)的复杂性、整体性为理论前提的，它打破了那种僵化的大一统的简单的理论批评模式。从微观上讲，开放引进的西方文艺理论批评的新鲜思维成果，有助于电视艺术学科领域的理论研究走向细密化、科学化，以利于对全部活动(从创作到发行放映乃至批评研究)的各个环节和局部进行深入的、精细的研究剖析，推动我们电视艺术理论思维的日益全面和科学。

但文学、影视界有一批最富创造力、最有潜力的理论新秀，其兴趣和希望似乎较多地寄托在对西方文艺理论间接思维成果的吸收上，他们往往倾其精力研读和套用这些间接的思维成果，写出了一批不仅在观念上、方法上，乃至在思辨上、文风上都“东施效颦”式的文章。甚至有人还从西方生吞活剥地“借”来一种批评模式，然后用以“读解”某一部中国电影或电视剧，最终证明西方批评模式的“正确”和“灵验”。这是不足取的。因为建设新理论的难点，恐不仅只在如何借鉴和吸收间接思维成果上，更重要的是如何在今天的时代水平上把间接的思维成果消化，并直接同对我国创作实践经验的科学抽象结合起来，创造性地建构具有中国特色的马克思主义文艺科学。

我国著名的电影美学家钟惦棐先生生前就曾反复强调：“电影美学的时代使命和历史使命，既要从银幕上去寻求，更要从银幕下受其感染的观众中去寻求。”①此言极是。之所以这样说，是基于确实感到这种结合有加以强调的必要。当然，西方文艺理论批评的新鲜思维成果，自有其不可否认的学术价值和借鉴意义。但从宏观的战略意义上看，我们仍须保持一种科学的、清醒的马克思主义的批判精神。

因此，有鉴于我们的国情和文化传统，应该既注重纯粹思辨的理论演绎能力的培养，也要注重用对直接经验的归纳来弥补其不足，并以此来沟通理论与实践之间的信息交流；主张既注重借鉴和吸收间接思维成果，也要直接从现实经验中进行科学抽象；主张既要防止以整体意识和大一统观念去制约电影电视艺术理论思维的多元化发展进程，也要提醒潜心从事于影视艺术理论批评与美学研究的某一学科分支的微观研究的同志，能正确估量本学科分支的微观研究在提高全民族电影文化水平中的地位和作用。这样，两者相辅相成，结合互补，才能减少片面性。

---

① 《电影美学·1982后记》，中国文联出版社1983年版，第344页。

（三）我国电视艺术理论与美学建设需具备“着意于久远”的战略眼光

应当承认，无论从整个社会改革开放的时代大潮的需要看，还是从影视创作日趋繁荣、呼唤理论引导的需要看，我们的电视艺术理论批评都是有愧的。造成这种滞后现象的因素是复杂而多方面的。但恐怕有一条是很重要的，即我们缺乏一种“着意于久远”的建设社会主义精神文明的战略眼光。

目前，电视艺术理论批评与美学研究还很难说得上已经深化。现状是：就电视艺术批评与美学研究队伍而言，似乎还未能在宏观的战略眼光下统筹规划，合理安排人才。北京虽然有专门的中国电视艺术委员会、中国传媒大学、电视艺术家协会，三家的理论队伍却各自为战，缺少分工协作。其他理论批评队伍则大都从属于中央和地方的电视台。将理论建设的使命附属于播出单位，理论批评联系实践的优势明显，但其独立品格和尊严难以保证。但令人欣喜的是，近年来，越来越多的电视台都先后建立或开始筹建专门的理论研究机构，这必将起到不可低估的作用。而不少高等院校文科也纷纷开设影视艺术理论与电影美学选修课，一支由高校从事影视艺术教学的师资组成的影视艺术理论批评与美学研究的生力军正在形成。

尽管如此，就影视艺术理论批评与美学建设而言，由于缺少战略考虑和统筹安排，影视艺术理论研究、影视艺术作品批评和影视创作规律探索，在目前还基本上是混为一体的，这也不利于理论批评的深化和科学化。这三方面应当有区别也有联系。从事具体研究工作的同志应发挥自己的优势，侧重于在某一方面有所深化。这样，理论思维和批评水平才可能改变平庸浅薄和就事论事的局面，才可望顺应社会改革大潮的深化，升腾到更加科学化、细密化的新水准。至于影视艺术美学，才可能在此基础上真正进行哲学领域里形而上的抽象、概括。

（四）电视艺术理论与美学建设应顾及观赏性

毋庸讳言，无论在电影领域，还是在电视艺术领域，时下对“观赏性”的认识，都存在着一定的片面性。一种是远离大众审美需求，无视观赏性。这较易识别，其谬误显而易见。另一种是盲目追求观赏性，片面抬高观赏性的地位和价值。这往往是在“尊重观众”的唯物史观旗号下堂而皇之地进行的，因此较难识别，常常以假乱真。

其实，所谓观赏性，与思想性、艺术性原本不是同一逻辑起点上抽象出来的同一范畴里的概念。前者是以观赏者的接受效应为逻辑起点抽象出来的概念，属接受美学范畴；后两者均为以艺术品自身的品格为逻辑起点抽象出来的概念，属作品美学范畴。按照语言学、逻辑学的规范，要求在同一逻辑起点上抽象出来的概念才能在一定范畴里进行推理，从而保证判断的科学性。显然，硬将观赏性与思想性、艺术性拉到同一范畴在同一层次上进行推理、作出判断，是欠科学的。更何况，观赏性虽然与思想性、艺术性有联系，但决定它的主要因素不是艺术品自身的历史品格和美学品格，而是观赏者的人生阅历、文化修养和审美情趣。譬如电视连续剧《孔子》,在山东大学从事儒学研究的教授们那里,看得津津有味,观赏性甚高,而在文化素养较差的人群里,却知音寥寥,观赏性甚差。由此可见,观赏性与作品本身关系并不直接,决定它的倒是观赏者的人生阅历、文化修养和审美情趣。

此外,观赏性还是个变量,而非恒量。昔日的"毒草",今成"重放的鲜花"。如老舍的《茶馆》,20世纪50年代演出,因其舞台上烧了纸钱,适逢"一化三改造"刚过,于是被斥为"替资本家招魂",观赏的结论是"毒草";而新时期以来,只需要于是之先生在北京人艺舞台上一站,便被观赏者赞为"一身都是文化",《茶馆》成了传世之作。即便在同一历史条件下,审美接受空间不同,观赏效应亦迥异。评委们评奖,在审看间里正襟危坐、专心致志地看,与回到家里一边喝茶一边聊天一边看,其观赏效果能一样吗?惟其如此,以接受美学为一门严格意义上的学科计,倘给观赏性下一定义,则至少应表述为:它虽然与作品的思想性、艺术性有联系,但主要取决于观赏者的人生阅历、文化修养和审美情趣,以及观赏者与作品发生关系的历史条件、文化背景、审美空间的一种综合效应,这是极为复杂的。

这样分析观赏性,绝非咬文嚼字,更不是玩概念游戏,而是事关电视艺术美学建设的大计。理论思维与美学思维的失之毫厘,势必造成创作实践中的谬以千里。此类教训,历历可鉴。

强调科学地认识与清醒地追求观赏性,不仅因为这是攸关电影和电视艺术接受美学的一个重要课题,而且还因为这关系到全民族的美育。美学与美育,关系密切。美学是美育的理论指南。一个国家、一个民族对大众的美育水准,直接影响着这个国家、这个民族文明的水平。20世纪之初,蔡元培先生在北京大学石破天惊地提出"以美育代替宗教"的口号,兼容并包,广纳人才,造就了一个为中国新文化运动乃至中国共产党的诞生做好组织准备的新北大。而新中国诞生之后,我们曾在相当长的时期里误把美育当成资产阶级的东西,在教育方针里剔除了美育,教训是深刻而惨痛的。只需看一看"文化大革命"中种种毁灭人性、践踏人的尊严的丑行劣迹,便令人痛心疾首。事实雄辩地证明:就人的综合素质而言,德育、智育、体育当然重要,但美育却万万缺少不得,德育不能代替美育,而德、智、体三育之中,却都必须贯穿美育。

美育对于开发人的智力,培养人的道德情操,激活人的创造能力,提升人的综合素质,都极为重要。据说,当代脑科学的最新研究成果发现:人的创造性思维能力不仅源于智商,更源于情商,且情商的作用远甚于智商;不仅源于左脑,更源于右脑,且右脑的能量大约为左脑的十万倍。电影和电视艺术是两门受众面极广的艺术,它们作用于大众的审美神经,正面和负面效应都极为明显。如果我们坚持以马克思主义的历史观、美学观为指导,始终把电影艺术和电视艺术纳入代表中国先进生产力发展要求、代表中国先进文化前进方向、代表中国最广大人民群众根本利益的范畴,那么,我们的电影和电视艺术创作就能面对着市场经济大潮下强大的媚俗思潮而保持清醒、明智的头脑，处理好适应与提高的辩证关系，从而立于不败之地。相反，如果片面地认识和追求观赏性，盲目地媚俗、从俗，那就势必弱化、消解中华民族优秀的文化传统和艺术精神，败坏大众的审美情趣，其后果不堪设想。因为中华民族赖以自立于世界民族之林，重要的精神支柱之一便是靠极具东方美学神韵的中华民族的优秀文化传统和艺术精神。所以，电影接受美学和电视艺术接受美学研究的重要课题之一，便应是科学地认识和清醒地追求观赏性。

曾几何时，电视剧创作中盛行“滥情风”“豪华风”“戏说风”，都已然是将影视作品当成商品了。这固然是“看不见的手”在导演，但一些错误的理论观念也起着推波助澜、自我解构的作用。如将观赏性、收视率定为标准之一，就等于破坏了标准的逻辑前提：有人将观赏性当成艺术性本身了；有人将观赏性当成收视率了；有人将观赏性当成“卖点”和商品性了——观赏性成为标准的提法，为将电视剧作品当成商品提供了理论武器和发展空间。说电视剧只是商品的人，如同搬运工将名画《最后的晚餐》当木材搬一样。这种实用心态是败坏某些电视剧的思想性和艺术性的重要原因。

马克思早就深刻阐明：人之为人，是“按照美的规律来塑造事物的”，并以此来实现“自我确认”的。审美是人性的基本需求，是一种“类似本能”的需求。人的审美知觉的第一个作用就是把物质材料转为艺术形象，不只把文学看成白纸黑字，而是从字里行间读出了人生情绪。对电视剧亦然。电视剧在人们的审美感知中，不再是原有的材料，而是人性的揭示和人生境遇的解释，是对美的欣赏和心灵的陶冶。它的制作过程是可以产业化的，但它是以艺术品的身份进入市场的，它由产品变为所谓的商品取决于它的艺术品质，它是被作为审美对象来流通的。它尽管具有了商品属性，但并不失其意识形态的属性。拿商品属性来为屏坛“媚俗”障眼开路，是完全站不住脚的。

相反，我们必须强调电视剧是审美文化而不是非审美文化的观念。审美文化与非审美文化的主要区别在于，后者仅止于令受众视听感官产生刺激和快感，而前者却强调通过快感或悲剧产生的痛感，进而升华为美感，并给人以认识启迪和人生感悟。只有审美文化，才有资格进入“代表先进文化前进方向”的行列，才真正代表了人民群众不断提高自身整体素质的根本利益。而片面认识观赏性、盲目追求观赏性，只能给观众带来视听感官的快感而不带来心灵愉悦的美感，只能带来感官刺激，并不带来提升精神的美感。盲目追求观赏性已经造成了民怨沸腾，说明广大人民群众是有鉴赏力的。庸俗地将电视剧视为商品的，是痴迷于“三风”的制作者，而不是广大人民群众。忘记了电视剧是审美文化、是艺术作品的人，现在失掉了精神根据地，很快就会失掉市场。那种“豪华”“滥情”和“戏说”风已经被厌弃，并将在强大的理论批评的包围中迅速失掉它们蒙混的市场。有良知和使命感的电视人、评论家，应该努力培养造就出深刻而非肤浅、沉稳而非浮躁、幽默而非油滑、健康而非媚俗的群体性的鉴赏习惯，从而形成良好的文化环境，从而使电视剧艺术在有中国特色的社会主义建设中，发挥出别的艺术形式所难以企及和替代的作用。

电视要走产业化的道路,但这对于电视艺术(当然包括电视剧)来说,主要是艺术化与大众化相结合的问题。可以毫无疑问地说,大众化与媚俗、贩俗是不能画等号的。延安时期的大众化,非但一点都不媚俗,反而是娱乐大众、教育大众的经典,如《夫妻识字》《兄妹开荒》在"文革"后依然轰动。《白毛女》在任何时期,包括"文革"时期,照样是喜闻乐见的精品,其中的根本问题是找到"良知心力",揭示出人生哲理,能给人以美感和精神动力。电视剧和所有的文学艺术作品一样,是提高民族精神境界的精神生产方式,不能再盲目强调"适应观赏趣味"了,那种"适应论"只是在适应自己而已。

电视文化对民众有导向作用,电视剧同样也有导向作用。电视剧在精神文明建设中占有抢眼的份额,给人美感的电视剧作能够疏解、整理人的情绪,从而为改革开放和现代化建设提供精神动力、智力支持和健康的社会心理环境。它应该以建设人性的真善美为天职,而不能渲染假恶丑。进行精神生产的电视人要走在大众的前面,不能失去服务大众、提高大众的资格,不能践踏为全民族建立健康、良好的精神环境的神圣使命。有出息的电视人要当人类灵魂的工程师,要树立电视艺术是建设民魂工程的自觉意识,要用现代影视产业复兴中华文化。

第六章　电视文艺的视听语言

任何艺术都有自己独立的语言系统。也就是说，一种艺术之所以能够独立成为艺术，一个重要标志就是它拥有自己的语言。在影视艺术诞生之前，诗歌、音乐、舞蹈、雕塑、建筑、绘画都因为拥有自己独立的创作语言，而被公认为独立的艺术门类。影视艺术之所以能够被称为"艺术"，并作为独立存在的艺术形式被认可，其中重要原因之一也是因为它拥有自己独特的语言方式。

电影早于电视半个世纪出现，有人曾经将它称为继上述6种传统艺术之后诞生的第七艺术，而将电视称为第八种艺术。如果从语言上考察和界定，电影、电视使用的都是视听语言。因此，电影、电视是同一门类的艺术。视听语言是影视艺术共同的语言。

作为同一种艺术，影视艺术有共同的视听语言特征。而电影、电视作为两种媒体，又因媒体性质的不同，在视听语言的运用方面有相当的差异。在电影一百多年的历史中，大量经典的电影艺术创作为视听语言带来了丰富的、个性化的、激动人心的实际运用范例，并在实践中形成了自己相对成熟与完善的理论体系。电视艺术的视听语言是从电影的视听语言中脱胎而来的，它全盘继承了电影的表现手法，同时又有发展和创新。电视媒体除了与电影媒体共同拥有的艺术创作功能以外，它更加强调传播和宣传的功能，并形成了独有的媒体特性。在半个多世纪的发展和实践应用过程中，由于电视节目繁多的品种和样式，使得电视的视听语言样式也呈现出了多样性。

电视自诞生之后，电视节目的类型、样式日益丰富，且不断发展变化。大量的节目、栏目出现，电视的视听语言打破了原来的语言叙事模式和规范，在实践中创造出视听语言新的样式和语法规则。在电视节目中，这些新规则下的语言表达方式逐渐被认可，并表现出蓬勃的朝气。电视节目样式及电视技术的不断创新，创造出新的语汇和语法，为视听语言的完善作出巨大贡献。电视节目走向成熟后，出现了一些成熟的，甚至被认为是模式化了的电视节目和栏目。而所谓的成熟和模式化，重要的标志是节目视听语言的成熟和模式化。

不同的电视节目样式和节目种类有不同的视听语言表达方式。电视新闻、实况转播、纪录片、专题片、艺术片、电视文艺节目等，它们都有因为各自节目特性而带来的不同的视听语言样式。在每一种样式中，又由于创作者的风格不同而形成不同的语言风格。

电视文艺作为影视艺术中独特的一种样式，确切地说是电视艺术的重要组成部分,在视听语言的运用上形成了因为成熟而相对模式化的语言风格。这类节目在视听语言的运用方面,既有影视艺术创作的共性,又有自己的个性。而这种个性与媒体赋予电视文艺的节目性质、特征以及节目样式有关。

电视文艺的视听语言样式和类型是在发展中逐步形成的。电视文艺节目类型包括电视文艺信息报道、电视文艺实况转播、电视综艺晚会、电视专题晚会、电视文艺专题、音乐电视、电视戏曲、电视舞蹈、电视散文等样式。可以说,今天我们所看到的电视文艺就是文艺题材的电视节目样式的总和。除原来传统的电视文艺晚会、音乐电视、文艺专题外,在文艺题材的内容下,它几乎囊括了电视新闻、电视专题、电视纪录片、电视艺术片以及电视访谈等所有电视节目形式。因此,电视文艺的视听语言运用,可以说是所有节目中语言样式最复杂的。这些电视文艺节目样式,几乎调动和使用了全部的视听元素,涵盖了所有视听语言的表现形式,并运用了所有的语法句式。

视听语言本身既有记录现实原生形态的功能,又有表现非现实时空的巨大能力。它是再现的,也是表现的。在所有的电视节目中,有的节目样式的语言相对单一,如新闻类节目。而电视文艺的视听语言因其本身样式的多样性而呈现出复杂性和多姿多彩的形态。电视文艺不同的样式因节目性质的要求,体现出了视听语言中再现、表现、再现与表现并存这三种基本形式。

首先,电视文艺运用了视听语言的再现功能,并由此产成了单纯由纪实性视听语言构成的节目样式。电视文艺信息报道、电视文艺实况转播、文艺纪录片就是典型的运用纪实类视听语言的电视文艺节目样式。其次,电视文艺大量运用视听语言的表现功能,由此产生了具有艺术表现力的节目样式,如电视艺术片、音乐电视、电视散文、艺术类文艺晚会等。视听语言在这些节目中营造艺术氛围,成为电视文艺艺术性构成的重要因素。另外,电视文艺经常在演出现场原生态再现和记录的基础之上进行艺术创造,它需要同时运用纪实性和表现性视听语言。如以春节联欢晚会为代表的电视文艺晚会、文艺专题片等样式。

在考察和分析电视文艺的视听语言运用规律之前,有必要梳理一下视听元素。视听语言正是由视听元素构成的语言符号系统。

第一节 视听元素

视听语言是由声音和画面两个元素系列构成的立体的、非线性的语言系统。这两个系统是同时出现、相伴相生、不可分离的。这两个系统同时出现时,随之出现了声画关系。在由声画组成的语言符号系统中,所有元素之间彼此相互作用,作用的结果生成完整的视听语言表达意义。

一、视听元素的分类

(一)画面系统

包括被拍摄物体人、景、物；伴随被拍摄物体出现的光线、色彩；因为光线、色彩作用所产生的影调、色调；由被拍摄物体运动和摄像机运动组成的场面调度；伴随摄像机运动所出现的轴线、角度、视点、构图、景别；镜头的编辑组合。

(二)声音系统

分音乐、音响、语言三部分。音乐包括古今中外各类题材和样式的音乐；音响包括自然音响和非自然的拟音；语言包括对话、独白、解说、字幕等。

(三)声画关系

分为 3 种：对应(同步)、对位、分离。

视听语言就是由画面系统、声音系统、声画关系组成的立体的、链状和网状的语言系统(见表 6—1)。

表 6—1

<table>
<tr><td colspan="10">画面系统</td><td colspan="7">声音系统</td></tr>
<tr><td rowspan="2">人</td><td rowspan="2">景</td><td colspan="3">自然景</td><td rowspan="2">物</td><td colspan="4">客观物体</td><td colspan="4">语言</td><td>音乐</td><td colspan="2">音响</td></tr>
<tr><td colspan="3">人工景</td><td colspan="4">虚拟物体</td><td>对话</td><td>独白</td><td>解说</td><td>字幕</td><td>古今中外作品</td><td>自然音响</td><td>非自然音响拟音</td></tr>
<tr><td rowspan="2">光线</td><td colspan="4">自然光</td><td rowspan="2">色彩</td><td colspan="4">自然色</td><td rowspan="2"></td><td rowspan="2"></td><td rowspan="2"></td><td rowspan="2"></td><td rowspan="2"></td><td rowspan="2"></td><td rowspan="2"></td></tr>
<tr><td colspan="4">人工布光</td><td colspan="4">工人混合色</td></tr>
<tr><td colspan="5">影调</td><td colspan="5">色调</td><td rowspan="3"></td><td rowspan="3"></td><td rowspan="3"></td><td rowspan="3"></td><td rowspan="3">专为影视作品创作的音乐</td><td rowspan="3"></td><td rowspan="3"></td></tr>
<tr><td colspan="10">场面调度</td></tr>
<tr><td colspan="5">被拍摄物体运动</td><td colspan="5">摄像机运动</td></tr>
<tr><td rowspan="3">直线运动</td><td colspan="2" rowspan="3">折线运动</td><td rowspan="3">曲线运动</td><td rowspan="3">升降运动</td><td colspan="2">推</td><td>拉</td><td>摇</td><td>移</td><td rowspan="3"></td><td rowspan="3"></td><td rowspan="3"></td><td rowspan="3"></td><td rowspan="3"></td><td rowspan="3"></td><td rowspan="3"></td></tr>
<tr><td colspan="3">景别</td><td colspan="2">视点</td></tr>
<tr><td colspan="3">远全中
近特</td><td colspan="2">正常视点
非正常视点</td></tr>
<tr><td colspan="10">构图</td><td colspan="7"></td></tr>
<tr><td colspan="10">画面编辑（剪接）</td><td colspan="7"></td></tr>
<tr><td colspan="10">声音编辑（剪接）</td><td colspan="7"></td></tr>
<tr><td colspan="17">画面和声音合成（蒙太奇）</td></tr>
<tr><td colspan="17">声画关系</td></tr>
<tr><td colspan="8">声画对应（同步）</td><td colspan="5">声画对位</td><td colspan="4">声画分离</td></tr>
</table>

• 人、景、物——指被拍摄的主体。除了客观世界存在的客观物体外,还包括虚拟景观和虚拟物体。

• 声音——(1)伴随被拍摄物体出现的原生状态的、有声源的自然声音,包括语言、音乐、音响。我们日常生活中说话,演唱演奏音乐,自然界的风声、雨声、狗叫声等音响,都是在视觉观察的同时就被听觉注意到了的。声音与光线、色彩一样,是伴随被拍摄的人、景、物同时存在的。只要有画面,声音肯定同时出现。摄影(像)机实际上是正常人视觉和听觉的生理模仿。(2)除自然界原有的语言、音乐、音响外,通过拟音还可以创作大量的虚拟声响,这些声音是艺术创作时的重要手段。

• 光线、色彩——从技术角度上说,光线和色彩是人、景、物能够被摄影(像)机记录下来的前提,没有光线和色彩,视觉效果就不复存在,其中光线又分为自然光和人工布光。

• 影调、色调——通过光影造型和对比色产生的艺术效果,是艺术造型的重要手法。

• 场面调度——(1)被拍摄物体调度,包括直线运动、折线运动、曲线运动、升降运动;(2)摄影(像)机运动,包括推、拉、摇、移。

• 景别——包括远景、全景、中景、近景、特写。这里特别要提到介于中景和近景之间的中近景。从观众对电视的感知特点而言,中近景应该说是距离最合适因而也是最常见的景别。它在家庭收视中的效果甚至成为电视节目制作理论的重要支柱。

• 视点——指主体观察客观事物时的位置,有正常视点和非正常视点。正常视点一般是指人正常生活状态下观察事物的位置。非正常视点是指观察事物时并不是处于习惯的或常见的位置,如过高、过低等。

• 构图——指精心设计的画面布局,它会产生特殊的艺术效果和意义。

• 画面编辑——即蒙太奇,有广义和狭义的解释。在画面组接编辑时,以下两层意思值得注意:(1)广义蒙太奇指所有镜头之间的组接,主要为叙事性的和交代性的;(2)狭义蒙太奇指从爱森斯坦的蒙太奇理论派生出来的手法,它通过两个以上镜头的组接产生令人惊奇和赞叹的效果,有时伴随极强的感染力。爱森斯坦的蒙太奇理论包括冲突蒙太奇、杂耍蒙太奇以及由此演变延伸出的其他蒙太奇手法。

与蒙太奇相对应的是巴赞的长镜头理论。长镜头是指在一个长时间不切换的镜头中,拍摄和反映出事物之间的关系、距离以及事物的发展变化过程。相对于蒙太奇理论而言,它强调在一个镜头中通过连续拍摄产生意义,而不是靠镜头组接产生人为的含义。长镜头理论支持一些强调客观真实的节目类型,如纪录片等,同时它也是电视艺术表现的重要手法。

二、视听元素的组合

有人说一个镜头等于文字语言中的一个词汇,是构成语言的最小信息单位,这个比喻并不科学。单个镜头虽然是视听语言的基础，但却不是含义明晰的最小信息单位，因为一个镜头中的语义非常复杂，伴随着被摄主体的声、光、色的变化，以及周边环境的变化，会造成被拍摄主体的不同含义。也就是说，作为视听语言的每一个镜头中都不止包含一个视听元素，每一个镜头都是在相关的不同视听元素的共同作用下产生的。在这些不同元素的作用下，被摄主体呈现出的最终结果是非常不一样的。

视听语言中，我们看到的任何一位演员的演出一定是伴随光线、色彩、景别、角度等元素一起出现的，不同的光线、色彩、角度、景别、影调、色调下的演员演出，效果和含义是不同的，在演播室中的演员和实景中的演员演唱的意义也不同。比如，演播室中盛装的彭丽媛演唱《父老乡亲》和她在西柏坡的土堆上演唱这首歌的效果和意义完全不同。同样，一个放在饭桌上的西瓜和一个放在教室课桌上的西瓜的含义不同；这个饭桌上或课桌上的西瓜是处于红色色调中还是处于蓝色色调中的含义也是不同的；这个西瓜处于一定的对比影调下，相对于没有强调影调时的效果也是不一样的；镜头从西瓜摇到其他物体，还是从其他物体摇到西瓜，含义是不同的。与文字词汇不同，任何单一的视听元素在视听语言中都是与其他元素以及存在的环境相伴相生的，单一元素在视听语言中是不可能存在的。除此以外，与绘画和照相艺术不同，"西瓜"的单个镜头在影视作品中无法构成语义，必须是多个镜头的组接，或者包含多个镜头功能的长镜头才能完成相应的语义表述。

视听元素在视听语言中是以多重组合的方式出现的。不同的元素组合会排列出不同的样式，另一方面，每一个镜头只有与其他镜头组接在一起，才能准确表现出自己的含义。单个镜头的信息含量是丰富的，同时也是不确定的。多种物体和多种元素并存的单一镜头中，很难确定哪一种或哪一个物体或元素此时此刻是再现或表现的主题。单一镜头不能独立地完成叙事或抒情的任务，而一个节目或一个作品，不管用了多少长镜头，一般情况下，它仍然需要运用镜头组接的方法来完成全片的创作。在这种情况下，单个镜头往往具有不确定性，尤其是在叙事时，它必须靠一组以上的镜头来完成句子和段落的意义表达。在文字语言中，"西瓜"这一词汇的含义是非常准确的，它不会有任何歧义，而在一个镜头中，"西瓜"是有多重解读途径和结果的。

视听语言中的元素与文字语言中的词汇组成句子的方式大相径庭。文字语言中，词汇与词汇相加，线性地、顺序地发展成句子。视听语言中，元素与元素同时出现，立体地同时又需要线性的镜头组接来构成语义，它是立体网状和线性结构并存的方式。

文字语言中的词汇相对于视听元素而言要多得多，而且意义相对明确。《辞海》中的每一个词汇都有每一个词汇确定的意思。视听元素相对于文字词汇来说要少很多，它仅仅由声画系统中特定的、有限的元素组成。但这些元素与元素之间是相互依存的，产生化合作用。这种作用是有机运动的过程，它们通过运动彼此发生关系，并生成个性化含义。影视作品是一门视听综合艺术，是视听元素共同作用的结果。

在视听元素中，一些元素具有艺术属性，常常在创作艺术作品时被强调和运用。但在纪实类的节目中，这些元素是不能被刻意使用的，如非日常状态下的光线、色彩、视点，以及日常状态下不会出现的拟音等。在纪实类作品中，创作时常常使用那些具有真实再现属性的元素。

被拍摄物体虽然只能按照直线运动、折线运动、曲线运动、上下运动的规则调度，但富有创意的导演能够使调度技巧与作品主题相结合，加上摄像机运动——推、拉、摇、移的配合，光线、视点、影调、色调、景别、构图的精心选择，无论前期拍摄还是后期镜头组接时，都可以使用富有创意的手法，使作品内容、形式、结构方面具有艺术特征和审美价值。

场面调度、非自然光线、被强调的色彩、非正常角度的视点和非正常状态下的影调、色调、构图，以及音乐、音响的运用，是作品从对现实世界原生状态的现实记录到高于生活、使作品具备艺术性的关键。这些元素的使用和强调是影视作品艺术性实现的基本条件和创作手法。

第二节　电视文艺视听语言的基本样式

视听元素不同的排列组合方式、不同的运用方法，会使作品产生不同的效果和不同的属性。电视艺术的不同种类和样式，就是因为视听语言不同元素的不同运用方法而产生的。从功能上划分，视听语言主要有再现和表现两大类。影视艺术所有的样式也可以归纳为纪实性、表现性、纪实性与表现性结合三大类。

电视文艺的视听语言根据不同的节目样式有不同的表现形式，而不同的视听语言的运用，又为不同的电视文艺节目带来了节目样式上的明显界定。也就是说，电视文艺的语言样式与节目内容所需要的表达方式是一致的。电视文艺的视听语言与节目内容相互依托并创造出某一种样式相对固定的创作程式，这种程式成为创作中的基本流程。

电视文艺的视听语言在不同的节目中有不同的样式。

一、电视文艺信息报道

这是对文艺动态消息的一种新闻报道。新闻消息的视听语言非常有特色，因为它要在短时间内最大限度地提供信息量，所以它基本上采用正常光线、正常视点下拍摄，不同景别的固定镜头组接的方式，只在交代环境、人物之间的关系时采用很少的推、拉、摇、移镜头。除了恪守新闻消息的视听语言方式外，为了增加娱乐性，电视文艺新闻报道还可以运用一些只有在电视文艺语境下才能使用的元素，如有意地晃动镜头、快速推拉、色彩构图变形夸张等等。电视文艺信息报道的视听语言主要完成人物事件的还原与再现，视听语言多为再现和叙事形式。例如消息《北京版〈阿依达〉演绎梦幻》（见表 6—2）。[①]

表 6—2

<table>
<tr><th>镜号</th><th>景别</th><th>摄像机运动方式</th><th>镜头时间</th><th>画面内容</th><th>编辑方式</th><th>声音</th><th>解说</th></tr>
<tr><td>1</td><td>中全</td><td>拉</td><td>8″</td><td>金字塔舞美背景拉出演出实况</td><td>切</td><td rowspan="16">演出同期声</td><td rowspan="4">随着昨晚在工人体育场上演的“北京现代之夜——大型景观歌剧《阿依达》”拉开了北京国际戏剧演出节的序幕，在庆祝北京建都 850 周年之际，北京又一个标志性文化盛事就此诞生。</td></tr>
<tr><td>2</td><td>近</td><td>固定</td><td>3″</td><td>演员面部</td><td>切</td></tr>
<tr><td>3</td><td>近</td><td>固定</td><td>4″</td><td>演员面部</td><td>切</td></tr>
<tr><td>4</td><td>近</td><td>固定</td><td>4″</td><td>演员面部</td><td>切</td></tr>
<tr><td>5</td><td>中</td><td>固定</td><td>5″</td><td>演出实况</td><td>切</td><td>昨晚上演的北京 2003 世界超大型景观歌剧《阿依达》在制作、演出规模上超过该剧任何一次演出。</td></tr>
<tr><td>6</td><td>近</td><td>固定</td><td>4″</td><td rowspan="4">女高音乔基娜·冯·奔察、男高音克里斯蒂安·约翰逊、男低音伯纳尔多·佳尤蒂、男中音瓦连廷·恩森等</td><td>切</td><td rowspan="5">来自奥地利、德国、俄罗斯、意大利、保加利亚、匈牙利、克罗地亚的国际著名歌唱家、导演、舞台、灯光、服装设计制作等歌剧艺术家们与北京众多专业合唱、舞蹈演员、群众演员共 4000 余人的精彩表演，受到数万观众的热烈欢迎。</td></tr>
<tr><td>7</td><td>近中</td><td>拉</td><td>5″</td><td>切</td></tr>
<tr><td>8</td><td>近</td><td>固定</td><td>4″</td><td>切</td></tr>
<tr><td>9</td><td>中</td><td>固定</td><td>4″</td><td>切</td></tr>
<tr><td>10</td><td>中</td><td>摇</td><td>7″</td><td>群众演员面部、道具、服装、舞美</td><td>切</td></tr>
<tr><td>11</td><td>近全</td><td>拉</td><td>10″</td><td>演出场景</td><td>切</td><td rowspan="3">沸腾的场面、豪华的制作和精湛的技艺，使昨晚的演出成为《阿依达》世界演出史上最为恢弘的盛大演出和难得一见的奇观。</td></tr>
<tr><td></td><td>近</td><td>固定</td><td>4″</td><td>演出场景</td><td></td></tr>
<tr><td></td><td>近</td><td>固定</td><td>4″</td><td>演出场景</td><td></td></tr>
<tr><td></td><td>近</td><td>固定</td><td>4″</td><td>军队
战车
杂技
马戏
化蝶</td><td></td><td>由意大利作曲家威尔第创作的这部歌剧，100 多年来因其瑰丽的场景和动人的音乐受到人们的喜爱。本次演出运用了高科技元素和新的艺术表现手法。狮身人面像实景、激光、礼花、投影屏幕异彩纷呈，大象、狮子、老虎、骆驼、战马纷纷登场，近 200 人的乐队气势如虹。</td></tr>
<tr><td>12</td><td>中</td><td>固定</td><td>5″</td><td>演出实况</td><td>切</td><td rowspan="2">《阿依达》是古典与现代高科技、中西结合的系统工程。</td></tr>
<tr><td>13</td><td>全</td><td>固定</td><td>5″</td><td>演出实况</td><td>切</td></tr>
</table>

---

① 2003 年 9 月 28 日北京电视台。

二、电视文艺实况转播

这是一种对文艺演出节目客观传播的节目样式,它主要依靠多讯道,也就是多机位的导播和切换来完成。“导播”有两层含义:一是指对摄像机的调度和多讯道节目信号的现场切换组接;二是指完成这些工作的编导。导播,是电视文艺及其他多机拍摄节目所特有的制作环节,由于它只涉及对电视台播出人员的调度,因此称这一环节和这一环节的导演为“导播”。它不仅仅是电视文艺的概念,也是整个电视的专业名词。最常见的导播节目包括新闻和体育节目实况转播,以及所有的演播室节目。它是电视多机拍摄制作的手法之一。

与多机拍摄相对应的是单机拍摄。顾名思义,单机拍摄是只用一台摄像机逐个完成每一个镜头的前期拍摄任务,然后通过后期编辑,把这些单个镜头组接起来。单机拍摄或多机拍摄本身没有纪实或艺术的倾向性。它与视听元素一样,只是视听语言的表现手段和表现方法。单机拍摄和多机拍摄,是视听语言完成叙事、抒情、表意的方法。无论是单机拍摄还是多机拍摄,它们在视听语言的构成中的作用是同样的。之所以在实况转播类节目中使用多机拍摄的方法,是因为被拍摄的演出过程是一次性发生的,它不能因换机位等原因停止、等待或改变进程。这种正在进行的演出或活动,在进程上不可逆转的特点,迫使电视拍摄不得不在不停机的状态下转换机位,也就产生了多机拍摄的方法。

文艺节目的实况转播、各类文艺晚会、各类演播室中录制的文艺栏目和节目,都采用多机拍摄的方法来完成。文艺纪录片、文艺专题片、电视艺术片、电视散文、音乐电视等样式,大多用单机拍摄的手法完成。实况转播,是电视文艺中最常用的节目拍摄制作方法和播出方式,同时也是一种常见的节目类型。实况转播类节目的主要任务是对一个事件或一次活动从发生到结束的客观记录及传播,它运用多机位拍摄原则对室内和室外的舞台演出及活动进行记录,并尽可能客观地传达给观众。

这种记录和传达的客观性表现在:一方面,导播不对转播对象进行调度,保持演出的原有状态;另一方面,尽可能隐藏电视手段的痕迹,保持观众对事件或活动本身的兴趣和关注。如果观众在转播过程中没有注意到电视手段的存在,节目就成功了。

这类节目的视听语言样式通常是在正常光线下,以正常视点的机位,对正在演出的文艺节目或正在进行的文艺活动进行记录。摄像机运动速度适中,并按照不同机位和不同景别进行组接。它以唱词和动作的间隙及段落为切换点,有同期声还原,必要时有解说。例如京剧《打渔杀家》片段(见表6—3)。

表 6—3

镜号	机位	景别	摄像机运动方式	镜头时间	画面内容	编辑方式	音乐	解说
1	②号机	小全景	固定	30″	萧桂英：(内唱)［西皮倒板］	对切	同期声	无
2	③号机	中近景（抢拍亮相）	固定	40″	波浪滔滔海水发	对切	同期声	无
3	②号机	小全景	固定	20″	萧恩：开船哪！	对切	同期声	无
4	③号机	中近景（抢拍亮相）	固定	30″	(萧恩与萧桂英各持船桨上，亮相)	对切	同期声	无
5	②号机	小全景	固定	35″	(两人同摇桨)	对切	同期声	无
6	①号机	中近景→全景	拉	50″	萧桂英(接唱快板)：江边俱是打鱼家，青山绿水难描画，树正哪怕日影斜。	对切	同期声	无
7	②号机	中景→近景	推	50″	萧恩：儿哪！（唱［摇板］)父女打鱼在河下，家贫哪怕人笑咱。桂英儿掌稳舵父把网撒！	对切	同期声	无
8	③机	两人全景	固定	45″	(萧恩与萧桂英放桨，萧桂英取渔网与萧恩，萧恩撒网、拉网。萧桂英扶住萧恩)	同期声	无	

在这一个戏曲片段中，用①③号机拍摄唱段，②号机拍摄有动作的全景。在这个片段的拍摄过程中，摄像机运动和切换点变化是以心理期待为基础的，它的运动及运动过程因为观众的心理期待而不显突兀。如果它是对一个演出过程进行记录，那么它的声音只能是这个过程原有声音的还原；如果它是对一个演出活动的记录，那么除同期声外，一般还会出现解说。实况转播类节目的编辑过程一般是由导播现场切换完成。除特殊情况外，它不采用特技手法。

三、电视纪录片

电视纪录片是以文艺为题材的纪录片，它既是纪录片的一种类型，又是文艺节目的一种样式。除了对现实生活的记录外，它还需要对相关的文艺演出进行记录。在视听语言上，它沿袭了电视实况转播类节目客观记录的样式，仍然是在正常视点下的机位上，在正常光线下对客观事物的记录，推、拉、摇、移和后期编辑手法以不影响观众对事件和演出的观赏为前提，尽可能客观地再现事件和演出的原有状态。声音以同期声为主，在画面有不确定性时，用解说的方式对事件、地点、人物的基本状况加以解释说明。与实况转播节目只记录某一件事或某一次演出不同，电视纪录片要通过多个事件和多次演出的选择和记录，组合在一起阐述编导的思想，抒发编导的情感，这种思想和感情的表达是通过客观事件的组合实现的。

电视纪录片以记录多个演出过程和这些过程中的人物为目的，在这种类型的片子中，展示事件、行为、动作的过程，捕捉过程中的细节是非常重要的前期拍摄任务。因此，它的平均镜头长度要比电视文艺专题片长得多，一般来说在12秒以上，镜头运动速度也较为缓慢。它在后期编辑时，为保证全片的客观性，通常不采用特技编辑手法。

正常视点下的机位、正常光线和色调下的图像、较长的镜头和较慢的摄像机运动、同期声、对画面不确定因素的适度解说、没有特技手法的切换编辑，是电视纪录片的基本语言样式。它所运用的视听元素通常不包括音乐音响，即使有，声源也往往是由片中的记录对象本身发出的。例如《魅力12——阿诗玛》片段(见表6—4)。

表6—4

<table>
<tr><th>镜号</th><th>景别</th><th>摄像机运动方式</th><th>镜头时间</th><th>画面内容</th><th>编辑方式</th><th>音乐</th><th>歌词</th></tr>
<tr><td>1</td><td>全</td><td>摇</td><td>13″</td><td>云南石林彝族自治县额勺邑村，乡间小路上行走的妇女摇向走进村子的采访人员</td><td>切</td><td rowspan="7">毕凤英演唱《阿诗玛》片段</td><td>(音乐前奏)</td></tr>
<tr><td>2</td><td>中近→特写</td><td>推</td><td>14″</td><td>在农舍前弹唱的民间艺人毕凤英</td><td>切</td><td>女儿快长大，女儿十八岁</td></tr>
<tr><td>3</td><td>全</td><td>摇</td><td>2″</td><td>屋檐</td><td>切</td><td>(音乐间奏)</td></tr>
<tr><td>4</td><td>中近→中近</td><td>摇</td><td>10″</td><td>弹唱的毕凤英，摇拉琴伴奏的男子</td><td>切</td><td>老鹰落高山</td></tr>
<tr><td>5</td><td>特写</td><td>固定</td><td>2″</td><td>农舍门前的鼓</td><td>切</td><td>(音乐间奏)</td></tr>
<tr><td>6</td><td>特写</td><td>固定</td><td>2″</td><td>农舍上吊挂的玉米</td><td>切</td><td>(音乐间奏)</td></tr>
<tr><td>7</td><td>特写</td><td>移、推</td><td>21″</td><td>弹唱的毕凤英</td><td>切</td><td>如花开水边，你像白花草一样长大</td></tr>
</table>

四、电视文艺专题片

与电视纪录片不同，电视文艺专题片更直接地表达编导的意图。纪录片是客观事实在说，而专题片是编导在说。电视文艺专题片利用多个事例，从不同角度说明全片的观点，它由客观记录的事实和主观阐述两部分组成。时空上，它不再像纪录片那样按照事件发展的顺序和逻辑来进行，而是根据论说的结构来完成全片的制作。除了在时间、空间上不遵守顺序原则外，由于情感表达的主观和直接，在电视文艺专题片中往往还会出现非现实时空。实况转播、文艺纪录片是对现实时空中的生活的记录，电视文艺专题片使用这些客观记录的片段，通过重新结构和多样化的编辑手段，使全片具有明显的主观色彩，编辑痕迹明显。电视文艺专题片的视听语言，在沿袭实况转播、文艺纪录片的现实客观记录样式的基础上，在后期编辑时加入了特技、音乐音响等元素。通过对不同视听素材的对比，得出不同的结论。

电视文艺专题片往往将一些相关的文艺节目片段，根据主题用一定的串联方式加以结构和整合。它或者以纪实部分为主，或者以文艺节目为主，在视听语言上，寻找纪实与艺术的结合点，解决纪实与艺术之间的反差。它是视听语言纪实性与表现性并存的一种样式，也是纪实性电视文艺节目和表现性艺术节目的分界点。

电视文艺专题片的基本语言方式是画面既有正常视点机位、正常光线色彩下记录的现实生活镜头，也有造型性强、表现主观感受和认识的拍摄内容。画面平均长度较短，一般在5～7秒之间。摄像机的运动速度根据主题、情绪表达的需要确定，常常快速地推、拉、摇、移，运用同期声、音乐音响、解说词，且占相当大的比例和分量，后期编辑手法多样，可以灵活和创造性地使用各种编辑手法，包括各类特技手法。例如《民歌魂》片段（见表6—5）。

表6—5

<table>
<tr><th>镜号</th><th>景别</th><th>角度</th><th>摄像机运动方式</th><th>镜头时间</th><th>画面内容</th><th>编辑方式</th><th>音乐</th><th>歌词</th><th>字幕</th></tr>
<tr><td>1</td><td>近</td><td>抑拍</td><td>固定</td><td>2″</td><td>清真寺一角</td><td>叠</td><td rowspan="18">吾夏克木卡姆散板</td><td rowspan="18">无</td><td rowspan="18">歌词大意：生命的情人，真主赐给你最纯洁的心灵，你完全是一位真正的圣贤。</td></tr>
<tr><td>2</td><td>近</td><td>平视</td><td>固定</td><td>2″</td><td>古城遗址</td><td>叠</td></tr>
<tr><td>3</td><td>全</td><td>平视</td><td>固定</td><td>2″</td><td>古城遗址</td><td>叠</td></tr>
<tr><td>4</td><td>近</td><td>平视</td><td>固定</td><td>2″</td><td>古城遗址</td><td>叠</td></tr>
<tr><td>5</td><td>全</td><td>平视</td><td>固定</td><td>2″</td><td>古城遗址</td><td>叠</td></tr>
<tr><td>6</td><td>近</td><td>平视</td><td>固定</td><td>4″</td><td>头顶水果行走的少年</td><td>叠</td></tr>
<tr><td>7</td><td>中</td><td>平视</td><td>固定</td><td>2″</td><td>一堆陶罐旁坐着的老人与孩子</td><td>叠</td></tr>
<tr><td>8</td><td>近</td><td>平视</td><td>固定</td><td>1″</td><td>另一位老人回头</td><td>叠</td></tr>
<tr><td>9</td><td>全</td><td>平视</td><td>固定</td><td>1″</td><td>手工制作的木门旁站着的老人</td><td>叠</td></tr>
<tr><td>10</td><td>全</td><td>平视</td><td>固定</td><td>1″</td><td>木门</td><td>叠</td></tr>
<tr><td>11</td><td>中</td><td>平视</td><td>固定</td><td>1″</td><td>漂亮壁毯前站着的老人</td><td>叠</td></tr>
<tr><td>12</td><td>全</td><td>平视</td><td>固定</td><td>5″</td><td>毡房里的家庭音乐晚餐</td><td>切</td></tr>
<tr><td>13</td><td>中</td><td>平视</td><td>固定</td><td>1″</td><td>一群人围着拉琴的老人</td><td>切</td></tr>
<tr><td>14</td><td>特</td><td>平视</td><td>固定</td><td>1″</td><td>专注听琴声的小孩</td><td>切</td></tr>
<tr><td>15</td><td>特</td><td>平视</td><td>固定</td><td>2″</td><td>琴弦和拉琴的手</td><td>切</td></tr>
<tr><td>16</td><td>特</td><td>平视</td><td>固定</td><td>4″</td><td>拉琴老人的脸</td><td>切</td></tr>
<tr><td>17</td><td>特</td><td>平视</td><td>固定</td><td>3″</td><td>拉琴的手指</td><td>切</td></tr>
<tr><td>18</td><td>全</td><td>府拍</td><td>摇</td><td>4″</td><td>毡房里的家庭音乐晚餐</td><td>切</td></tr>
</table>

五、电视艺术片

电视艺术片是最能创造性地表达创作者心灵和精神世界的一种节目样式。它可以运用所有的视听元素,对所见所闻激发出的思想与情感进行描述,在现实生活的基础上,对物质世界进行精化和美化,并通过这种精化和美化创造超然的意境。电视艺术片通过视听语言来表达美学观念。如果电视艺术片中没有让观众感受到其中的激情,作品没有强烈的感染力,它也就失去了意义。

电视艺术片的基本样式是:大量运用非正常视点机位,以获取美的、有力度的、个性化的画面,摄像机运动可以根据需要设置速度和长度,在作品中往往运用色彩和光线造型突出主观意识。作品中除同期声外,大量运用音乐音响。音乐音响在此不再仅仅是对画面信息的补充和辅助,它成为片中独立传达思想情感的重要元素。和纪录片相比,电视艺术片的主要功能转化为艺术创造,它的后期编辑更为自由。在画面和声音的关系上,声画对位、声画分离的情况大量出现。例如民曲艺术片《单刀会·点将》片段(见表6—6)。

表6—6

[时间:下午;地点:吴营大帐前。曲牌音乐起]

镜号	机位	景别	摄像机运动方式	镜头时间	画面内容	编辑方式	音乐	解说
1	③	特写("吴"字)→全景	拉	1″	天幕上"吴"字大旗,众兵将列队	叠	同期声	无
2	①	特写(刀枪)→全景	拉	1″	架子上插满刀枪,众兵将列队	叠	同期声	无
3	②	特写(大印)→全景(俯)	拉	1″	桌子上的帅印,众兵将列队		周期声	无

[曲牌音乐止]

从以上例子可以看出,艺术片的视听语言相对于真实再现类型的节目而言精致了许多。明显的排比句式、刻意的三个拉镜头、连续的叠化组接,最后在升高中拉镜头,落幅停在俯拍效果上,这些精心设计的镜头是为突出和强调"众兵将列队"时的气势和氛围服务的。

六、电视文艺晚会

电视文艺晚会分为综艺晚会和专题文艺晚会。综艺晚会以春节联欢晚会、元宵晚会、"五一"晚会、"七一"晚会、"八一"晚会、中秋晚会、国庆晚会、元旦晚会等节庆日晚会为代表。专题文艺晚会是指舞蹈、歌唱、戏曲、曲艺等单项艺术文艺晚会。电视文艺晚会从节庆日的庆祝出发，以提供热闹欢快的娱乐为基本目的。它以各种文艺表演为基础，以一定的主题和一定的艺术形式来结构，用主持人、字幕等方式加以串联。电视文艺晚会多在演播室中进行，有时也采用实景拍摄，一些大型晚会往往运用演播室和实景拍摄相结合的方式，以增加时空多样性，使艺术与现实的联系更加紧密。例如文艺专题片《舞者自白》片段（见表6—7）。

表6—7

镜号	景别	色彩	光线	摄像机运动方式	镜头时间	画面内容	编辑方式	声音	解说
1	全→中	黑白	逆	固定	25″	于晓雪从走廊迎面走来	叠		在成功的同时我认识到了这片灿烂背后的残酷。一年365天日复一日，这条长长的走廊我不知走了多少遍。光阴就这样在汗水中度过，甚至窗外季节的变换在我看来也成了单一的色彩。
2	近	黑白		固定	2″	于晓雪推门	切		我走进舞蹈这扇门，
3	全	黑白		摇	8″	形体训练室全景空镜	切		应该说有很大的偶然性。小时候似乎并不懂得爱好舞蹈。
4	近→全	黑白		拉	18″	站立在形体训练室镜子前的于晓雪，15″时在她周围用特技方式叠画出训练的同学	切	10″时出训练室的同期	所以我始终不能说从小就酷爱舞蹈或酷爱艺术。还有就是我至今都记得当初和我一起考试却没能考上舞蹈学院的同学。
5	中→全	黑白		拉、摇、移	8″	训练的同学	跳帧切		即使是现在，我也不能忘记含着泪水失望而去的孩子们。
6	特	黑白		固定	3″	于晓雪镜前回望	切		一想到他们，
7	全→近	黑白→彩色		推	10″	水桶、毛巾	叠		我觉得我有一种幸运或和舞蹈天生就有一种缘分吧。

无论是演播室还是实景，电视文艺晚会以“三机位”为基本拍摄方法，并由此演变出更多机位、更多变化的调机和切换方式。

“三机位”法是指：以舞台为关系线（轴线），在舞台下方一侧围绕舞台设置三个机位，面向舞台，从左至右依次为一号机、二号机、三号机，通常人们将这三个机位的设置称为“三机位”设置法，将一号机、二号机、三号机称为“三机位”。“三机位”是电视文艺以及所有演播室节目的基本机位设置方法。三台摄像机不同景别的镜头切换也就成为多机拍摄的基本样式。而三个机位全景、中景、近景的交替进行过程，也是叙事完成的过程。

“三机位”是记录舞台演出的一般方式。一号机和二号机多拍摄近景、中景、中近景，三号机多拍摄全景。一般来讲，机位、景别如果是相间的、不重复的，舞台演出的记录、电视文艺的视听语言就是通顺和流畅的。早期电视文艺的视听语言基本是以通顺和流畅为标准的，切换时多以唱词的某个段落为切换点，编辑手法上除对切外，还常常运用特技技巧。例如1995年春节联欢晚会节目《忘情水》片段(见表6—8)。

表6—8

镜号	机位	景别	摄像机运动方式	镜头时间	画面内容	编辑方式	音乐	解说
1	①移	全	固定	24″	刘德华从观众席走上舞台，鞠躬	叠	前奏	无
2	①	近	固定	13″	刘在舞台上走动	叠	曾经年少爱追梦，一心只想往前飞，行遍千山和万水，一路走来不能回。	
3	③	近	跟摇	13″	刘在舞台上走动	叠	蓦然回首情已远，身不由己在天边，才明白爱恨情仇，最伤最痛是后悔。	
4	①→②	全→近	移	15″	刘在舞台上走动	叠	如果不曾心碎，你不会懂得我伤悲。当我眼中有泪，别问我是为谁，就让我忘了这一切。啊，给我一杯忘情水，	
5	③	近	摇、跟摇	11″	刘在舞台上走动	叠	换我一夜不流泪。所有真心真意，任它风打雨吹，付出的爱收不回。	
6	②	全→近	跟摇	6″	刘在舞台上走动	叠	啊，给我一杯忘情水，换我一生不伤悲，就算我会喝醉，就算我会心碎，	
7	①	全近	摇、跟摇	5″	刘在舞台上走动	叠	不会看见我流泪。	
8	②	全	固定	8″	刘在舞台上走动	叠	间奏	
9	③俯	大全	拉	12″	刘站在舞台上鞠躬		间奏	

近些年来，随着电视文艺的发展，人们对视听语言的认识和掌握也越来越成熟，其中一个现象就是机位设置越来越多，切换剪接的方式方法也越来越多样。一些大型文艺演出活动的实况转播也具有了电视文艺晚会的特性，如大连服装节开幕式、中国文化节开幕式等各类庆典式文艺晚会，在电视转播时已不仅仅按照实况类型节目的视听语言方式进行拍摄，而是更多地挖掘电视特性。令节目具有电视特点的最有效的办法之一，就是更多地运用非纪实性视听语言，增加节目的视听觉冲击力和感染力。

第三节　电视文艺语境中的视听语言

语境是指特定的语言环境。大到电视文艺总体，中到各种节目类型和样式，小到特定节目内容的上下文，都会形成运用某种视听手段的语境。在特定的语境下，一些多义的元素有了特定的含义，而一些指向性明确的、含义固定的元素在此时此刻有了新的诠释。只有当元素存在于特定的语境中时，语言才能称为有意义的语言。小桥、流水，单独存在时仅仅是一些客观物体，但在诗的语境中，它们具有诗意。作为影视艺术共同使用的视听元素，在电视文艺的语境下，表现出特有的语言特征。在电视文艺作品中，我们看到的和听到的所有东西都具有语义的相关性，视听语言所有语义符号结合在一起，构成了相关联的特定的电视文化艺术情境。

视听元素在电视文艺特定的语境下，通过特有的语言符号系统传达特定的语义。当我们打开电视，在还不知道节目内容之前，往往我们就已经知道这是电视文艺节目了，甚至还可能知道它是综艺晚会，还是 MTV，或者是电视艺术类的谈话节目。这就是不同的视听元素符号组合所提供的语言样式带来的现象。

电视文艺语境的形成，是视听元素在电视文艺特定的样式中使用的结果。电视文艺语境存在于电视文艺样式之中，它的形成依赖于样式的建立，同时又对样式的确定和实现起重要作用。

视听元素在建立节目样式的过程中，由于电视文艺语境的作用，有些元素的使用超出了一般情况下的状态。一些视听元素在运用中超越了自身原有的含义，与语境中其他部分结合，产生了新的意义。如“心连心”艺术团在西藏拉萨演出小品《送菜》时，原本非常普通的嘴唇干裂的战士镜头，在特定的情景中具有感人的力量。它和文艺作品结合在一起，使文艺作品具有单独存在时所没有的真实性。严重缺乏维生素的战士在镜头中不断出现，已经成为文艺作品《送菜》中的组成部分，节目也因此而变得真实感人。这时，几个战士的近景镜头成为全片的华彩部分。在当时的演出环境及气氛中，这几个近景镜头超越了一般叙事的功能，蕴含了更加丰富和深刻的意义，同时也使这些纪实性镜头具有文艺性。

电视文艺中常常运用的特技手法在与具体内容结合时，也往往会出现“神来之笔”的效果。一个普通的翻页技巧，在特定的时候，与其他元素产生化合反应，使技术手段增值或创新，产生原本不具有的含义。一些具有多义性的元素在语境中使语义得到了确定。如春节联欢晚会用红色和金色色调营造出的喜庆、欢乐、热烈的气氛，成为这一特定文艺节目样式的明显标志。红色和金色原本多义的含义在此时被确定并得到认可。

一些元素的结构方式和使用规则在语境中被打破，出现特殊的使用效果。在电视文艺晚会中，特定的演出环境和演出需要决定了机位的设置，这些机位设置常常造成越轴和同机位、同景别切换等不规则现象，在镜头组接时，景别、切换点的处理也常常缺乏内在依据，而这一切在电视文艺特有的语境中是被认可的。在电视文艺晚会中常常出现的特技组接方式，已经成为其标志性语言符号。

电视文艺的视听语言由于其特有的创作、观赏等语境的存在，使视听语言除原有的含义之外又附加了新的意义。

电视文艺在创作时的元素运用带有强烈的愉悦色彩。在娱乐语境下，那些原本不具备艺术属性的元素在电视文艺中拥有了艺术性和娱乐性。在电视文艺语境下，一些纪实手法，或者说原本没有艺术性的普通影像记录，其艺术性得到了认可，成为艺术创造的基础。

在电视文艺语境下，色彩更多的是各种气氛的代名词。春节联欢晚会用红色和金色代表喜庆与团聚，歌舞晚会则用蓝色代表沉静与唯美。不同角度的众人歌舞画面的非叙事性展现，成为电视文艺晚会的典型形象标志。

在我们遵循视听语言规范，认真地将电视文艺创作当成艺术品精雕细琢时，当代电视文艺批评已经把彼此相关联的视听元素看作是由符号以及一定的组合法则所构成的“文本”，并强调它作为文化产品的含义和作用。“创作”与“生产”之间的差异，决定了电视文艺视听语言同时具有艺术性和商品性。

电视文艺被认为是电视艺术中的基本样式之一，从视听语言方面考察，它并不仅仅只使用了那些能够建立和构造艺术性的元素。在电视文艺的视听语言中，场景（尤其是演播室）、场面调度、色彩、影调、非正常视点下的机位设置、多机拍摄和即时组接，以及特技编辑成为特有的标志性元素。电视文艺依靠视听元素营造出的氛围和语境，成为观众识别它的标志。在电视文艺语境下，电视文艺的语言样式创作出的节目具有了明显的共同特征。特有的视听元素构成了电视文艺的语境。而在电视文艺语境下，视听元素又被赋予特殊的含义和功能，并呈现出特定的读解途径和方式。

第四节　电视文艺视听语言的特性

一、电视文艺视听语言的技术特性

视听语言与文字语言的差异首先表现在反映事物的直接性与形象性上。人类早期主要靠口头、肢体、音乐、烟火、特殊音响等方式来传达信息和表达思想情感。文字语言出现之后，信息传达和情感表达具有了更高的概括性，同时也失去了形象与声音传达时的直观性、生动性和亲切感。视听语言可以同时用视觉和听觉元素传达信息，对于电视文艺这种作用于视觉和听觉的艺术形式而言，它再恰当不过了。电视文艺在视听语言方面体现出这种艺术样式的优势，并具有自己的特点。

（一）直观性

在描述人物事件外观特征方面，视听语言具有得天独厚的优势。我们在传达人物、事件的面貌时，无论用多少文字词汇，都无法准确地表达出原型。相反，电视画面可以带来最直观的感受。想要知道春节联欢晚会是什么样的，被广泛关注的演艺明星们的音容笑貌和当时的状态是怎样的，你只要打开电视机就行了。

声音的直观性同样显而易见。一名歌唱演员的演出用文字语言来描述显然有很大的局限性。除了亲临现场、在现场观看外，演员演出的状态只有在电视实况转播中才是最真切的。

视听语言的直观特点带来了文字语言所不可能有的再现物质形象、形状时所具备的准确性；带来了文字语言所达不到的环境描述的准确性；带来了文字语言所没有的性格和个性描绘时的准确性和生动性。同时，视听语言带来了其他艺术语言所不擅长的情绪表达的准确性，具有文字语言所不可能有的生动性和情感冲击力。视听语言的直观性为电视文艺的诞生、存在和繁荣提供了理论依据，是电视文艺目前无法被替代的价值所在。

（二）运动性

视听语言带来了文字语言尤其是绘画和雕刻力不从心的运动感。视听语言的运动感来自于摄像机运动和被拍摄物体的运动。电视文艺运用视听语言记录和表现了人或物体的运动本性，其拍摄包含着演员的调度、场景的转化、物体的设置、摄像机的运动，以及后期编辑创造的节奏，这种运动性为电视文艺提供了有效的艺术创造手法。电视文艺由视听语言带来的运动性，成为电视文艺重要的特征。

（三）立体性

视听语言是一个声画系统。现实生活中，我们的眼睛看到东西时，耳朵肯定也会同时听到声音，即使是无声状态，也是声音的一种表现形式。画面总是伴随着声音出现的，没有声音的画面是残缺的、不完整的。

当我们用文字语言描述一个人物时，往往需要从他的形象、性格、行为方式、心理特征等方面进行。如果用文字语言来说，除了顺序、倒叙、插叙以外，别无他法。这种从一个起点到终点的说法，需要一定时间并按照一条线性的逻辑发展。视听语言则是一种非线性思维方式下的产物。在观众看到画面的同时就听到了声音，人物的音容笑貌全面作用于观众的感官，加之解说和配乐的帮助，文字语言 10 分钟才能完成的叙述也许在视听语言中 3 分钟就完成了。如果需要，视听语言还可以运用特技方式将历史时空与现实时空重叠，使画面和声音呈现出立体的、多义的效果。

声音的立体性也是显而易见的。屋外的风声雨声、树叶的沙沙声、汽车声、狗叫声、屋里的人谈话声、电视机里的叽里呱啦声、隔壁传来的歌唱声等等，10 分钟才能描述完的各式各样的声音，通过单个采集多轨合成方式，可以在同一时间作用于你的听觉感官，或许只要 1 分钟这些声音你就能分辨清楚了。

一位演员的音容笑貌，用画面和声音同时传达出来的时候才是真实和确切的。视听语言的立体特性为电视文艺提供了生存和发展的优势，同时，电视文艺运用视听语言的立体性为文艺节目带来了全新的结构方式并产生了新的节奏。

（四）技术性

与文字语言、戏剧语言、音乐语言、舞蹈语言、绘画语言、雕塑语言、建筑语言等相比，视听语言更加复杂，而且更加依赖技术发展的支持，视听语言具有很强的技术性。

视听语言是技术进步的产物，而技术又为视听语言提供了许多基本元素。电视技术在几十年间发生了翻天覆地的变化，拍摄、编辑、发射、接收等环节的设备更新速度之快是无法想象的。同样，推、拉、摇、移是依靠技术支持实现的，又依靠技术的进步不断发展和完善。灯光、舞美依靠技术的进步使文艺的电视诠释有了全新的模样。

视听语言的技术性一方面表现在它的技术属性上，另一方面，影视技术的发展使视听语言不断地变化和发展。电视特技组接方式就为视听语言带来了更多的剪接变化方案。尽管现在我们还在使用淡入、淡出特技，但早年流行的淡入、淡出与今天的已经不太一样了。这是技术、设备进步的结果，也是观念变化的产物。

电视文艺成为最新技术的实验基地。在所有的电视节目类型中，电视新技术一般会最早在电视文艺中出现，电视文艺是使用电视新技术最多的节目类型。电视文艺视听语言的技术性非常突出，艺术表现力与技术手段结合得极其紧密。多种多样的特技方式，成为电视文艺视听语言的特点。在电视文艺节目中，曾经不管是否需要，满天都翻飞着飘动的画面。现在根据电视文艺节目的内容需求来设计电视特技，技术与艺术完美结合，成为电视文艺创作重要的语言方式。

二、电视文艺视听语言中的审美特征

艺术是对生活和现实的精化和美化。作为电视艺术的电视文艺，将意境和氛围的营造作为自己的美学追求。在电视文艺中，视听语言的审美特性极具特色。

视听语言是在蒙太奇思维方式下，由声画系统组成的非线性立体语言。它既能逼真地再现和记录客观现实生活，与现实时空保持一致，又可以创造出非现实的审美时空。视听语言不仅是观察视角、叙事符码，更是一种思维方式。它是认知电视文艺客观规律的科学手段，同时引导观众领悟电视文艺的内涵，对美进行思考和叩问，并由此进入审美的感悟。在电视文艺审美活动中，视听语言承担着审美向导的角色，并具备特殊的审美特征。

第一，电视文艺更多地展示文艺演出的状态，展示艺术家的活动和艺术的美。它再现和记录生活中美好的人物和事件，但它本身并不以叙事为重点。

电视文艺的视听语言因节目样式的多样化而无法用一种句式来概括，但电视文艺中所突出应用的元素，构成了电视文艺视听语言相应的特点。它更多地描述、记录和表现，而很少情节性的叙事，即使在某些叙事性的MTV、电视散文中，也仅仅是一种准叙事状态,叙事并不是这些节目的终极目标。因此,这些叙事并不严格按照事件发生的逻辑来进行。电视文艺更多的时候是在表现一种意象,营造一种氛围。象征和隐喻的运用、意象符号的跳跃闪烁、梦幻般的语言样式与风格,使电视文艺视听语言具有了艺术性。

由于电视文艺不以叙事为重点,在电视文艺常用的视听元素中,景别及景别组接也就更多地起再现的作用,镜头中和镜头之间很少承载叙事的细节描写和情节发展的任务。

第二,镜头再现链条中虽然没有严格的因果关系,但节奏的展开和起伏、结构的省略与延长,以及色彩和照明的表现意味,都使电视文艺的再现具有了某种特殊的审美效果。

第三,电视文艺在表现意象时,具有时间和空间结合的特点。自由的时空转化,依据意象和氛围需要进行时间和空间的场面调度和全片结构,是电视文艺突出的美学原则。

第四,电视文艺的视听语言方式使现实记录和还原具有了艺术表现的效果。纪实与表现相结合,将现实虚拟化、象征化,赋予实景以视觉美感,以唤起联想与神思。电视文艺视听语言的纪实性表现在对物质现实的还原,包括对文艺演出现场的还原,对文艺生活的真实记录。它是在正常光线、正常色彩、正常视线下的现实生活记录。在电视文艺中,视觉与听觉综合,表现与再现综合。艺术表现的抽象性与现实之间既是非同构关系,同时又具有同构的结果。真实的场景在电视文艺的语境中拥有了写意性。

第五,电视文艺的收视群体巨大而身份庞杂,使得审美结果因人而异。而电视文艺视听语言的丰富多样,也为画面的读解提供了多层路径。

现代社会生活中,不懂得视听语言已不仅仅是审美享受的遗憾,视听语言上的"文盲"同样会带来赏析活动的误区,使认识过程和审美过程发生错误。

视听语言不仅仅是一种语言,同时也是一种思维方法。视听语言依靠技术发展,带来了思维方式上的革命,并已经培养出一代具有视听思维的年轻观众群体。他们对事物的感知方式已经与传统思维下的审美习惯有所差异,而在传统美学熏陶下的另一观众群体,则在同样的电视文艺节目提供的审美过程中有着别样的审美体验。观众的文化心理结构是由其审美体验能力、文化水准、观片视野、审美趣味、意识形态、分析思辨能力等共同构成的。不同文化程度的观众也可能从同一个画面中读解出不同的信息。同一段视听语言中包含的信息量与观众的文化程度成正比。观众的参与,使接受过程和结果呈现出差异。观众的感知经验使本体创作的结果出现了歧义,变得复杂和有趣。电视文艺是一种能够最大限度地包容不同人群的节目样式,而这种宽广的包容度,在很大程度上来自于电视文艺视听语言的多样性所形成的信息宽带。

电视文艺视听语言具有的审美特征,是电视文艺艺术性的构成要素,也是电视文艺能够成为艺术的关键。

第七章 广播电视音乐

1920 年 11 月 2 日,美国著名的电工企业威斯汀豪斯电气公司(Westinghouse Electric Corporation)在美国的匹兹堡,正式开播了呼号为“KDKA”的第一座商业广播电台,这也是世界上第一座正式播音的广播电台。这座电台的开播,标志着世界从此开始进入一个全新的通讯时代——以(狭义的)广播、电视和互联网等电子多媒体为主导传播媒介的通讯时代。对于人类悠久的信息传播历史来说,这个新时代来临的革命性意义在于:时间和空间的距离不再成为阻碍,地球的每一个角落都将在电磁波的交织下成为一个整体;人类文化在这种“零距离通讯”的传播环境中,将发生在速度、规模和性质上都前所未见的巨变。

广播的出现,也为音乐的传播提供了一种全新的工具。在广播产生之前,音乐之声音的传播方式,以短距离的声波传送(即所谓“现场表演”)和乐谱的书面符号传播为主;音乐之图像的传播方式,则是建立在视觉对音乐表演现场的直接感知的基础上。这种传播方式具有很大的时空局限性,极大地制约了音乐的传播效率。

如前所述,音乐的电子媒介传播,首先在听觉媒介方面得到突破。随着广播,尤其是 20 世纪 30 年代初调频广播的诞生,音乐传播得以插上了电磁波的翅膀,可以在眨眼之间飞跃高山海洋,把声源与听众之间的空间距离缩小为零,使每一次音乐“发言”拥有了数量空前庞大的受众群,并使不同文化和阶层的受众群体获得了欣赏音乐作品的平等机会与简便方式。

1936 年 11 月 2 日,在广播电台诞生整整 16 年之后,世界上第一家电视台——英国广播公司(即 BBC)在伦敦建立并正式开播。从此,以视听综合为特征的 20 世纪最强大的传播媒介诞生了。电视的产生补充了广播“单纯听觉”传播方式之不足,使人类“视听觉综合感知”的习惯方式,通过电子技术手段得以重构,并大大提高了信息的传播范围、速度与逼真度。因此,人们把电视与飞机、核能、电脑等并称为 20 世纪人类最伟大的发明。

电视相对广播而言,为音乐的传播提供了一种更具全息性的手段。与艺术界的某种流行看法不同,音乐从其诞生之日起,就不是一种“纯听觉”的艺术,而是程度不等地与一定的视像相结合的“视听觉综合艺术”。从远古的“诗、乐、舞”三位一体的原始乐舞,至中古的“踏歌”“歌舞大曲”等,直至近现代的歌剧、舞剧、摇滚乐等,听觉的音乐与视觉的表演都是紧密结合的。即使是管弦乐曲的欣赏中，指挥和演奏者的动作、表情、位置，以及乐器、灯光、服装、道具等“视像”，也是领略曲意不可缺少的信息——从对现场参与音乐会与听乐曲录音（或广播）之间感受上的差别，即可说明视像的存在对音乐的意义。电视的出现，不仅使音乐传播获得了前所未有的广度，而且它全息性地再现了音乐表演的背景空间；并因蒙太奇手段的采用，使音乐的表现内涵第一次获得了充满想象力的视觉化之可能。

第一节　广播电视音乐的界定、特质与功能

一、“广播电视音乐”概念的界定

（一）定义

对于“广播电视音乐”这个概念的内涵，历来有着不同的理解。其中比较有代表性的，大致有如下几种：

一种看法认为，相对于产生于 20 世纪的广播和电视媒体来说，音乐的历史要悠久得多，所以从发生学角度来看，作为一种人类文化和艺术现象的音乐是先在的和自足的，音乐文本的创作和表演与广播、电视等媒体之间，不存在发生学意义上的因果联系或从属关系。因此，“广播电视”这个主位的属性限定词组，从逻辑上不应该加于“音乐”这个概念之上，即虽然音乐可以由广播、电视等媒体进行传播，但媒体并不能参与到音乐文本的创作和表演过程之中，音乐文本的传播也不一定非要通过广播电视媒体才能实现。因此，世界上并不存在专属于广播电视媒体的音乐作品、类型和现象。

另一种看法认为，对于先在和自在的音乐作品（类型、现象）而言，广播电视媒体并不仅仅是一个只承担其传播（从此时此地搬运到彼时彼地）的掮客或搬运工，而是必然参与到其创作之中，尽管在不同的音乐节目个案或类型中，后者对音乐创作的参与程度会有所不同。譬如，从信息论角度来看，由于广播电视媒体的参与，音乐信息的产生和转移，在“信源”“信道”和“信宿”三个环节中，都会发生不同程度的变化。

1. 信源

首先，由广播电视媒体传播的音乐作品，都必须经过一个采用电子技术的“录入”环节，方能投入传播环节。在此过程中，原来以声波和光波为存在介质的音乐，被变成以电磁波为存在介质的全新形态，其音色、音相等因素的“逼真”度也会随之有所改变。因此，广播电视音乐的存在形态呈现出与传统音乐的第一个迥然不同之处。

其次，由于受到广播电视媒体的性质、制作成本及周期等因素的制约，由这些媒体

进行传播的音乐作品,往往会应用计算机音乐制作系统进行部分或全部制作,这也导致音乐的存在形态在传统风格、音色、节奏、介质等方面的部分质变。

再次,由于广播电视媒体的文化性质,广播电视从业者出于多种原因的特定选择,经由广播电视媒传播的音乐会呈现出某些类型化现象。如出于某种商业利益的考虑,在传播上对某些商业化流行音乐作品的侧重,对(商业价值有限的)传统音乐与艺术音乐的忽视等。这一特定的价值选择,不能不对社会音乐创作产生强大的导向性影响,从而使得广播电视媒体间接地(但是程度极深、范围极广地)介入了音乐的创作环节。

2. 信道

作为建立在电子技术基础上的信息通道,广播电视媒体在对音乐进行传播之前和传播的过程中,必然要对其进行“编码”,即将其以声波和光波为介质的存在形态,转译为以电磁波为介质的存在形态。在这一编码过程中,由于受到电磁波信号的声道、还原度等因素的影响,以及传播者的观念、素质、嗜好和传播设备的条件制约,也会在多个方面不同程度地改变音乐的最初“发言”,从而体现出对音乐进行“再创作”的性质。

3. 信宿

与音乐传统的“现场直接感知”的传播方式不同,受众对广播电视音乐的感知,必然经历一个由电磁波向声波和光波的还原(解码)过程,这个过程直接导致了音乐传统存在形态的进一步变化。譬如,从音乐的“终端解码工具”(收音机和电视机)的角度审视,由于这些机器在声道数量、还原度等方面的限制,使得被解码的音乐不可避免地会产生某些畸变。其次,由于广播电视音乐的受众在接收音乐信息时,不再置身于传统仪式化的演出现场,而是家庭等非仪式化的生活场景之中,因而其对音乐的接收心态、方式乃至感受和理解,都会相应产生不同于传统形式的变化。

鉴于上述理由,可以看出广播电视媒体并不是一类被动的传播者或传播工具,它们在肩负传播使命的同时,通过多种因果途径,或多或少地改变着音乐的存在方式与形态,并由此直接或间接地介入了音乐的创作环节。譬如,中国近20年来流行音乐创作的极大繁荣,并不是音乐自身历史发展的“自律性”规律的显现,根本肇因在于中国文化的变革转型,直接得益于广播电视(尤其是后者)的主动式参与。

还有一种看法认为,随着广播电视艺术的发展,这类新媒体对于音乐创作的参与早已超越第一类看法所称的“单纯传播”的阶段,正在超越第二类看法所称的对音乐创作“被动(有限、无意识)参与”的阶段。正如当年的电影故事片,经历了一条从工具(传播媒介)转化为艺术的发展之路一样,广播电视这个“媒体”也正在通过创造并积淀自身独特的艺术语言体系的途径,使自己由艺术的“搬运工”,变成具有相对独立地位的艺术创作者。这个以“广播电视艺术”为概念的发展阶段,并不是一个虚幻的理想,甚至已经跨越了其萌芽和发育的早期,开始进入快速发展的青春成长期。

作为这个新阶段的标志性产物,目前在中国内地有年产数以万部(集)的电视剧,有每年以数千台计的广播和电视综艺晚会，有难以计数的广播电视文艺专题节目，还有音乐电视、广播电视文学、广播电视戏剧和曲艺等节目类型。在这些节目类型之中，广播和电视已经不再只是传播的技术工具，而是通过其专有的导演、编辑、策划、撰稿、录音、摄像、舞美、灯光、化妆等细密分工并高度职业化的专业队伍和各种高科技的技术设备，以及其独有的组织和运作系统，独立、主动地参与到艺术的创作之中，初步实现了自身从单纯传播者向艺术创作者的角色转变。

在广播电视音乐方面也是这样。譬如，音乐电视（Music video）这一电视艺术样式的出现，便是广播电视从单纯媒体进入艺术创作者角色的标志性产物之一。音乐电视不再是传统的音乐类型，不再是音乐创作者独立创造的产物，而是音乐人与电视人共同创造的结晶，是电视通过其独有的艺术手段极大地参与到音乐创作之中的一个明证。电视画面因素的介入，特殊的蒙太奇（如“心理蒙太奇”）手段的应用，特定的音画关系模式的建立，特定的创作目的的确立，赋予音乐电视以不同于以往传统音乐和“电视音乐”的混血儿身份，成为“广播电视音乐”这一概念在内涵上得以成立的一个重要论据。

综上所述，在现阶段可以为“广播电视音乐”这一概念的内涵作出如下的定义：广播电视音乐是指由广播、电视媒体在不同程度上参与创作，并通过这些媒体进行传播的音乐。

（二）划分

按照音乐在广播、电视中的存在形式、程度和重要性标准，广播电视音乐节目可划分为“再现类”和“参与类”两类。

1. 再现类广播电视音乐节目

这主要是指广播电视媒体对音乐演出的实况录制和转播节目。在这类节目中，音乐的创作和表演已经先于媒体的介入而存在，因此音乐在媒体传播的此类节目中，以相对独立的形态存在，不太受传播工具及方式的制约。音乐的信息虽然由于广播或电视机械的转录、输送与接收，产生不同程度的部分“失真”（丢失或变形），但仍保持信息主体的相对完整和功能的独立。换言之，在这类节目中，广播和电视媒体仅仅是传播音乐信息的工具，音乐的存在并不受这些工具的制约而产生质变。因此，在这类节目中，音乐除了其固有的特质与功能之外，并不产生“广播化”或“电视化”之后新的特质与功能。

2. 参与类广播电视音乐节目

这是指广播电视媒体实质性参与音乐创作，音乐元素在节目的艺术表现中居于不同程度的参与地位的广播电视节目。在参与类的广播电视节目中，如配乐广播剧（故事、小说、散文、诗朗诵）、广播专题音乐节目、电视剧音乐、电视专题片配乐、电视音乐专题、电视广告音乐、电视散文配乐、电视风光片配乐、音乐电视(MTV)等,音乐不再是独立地存在,而是在语言、剧情、画面等因素的制约下,呈参与的形态存在。因此,在这些节目类型中,音乐在其固有的特质与功能之外,适应广播电视这个全新的"存在环境"的需要,产生出一些新的特质与功能。

鉴于上述不同,下文对广播、电视音乐之特质与功能的讨论,主要限于参与类的广播电视音乐。由于电视音乐就这一题目而言更具典型性,因而对电视音乐之特质与功能的分析将成为下文的重点。

二、广播电视音乐的特质

(一)音乐与其他表现元素的相互依存性

1. 广播音乐

在参与类广播音乐节目中,节目的主要表现元素包括音乐、语言、音效(环境音响)三大部分。这三大元素之间的关系是相依共存、融为一体的,不是简单的杂合叠加。

在再现类广播音乐节目中,虽然也有语言(甚至音效)元素的加入,但在大多数情况下,后者与音乐关系的有机程度不高,其性质类似于音乐会的"报幕词",其内容往往仅限于对音乐曲目、作者、创作背景、曲体结构等资料的介绍,在音乐陈述的时间比例上往往也很小。这就使得音乐与语言(音效)之间的关系比较疏离,艺术表现的重心集中于音乐元素,而语言和音效元素在节目整体中的表现功能都非常有限。

但是,在参与类广播音乐节目中,音乐、语言、音效这三大元素,往往逻辑严密地整合为一个统一的表现手段。三者各自的表现重心在节目进程中不仅是随机和可变的,而且是融为一体、不可割裂的。在此以一个广播文艺节目为例,就其中一个局部进行分析。

中央人民广播电台自 20 世纪 80 年代以来,每年的农历三十晚上,都要播出一台长达四五个小时的春节广播文艺晚会。这台晚会为综艺簇合性质的节庆晚会,不仅包括音乐、戏剧、戏曲、曲艺、小品、诗歌朗诵等多种体裁风格样式的文艺节目,还涉及与晚会主题相关的大量新闻、专题等纪实性质的节目。要将多样的节目缀合为一个主题集中、鲜明的有机整体,就需要语言(在这台晚会中主要体现为贯穿始终的"解说词"或者说"串联词")这个贯穿元素的大量参与。为了突出年节气氛和新闻专题类节目的纪实性质,有时也需要各种环境音效的加入。晚会整体目的的客观需求,为音乐、语言和音效三大元素水乳交融的结合,提出了前提性的要求。

该台 1997 年春节文艺晚会的主题定位为《春回千万家》①。这个主题的核心概念

① 杨利民导演,何晓兵策划并撰稿。

是“家”——取其广义的概念，包括家庭、家乡、国家、民族等内涵。选择这个概念的依据是，中国古老的“春节”历来就是一个强调血缘和文化认同的节日，是下至家庭、上至国家和民族，在特定的时间里形成的一个通过认同而强化内部凝聚力的重大的民俗仪式过程。由于特定的历史原因，在中国人的观念和情感世界中，一切精神活动都往往围绕着广义的“家”这个概念运行，因此，“家”这个概念最能代表春节这个民俗文化的核心实质，也最有利于突出本台晚会的主题。

一台广播综艺晚会的主题，可以外化为多种多样的物质形态，方可为受众所感知。譬如，可以用具体的节目，也可以用解说词来阐释主题。但最为常用的方法是将晚会主题内容凝集于一首歌曲中，在晚会的开头进行呈示，或在晚会进程中多次呈示，这样的歌曲通常被称为“主题歌”。主题歌实际充当了一台晚会的重要贯穿因素。通过主题歌（特定的歌词内容和音乐形态）的多次重复（或变化重复），因风格、样式极其多元化而显得离散的各类晚会节目，得以被结构为一个整体，并整合在一个共同的观念和情感范畴之中。因此，主题歌的创意和创作，往往是一台广播综艺晚会的重点。

这台晚会的主题歌《想家的夜晚》（何晓兵词，李黎夫曲），采用了让主题歌以变化重复的方式，在晚会进程中反复多次出现，以不断强化和升华晚会主题，并串联晚会结构。这一创意实施的第一步是主题歌的创作。在这一阶段，由于语言、音效等还没有加入，因而还谈不上音乐与其他表现元素的依存关系。但即便如此，由于这是一首晚会的而非音乐会的歌曲，因此在歌曲创作过程中，已经需要考虑音乐与语言、音效的未来结合方式，为后两者在音响合成中的加入创造条件，甚至为语言和音效预留切入的位置。譬如，为了让主题歌的前奏成为晚会“开幕词”陈述的背景音乐，在策划、导演和歌词作者的明确要求下，作曲者将歌曲的前奏和间奏有意地延长，其目的是为解说词的进入预留足够的空间。

在这台晚会的开头，是一个由节庆晚会例行的导语和贺词构成的“引子”段落。构成这个段落的基本表现元素，是主题歌《想家的夜晚》和由主持人播读的解说词。这两大元素的结合并不是简单的相加，而是“你中有我、我中有你”的交相融会，显现出高度的相互依存关系。这样使歌曲不仅保有作为一个独立音乐作品的欣赏价值，而且被赋予了其他的附加功能。譬如，在解说词的配合下，对晚会主题“每逢佳节倍思家”进行首次点题；为解说词的陈述提供一个统一、鲜明和独特的情绪氛围；为整台晚会奠定一个不同的情感情绪基调。

为了较为清晰地感受和印证上述结论，下面将《春回千万家》晚会的“引子”段落进行完整描述，为音乐与语言两大要素的依存形态提供一个具体的案例。

［《春回千万家》·引子］
（晚会开始，无音乐）
雅坤：中央人民广播电台，

姚科:中央人民广播电台,现在播送1997年春节文艺晚会《春回千万家》。

(主题歌前奏起,解说词与音乐混录)

雅坤:听众朋友们,春节好!我是雅坤。

姚科:听众朋友们,除夕快乐!我是姚科。

雅坤:每一年的除夕之夜,我们中央人民广播电台都以一台喜庆祥和的春节晚会,伴您送走旧年的回忆,伴您迎来新年的钟声。

(主题歌第一段起,女声独唱)

(歌词)除夕的月亮在两头牵挂,
一头是长大的我,
一头是童年的家。
多情的月亮在对我说话,
那边是盼儿的红灯,
这边是想家的窗花。
啊,除夕的月亮,
告诉我家中的妈妈,
愿她今晚充满了笑声和鲜花;
哎,多情的月亮,
告诉我亲爱的妈妈,
儿行千里夜夜都想念着她。

(主题歌间奏起,解说词与音乐混录)

姚科:今年的除夕之夜,我们又团聚在一起,用这台名叫《春回千万家》的春节文艺晚会,为您送上一份节日的欢乐与祝福。

雅坤:春回大地的时候,也是每一个中国人想家和回家的时候。在这阖家欢聚的除夕之夜,饺子和年糕刚刚摆上团圆年的饭桌,香浓的美酒刚刚注入闪亮的酒杯。您听,第一缕春风已经在敲门了,第一声闹年的锣鼓已经在窗外敲响了,而喜迎新春的第一阵酣畅淋漓的欢笑声,已经从12亿中国人的心灵深处奔腾涌出。

(主题歌第二段起,男女声二重唱)

(歌词)除夕的月亮在两头牵挂,
一头是想家的我,
一头是想我的家。
多情的月亮在对我说话。
白发的妈妈在故乡,
长大的女儿在天涯。

啊，除夕的月亮，
告诉我遥远的家乡，
愿她今晚迎来幸福的年华；
哎，多情的月亮，
告诉我亲爱的妈妈，
江南塞北到处是温暖的家。

（解说词进入，与主题歌的尾奏混录。另一秧歌吹打乐叠入主题歌尾奏，形成晚会“引子”向第一板块“拜年”的转场）

2. 电视音乐

同样，在参与类的电视节目类型中，音乐不是自成系统地独立存在，而是作为一个不独立的因素，为节目的主题、人物、情节、氛围的塑造服务。因此，这类电视音乐往往不能以自身逻辑的完整演绎，以及复杂的配器和强烈的音响去与画面争夺观众，而应不引人注目地、潜移默化地支持画面，使观众在艺术感动之中觉察不到音乐所起的作用——正如美国电影理论家林格伦所说：“最好的电影音乐是听不见的。”参与类电视节目中的音乐，大多也是如此。

譬如，在电视文学中，音乐就不承担主要表现功能，而是位居语言、画面之下的第三大结构要素，起到对语言和画面的情感、情绪内涵进行诠释和烘托的作用。因此，为避免“喧宾夺主”之嫌，音乐的叙述就不可太过强调自身逻辑的连贯和完整，而应以简约但准确的方式出现。如浙江电视台拍摄的电视散文作品《记忆中的一位少女》（1998年），除了作为贯穿因素几次出现的一段（无声源的）吉他音乐之外，片中与情节直接相关的有声源音乐，只出现了用一支口琴和一架钢琴演奏的短小旋律片段。这段音乐虽然简单，但因其“画面内（有声源）音乐”的巧妙构思，使极其简洁的音乐音响与人物性格和情节发展融为一体，音乐成为和谐切入节目整体的有机结构因素，达到以一当十、以少胜多的效果。

在电视剧中，音乐元素的使用不仅是常见的，而且有时还是被突出强调的。但是，由于电视剧的基本构成元素可以划分为“画面”和“音响”两大类别，后者又可以细分为语言、音乐和音效三个子类，音乐与其他表现元素之间的相依共存关系更加复杂。借鉴马赛尔·马尔丹（Marcel Martin）对电影音乐的功能分类，电视剧音乐与其他表现元素的关系，可以归纳为三个类型[①]：

（1）节奏功能

音乐作为环境声和人声的替代物，从听觉上强化画面形象运动及其节奏。在此类型中，音乐与画面形成同步阐释的关系。

---

① 马赛尔·马尔丹：《电影语言》，中国电影出版社1980年版，第100～102页。

(2)戏剧功能

创造或渲染环境气氛;赋予情节和动作以情绪、情感色彩;以音乐性格为暗喻符号,对不同主题进行价值判断和表达;用音乐音响符号象征性地揭示人物内心活动。在此类型中,音乐与画面形成内在相关、各自陈述的平行关系。

(3)抒情功能

在电影需要重点进行情感释放的段落,以音乐作为(超过画面和语言的)主要表现因素,集中进行情感的抒发。

在这三种关系类型中,由于音乐与画面、语言、音效等元素处于多种动态的关系变化之中,因而会呈现出多种多样的依存(或曰"契合")模式。但不管是什么样的关系模式,电视剧音乐总是或多或少地会受到其他表现元素的制约,使之不太可能像在音乐会演出中那样,按照音乐"本体"的创作和结构规律,独立而完整地存在。

譬如,在电视剧中,音乐常常被用于配合画面等元素揭示人物内心活动,因此音乐的应用就必须适应画面等元素展示剧情进程的需要,而不能过分顾及音乐"本体"的结构规律。在电视剧《激情燃烧的岁月》的第10集和第20集中,女主角褚琴曾两次不完整地哼唱歌剧《洪湖赤卫队》中的插曲《洪湖水浪打浪》。音乐作品在这里的"不完整",恰是为了协助塑造人物和剧情的完整与丰满,因而是对艺术创造之"典型性"原则的妙用。在画面和语言(人物对白)承担剧情的主要陈述的前提下,正是这一两个乐句的"哼唱",使得褚琴这个人物的"文工团员"身份、她身处的时代文化环境(20世纪60年代)、她(作为一个特殊个体)在心情愉悦时下意识的特殊行为方式,乃至她性格中的某些侧面,都通过这首产生于特定年代并在当时有着特殊影响的歌剧插曲,感性而浓缩地投射出来,让我们从中感悟到甚为丰富的"言外之意"。

(二)音乐的拼贴式结构

在参与类电视音乐节目类型中,由于蒙太奇画面语言的制约,音乐的存在方式又往往以"片段出现"为基本特征,在节目的整体进程中,形成多个音乐片段缀合的拼贴式结构。

在音乐会中演奏的音乐,其发展是不间断的、逻辑连锁式的。但是在参与类电视音乐节目中,画面、语言元素常常担任着核心表现功能,音乐的表现功能在大多数时候都是辅助性的。这就决定了电视音乐的特殊存在方式——音乐的形态与内容都必须受画面及语言的极大制约。

从形态上看,由于画面蒙太奇语言的叙事是以镜头创意组接为特征,镜头间时空、情调的跳跃,比戏剧等时空综合艺术要大得多,因此,描写情感、情绪完整过程的冗长音乐(纯音乐或戏剧音乐多属此类)很难与急促跳跃更替的画面同步配置。在电视节目中,大多数音乐都是以秒计的短促片段;结构多用乐段形式且常不完整;乐思多用重复而少展开;音乐情绪单一而较少戏剧性冲突;配器多用小乐队或少数几件乐器,以单薄、淡雅的声音层次与人声和环境声相契合。这样的音乐，才容易与画面建立协调的伴随关系。

从内容上看，与传统戏剧、舞蹈等抒情与叙事并重的艺术种类相比，电视节目大多偏重于叙事，所以其叙述速度相对较快，画面和语言所塑造的情节或情境始终处在比较快速的转换之中。由于这一特质的制约，也需要与之相伴的音乐同步起承转合，往往不容许音乐结构完整地陈述，由此造成电视音乐的片段连缀性质。

例如，在电视剧《激情燃烧的岁月》中，音乐的拼贴式运用比较典型地表现在许多故事(画面)情节转折之处。让我们看看以下这些例子：

①在第 6 集中，褚琴与石光荣争吵，气急中褚琴脱口而出“青石岭怎么回事”之后，出现了一个仅长三四秒钟的、低沉不祥的五度音程模式的音乐短句，预示着石光荣因被戳到了痛处而即将暴怒。实际上，这个短句也可被看作是情节转折预示性质的音响效果。音乐的这种“预示情节转折”的用法，在电影音乐中应用得非常普遍，因为它可以在最短的时间里，最有效地通过对受众心理的暗示，为情节转变(尤其是突变)进行铺垫过渡，从而增强叙事的逻辑性。

②在第 7 集中，石光荣眼看着儿子石林领着一帮孩子兴高采烈地拆卸挖出的炸弹。在这个令人揪心的场景中，弦乐器持续的颤音伴随着情节的进展，极其有效地渲染了画面所展示的紧张气氛。从功能上看，这段音乐起着烘托与强化场景氛围的音效作用。

③在第 12 集中，石林与班里战友扑救山火的画面情节，伴随了一段 4 分多钟长度的音乐。这段音乐是乐队在中、低音区的合奏，情绪紧张，旋律性不强，曲体结构并不完整，仍属烘托场景气氛的背景音乐一类。

④在第 14 集中，石光荣的女儿石晶受伤，在抢救她的过程中伴随着长度为 42 秒的一个音乐片段。这段音乐是上述第 12 集中那段音乐的沿用，其作用也类似。

⑤在第 21 集中，石晶的男朋友、刑警队长成栋全在街头小吃摊上突然发现被追捕的杀人犯的瞬间，一段仅长三四秒的、类似上述第 7 集中的音乐片段(颤音)响起。与第 6 集中音乐运用的目的一样，这个片段可被看作是情节转折预示性质的音响效果。

从上述例子可知，在电视剧中，音乐的出现常常是受到画面、语言所交代的情节制约的，后者往往是前者出现的依据。尤其是在侧重叙事的语境下，音乐的独立性和完整性并不重要，音乐与画面、语言等表现元素的彼此契合才是第一位的。所以，对于电视剧(也包括大多数参与类电视节目)中的音乐的价值判断标准，就不太可能沿用音乐会音乐的标准。譬如，在电视节目中，“好”的音乐大多不能用曲体结构是否完整、自身逻辑是否严密等标准来判定，而是必须视其与画面等表现元素的契合程度予以判断。

同样由于电视自身的叙事特点所致，即使在比较注重艺术作品完整性的电视综艺晚会中，音乐作品的陈述也可能是不完整的拼贴式结构。例如，中央电视台西部频道于 2003 年春节播出的一台综艺晚会《魅力西部》中，其开场节目《西部鼓韵》就是一个由多个音乐片段拼接起来的、长达15分钟的复合性大型节目。这个复合性节目可以解析为以下三个部分：

[引　　子]时间长度38秒。其音乐为歌曲《在那遥远的地方》的第一乐句，由儿童用汉、藏、彝族语言演唱。

[鼓　　舞]时间长度2分45秒。其音乐由苗、彝、藏、维吾尔、朝鲜、汉族的7个舞蹈音乐片段构成。

[综艺节目]时间长度12分。其音乐由西部各民族的民歌、创作歌曲、舞曲、器乐曲等14个音乐片段构成。

我们看到，在这个长为15分钟的复合性节目中，包含了23个非完整呈示的音乐片段(其中有一个快板书片段)，每个音乐片段的平均长度仅48秒。这种拼贴式结构透露出这个节目的两个特点：第一，创作者力图要在有限的时间和空间条件下，利用音乐、舞蹈等节目密集呈示的方式，“复原”出春节民俗庆典的形式和氛围；其二，正是由于电视节目中时间和空间的有限性，使得这一“复原”只能是近似的，所有的音乐、舞蹈等节目构成也必然是片段拼贴式的。电视的综艺表演毕竟不是生活中的民俗表演，不应该也不可能完全复原自然发生的民俗和艺术事象。

当然，上述规律不能理解为绝对化的“公理”。在某些参与类的电视节目类型中，音乐的存在仍有可能是连续、厚重和完整的。如一些电视剧的片头曲和片尾曲；本身即以音乐或音乐人物为主题的电视剧(如15集电视连续剧《严凤英》，1987年)；以展示音乐人物、作品或现象为目的的电视专题片(如12集电视系列专题片《民歌魂》，1998年)，等等，都可能呈现出音乐作品的相对完整性。在参与类电视音乐节目中，也有音乐作品必然会完整呈现的特定体裁，其代表性种类如音乐电视。在这一特殊的电视艺术体裁中，因其音乐因素是高居画面因素之上的第一大表现要素，故其音乐在存在特质方面与“纯音乐”几无二致。

(三)音乐的纪实性质

在参与类电视音乐节目中，音乐的存在往往需要符合画面所规定的艺术真实。电视音乐与画面的姻缘关系是不可分割的，它必须与画面所规定的场景空间、时间和情节相吻合，尤其是所谓“有声源音乐”(即声源存在于画面中的音乐)更是如此。在这类节目中，我们往往无法要求音色、音量、伴奏乃至反射混响像在音乐厅里那样完美均衡。因为电视画面上的空间、人物性格和情绪氛围特征，常常要求与之相匹配的音乐，在音色等声音的基本属性上应该是“不完美”的——不完美即是美，因为太完美即不真实，而不真实是纪实类艺术作品之大忌。

关于上述规定性，电影《红高粱》中的几首插曲是一个近似的例子。因为电影与电视有天然的血缘关系，因此这个实例也可以说明音乐在电视中的应用方式和原理。

在《红高粱》中,《酒歌》等插曲属于有声源音乐,是画面展示的故事情节中的有机构成因素。这些歌曲的演唱者是画面中的角色,他们都不是专业歌手,论及歌唱技术与音色,应该说是很“粗劣”的。但正是他们沙哑的“吼叫”,吼出了一个生动的画面所规定的空间(北方农村)和时间(20 世纪 30 年代),吼出了故事情节(风俗性的“颠轿”“祭酒”等)的真实性,令观众感到此时此地的这一群北方村汉,非如此吼叫无以宣泄内心蓬勃的生命冲动,因为他们粗犷的性格只能酿造出这一种如烈酒的歌声。这样的音乐很难被搬上音乐会的舞台,因为它与画面之间联系着密集的神经与血管丛,它只能在与画面的共生中才能见其合理与精彩,并予观众以审美满足。南桔北枳,审美准则正是在辩证的否定与再否定中,维持自身的合理性。

在电视剧中,有声源(画面内)音乐的应用与上述用法很近似。譬如,在电视剧《激情燃烧的岁月》的画面内音乐中,一共(完整地或片段地)采用了 22 首自 20 世纪 30 年代以来各个历史时期最具典型性的军旅歌曲、群众歌曲、艺术歌曲、歌剧、舞剧歌曲以及民间歌曲。此外,出于情节的需要,还采用了三支传统器乐曲和一段广播体操音乐。这些音乐作品的曲目和应用场景见表 7—1。

表 7—1

序号	歌曲名称	所在集数	词/曲作者	创作年代	创作与应用场景
1	《解放区的天》	1	佚名	40 年代	解放区群众歌曲,河北民歌改编。用于东辽市群众秧歌队欢迎解放军进城场面及石想一段。
2	《扎红头绳》	1、13	马可/张鲁等	1945	[第 1 集]石在 183 团看褚琴演喜儿;[第 13 集]石晶考部队文工团唱、跳。
3	《兄妹开荒》	1	王大化等/安波	1943	陕北大生产运动。用于石在 186 团看褚琴在《兄妹开荒》中演妹妹。
4	《保卫黄河》	1	光未然/冼星海	1938	延安,《黄河大合唱》第八章。此处为合唱。
5	《延安颂》	1、4	莫耶/郑律成	1938	延安。[第 1 集]用于褚琴等文工团员的排练;[第 4 集]为褚琴等在行军队伍旁宣传鼓动。
6	《团结就是力量》	2	牧虹/卢肃	1943	晋察冀边区。原为反映减租减息斗争的同名小歌剧的剧终齐唱曲,抗战后在北平学生运动中传唱。此用于文工团演出途中,褚琴等文工团员的齐唱。
7	《解放区的天》	2	陈志昂曲	解放战争	场景同上。
8	《江河水(二胡独奏)》	4	王石路等/改编	50 年代改编	原为辽南鼓吹乐曲。此用为谢枫在排练室疏解失恋情绪的独奏。

续表

序号	歌曲名称	所在集数	词/曲作者	创作年代	创作与应用场景
9	《中国人民解放军军歌》	5、7、8、20、22	公木/郑律成	1939	[第5集]石听说朝鲜战争爆发,兴奋地从胡毅家出来,雪地上边走边唱;石在家里唱。[第7集]石林等孩子偷开汽车,孩子们在车上唱。[第8集]石与胡喝醉后在作战室里唱(为没仗打而苦闷)。[第20集]石与胡毅、小伍在家醉后同唱,第一次完整呈示。[第22集]石海参军,新兵出发时在汽车上齐唱。
10	《全世界人民团结紧》	5	崔德志/蔡孑人等	1953	为抗美援朝而作。此用为谢枫等志愿军出征场面。
11	《中国人民志愿军战歌》	5	麻扶摇/周巍峙	1950	此为石部阵地上志愿军文工团的演唱(谢枫伴奏)。
12	《再见吧亲爱的妈妈》	5	前苏联	二战	场景同上。
13	辽宁秧歌音乐(吹打)	8	民间音乐		蘑菇屯场院上的秧歌表演。
14	《洪湖水浪打浪》	10、20	张敬安等	1959	[第10集]褚琴为石林办好调动,心情愉快地在卧室边铺床边唱。[第20集]与石的"冷战"结束。褚琴边擦桌子边唱,描绘其"雨过天晴"的愉快心情。
15	《大海航行靠舵手》	12		60年代	军区大院里高音喇叭播放。
16	《我们是毛主席的红卫兵》	13		60年代	石晶等"红小兵宣传队"在军区大院表演,慰问小伍。
17	《三大纪律八项注意》	13	陈坦编词/鄂豫皖民歌	1935	原名《红军纪律歌》。此处用为部队"七一"集会场景中,战士们的齐唱。
18	《沙家浜》	13	北京京剧团	1964	部队文工团招生考试中,应试的二男一女演唱。
19	《学习雷锋好榜样》	13		60年代	石晶等新兵在火车上齐唱。
20	蒙古族长调	13	蒙古族民歌		石晶等女兵车行内蒙古草原上。画外传来牧民的长调。
21	《敬祝毛主席万寿无疆》	13		60年代	石晶等女兵与骑兵排战士联欢的篝火晚会,女兵在拉歌中齐唱。
22	《赞歌》	13		60年代	同上场景,胡达凯独唱。
23	《敖包相会》	14	蒙古族民歌		石晶在敖包边唱(第一句)。

续表

序号	歌曲名称	所在集数	词/曲作者	创作年代	创作与应用场景
24	《卖花姑娘》	14	朝鲜歌剧主题歌	1972	石晶、胡达凯在医院看电影《卖花姑娘》。二人将离别，石晶哭。
25	板胡独奏曲	19	民间器乐		石在作战室放广播体操音乐，褚琴在卧室播放该曲。
26	广播体操音乐	19		70年代	场景同上，石在收听并做俯卧撑。

由表7—1，我们可以非常清晰地看出这些画面内歌（乐）曲的应用目的。这些歌（乐）曲本身就是一部中国内地20世纪40年代到70年代的历史缩影，因此它们能够协助画面、语言等表现元素，生动地复制出早已逝去的一段漫长时空，并重新检视人们在特定时空中特殊的情绪、情感体验。各个历史时期特定音乐表象（歌曲或乐曲）的应用，不仅具有认知方面的生动、简便，而且容易唤起受众的记忆积淀和情感参与。比起塑造历史时空所需要的大量视觉表象（如特定时期的布景、服装、道具等）的创制来说，无疑要省钱省力得多。“以少少许胜多多许”，这是艺术创作的不二法门。有的时候，一支简单的歌曲给予我们的历史感和心灵感动，会比大量的视觉或语言符号更为有效。

应予注意的是，这些有声源音乐作品的采用，其音响效果并不如音乐会那样，在音色、音量、伴奏乃至反射混响等方面，呈现出完美、丰满、没有噪音的特点，而是尽可能与音乐伴随的画面的空间特征保持一致。譬如《解放区的天》这支群众歌曲的首度出现，是在第1集“解放军进城”的群众秧歌场景中，作为秧歌歌舞的必要结构因素，与露天街道这一空间相一致，这支歌曲的音响质量很难用音乐会的标准去衡量。同时，由于特定场景的规定性，伴随着这支歌曲的还有群众的口号声、鞭炮的爆裂声、军队行进的脚步声等大量的“噪音”。这诸多的声音交织在一起，使得画面上万头簇拥、热烈欢欣的场景和气氛彼此印证，使剧作中原本是虚拟的叙事场景显得生动逼真，令观众感到真实可信。

《解放区的天》在第1集中的第二次出现，也许更能说明电视剧音乐的纪实性质，以及这一性质在人物内心活动描写方面的特殊功用。

从前述“解放军进城”的场景一转，紧接着就是男主角石光荣（解放军团长）躺在床上辗转难眠，下意识地反复哼着“解放区的天是明朗的天……”这一个片段的画面内音乐陈述，既然出自“大老粗”石光荣之口，当然不可能也不应该是字正腔圆的，因此也谈不上什么音乐“本体”的美感。但正因为如此，这段“不完美”的音乐才具有了更深刻和更真实的表现价值，因为它透露出石光荣自从在大街上的秧歌队里初见扭秧歌的少女褚琴之后，萌生的一见钟情的情结和挥之不去的思绪。尔后，石与警卫员小伍有一段颇有意思的对话：

小伍：平时宣传干事教你唱歌，怎么都学不会，今天可好，从白天唱到晚上。

石光荣：(惊讶)我唱歌了？

小伍：唱了，唱了一整天了。

石光荣：(更惊讶)哦，还唱了一整天？

小伍：嗯。

石光荣：(困惑)我唱歌了？

小伍：嗯，真的唱了一天。

石光荣：(自言自语)我唱歌了？我唱歌了？……哈哈，我怎么唱歌了呢？

在艺术作品中，对于男女之间钟情相思的复杂情愫的描写，有着各种各样的方法。但是，利用一首尽人皆知的歌曲，作为揭示当事者内心活动的媒介，无疑是别出心裁的，也是合乎情理的。可以想见，一个从来不唱歌的大老粗，突然之间惘不自知地大唱特唱起歌来，这种反常的行为本身，足以折射出其心理波澜的强烈程度，从而为其后追求褚琴的一系列举动奠定了足够强烈的动机和理由。因此，这首歌曲在这里，就不再仅仅是指代某个历史时空的音响符号，而成为石光荣心目中情感对象(褚琴)的象征和石光荣内心情感悸动折射出来的可感表象。

三、电视音乐的功能

电视音乐的功能是多方面的，它作为电视作品的基本结构元素之一，与画面及语言形成多种关系，在多重制约下施展自身的特长。电视音乐的功能主要体现为：

(一)满足人类“多感官综合感知”的惯性认知心理

对信息的攫取和储存，是人类赖以生存和进化的重要本能之一。这一本能构成电视音乐赖以存在的最原始心理依据。

由于人类在漫长而危险的丛林时代遗留下来的获取尽可能多的环境信息的“本能”，使得人类至今在感知环境信息时，仍然保持着视、听、嗅等多种感官同时感知的习惯，即近乎本能的所谓“多感官综合感知”的习惯。这一习惯如果被打破，就会使人陷入紧张不适，甚至恐惧。

在观看电视时，这一本能式的习惯以下意识的形式，迫使受众渴望眼、耳并用，同步感知电视所传达的信息，以得到感官接收上的平衡。这一现象首先在电影理论研究中得到注意和解释。对于电影为何在其诞生之初，即所谓“默片时期”，就选择了与音乐音响为伴，德国电影音乐学家汉斯·艾斯勒(Hanns Eisler)对此解释为：

> 音乐正足以当作影像的解药，因为观者目睹近乎真实世界的一切活动时，却听不到一点相对应的真实声响，必然引发感官上的不适应……因此音乐不只用来填补影像所欠缺的真实生命感，更可以解除观众在看影片时所产生的不适应以及恐惧。

人类因历史形成的感知经验，是由视、听觉感官同步进行感知。一旦只能看、不能听，或只能听、不能看时，我们就会觉得情况诡异而加以排斥，这是生理和心理上很自然的现象。画面游走在自然与真实之间，如果听不到一点对相应的音响，必定会使我们的感官产生不适应与排拒感，因此，音乐的作用在消弭这些不适应与排拒感。例如，出现一个悲哀的画面，如果没有任何声响，观众在接受度上就没有那么敏锐与直接，相反可能造成观众的迟钝与错愕。

音乐让画面变得更具说服力，使观众更容易有身临其境的感觉，因此电影自默片时代就发展出以音乐来弥补完全静默所可能带来的压力。这一原理同样可以用来解释电视为什么从其诞生之初开始，也重视音乐与画面的同步应用。

(二)帮助信息的接收与记忆

电视观赏行为无论出于何种目的，本质上都是一种获取信息的脑力劳动。从生理学角度看，据有关测量数据，观众在观看电视的过程中，肌肉往往会趋于紧张，脉搏和血压会自然上升，脑电波也会从 β 波升至 α 水平。学习心理学理论认为，人体的紧张恰是信息接收和记忆的最大障碍，因为紧张会导致大脑机敏状态的下降，从而减少信息的输入和储存量。20 世纪 50 年代欧洲的一项实验表明，肌体与大脑的矛盾可以通过音乐得以缓解。音乐有规律的音高和音强变化，以及常用的 50 拍/分左右的节奏，可以使听者的脑神经元在良性刺激下，调动内分泌系统产生有益的激素与神经递质，使心律和血压下降，大脑处于“放松的集中”的机敏状态，适于长时与高效的工作，因而使思维和记忆效率得以大幅度提高。

从心理学角度看，音乐由于擅长营造愉悦心境，恰好符合信息感知记忆的心理条件前提——愉快的情绪。音乐的加盟，可以通过对观众情绪的调节，把更多的画面或语言信息“铆定”在大脑皮层上，达到“视听联合”多感官记忆的良好效果。

当不同感官在对同一感知对象进行同时感知之后，各感官分别获得的信息记忆，似乎有着相互强化和“交互检索”的功能。对于前者，可以参考克拉考尔的描述：

> 在荧荧发响的信号器面前，灯光便仿佛显得更亮。音乐正是利用了这种“通感的”效果，才使灰白的无声画面在银幕上焕发出光彩，并使之固定在我们的印象里。当然，音乐不单纯是声音，它是有节奏、有旋律的运动——一种

时间上有含义的连续。这种运动不仅作用于我们的感觉器官,促使它们去注意它,它并且对我们在同一时间内得到的一切其他印象产生影响。①

对于后者,似乎可以理解为基于"通感"的"无意联想"现象。多感官综合感知形成的记忆印象,是一个完整的信息集合体,构成这个集合体的各个信息之间,存在着基于联想的逻辑联系。因此当我们对这个信息集合体进行回忆的时候,往往会从其中的一个信息下意识地联想到另一个(或一些)相关信息,从一个感官获得的形象联想到另一个(或一些)感官获得的信息,即所谓信息的"交互检索"现象。

这种交互检索现象,对于人类个体提高记忆效率,有着莫大的帮助作用。譬如,当我们偶然听见多年之前看过的一部电视剧的音乐时,往往会不自觉地联想起这部早已淡忘的电视剧与(所听见的)音乐相关的画面,进而联想起这部电视剧中的人物、情节、场景等等,乃至于自己当年看此剧时的感受和与看这部电视剧相关的其他事情。如与谁一起看的?与看电视剧的同伴交谈过什么?看完之后做过些什么?这样,从某一个记忆信息开始,在连锁的联想"检索"之下,来自各个感官的记忆信息,就如同一张网一样被牵连而出,并逐渐织成一个完形的整体——有赖于这一过程,我们便记住了数量多得惊人的信息。

对已经获得的信息的记忆率,是衡量人类个体生存能力的重要指标之一。而基于人类的生理和心理特点,对于信息的多感官综合感知,则是提高信息记忆率的有效途径之一。据科学实验表明,多个感官对于同一信息的同时感知,其记忆效率远远高于单一感官的感知。有实验证明:仅用听觉感知,3小时后能记忆所获信息的70%,3天后为10%;仅用视觉感知,3小时后能记忆所获信息的72%,3天后为20%;如果边听边看,即听看同时作用,3小时后能记忆85%,3天后仍能保持65%。②

这说明视、听觉结合的综合感知,虽然其短时(3小时后)记忆效率并不比单一感官感知高多少(约高20%左右),但其长时(3天后)记忆效率,却比单一感官感知的记忆保持率高得多:比单一听觉感知高出6.5倍,比单一视觉感知高出3.25倍。

上述认识得以从生理学和心理学角度解释音乐在电视中存在的合理性。在电视节目中,音乐与画面结合的部分,多是情节转折、情绪波动或人物心理活动丰富的关键之处。能否记住和理解这些关键之处的信息,决定着观众对节目全过程的含义和逻辑关系的理解能否实现,而观众的理解程度又决定着他们对电视节目的价值判断——"看不懂"的节目就是"不好的"节目,观众的判断通常如此。因此,为了让观众能记住和理解这些"关键之点",电视节目的创作者通常会求助于音乐,即给这类具有承前启后意义的关键性片段配上适当的音乐,对观众进行"精神按摩",帮助他们排除感官的关隘,激发脑神经的"食欲",使之在"放松的集中"状态下,较容易地抓住转瞬即逝的画

① 克拉考尔:《电影的本质——物质现实的复原》,中国电影出版社1981年版,第170页。

② 贾培源:《电影音乐概论》,浙江摄影出版社1996年版,第19页。

面、道白及环境声的含义，从而达到记忆与理解的目的。

（三）营造或增强画面的心理氛围

这种“音画同步”的关系，是电视剧从电影中借鉴而来的音乐用法。这一用法在电视剧中应用得最普遍，在电视人物专题片、新闻专题片、电视散文等体裁中，也被不同程度地应用。

在电视剧《三国演义》（1994 年）的“桃园结义”一集中，刘备、关羽和张飞在桃园如火如霞的桃花丛中歃血盟誓、义结金兰的一段镜头，对于《三国演义》全剧而言是一个关键性的情节场景，也是情感内涵最饱满的一个故事环节。这个情节之所以重要，在于刘氏统治集团的基本框架奠定于此，《三国演义》原著对道德之“义”的褒扬亦以此为基本表象。因此，在该剧中，这个情节势必应以浓墨重彩的工笔来刻画渲染。但这中间存在很大难度：首先，这个仪式性场面不存在强烈的戏剧性冲突；其次，因为其仪式性，语言道白的大量加入也有困难。从本质上讲，这是一场以“结拜”仪式为外形的文化心理剧。由于传统文化所积淀的人物心理语言及伴随其中的情感极其丰富，单靠视觉因素（表情、动作、景物等）和道白语言很难充分予以揭示。于是，剧作者选择采用了一首画外音式的歌曲，即由刘欢演唱的《这一拜》，把人物内心的理念与情感活动，以剧中人灵魂告白或局外人（讲故事者）代述的方式，透露给旁观故事的受众。属于传统道德范畴的“义”这个概念，借音乐所固有的强烈煽情性化作可感的表象，使受众陶醉其中，感受到历史文化中情与理的整体震撼。这首主、副歌结构的歌曲，以传统戏曲音乐风格的主歌旋律和歌词对“这一拜”反复的意义诠释，由歌唱者富于悲剧性的音色传达出来，与同步伴随的画面上那庄严肃穆的人物表情、激动泉涌的泪水、相拥紧握的手臂、虔诚跪拜的行为以及富于象征性的如海桃花等诸多视听符号，复合为一个信息丰满的“强磁场”，把受众吸引进传统之“义”那难以言喻的深厚沉积之中，在“艺术真实”中受到一次灵魂的震荡。

特别值得指出的是那段劳动号子式的副歌，一呼一应、高亢激越的应和，将略带沉郁、沾满涕泪的主歌情感氛围，一举升华为欣喜昂扬的英雄豪壮之气，为画面上的“结义”行为过程，画了一个无论在逻辑上还是情感上均较为圆满的句号。

在电视中，画面和语言对情感和情绪的表现能力非常有限。音乐在情感、情绪过程的描写上，既可以是高度概括的，又可以是细致分析的。因此，一个有经验的电视剧导演不会企图让画面去说明一切，而是会自觉地利用音乐的长处，去强调并抒发屏幕上并不明显的情感或情绪因素。

（四）协助统一结构和深化认识

在电视作品中起贯穿作用的因素有很多，如特定的景物、道具、人声、环境声、光色、音乐等，都可以通过有目的地反复重现成为结构贯穿因素。贯穿因素的作用是作为记忆和联想的触发物，促使观众在脑海中不断浮现已经在叙事过程中流逝的事物与事件，在对旧事的反复重温中，把沉没于时间中的声音与画面信息连缀为一个完整的过程，并在对记忆表象的反刍中深化对过程含义的认识。

在电视剧中，主题歌或主题曲是最常应用的贯穿因素。主题歌(曲)的中心功能是表述影片主题思想或概括全片情感基调。它在一部电视剧每一集的片头、片中和片尾不断重复或变化重复地出现，不仅起着烘托画面与揭示人物内心活动的作用，也反复刺激着受众对过去场景与情节的记忆。在此同时，主题音乐本身也因受众记忆内容的增加，被不断赋予新的认识和情感的负荷，使受众在旧曲的每一次重新聆听中，联想起更多的东西，从而不断塑造属于自己的、越来越丰富和深刻的认知与情感世界。由于影视艺术的这一独特现象，有时甚至能使一首并不高明的歌(乐)曲，由于伴随画面反复出现，被附加上丰富的理念和情感的价值内涵，从而变得脍炙人口、令人难忘。

在电视专题片中，音乐也常常被作为贯穿结构因素来使用。如12集文献纪录片《邓小平》，其贯穿于每集片头、片中和片尾的主题音乐就被改编成已广为人知的歌曲《春天的故事》。这支主题曲在片中不同结构处的重复或变化的出现，使全片囊括了邓小平同志一生的繁多的镜头画面和冗杂的语言叙述，得以被梳理缀合为一个有机整体，获得起承转合的逻辑性和段落感，并在情节的层层递进之中，使这一主题曲被不断赋予新的认识理念与情感内涵，使人在每一次聆听中都会产生新的联想，获得更丰满、厚重的感受。当我们在全片结束处倾听这支乐曲时，仿佛感受到邓小平同志波澜壮阔、曲折多彩的一生都被抽象却生动地凝结在这支并不复杂的乐曲中。在这段音乐的引导下，我们清晰地看见这位“中国人民的儿子”83年生命历程中每一个脚印，并为之感动。

在电视节目中，对音乐的贯穿结构功能若认识不足，可能会对作品的整体结构造成损害。如青岛电视台拍摄的电视散文《最后一片落叶生日卡》，画面与文字的创作都不错，音乐主题的选择也合理。但在作品的后半部分，原音乐主题无疾而终，另一完全陌生的音乐主题突兀而至，使音乐逻辑突然解体。尤其是结尾处“我”对病逝女孩回忆的“闪回”场景，画面与语言都采用了典型的首尾呼应再现或结构，如果原来的音乐主题也再现或变化再现地加入，本可完美地营造出桃花依旧、物是人非的感人意境，推动情感发展至高潮点。然而在这个作品中，原音乐主题消失，听觉的回忆“闪回”呼之不出，使画面与语言欲营造的悼亡怀旧的意境被大大削弱，图、文、音乐的同构关系趋于瓦解，作品的情感高潮也因此难以形成。

(五)协助画面的时空定位

画面的时空位置，往往需要音乐来帮助设定或强调，特定时空赋予画面的特殊风格，也往往需要音乐加以渲染强化。

音乐的时空定位功能，源于其本身固有的文化属性。我们知道，音乐并非无时空特征的“世界语言”，而是类似“语种”或“方言”的特殊符号系统的集合体。任何音乐品种或作品的“语法”和“语汇”，都是特定时代和地域文化的产物。当象征着特定时空的音乐形态与画面相结合时，特殊风格的音乐“发言”就会使画面的时代和地域特征得以凸现。音画在时空中的定点契合，就构成了电视作品独特的艺术风格。因此，对音乐的时代、地域或文化群体风格的把握，应为电视配乐或作曲者必须具备的基本素质。音乐风格的构成因素是多样化的，旋律、节奏、调式、织体乃至音色、音腔、律制等任何一个因素，都可因其特异形态而构成音乐的特殊风貌。一支埙的呜咽呜唱，即可将画面框定在世界东方的远古洪荒；一曲辽远悠长的“信天游”，即可将故事的发生设定在中国的黄土高原。幼稚的“万能曲”之所以难以糊弄受众而易于损害画面，是因为电视受众本身即是特殊文化的造物，他们承载的几千年传统文化（以及传统音乐）的积淀，强力地引导着他们的艺术感受与价值判断。他们能够非常敏感地察觉画面时空与音乐时空是否一致、是否协调、是否具有共同的典型性，并因此而对作品作出整体“好”“一般”或“不好”的判断。

第二节　广播电视音乐的类别

广播电视音乐的分类，不是采用一般音乐的体裁或功能分类标准，而是采用广播电视节目体裁的分类标准，故其分类体系与一般音乐的类别体系不同。常见的广播电视音乐有如下一些类别。

一、标志音乐

所谓标志音乐，指电台、电视台的台标音乐及各个栏目的片头与片尾音乐。这类音乐是代表某个电台、电视台或栏目的固定音乐符号，其性质犹如国歌之于国家、军歌之于军队、厂歌之于工厂一样，是特定传媒实体的音响标志，使人一听见即能产生对这个实体的联想。

标志音乐的特征，一是稳定，长期不变，以利于受众在音乐、音响符号与其代表的实体之间，产生稳固的联想关系；二是短小，少则数秒，多则数十秒，以利于受众的记忆；三是音调主题鲜明、精炼，具有很强的时空指向性。

台标音乐是标志音乐中的一个种类。台标音乐通常应体现所代表的电（视）台的文化地域特征、政治特征和地位特征。如中国中央电视台属于国家电视台，因此用中国国歌作为其台标音乐的基本音调。另如英国国家电视台（BBC）的台标音乐，采用了著名的“大笨钟”敲击的音调，让人一听即联想到英伦三岛及其首都伦敦的地理位置。前苏联莫斯科广播电台是国家的对外广播电台，其台标音乐则是《国际歌》主要动机的变奏，以这一熟悉的旋律对外表明该电台的政治性质与态度。

广播、电视节目的栏目片头及片尾音乐是标志音乐的第二大类别。栏目中的标志音乐，除了起象征符号作用之外，还能起到美化栏目声音、环境的“包装”作用，有时还有概括栏目主题的作用。如中央电视台的老年栏目《夕阳红》，其标志音乐就是一首长度近一分钟的歌曲，这支歌曲既是对人生晚年的概括和赞美，也是对该栏目内容、风格和特定受众群的点题。

二、广告音乐

中国的广播、电视广告音乐，是近些年来产生的一种广播电视音乐的新品种。广告音乐的基本功能是对功利诉求的商品广告进化“艺术”化的包装修饰，以增强其吸引力和说服力。广告音乐的特征也是短小、独特、精炼。目前的电视广告的时间长度多在5～15秒。这样短的时段，要求音乐只能以动机或乐句的规模出现，很难酝酿和展开，故其短促的表达为能给受众留下印象，就应以风格独特、结构精炼为其基本取向，充分个性化的旋律片段、音色和音量成为主要的表现因素。如“松下电器”“东芝电器”“日立电视”等的广告音乐，都是非常简单短小的叫卖调式的音调。

广告音乐一般由歌曲和器乐曲两个大类构成。如“金嗓子喉宝”的广告音乐，是剪辑自欧洲歌剧中一个咏叹调唱段的片段，意在表明这一药品能妥善地维护人们的嗓子，造就如歌唱演员般健康洪亮的嗓音。“娃哈哈纯净水”则是利用明星效应，由歌星景岗山扮演主角并演唱《我的眼里只有你》，画面上同步出现娃哈哈纯净水的图像，点明歌词中“你”的指向。广告歌曲的优点，是比广告词更容易记忆，也容易长期和广泛地流传，因而具有商品信息和劝购诉求信息宣传的巨大优势。20世纪80年代曾经有一种叫“来福灵”的商品，其用途也许早已被人淡忘，但那支“我们是害虫”的广告歌却流传至今、家喻户晓，由此可见广告歌曲影响力之大。

广告器乐曲常常起到烘托渲染情绪、氛围，指示与商品相关的时空，以及强化画面节奏的作用。如“张裕金奖白兰地”的广告音乐，是用钢琴演奏的抒情爵士风乐曲，结合优雅的欧洲式室外鸡尾酒会的画面场景，描绘出一种清淡、优雅、舒适、宽松的情绪氛围，也暗示出产生这一酒类的特定文化地域环境及其所代表的文化生活方式。如“小天鹅洗衣机”的广告音乐，利用了著名芭蕾舞剧《天鹅湖》中“四小天鹅舞曲”剪辑而成，一方面借助名曲效应助其品牌宣传，另一方面也起到了制造较活泼的气氛、强化画面运动节奏的作用。

三、综艺节目中的音乐

中国的广播电视综艺节目是电视文艺节目中一个外延较大的类别。这类节目的历史来源有两个：其一是中国古老的“乐舞”和“百戏”传统，亦即今天的民间“社火”“秧歌”等民俗仪式表演；其二是20世纪40年代在美国广播和电视中产生的“杂耍表演”（Variety Show）。中国电视综艺节目正是在这两条源流结合的基础上，在近几十年间诞生并发展壮大的。

综艺节目是由多种艺术形式的节目综合而成的，在广播电视中，可以以栏目、专题或晚会等节目形态存在。综艺节目通常的样式是在主持人串联词的贯穿结构之下，将音乐、舞蹈、小品、曲艺、戏曲片段，乃至杂技、魔术等多种艺术体裁和节目融为一体，使受众在有限的时空中能够欣赏到多种类别的文艺节目，从而获得多方面的知识和较强的娱乐性。

在中国，综艺表演是一种非常古老的表演形式。《尚书》中记载的史前人类“击石拊石，百兽率舞”的诗、歌、舞三位一体的远古乐舞，就已经是一种综艺表演。东汉张衡在《西京赋》中描述的一场大型“百戏”表演，就包括了歌唱、舞蹈、戏剧扮演、杂耍、轻功、走索等种类。至今在我国许多少数民族的节日庆典中，也可见源自古代的歌舞、戏剧、竞技等综合表演的“乐舞”形态。

在国外也是如此。早期的希腊戏剧、欧洲中世纪的“圣剧”、近代美国和欧洲流行的“轻歌舞剧”“滑稽歌舞剧”“活报剧”“音乐剧”等，都是综艺表演形式。早在20世纪上半叶，美国的无线电广播和商业电视网就借鉴了传统的“杂耍”形式，创造出广播电视的综艺节目样式，并将之放到晚间黄金时段播出。可见，综艺表演形式是一种源远流长、广泛存在并深受人们喜爱的传统表演形态。

综艺节目的特征是娱乐性、知识性与仪式性并存。

（一）娱乐性

娱乐性是综艺节目首当其冲的特征。综艺表演由于打破了单一艺术分类表演的界限，更容易获得不同年龄、阶层和职业的最广泛受众群体的认同，因为各种年龄和身份的受众都能从这种百艺杂陈的表演中，找到自己需要、熟悉和喜爱的东西，并从中感受到生活的乐趣，从而增强对生活的兴趣和信心。

（二）知识性

知识的获得，也是受众参与综艺节目的基本目的之一。从远古的“乐舞”表演开始，人们就将参与这一场合以便从中学习生产、生活、社会行为规范、历史和自然等知识作为一个重要的动机，直到如今仍然如此。只是，这种学习行为不是课堂授受式的，而是在娱乐中以“寓教于乐”的方式进行的。如1979年中央电视台春节联欢晚会上，张明敏的一曲《我的中国心》，就曾使海内外无数炎黄子孙在领略到音乐的艺术魅力，同时，受到了爱国主义教育。

(三)仪式性

综艺节目的表演时机与场合,往往因为与传统或现代的节日、纪念日、重大事件等结合,而体现出浓厚的文化仪式性质。如春节联欢晚会就已成为中国春节民俗仪礼的一个不可缺少的部分。“过大年、吃饺子、看春晚”,老百姓的这个表述,表明春晚已经像传统的守岁、放鞭炮、包饺子等民俗仪礼一样,成为人们在特定时间的特殊心理期待,成为一项具备特殊文化功能的固定仪式。

综艺节目类型多样,数量繁多,其中以电视综艺晚会最为典型。在综艺晚会中,音乐是一个不可缺少的主要艺术品种,而且其形式和功能都比单一的音乐会更加多样。就形式而言,综艺晚会中的音乐品种有:多种演唱方式和表演风格的歌曲;多种表演方式和风格的器乐曲、舞蹈音乐、歌唱剧、戏曲和曲艺音乐;与朗诵或戏剧化表演相结合的“配乐”(背景音乐),等等。就功能而言,综艺晚会中的音乐不仅能起到娱乐、审美、教育、烘托气氛等作用,还是一种极其重要的晚会结构要素。

结构要素,是指在艺术品的构成中,为达到“寓多样于统一”的目的而采用的贯穿结构因素。这种贯穿因素因为多次重复(或变化重复)出现,而起到“总文理,统首尾……弥纶一篇,使杂而不越”(刘勰《文心雕龙》)的作用。在综艺节目中,由于音乐的重要地位和表现特征,因此音乐很适于用作整合节目的贯穿因素。

四、电视专题片音乐

电视专题片可分为两大类:其一是音乐题材的专题片;其二是介绍非音乐人物、事件及各种知识的专题片。音乐在这两类专题片中,具有不同的地位和功能作用。

(一)以音乐为题材的电视专题片中的音乐

在以介绍音乐人物、作品、事件、歌种和乐种等为题材的电视专题片中,音乐是描写的中心内容,处于音乐、画面、语言三大构成要素关系中的首位,画面和语言则需围绕音乐音响这个中心进行配合组织。因此,这类专题片中的音乐可以是相对完整并占据较多时间的,在音乐的类型、规模和表演方式上相对自由,音乐的表现功能也相对独立而较少受画面和语言制约。

由北京电视台摄制的12集专题片《民歌魂》[①]是一部以系统、全面、深入介绍中国民歌的专题片。这部作品从音乐人类学角度入手,对中国民歌的类型、分布、典型作品、文化功能与价值、继承与发展诸方面进行了较深入的介绍与探讨。该片避免了大多数同类题材专题片的崇尚专业化、舞台化,作品与生活割裂的弊端,从忠实于事实与生活的态度出发,努力挖掘和表现了民歌在民间有机生存的原态,揭示出民歌文化与

---

① 由王冰导演,何晓兵撰稿。1999年1月于BTV1首播。

大文化背景下千丝万缕的因果互动的联系，从而客观展示了民歌文化的多方面价值。

在这部纪实性很强的音乐题材专题片中，一般故事片、纪录片经常采用的“假定性音乐”①被尽量避免，而是多采用与画面拍摄同步录制的、由普通劳动群众在生产和生活中自然演唱的原生态民歌，以展示民歌在演唱者、演唱场合、演唱方式和状态、演唱原因与功能、音响形态及其在特定演唱空间中的反映等生活真实的原貌，达到揭示民歌作为劳动人民文化生存工具这一真相的根本目的。

这部专题片的成功之处也正在于此。因为，从音乐人类学的角度看待民间音乐，大量的研究成果表明，民间音乐（尤其是民间歌曲）的首要与终极功能，并不是如欧洲艺术音乐所持的“审美”目的论，或城市通俗音乐所持的“娱乐”目的论。对于生产力不发达，传统上没有集约式教育，没有文字或文字教育不普及的民族或人类群体来说，民歌首先是一种类似生产、生活工具的生存工具。它直接应用于组织生产、提高劳动效率、调节人际关系、传承生存知识、传达社会行为规范、塑造民族（或人群）的精神凝聚力，以及选择配偶、传播信仰、通信联络等等。审美和娱乐功能对于民歌来说，常常是第二位的，是服从并服务于上述生存功能的。不认识到这一点，就无从真正认识和理解民歌文化，就不能看清民歌演唱行为背后隐藏的多样性文化动机和目的，就会把民歌这种特殊的文化现象等同于仅以审美、娱乐或观念教育为目的的舞台歌唱。

正是出于上述认识，这部专题片以“抓拍”的方式，撷取了许多民歌在其文化背景中的真实演唱场面与过程。如以藏族民歌为内容的“雪域天音”一集中，藏族青年工人在修缮布达拉宫的夯打屋顶劳动中，随着用木杵夯击地面而唱的那首劳动号子《打阿呷》就是偶然发现并抓拍（录）的实况歌唱形态与过程。从中我们可以看到，两队藏族男女青年，一边有节奏地、队形整齐地击打着屋顶，一边对唱着音乐节奏与夯打动作节奏相一致的劳动号子。这些劳动歌曲的内容往往与男女之间的情爱相关。整齐而富于弹性的夯击声与优美的歌声混响在一起，充斥在“日光之城”拉萨色彩鲜艳的蓝天、白云、丽日与金碧辉煌的布达拉宫起伏错落的殿阁金顶之间，焕发出雪域高原民歌特有的整体文化魅力。

这一真实的、与画面紧密结合的“有声源音乐”，透露出关于藏族民族文化的丰富的信息：其男女集体对歌的演唱形式（这一形式在中国西部少数民族中较为普遍和典型），表现出这个民族曾拥有过以歌唱来选择配偶，渊源极其古老和普遍的“对歌求偶”风俗。对于文化人类学来说，这一风俗对研究不同文化中择偶行为的形态、依据和演变，具有极其重要的意义。其与劳动过程、与节奏紧密结合的音乐存在方式，则体现出民歌在组织协调劳动、调节劳动情绪、提高劳动效率，乃至在劳动中的思维训练及审美娱乐与劳动的关系等方面的作用，这些也是音乐人类学所关注的重要课题。此外，这种自然环境中自然状态的歌唱，也为我们认识理解藏族文化、藏族人民的生活方式与性格、藏族民歌在内容与风格上的特征、民歌在自然环境中的音响特征等，提供了一个

① 指声源在画面之外，由专业人员创作、演奏和录制的音乐。在纪录片或专题片创作中，通常称之为“配乐”。

极具独特价值的观照角度与观照对象。

(二)非音乐题材的电视专题片中的音乐

在此类专题片中,音乐通常不是主要表现因素,而是受画面和语言制约,起主题概括、情绪烘托、结构贯穿等较次要作用的表现因素。

此类专题片音乐通常由片头音乐、片尾音乐和片中背景音乐构成。12集文献专题片《邓小平》、25集系列专题片《话说长江》、单集人物专题片《雕塑家刘焕章》等作品,其音乐创作和配置都比较精致合理,声画结合准确贴切,对画面起到了很好的补充、诠释、烘托与结构作用,因而得到较广泛的好评。《话说长江》的主题音乐本无歌词,但因其影响较大,深受观众喜爱,因而被填上多种歌词。最后被选中的由战士胡宏伟撰写的歌词,与原曲意境吻合,结合自然,很快便以《长江之歌》为名广泛传唱。由此可见,专题片中的配乐虽然不是主要表现元素,但若创作质量精良,声画结合巧妙,仍有可能如电影和电视剧中的"最佳配角",以其精湛的艺术功力赢得好评与传播影响。

但是,在非音乐类专题片中,由于音乐处于画面和语言的辅助地位,其配置点、音乐长度和音响规模等,都要慎重设计和严格控制,以免喧宾夺主。尤其是在现实题材的专题片中,由于记载的是当代人的生活,这些生活是现时可感,即可以为受众的经验所验证的,因此如果这类专题片的配乐过多,往往会增加纪实画面的假定性,妨碍其现实真实性的体现程度。因为从收视心理角度来看,音乐音响过浓、过重,会转移或掩蔽受众对画面、语言和环境声的注意力,形成对影片所欲表达的主要信息的干扰。在现实题材专题片中配乐的合理性,正如纪录片《最后的山神》编导者孙增田所言:"纪录片记录生活,生活中本无音乐,不能为音乐而加音乐,破坏了纪录片的真实感。音乐是心之声,当片中的感情已积累到让人要发出感叹时,才用音乐。"

但是在某些历史题材的专题片中,音乐的表现作用可以相对加重,以弥补画面的不足。这是因为随着岁月的流逝,过去的时空渐渐消弭无痕,这使得历史题材专题片的画面素材往往比较有限,因此需要音乐发挥其多种表现功能予画面以更多的支持,由此导致了音乐在影片整体表现中,可能占据(比在现实题材专题片中)更为重要的地位。这具体体现为音乐篇幅的增加和音乐元素在表现中占有较为重要的结构位置。

以电视专题片《火祭三星堆》①为例,本片的核心题材是1986年在四川省广汉市郊区三星堆文化遗址中出土的金属铸造的人像、人头像、面具、神树等文物。这些3000多年以前的文物首次证明了传说中古蜀国的存在,以及这个古国迥异于周边文化(包括中原华夏文化)的特殊面貌。这些文物既是珍贵的艺术品,也是宗教圣物和"国之重器",造型非常奇异而精美。但由于它们所依托的文化背景因素,如使用它们

① 由何晓兵、郭振元策划,郭振元导演,何晓兵撰稿,北京太阳树影视公司2000年出品。本片于2001年被国家文化部、外交部选为中国200多个驻外使领馆的对外宣传片。

的人群、场所和时机，以及这些文物与其他文物之间的关系等，早已在历史的尘埃中湮没无痕，因此要仅仅用它们的现有形象来支撑一部专题片的画面叙事，不仅在可获画面的数量上非常有限，更会因为其缺乏背景整合的孤立展示与描述，容易令受众很快感到单调呆板带来的疲倦。正如斯宾塞（H. Spencer）所言：“单调将使欣赏者‘精疲力竭’，必将导致心理的沮丧。”

为了打破文物在画面上的孤立和有限展示，专题片的创作者固然可以用一些特殊的画面创作手段（如模拟复原历史场景的“真实再现”画面），来增加画面叙事的生动与丰富性，但他们也常常借用音乐的表现能力，以声音符号的象征、暗示和渲染等方法来丰富影片整体的表现力。在国外制作的系列纪录片《失落的文明》《十字军东征》中采用了后面这一手段。在《火祭三星堆》中，出于同样的目的，对音乐元素予以强调。

本片的音乐，基本由 A、E、F、G 四个段落构成。其中，A、E、F 为主要的主题段落，应用于重要的结构处，成为全片的贯穿因素。这些音乐段落在影片中主要作为营造、渲染画面情绪、气氛之用，但也不乏其表意和结构功能。譬如叙事的第一段落中，有一段具有阿拉伯音乐风格的、由唢呐主奏（钢琴音色伴奏）的音乐片段，就暗示了画面上这些人像造型风格的可能来源。由于历史的原因，这一猜想不太好用语言来表述，所以采用了特定地域音乐风格来予以暗示。此外，在第一段落的末尾，为了使画面、情节向第二段落平滑转折（通常称之为“转场”），采用了音乐主题 E 作为跨越两个段落的衔接过渡因素，使视觉和心理上的转折不至于太突兀。该片中音乐的应用，可参见表 7—2。

表 7—2

场景		解说词	音乐设计	音乐功能
序	“三星堆”古蜀国的国王，在黑漆漆的神殿中，最后一次巡视其祖先神的雕像	距今 3200 年前的一个月圆之夜，四川盆地西部的一座古城里，显然正在发生着一场重大的变故……	[A]由乐队与人声（合唱）构成的、风格阴森诡异的音乐	渲染气氛
第一段落	“三星堆”一号祭祀坑的发现过程	蜀国和蜀人的历史，自古如雾中观物，扑朔迷离……	[B]钢琴音色的、风格静谧舒缓的音乐片段	塑造画面情绪氛围
		取土烧砖的民工那“历史性的一锹”，掘开了时间隧道的入口，那场早已熄灭的大火终于死灰复燃……	[C]钟琴音色的琶音	营造一种诡异的气氛
		一号祭祀坑出土的数百件文物中，最引人注目的，就是这十多尊青铜人头像……	[D]具有阿拉伯音乐风格的、由唢呐主奏（钢琴音色伴奏）的音乐片段	在不便于用语言表述时，暗示青铜人头像风格的可能来源地域
		（从青铜跪坐人像开始）这个发型奇特的男巫雕像，据说来自长江下游的良渚文化，他为什么骑着一只老虎，千里迢迢来到蜀国……	[E]乐队与人声合唱构成的、激越的进行曲风格的音乐段落	营造场景氛围，并与前面舒缓的音乐情绪形成对比，造成音乐情绪的变化

(续表7-2)

场景		解说词	音乐设计	音乐功能
第一段落	“三星堆”一号祭祀坑的发现过程	一号祭祀坑出土了众多的金器……	[F]钟琴音色的音型，加女声无词合唱	塑造画面情绪氛围
		进一步的发掘，证实了我们的猜测……	[G]弦乐主奏(齐奏)的沉郁风格的段落	暗喻面对衰颓的古文化遗址产生的思古之幽情
		被称为“三星堆”的三个土埂，就是“三星堆”古城的南城墙坍塌后的残段……	[F]	塑造画面情绪氛围
		一号祭祀坑出土的这根长1.42米的金杖，使蜀文化的来源更加扑朔迷离……	[C]	塑造画面情绪氛围
		却不知出于什么原因，它们最终都被焚烧、砸毁和掩埋……	[A]接[E]	接在上段[C]之后的“不祥之兆”，作为第一幕向第二幕转场的桥梁
第二段落	“三星堆”二号祭祀坑的发现过程	“蚕丛及鱼凫，开国何茫然”。一号祭祀坑的发现，揭开了古代蜀国的第一层帷幕。正当人们惊喜不已的时候，一个更惊人的发现仿佛是命中注定地接踵而至……	承接上段[E]	以一段音乐跨越两个情节段落(两幕)的转接处，起平滑的转场作用
		二号祭祀坑的发掘，震动了全世界。	[C]钟琴音色的琶音	与[C]第一次出现的场景和功能相类似，营造一种诡异的气氛
		中国远古神话传说，在东南方的大海中……	[F]	塑造画面情绪氛围
		……是人神上下天地的通道。	[G]	
第三段落	“三星堆”古蜀王朝的揭秘，与王朝最后结局(火祭“三星堆”)的“真实再现”	“三星堆”大量艺术珍品和其他文物的出土。把古蜀国这个虚无缥缈的神话王国，复原为一段真实的历史……	[A]片头音乐的拓展	
		鱼凫王朝告别历史的那一场大祭祀，想必是非常壮观的……	[E]作为假想的鱼凫王朝最后结局(火祭)的真实再现的气氛描写音乐	塑造画面情绪氛围
		不管是出于天灾还是人祸的逼迫，总之，一场空前绝后的大祭祀，不可避免地开始了……	[A]接[E]：“火祭”场面的完整还原；[E]音乐的完整呈示	场面情绪的烘托
结尾	发思古之幽情	一个王国，一个民族和一座城池，连同他们的宗教圣物兼艺术珍品，在一场神秘的火祭之后，化作只言片语的神化和传说，直到公元1986年的某一天……	[F]平和的风格	与前面段落的对比，回归比较舒缓与静谧的情绪

五、电视散文中的音乐

“电视散文”是所谓“电视文学”体裁中最为多见的一个种类。由于题材资源丰厚、表现力强、制作成本低廉、制作周期短等原因，这类体裁作品的创作在近年来非常活跃，作品数量较多。

电视散文这一体裁大约产生于1980年，由中国的一些地方电视台(如江苏电视台等)首创。电视散文是以电视“声画一体”的手段，将优秀的散文作品的语言读诵(有时是角色化的读诵)，配以相关的画面、音乐和效果音响而形成的一种电视化文学体裁。这一体裁由于视觉形象和音乐、音响的加入，使传统的书面文学形象变得具象化，成为视听感官可以综合感知的、特殊形态的文学作品，从而更加生动可感和通俗易懂，为文学作品更加广泛地传播开辟了一条新的途径。

在多数电视散文中，音乐是功能地位次于语言和画面但又必不可少的声音结构元素。电视散文音乐的基本功能是对语言和画面的情感、情绪内涵予以诠释或烘托。由于电视散文的文学蓝本多为抒情性较强而叙事性较弱的散文与诗词作品，其“抒发情感”的体裁诉求为音乐的介入提供了较大空间。因此，从结构功能来看，音乐在电视散文中的重要性虽然弱于MTV和音乐题材的专题片，但比之非音乐题材专题片和电视剧等电视体裁中的“配乐”，又较为重要。音乐在电视散文中，有着不同于背景渲染性“配乐”的独立表现功能，而非仅仅是语言或画面的附庸赘饰，因此音乐的创作与配置是电视散文创作不容忽视的一个重要方面。

电视散文音乐以小乐队演奏、较简单的织体和音色、重复或简单的展开手法为主，具有音乐小品的性质。在多数情况下，音乐是作为语言的情绪性背景而存在的，但也不排除在语言的情绪高潮或语言暂时停顿处，音乐作为首要表现因素从“背景”走向前台，充分揭示文学作品的情感、情绪高潮。这就要求电视散文音乐应进行精心的个性化创作，并注重音乐自身发展的逻辑性，而不能以随意“扒带”的配乐应付了事。

六、电视剧音乐

电视剧是我国所特有的电视作品体裁概念，类似美国的“电视电影”或“电视戏剧”、前苏联的“电视故事片”，以及日本的“电视小说”等。电视剧的类型，以构成方式为标准，可划分为电视短剧、电视单本剧、电视连续剧、电视系列剧等。

电视剧中的音乐，是作为声画有机结合的电视剧整体中一类重要的结构与表现元素存在的。由于与画面的结合，音乐的性质发生了根本的变化——单纯的时间艺术不存在了，空间作为一个决定性的因素涉足于音乐的时间之流。浪漫主义音乐家所憧憬的文学、绘画和音乐“三位一体”的理想由此得以部分实现。贝多芬所说的“我在作曲时,思想中总有一幅画面,我照它来创作”的经验,也获得现代的印证。电视剧音乐的特殊存在方式,可归纳为以下三个特征:(1)音画一体,音声一体;(2)间断出现,受蒙太奇制约;(3)音乐应符合画面规定的艺术真实。

电视剧音乐不是自成系统地独立存在,而是作为一个不独立的因素,为影片主题、人物、情节的塑造和发展服务的。因此,电视剧音乐不能以自身逻辑的完整演绎、复杂的配器和强烈的音响去与画面争夺观众,而应不引人注目然而又强有力地支持画面,使观众在受音乐艺术感动之中又觉察不到音乐在起作用。

电视剧的声音元素由人声、环境声和音乐三部分构成。因此,作曲者应同时考虑人声、环境声与音乐的组合关系,使三者契合为层次清晰的立体音响。三者的关系是始终在变化着的主从关系。当人声(语言或无语义的发声)为主时,音乐和环境声若同时存在,便需在音量和音节密度上“让路”,反之亦然。三者对位时,在频段上应分层,使之各行其道、互不干扰。这就要求作曲者和录音者对全片的总体音响设计(音响总谱)有全面的了解,并具备一定的物理声学知识。

在电视剧中,歌曲的应用要比在专题片中多,歌曲成为电视剧的一个重要表现元素或手段。电视剧中的歌曲分片头曲、片尾曲和插曲三类。片头曲又称主题歌,类似歌剧和舞剧的序曲,起概括表述全剧主题思想、主要内容与艺术风格的作用。主题歌的音乐主题,也是剧中音乐的基本素材或曰“种子”,它将以多种变化形态出现于不同的情节段落中,担负不同的表现功能。因此,主题歌与片中插曲往往构成主题呈示与变奏关系。如果把一部电视剧的音乐集拢连缀起来,往往即构成一支主题变奏曲或变奏回旋曲。

主题歌出于其担负的特定功能,必须具有概括性、时代性和地域(或民族)性。如电视剧《三国演义》的主题歌《滚滚长江东逝水》,其歌词选自明代杨慎《廿一史弹词》第三段“秦汉史”的篇头词《临江仙》,这首词作充满着出世精神,空灵旷达,渗透了作者对正史中英雄史观的批判和对士(文人)阶层历史进程无奈甚而无为的精神把握。为了忠实于原著,同时也阐明该剧创作者对东汉末“三国争霸”这一段历史的哲学性理解,概括地表明一种历史观和全剧内容,故而选择了这首词作为主题歌的歌词。同时,这首歌词的特定语汇、修辞和结构特征,也具有“中国—古代”这一时空的指示作用。在音乐风格上,作曲者采用了与歌词风格一致的一系列特定音乐形态:中国北方汉族传统音乐中常见的六声羽调式、南方汉族音乐中常见的“起、承、转、合”式乐段结构和三音列构成的波浪形旋律线,加上筝、箫、琵琶等具有东方特性的音色乐器加入伴奏等等。上述因素的结合,使这一主题歌对该剧的故事时空、体裁风格和思想内涵三个方面,均起到一定的指示或暗示作用,使该剧的观众在大幕开启之时,对于理解“三国争霸”这段历史文化的思维走向和价值态度,便已受到总体导向。观众在观看该剧时所持的情感态度,也已经为主题歌营造的情感氛围所框定。

电视剧中的插曲是对剧中特定情节或人物的概括或描写，如果说主题歌是总揽全局，那么插曲就是做局部刻画。例如《三国演义》中“连环计”一集的插曲《貂蝉已随清风去》，即是一首较成功的插曲。貂蝉是《三国演义》这部“男人戏”中，少数几个性格鲜明的女性形象之一。她对董卓集团的瓦解起了重要作用，因此需要在剧中作较细致的描写。但据原小说，许多人认为貂蝉的前、后期行为构成性格矛盾，因此电视剧《三国演义》对其归宿结局进行了改编：吕布刺死董卓之后，在眉坞大火和百姓的欢庆歌舞中，貂蝉完成了她的悲剧性使命，在一片欢腾的背景中悄然隐去。《貂蝉》一曲在此时悠然响起，以内心独白的方式，无限哀怨地述说特定时代里女性的悲哀和无奈。这是一首与剧中其余英雄悲歌风格迥异的、浪漫主义的女性悲歌，一篇盖棺定论的貂蝉之评，一位沦为政治工具的美丽女性坎坷一生的省略号式的终止符。

歌曲由戏曲散板“引腔”式的段落开始，用两个号泣性的大乐句，述说了貂蝉对董卓“帝王梦”的谴责。随后叠奏结构的 3 个乐段，颇似《阳关三叠》的结构，叙事性的歌唱把貂蝉对青春蹉跎的哀怨，为报恩而舍生取义的慷慨和迫于无奈的生命之解脱，一咏三叹、回肠荡气地娓娓道出。与该剧其他歌曲演唱者的美声和通俗唱法音色形成鲜明对比，《貂蝉》一曲的演唱者万山红用她典型的民族唱法音色，赋予此歌更加浓郁的古典女性风格，在全剧粗犷厚重的男性文化底色上，涂上一抹轻风白云般的女性亮丽，并以此暗合了艺术结构所必需的“对比”原则。

电视剧是歌曲得以广泛传播的一个极有效的载体。如《蹉跎岁月》《四世同堂》《雪野》《辘轳·女人和井》《西游记》《红楼梦》《济公》《三国演义》《水浒》等电视剧的播出，使得这些剧中的主题歌或插曲随之很快进入千家万户，获得广泛而持久的传唱，有些进而成为一个时代的经典歌曲，甚至在其曾经依附的电视剧已被人遗忘之后，这些歌曲仍能被人时常记起。因此，现代音像企业常常把电视剧作为推出新歌和宣传歌手的主要载体之一，但这也造成一些弊端，如不合理地在剧中大量安排插曲，歌曲的出现往往与情节需要相脱节、与画面内容不吻合等等，成为画蛇添足的败笔。因此，电视剧音乐的设计，一定要考虑情节与画面的需要，一定要选择符合总体表现目的的声画关系模式，而不能出于艺术之外的功利目的，对电视剧音乐进行非功能化设计。

七、广播音乐

广播音乐，是指以电子技术和广播技术进行传播的音乐。对于大多数广播音乐节目而言，广播仅仅是一种传播载体。广播所承载的音乐由于并不受其他因素（如电视中的画面因素）的制约，而保持了自身的传统特性。

音乐在广播诞生之初即加盟广播节目，并成为广播文艺节目中最重要的部类。随着调频立体声音乐广播的逐步普及，音乐广播的受众量剧增，这类节目也成为广播所独有的优势——因为电视的声音现仍处于单声道广播阶段，立体声电视频道还处在局部实验阶段。

广播音乐节目的题材、形式、种类都很广泛。目前,我国广播音乐节目主要有教唱歌、每周一歌、中国音乐、外国音乐、音乐晚会、音乐讲座、音乐知识、音乐作品欣赏、音乐新闻报道、音乐演出实况转播、纪念性音乐节目、音乐故事、音乐广播剧、歌剧录音剪辑、专题性音乐节目等类型与内容。一些戏曲和曲艺音乐节目,也可以被纳入广播音乐范畴。上述节目类型,可以归纳为以下四大类。

(一)新闻实况性节目

新闻实况性节目指以音乐事件、音乐人物的报道采访为主的音乐节目。如中央人民广播电台的《音乐天地》,其内容定位为"向全国听众介绍中国音乐,反映中国音乐成就的窗口"。这个节目除转播音乐演出实况之外,还包括对社会音乐活动的报道,对乐坛人物的介绍以及音乐评论等。在这类节目中,音乐受语言的制约较大,通常以不完整的片段形态穿插于语言报道之间出现,或在语言报道中作为环境诠释性背景音响。

(二)知识教育性节目

知识教育性节目指以介绍传授音乐知识为目的的音乐节目。如中央人民广播电台的《教唱歌》,即以广播教唱优秀群众歌曲、讲解有关乐理知识为主要内容。另如该台《一支名曲》《外国音乐作品介绍》等节目也都不同程度地具有音乐知识讲授的性质。在此类节目中,音乐与语言常处于互相印证的同等位置,音乐作品的呈现相对完整。

(三)作品赏析性节目

作品赏析性节目指以一个或数个音乐作品的完整欣赏为主要目的,常常辅以有关背景知识和评论性的语言叙述的节目类型。如中央人民广播电台的《歌剧欣赏》,即以播送18~19世纪古典歌剧名作的剪辑、选场、选曲为主,辅以适当的剧情介绍。在这类节目中,音乐是处于中心位置的信息类别,其陈述相当完整,而且由于调频立体声技术的应用,其音质与音响层次均可达到高度逼真的效果。

(四)音乐戏剧性节目

音乐戏剧性节目指音乐作品与戏剧化语言表演相结合而形成的一种节目类型,这类节目以音乐型广播剧为代表。这类广播剧由音乐故事发展形成,以人物情节、戏剧冲突的手段进行结构,用演员扮演剧中的角色,以音乐家传记为主要内容,也有少数以一首乐曲敷衍而成的故事为内容。在音乐戏剧性节目中,音乐作品既可以一次性完整呈现,也可断续式多次呈现。音乐在剧中是主要表现因素之一,起描写情感或情绪、烘托气氛、结构贯穿或转换等作用。

除上述广播节目之外,在一些不以音乐为主要表现元素的广播节目中,音乐也作为辅助元素介入。这些节目的数量及类型很多，如各种类型的广播剧、专题节目、配乐故事、配乐广播小说、配乐散文、配乐诗朗诵、电影录音剪辑等。在这些节目中，音乐往往以标志性音乐、背景音乐、有声源情节性音乐的形态存在，起节目标识、情绪氛围营造或情节描写作用。

此外，在综合性文艺节目中也有音乐的大量介入。这类节目类似电视综艺晚会的节目构成，由多种艺术体裁集合而成。音乐在其中既可以是独立的节目形式，也可以是插曲或配乐的形式。中央人民广播电台每年除夕之夜播出的“春节文艺晚会”特别节目，可作为此类节目的代表。

音乐广播在目前的广播节目整体中占有极其重要的地位。与新闻、教育、服务等各类节目相比，音乐广播的播出时间最长、栏目最多。如在中央人民广播电台的第一至第三套节目中，音乐节目即占节目时间量的50%左右，占文艺节目总时间量的70%以上。这一传播上的优势，使广播已成为社会音乐传播无论在数量还是质量上，最重要和最有效的媒体之一。广播媒体对音乐传播的介入，正在对音乐文化的繁荣发展产生着不可估量的影响。

第三节　MTV的概念、源流与音画关系

无论从何种意义上来讲，MTV的出现都是20世纪的一件大事。有人认为，MTV的产生标志着视听科技的创新，标志着一个新的电视时代已经到来；有人认为，MTV的产生标志着“音像工业的彻底革命”；也有人认为，MTV是“文化殖民主义”更新、更有力的工具，加剧了欧美文化向发展中国家文化的侵蚀渗透。不管这些看法是否恰当，但MTV的世界性存在与影响，已形成了一种显著而奇特的文化传播现象，值得作一番较系统和深入的研究。这也是为什么将MTV从第二节涉及的电视音乐节目体裁中分离出来，专辟一节进行探讨的原因。

一、MTV的概念界定

MTV是英语Music Television（音乐电视）的缩写。对这个概念的理解，中国人和外国人之间的差异很大。对于大多数国家的音乐电视收视者而言，MTV不是一个节目体裁概念，而是“频道[①]概念。在这个频道中传输的电视节目都与音乐有关，但其节目的样式非常多样，包括音乐单曲的录像片[②]、音乐专题、音乐新闻、音乐演出实况

① channel，指电视传输的特定频率的电磁波段。

② music video，即中国人理解的MTV。

转播、音乐广告、音乐教育节目等。

中国内地音乐电视收视者对 MTV 概念的理解却是一个“体裁(type)”的概念，即用来专指单曲音乐录像片。显然，这是意义已经约定俗成的概念误读。为适应中国电视受众对 MTV 概念的普遍理解，下文对 MTV 概念的提及，实际上等同于国外的“music video”这一概念。

对于 MTV 的形态特征与性质界定，国内外也不尽一致。欧美的 MTV 所承载的音乐体裁多数是摇滚乐，其音乐节奏激烈狂放，音量变化较大，速度也比较快。与这一音乐体裁相结合的画面就具有 20 世纪“先锋艺术”的某些特征：无逻辑的画面拼贴、画面时空的快速大幅度跳跃、三维电脑特技效果的大量使用、心理蒙太奇画面结构方式的集中应用、快速的镜头剪辑组接，等等。这些特征所造成的怪诞新奇的画面高速运动，被形象地称为“三分钟视觉轰炸”。

由美国摇滚歌星迈克尔·杰克逊演唱的 MTV 作品《黑与白》(*Black or White*)，可作为一个较典型的例子。在这个作品中，画面时空频繁地在美国城市、非洲、印第安部落、东南亚、俄罗斯甚至宇宙星际，作时空大跨度快速变换；画面的陈述不是连贯完整的故事情节，而只是一些情境或情节碎片的连缀，体现出叙事逻辑的不严密性；电脑三维特技的大量应用，使画面上时时出现人物破屋腾空而出、各色人种男人和女人的头像变幻、杰克逊与美洲豹的互变等匪夷所思的形象与动态；摇滚歌舞、印第安人的马队、歌手砸汽车等表演，使画面与音响时时呈现出狂热和喧嚣的气氛。摇滚乐这一音乐体裁是形成欧美 MTV 特殊风格的前提因素。

但是，MTV 作为一种特殊的电视文化现象，其出现的根本原因和基本功能，应是现代商品经济的利益需要。在工业商品化社会中，音像商品也成为文化商品的主要构成部分，其品类之庞杂、数量之巨大，促使音像市场的竞争日趋激烈。音像商为了推销自己的产品，不得不将广告宣传作为主要的促销和竞争手段，而电视的广告宣传，恰好成为音像商品竞争促销的首选方式。在音像工业发达的欧、美、日等地区和国家，从 20 世纪 50 年代起就有了促销唱片的电视广告。这种广告发展到 80 年代初，即演变为一种完整陈述一首歌曲的录像片，用于电视播放，作为唱片、磁带等音乐商品的高度“艺术化”的电视促销广告，这就是我们所称的 MTV。

MTV 对音乐商品的促销作用非常明显。如美国音乐商品的销售量，自 1981 年 MTV 频道开播以来，每年的平均增长率高达 43%。中国内地的情况也与此类似。如大地唱片公司于 1994 年推出《校园民谣》专辑后，以这个专辑中的一首歌《同桌的你》作为“主打歌曲”，制作成 MTV 在电视台播放。这部 MTV 的播出使《校园民谣》专辑广为人知，成为当年中国内地最受瞩目且销售量最大的音乐盒带。据统计，至 1995 年 5 月止，《校园民谣》共销出 50 万盒。

因此，若从文化属性与功能角度对 MTV 进行界定，其定义可归纳为：MTV 是一种促销音乐商品，以推出经过“包装”的歌手与乐队形象来扩大社会知名度，从而获取商业利润的、电视广告性质的单曲音乐录像片。

二、MTV 的起源与发展

MTV 的前身是欧洲、北美自 20 世纪 50 年代以来用于推销音乐商品的电视广告片。在这类广告片中，音乐作品的陈述是片段的，篇幅非常短小，仅仅是宣告某唱片上市的信息，其形态还不具艺术作品的特征。70 年代开始，随着摇滚乐的商品化进程，促销摇滚乐唱片的电视广告越来越多，导致“广告战”升级。音乐制品的电视广告商为了能在竞争中打败对手，他们逐渐意识到必须对枯燥乏味的广告形式进行艺术化的改造，使之具有艺术审美或娱乐的价值，方能够吸引电视受众的注意和兴趣，从而达到最佳的促销目的。这就为 MTV 体裁的诞生奠定了物质和思想基础。

1981 年 8 月 1 日是 MTV 诞生的日子。这一天，世界上第一个 MTV 频道在美国华纳公司拥有的有线电视网正式开播，每天 24 小时专门播放热门的流行音乐。这个频道的节目类型包括音乐领域的新闻、访谈、闲聊、广告，以及每天播出 2 小时的“音乐流”(music loop)。在“音乐流”中，主要播放每部长 3～5 分钟的热门流行歌曲录像片，此即我们所理解的、狭义的 MTV 体裁。美国华纳公司音乐电视频道自开播之后，发展异常迅猛。至 1993 年，这个频道经卫星转播已覆盖了 80 多个国家的 2.5 亿个家庭，成为 14～30 岁青年人群最钟爱的电视频道与节目，也成为音乐商品产业大发其财的摇钱树。

1982 年，即第一个 MTV 频道开播一年之后，出道不久的美国摇滚歌星迈克尔·杰克逊推出了一张歌名为《恐怖之夜》(*Thriller*)的单曲唱片。为了给这张唱片作电视促销宣传，他邀请好莱坞著名恐怖片导演约翰·兰迪斯为他执导了这首歌曲的 MTV 录像。这部耗资巨大、恐怖电影风格的录像片在电视上播出之后，引起了巨大轰动，吸引了上千万个美国家庭的收视。这个宣传效益最终带来了丰厚的收入。据歌手在其回忆录中称，从这部 MTV 播出至 1984 年，《恐怖之夜》唱片共售出 4000 万张，创有史以来唱片销售的最高纪录。而且，这部 MTV 作品在艺术性方面的探索，使其获得 1983 年美国“格莱美”音乐奖的 12 项提名和 8 个奖项，这也是“格莱美”历届颁奖纪录上的空前之举。这部片子的艺术与传播的成功，为 MTV 的音画关系、画面语言、结构模式等，奠定了体裁风格特征。因此，我们现在通常将《恐怖之夜》视为 MTV 体裁从探索走向成熟的一座里程碑。

自 1983 年伊始，英、法、德、日、澳等国也纷纷开辟了 MTV 频道，MTV 开始了它的世界性传播过程。在音像工业的积极参与和推动下，仅仅一年之后，美国就播出了 MTV 作品近 2000 部，欧洲的英、法、德三国也摄制、播出了 MTV 作品近 1000 部。这说明，MTV 在其诞生短短的三年之后，就已形成规模化的制作与传播，成为电视节目体裁中势头强劲的一名新秀。

大约从20世纪80年代中期开始,MTV在亚洲东部的日本、新加坡、印度和中国的港台等音像工业发达的国家和地区兴盛起来。但是,由于文化传统的不同,东亚地区的MTV与欧美呈现出较大差别:音乐体裁方面,摇滚乐作品只占很小比例,大多数作品属于东亚各区域风格的抒情歌曲;题材方面,较少摇滚乐所特有的反主流文化内容,而以表现以情感为中心的内容为主。

MTV进入中国内地的时间较晚。20世纪80年代后期,来自中国港台、日本的MTV作品首先在中国内地南方地区开始传播。1993年3月25日,中央电视台在《东西南北中》栏目中首次播出了由上海电视台王国平执导的《青春寄语》作品,由此拉开了MTV在中国内地大规模传播的序幕。同年底,中央电视台举行了第一届全国MTV大赛,全部由国内创作的参赛作品达400余部,获奖作品有《穿军装的川妹子》《长城长》《流浪的燕子》等47部。这个发展速度是惊人的。考虑到仅仅一年之前,MTV还被视为"不健康"的东西而被排斥于内地电视媒体之外这一事实,在1993年年底取得的这一成果,可以充分说明MTV这一特殊的舶来品,在中国文化这一全新的土壤中,不仅具有很强的适应性,而且具有极大的发展潜力。

果然,在三年之后的1996年,中国内地的MTV就走入了成熟的青春花季。这一年,由内地制作的MTV作品《黄河源头》《乡风乡韵》在东欧举行的国际比赛中荣获大奖。在稍早的1995年秋季,由广州电视台女导演薛芳芳执导的《阿姐鼓》,也在全美电视音乐网举行的比赛中获最佳外语片提名奖。以这些作品为代表的中国内地MTV,至此以形式与内容的"本土化"、题材与体裁的广泛化和文化功能的多样化,彻底脱离了欧美、日本乃至中国港台地区MTV的模式,完成了自身"具有中国特色"的风格蜕变,并使这一适应性蜕变赢得了国际社会的承认。

至1998年,由中央电视台举办的MTV大赛已举办五届,参赛作品共计近3000首。无论从数量还是质量上看,中国内地MTV已步入鼎盛时期,成为中国电视文艺的一大品种。在文化功能上,内地MTV也超越了"音乐制品电视广告"这一单纯的功能,成为集教育、娱乐、广告于一身的多功能电视文艺体裁,其受众群也突破了青少年群体,逐渐为中、老年乃至儿童所接受和喜爱。

三、MTV的音画关系

音乐电视(MTV)作为音乐信息与视觉信息的相关结合体,视、听信息的相互制约关系,就成为MTV创作与欣赏的关注中心问题和评价MTV作品的主要标准之一。

在MTV中,音乐是起主导作用的表现元素。音乐与大多数艺术不同的是,它是一种完全没有现实对应物的听觉艺术,因此对音乐的理解就具有很大的主观任意性——欣赏者需要调动自己的生活经验,对音乐音响进行个人化的阐释,并通过丰富活跃的联想与想象,在大脑中构成相关的视觉表象。而MTV的画面,不过是把MTV

作品创作者在音乐欣赏中产生的主观表象，通过技术手段变成客观的视觉图像。所以，在 MTV 作品中，相对音乐音响而言，画面是一种从属性的表现元素，而且它表达的只是 MTV 创作者个人对音乐的理解。这个特殊的理解是否合理，这个理解的画面并不是表述是否新颖与流畅，这个表述的视觉语汇与语法是否精致而独特，就决定着 MTV 视觉信息的质量与成败。当然，在 MTV 中，音乐并不是对画面单向制约，二者是复杂的双向制约关系。

(一)画面对音乐的制约

由于 MTV 的音乐必然要衍生出画面，因此，适合拍摄成 MTV 的音乐，就应尽可能具有产生视觉表象的可能性。这一可能性在音乐作品中具体表现为：

1. 题材

音乐题材应以为多数人所熟悉的爱情、亲情、乡情、友情等为主。唯有这些多数人容易体验的题材，才能调动欣赏者的生活经验，产生相应的视觉表象。理性思辨色彩太浓，或政治性表述太直露的题材，往往不利于联想表象的产生。

2. 体裁

由于 MTV 本质上是音乐商品广告而非纯艺术作品，其商品性是以“易记忆”和“易参与”为保证的，因此，MTV 音乐必然以声乐曲中的通俗歌曲为主。因为相对于较抽象的器乐曲和结构较复杂、演唱技术难度较高的艺术歌曲而言，通俗歌曲更有利于大多数人的记忆、理解和传唱。

3. 歌词

MTV 歌曲既然要有利于激发视觉表象的产生，就必须多用具象概念，少用抽象概念，尽可能做到“词中有画”。此外，还应谨慎使用那些常用而过于熟悉的“通用概念”，如“长江”“黄河”“长城”“泰山”等名词和“辉煌”“灿烂”“圣洁”之类的形容词。因为这些概念由于使用频率过高，象征内涵过于固定，已成了无新意的通用符号，很难据以产生独特、新颖的视觉表象。

4. 音乐

音乐是 MTV 的主体，是画面创意的基础。音乐创作虽无一定之规，但既然要与画面结合，就要在形态与风格上有如下制约：

(1)时间

作为拍摄 MTV 的音乐作品，其最适宜的时间长度一般在 3～5 分钟之间。太长易导致“审美疲倦”，太短则不利于印象建立和画面表现。

(2)留白

作为 MTV 的音乐，应留出相当时间量的“非歌唱段落”(前奏、间奏、尾奏等)，以利于表现重心向画面暂时转移,使听、视觉信息交替占据中心位置,达到表现上的平衡。

(3)平易

MTV的商品广告和大众教化性质,使其音乐必须具备"易记"和"易唱"的特点,故其结构应尽可能简单(乐段或主、副歌结构居多),演唱难度较小,以利于广大受众的参与。

(4)熟悉与新颖的平衡

MTV音乐对于受众来说,如果风格太过熟悉,则会导致"司空见惯"的审美漠然,但若过分陌生(新颖),又会因不符合大多数人由文化传统造成的审美心理定势而难以被接受。因此,音乐的风格应尽可能将民族传统性与时代感平衡协调,把握好继承与创新这一对矛盾。

(二)音乐对画面的制约

MTV的画面风格受音乐的制约极大,并由此形成了自身的独特风格。音乐与电影、电视剧艺术在性质上的根本区别是:音乐语言没有明确而固定的语义,因此音乐不擅长叙事,或者说是讲故事,而更擅长营造某种朦胧的、流动的、下意识或非逻辑的情绪过程。音乐的这一特征,使MTV的画面叙事性质被大大削弱。与电影故事片和电视剧等相比,MTV的画面或完全是非叙事的情境组合,或虽有叙事成分,但这一"叙事"却是相当概括、简略、不完整的,时空跳跃既快且大,情节过程断续简约。这些特征都可以看作是音乐表现特征的视觉化。

在MTV作品中更常见的画面风格,可称为"非叙事、超现实的抒情风格"。这是一种用心理蒙太奇语法构筑的画面。所谓心理蒙太奇,源自电影蒙太奇语言中的一种,其定义为:通过片段的形象、不连续的叙述和跳跃的节奏,展示人物的心理活动。心理蒙太奇的特长是表现人物的情绪、情感运动之纷繁无序状态,揭示人物的内心独白。在MTV中,这一画面语言的应用被推向极致,使画面及其组接更加虚幻、奇异、不完整与不连贯,超现实时空使用更多,人物的行为方式更加异于常态。总而言之,这种画面风格不记录事件过程,不讲故事,而是用类似梦境的超越现实生活经验的情境(而不是情节)来表现人的某种心情或感受,亦即音乐所表达的人类情绪、情感运动。

由于这一画面风格更近于音乐的性质,而远离了电影、电视剧、电视音乐纪录片和各种舞台艺术,因而成为MTV最具典型性的画面结构风格,或者说MTV画面结构的基本模式。大多数为人熟知的MTV作品,如《希望》(李宗盛)、《阿姐鼓》(朱哲琴)、《黄河源头》(张迈)、《涛声依旧》(毛宁)、《寂寞让我如此美丽》(陈明)、《高级动物》(窦唯)等,都采用了这一画面结构模式。

第八章　广播电视文艺符号

符号学(semiotic)是研究符号的学说。符号学研究的对象包括各种用以进行表达、交流、沟通的符号,即所有符号系统。如文字、影像、话语、音乐、标志、动作、物品等可以构成“语言”的符号系统,也“包括我们在礼仪、仪式或演出中所见到的由不同质料组成的复合体,如果它们不构成‘语言’,至少构成意指(signification)系统”[①],甚至更广泛地包括那些用来表征超出本身自然存在意义的各类事物,如颜色、鲜花、石头等,不论它们有着怎样的质料和界限。符号学研究的主要对象是每一种文本的符号系统,以及不同符号系统沟通交流的方法、符号使用的规则。符号学最重视的问题是“文本的意义如何被创造出来”,而不是“文本的意义是什么”。因此,符号学有自己的一套描述符号和符号功能的话语方式。这套方式使我们能够更加精确地描述作为文化传播符号的运作真相,扩大我们对文化成规的知识。

符号学的最大优点在于它从不同的学科获得研究的理念,不拘泥于任意分门别类的概念,这特别适合于对广播电视的研究。

第一节　符号的一般意义

瑞士语言学家索绪尔被视为欧洲符号学之父。索绪尔认为,“我们可以设想有一门研究社会生活中符号生命的科学……我们称之为符号学”[②]。符号学中意义最小的单位被称为符号(sign)。符号学就是从研究这个符号单位开始的,它研究符号组合的规则和符号意义的外延与内涵。

索绪尔找到能指(signifier)和所指(signified)这两个词,二者的结合便构成了符号。每一个符号都是由一个能指和所指构成:能指是一个有形体或声音的存在物,是指可以用于表达的表达物本身,如字符、影像、物体、标志等,也就是符号中具有物质形式的部分;所指是能指所代表的抽象概念。例如,“树”这个符号的能指是由“木”“又”

---

① 罗兰·巴特:《符号学原理》,生活·读书·新知三联书店1999年版,第1～4页。

② 费尔迪南·德·索绪尔:《普通语言学教程》,商务印书馆1999年版,第1～20页。

“寸”这几个字组成的，而树的概念是指木本植物的通称。索绪尔认为，在语言中能指和所指之间的关系是约定俗成的、任意的并且是武断的。文字符号本身并没有明确的价值和意义。每一个文字的意义是由它所在的具体话语中和其他文字之间的差异造成的。例如，“树”在能指的范畴中，它能与树立、树起、建树等字区别开来。在所指的范畴中，由于它与大树、小树、树林、树桩等词的意义有差异，才具有了自己的意义。

能指和所指虽然是索绪尔在谈论语言符号时提出的，但是，当我们把这一概念推及符号研究的方面时，发现任何一个符号都包含有能指和所指这样两个方面。不论是语言符号系统还是非语言符号系统，其能指和所指的关系都是任意的、约定俗成的。这种任意的约定俗成的关系更多地体现出符号的文化性和社会性。例如，七色彩带这种能指，在不同的文化背景下，所指的差异是非常大的。七色彩带可以指彩虹，也被当作同性恋的标志。尤其是广播电视符号的能指是由众多的因素构成的：影像、声音（口头话语）、音响效果等。影像的能指又是透过一个固定在3∶4的长方形的二度空间屏幕传达的，镜头的焦距、灯光、角度、颜色和构图等都是能指的构成因素。影像和声音作为各自独立的符号，各有其能指与所指。它们结合在一起的能指表达的所指更加复杂。

符号学家艾科将符号定义为：在既定的社会成规下形成，能以某事物代替其他事物的，就是符号。在这个意义中，符号包含了符号本身和其文化的因素。例如，“山雨欲来风满楼”这句话道出了山雨的前兆是“风满楼”，这是我们从社会成规中学到的。进一步分析，当舞台上的人物连连说，这天气太闷了，或观众听到雷声隆隆响起（如话剧《雷雨》），我们认为这是雷雨的前兆。同时，雷雨又成了《雷雨》悲剧的前兆。尤其是后一种理解，是我们通过许多艺术作品积累起来的，文化的因素显而易见。

但是，当人们观看或者收听时，往往忽略了能指的存在，将能指看成是透明的，即把意义当作自然生成于表达实物之中，忽视了符号的存在，继而忽视了符号的本质。索绪尔的理论使我们认识到广播电视符号——作为能指与所指的结合同样是约定俗成的、任意的，表达也是非自然的过程。任何一个图像或者声音都可以成为社会出于意指目的而衍义的实用物品，衍义行为本身体现出文化的含义。当我们在描述广播电视符号系统中各种符号的关系时，才可能对其意义生产的实践有更科学的认识。

第二节　符号的分类

现代符号学中对符号的分类运用最广的是美国哲学家皮尔士的符号分类学思想。皮尔士把符号分成三类：象征的、图像的、指示的。皮尔士是按照符号和其对象的关系进行分类的，这种分类法所关心的不是把什么当作符号，而是考察使其成为该种符号的方式。

一、象征的符号

象征的符号具有指称功能，通俗地讲可以代表对象。但是这种代表的资格却具有任意性，这种随人意而决定的典型例子就是语言符号。因为这种符号与对象之间既无相似形，也无存在性的关联，指称的关系完全是武断的、任意的，是根据人为的规则确定的。不过，语言常常会戏弄我们，让我们觉得其能指与所指之间的关系本应如此。其实“树”(能指)与我们所认识的“树”的概念(所指)之间的关系不是必然的。我们把语言归入象征符号类中，就是因为语言符号能指与所指关系的这种任意性。由于我们与语言符号的关系太密切，我们从一开始说话时就接触这种象征符号，它的象征性在习惯中才逐渐成为必然。

除了语言之外，在广播电视中，物体和物体发出的声音也可以被归入象征符号类，如玫瑰象征爱情，香槟象征庆祝，鸟鸣象征寂静，公鸡叫象征黎明等。这些象征符号往往带有强烈的感情色彩，使得能指和所指之间的约定性不易被察觉，如能指(大红灯笼、红色旗袍)和所指(喜事)之间的关系。这种带有感情色彩的象征符号会因为编码人与解码人文化背景的不同，造成所指的很大差别。如以红色为背景的构图，在西方许多国家是与红灯区(所指)联系在一起的；在我国红色(能指)常常与火、革命联系在一起(如电影《火红的年代》)。类似的能指若使用不当的话，可能会被认为是对所指的直接攻击。当然，象征符号中也有较少感情因素介入的，其能指和所指的关系让人感觉到十分自然：十字路口的红绿灯(能指)分别代表停止、行进、准备等；斑马线则代表人行道；箭头表示方向。电视上对图像符号的普遍使用，使我们忽略了电视媒介许多表达作用的任意性质。

例如“9・11”事件有一个经典的镜头：由恐怖分子操纵的飞机正撞向世贸中心大楼。这个镜头的反复播放就会使其所指——矗立在纽约的一座高达427米、有110层的建筑物，由于和“9・11”具体事件的关系转移到“恐怖行为”这个概念上。反过来讲，恐怖分子选择世贸中心作为轰炸目标，是因为世贸中心是美国的一个象征，轰炸世贸中心就是对美国的恐怖行为。我们看到这个镜头(能指)的所指会在相当长的时间内被“恐怖”意义占据，甚至像历史一样占据。这种所指的转移恰恰是任意性与成规性导致。任何被视为自然的象征符号，是有历史积累和文化积累的，而且也是多变的。

二、图像的符号

图像符号与指称的对象有共同的性质，其能指与所指之间有一种自然的关系，二者在某些方面有相似形。从结构上讲，其能指相似于所指，如屏幕中的曼德拉与曼德拉本人的形象关系。但是，有许多图像符号并非直接来源于其所指的外在形象(线条和轮廓)。如地图作为图像符号,除了具有大致的地形外貌(中国地图像一只大公鸡),我们要读懂它,还必须学会辨认拟似符号。这种拟似符号是根据其外形特征简化勾勒而成的,类似简笔画。但是,这种用于绘图的符号必须是符合成规的,如河流～、山脉△△△、铁路┬┬┬、公路══等。当我们从一幅图画中看到猫的肖像时,首先是根据画中物(图像符号)与所指的猫之间的对应关系确认其为猫的;其次我们也必须知道关于画猫的原则。例如,儿童画猫,需要掌握这样的一些原则:猫是有胡须的;猫的耳朵是三角形的;猫是有尾巴的,等等。实际上,图像符号与对象之间并不完全等同,只是存在一种肖似性的程度,大部分的画是根据一定的原则画出来的。这种原则的制定,在一定程度上维护着相似的基础。如果一幅画是以猫爪的底部作为中心完成的,那么,这幅画很少有人能够看懂它。

图像符号可以分成3种:

第一种是图画,它与对象在一些特征上相同。例如照片与本人的对应关系。

第二种是图表,它反映出对象诸部分之间的对应关系。如中国地图像只大公鸡,是根据地质测量的数据,按照绘制地貌的规则绘制出来,制成图形。

第三种是具有转喻意义的图画,它与对象存在一般的相似性关系。例如,天安门象征北京;长城象征中国;维多利亚港象征香港,等等。

图像作为交流的符号需要具备以下的条件:

第一,按照某些公认的特征给予识别。比如,用四足和黑白条纹表示斑马。

第二,按照习惯中认可的可以简化对象的规则,只标示出对象的特征。比如,斑马只用条纹图形,无须用四足和黑白色即可表示。

第三,按照惯例在对象特征与图形记号之间规定一种相互符合的方式。比如,按照透视法画一座房子,先要掌握透视的原则,即近大远小。

第四,在一定的文化背景中被人们赋予特殊意义并被广泛认可的标志物。比如,凯旋门作为巴黎的象征;白宫作为美国政府的象征等。

有一幅名为《礼尚往来》的漫画对图像符号的意义作了生动的解释:侍从牵来一匹布拉鲁王献给国王的斑马,国王命令侍从用水冲洗斑马,不料黑白条纹全部被冲干净后,斑马原来是条驴。于是,国王又命令侍从牵来一头牛,在牛身上画上金钱豹的豹斑,命令侍从将其送给布拉鲁王。这幅漫画中的两位国王是"按照习惯中认可的可以简化对象的规则",只标出了斑马和金钱豹的花纹特征(被习惯认可的)。他们的行为是对图像符号制作、交流规则的一种夸张表现。

电视中的画面符号与其所指的对象非常相似逼真,除了成像技术外,在很大程度上是按照电视构图的成规行使的结果。如果违反了这些成规——传统的比例尺度、色彩、灯光、透视法、摄影角度、镜头焦距.那么,即使是出现在电视镜头上的一只鸡,也是难以辨认的。反过来,如果它采用了某种成规(如驴身上画黑白条纹),我们也是极容易受愚弄的。

在电视中，许多图像既可以作为图像符号使用，也可以作为象征符号使用。如占据画面的红高粱，既是红高粱本身，也可以象征丰收，象征一种激情。又如，皇帝的龙袍，既是龙袍本身，也象征着皇帝的权力。还有音乐(小调和慢节奏意味着忧郁)、画面的技术处理(诸多银星的闪烁意味着梦想，云蒸雾腾意味着天上宫阙)、手提摄像机意味着现场拍摄(我们看到许多新闻类节目的片头中出现这种画面)等。这些符号能指与所指的对应关系都是经过约定俗成和反复使用才被确定下来的。

了解图像符号中结构上的相似性十分重要，这是图像映现物体的规则。其表达程度的高低，由能指再现所指的程度决定，二者成正比关系。而能指表达所指的程度与成规化的程度成反比。也就是说，一幅越接近实物的图像，成规的程度越低，因为它必须在我们对原物的直接经验中体现表达的功能。我们能够认识一幅照片，是因为我们对这一类实物是熟悉的。就此而言，图像符号的能指对于所指的影响和限制是深远的。

符号的所指主要是由能指或社会成规决定的。作为被摄物影像或被临摹画像的图像符号(图像符号的第 1、2 种)受社会成规影响程度较小，与对象有相似关系的图像符号(图像符号第 3 种)受社会成规影响程度比前一种要大。如一条河流照片的模样，由这条河的地貌特征决定，而出现在地图上概括性河流的图形，完全由这类符号的使用者之间的成规约定。

图像符号在映现物体时给我们造成的印象是符号(能指)与所指对象是合而为一的，我们容易视之为当然，这时候符号的构图规则就被我们忽略了。即使是照片式图像符号在使用的过程中也会包含象征性，只要使用者认可。因此，其象征性同样是任意的。

三、指示的符号

指示符号不同于图像符号，因为其能指与所指之间有着物理性的而不是形似性的联系：烟的所指是火；脚印的所指是有人经过；泡沫的所指是洗衣粉；婴儿啼哭声的所指是新生儿的降临；风帆鼓起的所指是有风。

由摄像机产生的属于指示符号的影像，其所指是由这个影像所在位置的前后影像确定的，有表达意义的特定时空。比如，当一位留有披肩长发，身着连衣裙，足蹬高跟鞋，涂抹口红，描眉画眼并且胸部丰满的人出现时，你会根据女人与长发、丰满胸部之间的存在性关系，将此人确定为女性。所以，指示符号关于影像的真实有时是很难被证实的，而影像会“说谎”，如摄影采用特殊的技巧、特殊效果、电脑绘图、多重曝光和动画影像等，使能指与所指之间的物理性关系变得虚假。本来冒烟是因为着火，现在可以制造冒烟的效果，让你误以为是着火了。男人也可以将自己的胸部用半圆状物装饰起来，再穿上女式服装，就可以扮作女人了。尤其是数码技术在声音、画面制作上的应用,可以随其主观意图对处在同一个画面空间中的物体的位置进行置换。比如,改变汽车原来的位置;对其声音进行修饰,过滤原来的杂音;模拟著名主持人声音的电脑主持人(非真人)可以以假乱真(至少在声音方面);演播室采用抠像技术制造虚拟演播背景等。现代科技应用于影像和声音符号的制作后,"说谎"的可能性更大了。我们还发现,电影中的蒙太奇剪辑发挥的正是符号的指示功能。

指示符号的意义也是由社会约定后确认的。比如,有一条名为"珊拉娜润肤膏"的广告片,片中的少女脸上长了许多青春痘,而"珊拉娜"是专治这种痘的药。这种出现在脸部的红色痘状物之所以被叫做"青春痘",是医生根据它与已经被命名为青春痘的皮肤病之间的经常性的关系而下的结论。这种关系经过共同约定并且在医学著作中记载下来,符号的意义才被建立起来。

以上三种符号并不是互相排斥的。广播电视中经常使用这三种符号,尤其是电视。当我们了解这些符号的区别后,我们可以同时使用两种或三种符号,以达到传播的目的。

第三节　符号意义的运作过程

广播电视符号系统与我们用话语叙述(写作)时所遇到的问题有很大的区别。电视里最小的意义单位,从技术上来讲是一个图框(frame),即一个完整的画面。一个有基本意义的声音可能是一个单音节的词,如"好""行",也可能是一句话,话有长有短,它是由若干个字和词组成的。因此,对于声音很难确定其最小意义单位所占据的时间,尽管时间对于声音话语来讲是十分重要的(我们可以通过分析具体的话语认识时间作为声音符号要素的意义)。

广播电视有五种传播符号[①]:影像、文字、声音、音乐、音响效果。电视是通过这五种符号传播信息的。广播主要是通过声音、音乐、音响传播信息的。电视最重要的符号是影像,这也是电视与广播及其他传播媒介的主要区别。因此,在关于电视制作的教科书上,往往把画面制作当作主要的内容,研究视觉符号如何完成传播的任务。如对称构图、色彩调和、明暗灯光等电视制作的基本规则,这些规则决定了影像制作的规则和呈现内容。

一个完整的电视作品是由若干个画面组合而成的。用符号学的理论来分析,画面的组合可以分为纵聚合、横组合两种形式。横组合是符号的排列规则,是一个依规则组成的符号串。纵聚合则是指在符号的规则下,一组可以彼此替代的类似的符号。有一类纵聚合是基于不同人或物体与摄像机的同等距离而形成的,如诸多特写镜头的符

① 此处"符号"一词与本章所言"符号"概念有别,即此处是指根据质料的不同所作的区分——本章作者注。

号组合；另一类则是以同一人或物体与摄像机的不同距离为聚合基础，如人物的远景、中景、近景等。同等距离与不同距离的处理从纯粹技术上来讲，是为完成一个意义的表达而调动镜头所致。但是，这种镜头的调动本身也在反复操作中形成了一定的成规，即包含着对被摄物体的主观态度。

罗兰·巴特认为，符号产生意义的运作过程可以分成三个层次[①]，也就是说，符号在完成意义的运作过程中，有三个不同的“表意层次”：外延、内涵、相互主观。

一、外延

第一个层次符号意义的产生是通过外延的形式，即能指是影像本身，所指是摄像机前的物体，也就是形成符号形象的那个物体。所谓外延就是指物体的形象延置到影像（照片、画面）上，这时候影像符号与意义（所指）之间是一种自足完满的关系，有人将这种关系称之为“合而为一”的关系。比如，一张关于一幢楼房的照片可以代表被摄物——楼房，一张曼德拉的照片代表了曼德拉本人。但是，当楼房这个符号在表达意义的运作中，它还可以进一步象征城市建设的现代化，或代表商品房的建设规模；同样，曼德拉的照片可以代表反种族歧视的运动，也可以象征人类争取自由的精神。这时候，符号表达意义的运作就到了第二个层次。

二、内涵

第二个层次符号意义的产生是由其所指移位的无限性所致。即符号能指与所指的第一个关系被确定后，以第一层符号外延的意义为基础，并将另一层意义附加其上，构成另一个所指。这种附加从理论上讲似乎是没有限制的。巴特认为，在第二层次表达意义的运作过程中，符号分别扮演着两个角色：神话——文化意义的制造者，与内涵意义的因子。

（一）神话——文化意义的制造者

符号的这个角色淡化了其外延的意义，它使我们把关注点放置在当它出现在这个位置上时，象征了什么，代表着什么。如 1999 年 10 月 1 日，时逢中华人民共和国成立五十周年纪念日。这一天，在天安门广场上举行了盛大的庆祝活动。中央电视台对整个活动进行了现场报道，报道中有海陆空三军仪仗队经过天安门广场的画面。虽然每一个方队都是由个别人组成的，但是，当我们观看时，方队中士兵的形象不再具有特定的所指，即张三或李四。士兵这个符号，已经变成了第二层的表意符号。这时候，由每

---

① 罗兰·巴特：《神话——大众文化诠释》，上海人民出版社 1999 年版，第 172～176 页。

一个个别的士兵组成的方队,将一种文化价值具体化了。也就是说,作为一个具体的方队(假设是某某部队某团某连)的番号和每一个个别的有名有姓的士兵这些意义,对于观看者来说,已经基本被削弱了。观众看到的是解放军仪仗队,这个仪仗队与展示现代军人风采的国庆阅兵式相关。这就是神话的过程。

这种神话的有效性是通过两个方面予以支持的。

一方面,符号的特定性和作为图像的准确性给予支持。如由军队组成仪仗队通过天安门广场,现场直接摄录其场面。我们能够认识这支军队,是因为我们的实践留在我们的记忆中。有关这支军队的特征:军服的颜色和式样,组成这支队伍的士兵的相貌,加上画面的解说词,给我们的记忆以确认。

另一方面符号与使用者的文化需要的契合程度,即我们对一种概念的认可程度给予支持。这种契合决定了神话能够与外在真实(相像)相沟通,并且同时将真实融入我们的文化价值观中。如国庆阅兵式要表达的概念:中国军队是一支拥有先进的技术和武器装备、训练有素的军队。各路方阵表现的是"军队的健儿"。这种概念是通过现场的画面予以确认的。可以看到,现场报道中,镜头首先选择了表达方队行进时整齐划一的标准化程度的物(某个具体的行进方队):队列的横排与竖排及每条斜列都成直线;手臂摆动时,白色手套构成一条白色的直线;还有整齐的口号声……这一切使人们立刻意识到这些军人所接受的特殊训练。然后画面映现出各种武器,有坦克、战车、导弹、飞机、火箭等,这是我们十分熟悉的情景。当镜头对准这些武器久不移动时,我们对其意义的认识被镜头引入到第二层次上。由于在第一层次符号意义上我们看到了实物,运作到第二层次时,"我们的军队是现代化的军队","我们的军队固若金汤"等意识,随着视觉符号的移动而被引发出来。

(二)内涵意义的因子

如果说符号的外延意义是透过影像和声音再现的机械过程产生的,那么内涵的意义则是人为介入的结果。因此,内涵的意义也是无限制的、主观的经验。如豪华轿车作为第一层次符号的意义表明拥有此车者的经济或政治地位,连带的意义则暗示我们对此地位的尊敬,因为符号在第二层次上与符号的使用者不仅仅有对源语言的默许,而且在价值、感情和态度方面也有相当的一致性。内涵的意义与制作和接受这些符号的人的价值、态度和感情有直接的关系。作为内涵意义的因子,植入符号使用者的意识形态,便可能引发使用者的个人的主观感情。

电视符号扮演内涵意义的因子角色是通过镜头的角度、灯光、背景音乐、同期声、切换的频率等实现的。其中,音响和音乐尤其可以用来制造某一画面特定的内涵意义。一座豪宅配上哀婉凄清的音乐,传达出宅主的不幸身世或曾经发生过的悲剧;配上惯用的紧张音乐,则可以传达悬疑不安的气氛。在广播剧中,一位角色正在激越慷慨地发表演说时,配之以我们习惯的恐怖音乐,预示着将要发生的不测(有人正在准备暗杀演讲者);若配上无旋律规则的乐声,则产生滑稽的效果。

三、相互主观

第三个层次符号意义的产生是指不论编码者还是解码者,他们对符号意义的感知在本质上并不是因人而异的,他们首先是臣属于一个文化群体,共同的文化背景为他们提供了主观的意识。因为,所有的感知都是针对符号而发的,符号的意义只有在文化平等、同一的成员之中才能产生,这就是所谓的相互主观。这一类的主观感知,为同一文化所有成员共享,使我们对许多符号所代表的意义产生一致的领会。这种一致性既是历史的积累,也是时势的产物。它在历史的进程中,或当下的社会里,成为同一文化背景中所有成员共同感受的知识与经验,这种感受是在大家共同遵守的契约中被认可的。因此,它也是符号能指与所指关系确认的前提。它允许同一群体每个成员认识的深浅差别和感知的前后。也就是说,有的人当下就有感知,有的人经过学习或积累生活后才获得感知。所以,相互主观性深受文化的左右,也是文化影响群体所有成员的路径,而文化的成员属性也由此产生。例如,一面装饰有某国国旗标志的时装在设计师那里只是他无数个创意作品之一,他只从表达个人的设计理念出发对待这面国旗。而这面国旗穿在哪个国家的模特身上,在哪个国家表演,产生的效果会有差别。如果拥有这面国旗的国家历史上曾经侵略过另一个国家,那么,另一国家的模特穿这件时装在自己的国家表演,就会伤害本国观众的感情。如果忽略了文化背景,也就是忽略了观看者共同的历史意识,引发的效果会使另一个文化背景出身的人始料不及。

当然,我们还应该看到,共享是一个获得意义的过程,因为意义既不是传播者也不是接受者一方的财产,而是一个意义交换的过程。意义不是早已存在于所指之中的,意义在收听或观看的实践中出现,因此共享的结果是有区别的。另外,不同文化背景成员间的符号交流也有许多可能性,这种可能性是历史的,可以发生变化,有时候变化会在冲突的过程中发生,只是表面难以察觉罢了。

第四节 符号意义的表达手段

符号意义不论在哪个层面上运作,其表达意义的主要手段是隐喻和转喻。

隐喻是指一个词(能指)以一种破除老套、非字面意义的方式,应用到一个目标物或动作(所指)之上,它强调能指与所指的相似(对应)关系。转喻纯指用某一物的某一属性或部分喻指此物的全体,强调毗连性关系。

雅克布逊认为,主题的发展可以沿两条不同的“语义路线”进行:这就是说,一个主题(topic)是通过相似性关系或者毗连性关系引导出下一个主题的。这两种关系分别在隐喻和转喻中得到最集中体现。[1] 当我们把支撑椅子面的四根短木称为“腿”时，这个“腿”字与人腿的“腿”发生了相似性关系，即隐喻的关系。这种相似强调了二者之间作用的类似和形的某种相似之处。当我们用白宫发言人这个称谓替代美国政府发言人时，白宫与美国政府之间的联系是转喻功能——毗连性关系发生作用。

当隐喻的概念用在非言语的视觉符号上时，我们看到图像符号和它所表达的意义之间的关系是自然构成的。一张玛丽莲·梦露的肖像能使我们接受，是因为二度空间的视觉表现足以代表三度空间的实体。同样，只要我们能找到一些相对应的特点，地图和比例模型也可以用来代表原物。因此，电视中的视觉符号在第一层次的表意阶段，能指与所指之间的相似之处，即符号和它所代表的实体之间就使用了隐喻的手段。它将真实的世界转移到电视画面中。

转喻的表意作用在于符号具有以部分代替整体的能力。比如，在日常的生活中，公司经理或老板常常称其雇佣在身边帮助他处理各种事物的人为“助手”或“帮手”，这个称呼本身就是用这一类人身上的一个属性来代表他们。如果这些人在他们老板的眼中，只是一些“手”(因为对于老板来说，这些人身上有价值的东西是他们的“手”或“腿”，他们可以打字和送信)的话，那么，可想而知，打工的人在雇主的眼里没有别的属性和别的需要了。

另外，我们还看到实物也能以转喻的方式象征抽象的概念。比如，俄罗斯前总统叶利钦辞职后将一个装着核按钮的密码箱交给普京的行为所表达的意义是把国家权力交给了普京，这个行为的所指并不显示这件物品的质地和外形的价值，因为它们在这个场合中的价值已经转喻为抽象的权力概念，不是其使用价值。当然，工匠在制作这件物品时，箱子的价值就是装东西了。箱子作为单纯的图像符号出现时，只代表相似的那个实物本身，别无他意。如果我们把声音也作为一种实物(例如一首歌、一段音乐、一段完整的音响)的话，它同样可以用来象征某一概念。比如，当广播节目中出现《七子之歌》时，它可以象征“澳门回归”这一事件。

任何一种符号可以同时以隐喻与转喻的手段运作，但它们执行的功能并不相同。在第一个层次的表意阶段，图像式符号或声音符号(如实况录音)的外延性功能是属于转喻性的，即由实体到表象(符号)的移位作用。因此，电视画面中清澈见底的河流的一部分就可以代表这条河，或者我们看到断桥西湖白堤北面第一座桥[2]时，可以说看到了西湖。电视的写实性来自于其外表意义的转喻。一段实况录音放置在一条消息中播出(某某人谈他对某个问题的看法)，它首先代表的是这段话语本身，同时也代表一种说法——舆论。

在第二层次的表意阶段，其内涵性主要是隐喻功能起作用的结果。比如，当我们

---

① 伍蠡甫、胡经之主编:《西方文艺理论名著选编》，北京大学出版社 1987 年版，第 429 页。

② 传说中白娘子与许仙相会之地。——本章作者注。

从电视中看到春节晚会出镜拜年的人物由各类娱乐明星换成科学家,或者科学家出现在屏幕上的次数已经超过歌星、影星时,表达的意义是科学家在社会中受到尊重的程度越来越高。在此,意义的移位现象是由一个社会价值的平面转移到表现频率多少的平面。两者之间的关系是内涵而非外延。同理,当用那条清澈见底的小河表达治理河水污染的效果时,两者之间关系的建立是隐喻发生了作用。对于隐喻和转喻的使用,情节式的电视广告特别突出。在短短的半分钟内尽可能地转换使用这两种手段,使两种功能交替起作用,以表达作品的意义。如关于"保龄参"的广告:画面一开始出现女儿和女婿给丈母娘送礼的情景,女婿叫一声"爸——妈——"丈母娘眉开眼笑地说:"他每年都送保龄参,这就叫一心一意啊!"这个画面的转喻功能是表达保龄参对于延长老年人生命的意义,是将保龄参这种补品的效果移位到给老年人送礼就应该选择它的意义上。其隐喻的功能是子女应该孝顺老人,孝顺带来的是合家欢乐。"一心一意"这句话更是双喻之词了。我们从这则广告中还发现,电视广告为了掩饰其推销商品的真实意图,或者说是为了与客户联络感情,千方百计地突出画面的隐喻功能,即第二层次的内涵性,最后强调其转喻功能,这也可以称作"醉翁之意不在酒"。

费斯克(J. Fiske)将隐喻与转喻的表现形态及结构关系用图 8—1 表示[①]:

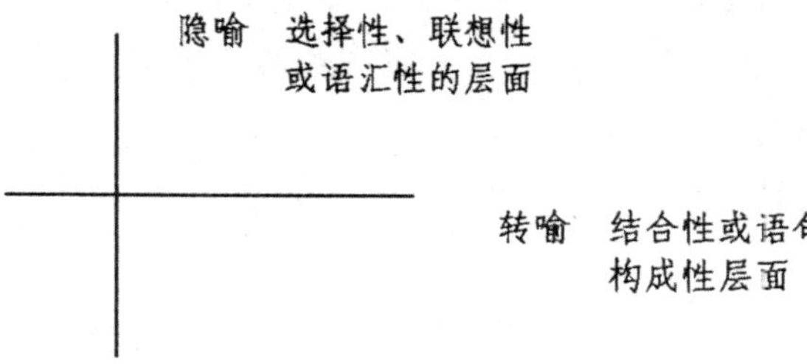

图 8—1

在用符号生产意义的实践中,我们看到隐喻型话语和转喻型话语,但是每一种类型的话语并不一定是在二者(隐喻与转喻)之间进行排他式选择,只是以其中某种更占支配地位为参照。属于隐喻范畴的包括:俄罗斯抒情诗、浪漫主义及象征主义作品、超现实主义作品、查理·卓别林的电影(淡出淡入的镜头叠合是真正的电影隐喻手法)、弗洛伊德式梦的象征(通过认同的方式)。属于转喻范畴的则包括:英雄史诗、现实主义流派的叙事、格里菲斯的电影(特写镜头、蒙太奇及视角变化)、移位或凝缩式的梦境投射。[②]

---

① 参见〔法〕费斯克:《解读电视》,台湾远流出版事业有限公司 1996 年版。
② 罗兰·巴特:《符号学原理》,生活·读书·新知识联书店 1999 年版,第 53～55 页。

第五节　语句——意义的构成

我们把一个表达完整意义的符号组合称作语句。依照索绪尔的语言学理论,语言各要素间的关系可以在两个层面上展开,其中每一个层面产生其自身的价值。第一个层面是组合层面,组合是句子的一种排列,具有空间和时间两方面的延展性。句子是由一系列的符号组成的一个水平链,它们依照约定俗成的规定和协议构成完整的意义。在组合的过程中,符号和符号之间的联系是通过转喻的功能发挥作用。第二个层面是聚合层面,用索绪尔的术语来说是联想层面[①]:“在话语(组合层面外)之外,彼此之间具有某种共同性的要素在记忆中联系起来,形成由各种关系支配的集合。”[②]联想构成的集合不仅仅把呈现出某种共同点的要素连在一起,它还能够抓住在每一个场合(意义产生的场合)把要素联系在一起的种种关系的性质。有多少种关系,就有多少种联想系列。联想是相对词汇而言的。词汇(paradigms)是指一系列或者意义或者形式有共同性的符号。我们可以由一个符号联想到一个系列,然后选择其中的一个符号用于组合。如果话语的主题是“孩子”,那么说话人可以由“孩子”联想到“儿童”“小家伙”和“小鬼”等词汇,然后从中选择一个,因为所有这些词汇在某种意义上是互等的。组合则是一条水平语链依照约定俗成的规定和协议,彼此组合成一个句子或片段。当你陈述“孩子”这个主题时,你可以从一些语义相关的动词中选择一个:睡觉、瞌睡、打盹或玩耍、嬉戏、打闹。

组合层面与聚合层面的关系非常密切,索绪尔用下列比喻表述两者的关系:每个组合单位如同古建筑中的柱子,这根柱子与该建筑其他部分(如下楣)有着真实的毗邻关系(组合关系);但如果这根柱子是多利安式的,它会唤起其他样式的柱子(中国式的),这就产生了一种潜在的替代关系(联想关系)。这两个层面相互联系,以至于组合只有通过连续唤起联想层面以外的新要素才能“前行”。[③] 联想—选择是在对应、类似与相异、同义、反义的基础上进行的。组合(造句)以连接为基础。此外,根据使用场合和目的的不同,我们还有依照习俗而建立的特定的语汇。

以上是从语汇和语句构成的纯粹性上分析的。实际上,语汇和语句在不同的语境下(说法)会产生不同的意义,或者说,不同的语境对语汇和语句的构成是有限制的。作为表达意义的符号,在其选择和组合方面也依照此规则。比如,“自然”这个词在以“环保”为主题的语境中出现和在以“绘画”为主题的语境中出现,所指是有差异的。同时,我们还看到有些约定俗成的用语只适用于“家庭聚餐”“同学聚会”等场合。这些词

---

① 此处用“聚合”一词是为了与被广泛使用的“组合”一词相对应。——本书作者注。

② 罗兰·巴特:《符号学》,生活·读书·新知三联书店1999年版,第53～55页。

③ 罗兰·巴特:《符号学原理》,生活·读书·新知三联书店1999年版,第50～51页。

在使用时，比词典上的语汇的所指要有弹性。词典对所选词汇意义的解释确定了这些词的排他性，也对我们的选择规定了基本范围。但是，这些词在具体的组合中，其内涵意义又是不受限制的。

语汇作为一个单位有两个层次意义：其一，它与其他单位的联系；其二，它和其他单位的分别。它的意义是在与其他单位对照之后才产生的。如对"红色"的认识，是在与其他"不是红色"的颜色（黑色、黄色、绿色）的对比之后，才获得的。因此，在具体的使用过程中，语汇的组合不同，意义也有区别。

还应该看到，不同媒介使用的符号不同（质料的区别），其意义（所指）因语汇（能指）出现场所、方式与其他媒介不同而形成了差异。比如，同样是新生婴儿的啼哭声，在电视中可以表示新千年第一个婴儿降生了，他同时也是新生命的象征；在广播中也可以作为一个弃婴的哭声。有趣的是，在电视画面中，我们既看到这个被护士抱在手中的婴儿，又听到他的哭声时，我们可以确认他（她）是一个新千年的婴儿。如果同一个声音被录制后在广播中播放，也可以被告知是弃婴。在电视中，儿童的图像符号可以成为健康儿童的标志，但在家庭的相册中，作为记录的宝宝的照片，他只代表宝宝这个儿童。如果将宝宝的照片放到中华健康儿童图片展览中展出的话，这张照片对于参观展览的人来说，其所指就是健康儿童了。因此，同样的视觉符号在电视、电影、海报、杂志、家庭相册或艺术画廊中出现，其意义有所区别。这种区别主要源于媒介本身的功能。电视作为媒介，其公共性高于家庭的照相册，与海报比，它又属于家庭媒介，而其正式性又不及画廊。视觉图像符号和声音符号越接近我们的文化特色，它们被接受的可能性就越大。也就是说，我们越认为真实的（不论是图像还是实况音响），我们就越容易接受。电视作为一种媒介，特别适合将特定的图像加以普遍化，赋予其文化界定的意义，转化成内涵性更为广泛的符号。如当七八个身着民族服装的青年男女出现在屏幕上（同时响起《爱我中华》的歌曲）时，尽管他们每个人都有自己的姓名和性格特点，但是，我们在观看这幅图像时，他们已经失去了特定性，成为概念化的象征——中华民族大团结。

由符号组成的一个片段或一个单独的意义单位（句子）会因为语境的不同或类型的差异，造成意义的差别。如将克林顿与莱温斯基的照片放在一起刊登，就等于制造了关于绯闻案的语境；如果只刊登克林顿的照片，人们会想到美国政府或美国总统。又如，电视中播放一个儿童放学回家的场景，当这个场景出现在不同的语境时，意义各不相同：(1)有关某一特定家庭的纪录片；(2)虚构的戏剧演出；(3)假期儿童教育片或广告。在以上三种语境中使用的是同一个符号（能指），但其所指却因语境的不同而改变。声音符号组成的意义片段在不同的语境中，也会产生上述的变化。

语汇的类型也有一定的成规，这种成规不仅限制了语汇的使用范围，而且带有浓厚的文化色彩。如舞狮子、挂红灯笼、剪窗花、包饺子等语汇均属于春节喜庆类型的，一般情况下，出现这些图像，其意义总是关涉到节日。

任何一个句子(能够表达一个较完整的意思的单位)是由语汇组成的有意义的整体。文字语句在时间上像一条链子,符号按照先后顺序依次排列。如果把视觉符号和声音符号组成的句子也看作一条链子的话,那么这条链子与文字组成的链子的主要区别是它们可以在空间上同时存在。

声音符号具有兼容性,它允许两条以上的声音符号链子同时出现,只要是表达的需要即可。这样的话,作为背景的声音或者同期声与主要的叙述声形成共时,当然这种共时的情景是经过选择的。

电视符号的兼容性更加复杂。首先,我们看到画面符号可以兼容声音符号,声画组合已有自己的一套成规。其次,画面可以与字幕同时出现。字母与画面相配,不仅仅是用来解释画面的,字母也起到强调的作用。再次,屏幕能够容纳两条以上的画面符号链子,如公路与铁路的速度对比等。

需要指出的是,符号的组合是在双重的成规下进行的,即符号系统的规则和操作符号的人的文化背景。符号约定俗成的作用,确定了特定文化社会所特有的风貌,反过来说,特定文化社会也是符号约定俗成的前提。如一个表现两个儿童手拉手、蹦蹦跳跳放学回家的画面,可以与红绿灯交通标志组合,它代表的意义是放学后儿童要注意交通安全;当它与一片艳丽的鲜花放在一起时,它代表的意义是儿童的生活如鲜花般灿烂。如画面上出现一个人当众在餐桌上切割整头小乳猪时,会被现代人视为残忍行为;而在中世纪,餐桌上摆放整体的家禽并当众表现切割技术却会被视为上层社会的一种文化修养。当画面出现驯兽人将活牲畜放进狮子笼以供狮子撕咬时,动物保护协会的成员会提出强烈的抗议,《野生动物保护法》也明文禁止此行为。但是,当我们在《动物世界》中看到金钱豹追杀羚羊和其他动物时,却不会提出抗议来,因为我们对其意义的理解是:动物世界有它自己的生态平衡办法。依此类推,我们可以用不同成规的各种组合生产出不同的意义来。

第九章　广播电视文艺节目的主持艺术

第一节　文艺节目主持人的素质

一、主持人节目的传播特色

我国的广播电视文艺节目经历半个多世纪的春秋，不断丰富壮大、拓展创新，改革开放以来更是有了突飞猛进的发展。文艺娱乐节目所包含的艺术门类、节目形态、节目风格日益丰富多样，尤其是主持人节目形式在文艺节目中的运用，使广播电视文艺节目更增添了传播的贴近性、人际性和参与性的魅力。主持人节目的传播特色可以概括为四点：个性化、人格化、人际性、参与性。“个性化”、“人格化”是指传播者在传播中的特色；“人际性”是指传受双方在大众传播中所具有的直接交流、即时反馈的交互传播模式；“参与性”是指受传者在传播中被赋予主动性和能动性的传播形态。

（一）个性化

大众传播与人际传播的主要区别在于传播者和接受者之间横亘着收音机、电视机这些媒介物，这些媒介物既是大众传播的物质条件，又会造成传者与受者之间“关系的非人格性”。[①] 而采用主持人节目形式，其用意即在于力图改变这种“关系的非人格性”，同时，作为传播者队伍中的一员，主持人是最具亲和力的传播者。职业的分工要求主持人以淡化了官方色彩、媒体色彩而又具有“个性化”特色的形象出现。作为媒介向大众进行传播的中介人物，主持人以朋友的身份及与大众平等的关系，以个性化的视角和个性化的表述方式进行传播，因此，给予受众十分贴近的平等感和亲切感。

（二）人格化

主持人节目形式赋予主持人在传播中一定的自由和较多的创作天地，且主持人与

---

① 刘京林：《新闻心理学概论》，北京广播学院出版社 1993 年版。

具体的栏目有着紧密而相对稳定的关系,假以时日,主持人的选题、立意,主持人语言中透露出的文化品位和感情格调,主持人与嘉宾、受众的关系,会使受众对主持人的价值取向、道德观念、人文品格、思维方式、表达特点、语言习惯、兴趣爱好、审美情趣乃至脾气禀性等都有所了解。一句话,受众对主持人整个的人格都有较清晰的认识和评价。于是,受众会因为对某位主持人的信赖和喜爱而钟情于其所主持的节目。这便是主持人节目"人格化"的传播特色的来源和所在。这样的人格化传播自然具有很强的感染力和引导作用。

(三)人际性

人际性指主持人节目把"面对面"的人际传播特色引入了大众传播。美国人际传播学者约翰·斯图尔特在其畅销著作《桥,不是墙》中提出:"人际传播是两个或更多的人愿意并能够作为人相遇,发挥他们那些独一无二的、不可测量的特性、选择、反思和言语能力,同时,意识到其他的在场者,并与人发生共鸣时所出现的那种交往样式、交往类型或交往质量。"①而大众传播"是一个过程,在这个过程中,职业传播者利用机械媒介广泛、迅速、连续不断地发出讯息,目的是使人数众多、成分复杂的受众分享传播者要表达的含义,并试图以各种方式影响他们"。②

在非主持人节目中,受众除了接受信息外,很难进行人与人之间的交流。主持人节目开通"热线"和现场观众参与讨论等形式,为广播电视传播中的人际交往创造了条件,提供了环境,传受双方有了真正的交流和即时的反馈,区别只在于人际传播的内容同时进入了以公开性和广泛性为特点的大众传播。然而,这的确是传播模式上的一种突破,哪怕这种突破仍应被纳入大众传播的轨道,但正是这种"人际性"使得大众传播的"单向传播"模式有了一定的"交互传播"的特色。在传播中,主持人不仅重视传播的目的,同时注意受众的需求、受众的接受能力和习惯,使传播更易于被广大受众所接受,从而缩短了传受双方的心理距离。

(四)参与性

为了更有效地实现传播目的,达到优化的传播效果,主持人节目十分注重受众在传播中积极参与的愿望和实现的可能。这种传播观念上的变革,又得益于高新技术在广播电视传播中的应用,于是出现了各种各样受众参与的节目形态,包括受众热线点歌、竞猜、投诉、提供信息、发表意见,也包括受众一试身手、一展才华的参与。在参与型的主持人节目当中,受众能够与主持人或其他节目参与者进行直接的交流,他们是节目的重要"构件",有时甚至是节目的主体。主持人节目中的这种参与性,使受众在

---

① 胡正荣:《传播学总论》,北京广播学院出版社1997年版。

② 梅尔文·德弗勒、埃弗雷特·丹尼斯:《大众传播通论》,华夏出版社1989年版。

传播中享有一定的主动权和表达权，从而在很大程度上改变了受众只有通过遥控器决定是"中断"还是"继续"接收节目那种实际上的被动地位。受众在主持人节目中能动地参与，极大地激发了他们对媒体的热情，有一种"这是我们自己的节目"的亲近感，反过来又促进了主持人节目收听、收视率的提高。

二、广播电视文艺节目主持人的素质

(一)广播电视文艺类主持人节目的主要类型

文艺节目是广播电视节目的重要组成部分，它为满足人们日益增长的文化娱乐需求，提供丰富多彩的精品节目内容。文艺节目包括音乐、戏剧、文学、电影、曲艺、舞蹈、美术等多种艺术门类以及精彩纷呈的综艺节目。从节目功能看，有文艺欣赏、文艺评介、文艺知识、文艺报道、文艺咨询、文艺服务、文艺娱乐节目节目等；从节目形式看，有综合型文艺节目(简称综艺节目)、专题型文艺节目、以文艺话题或人物为核心的访谈型文艺节目、表演竞赛型文艺节目、游戏娱乐型节目等。

(二)文艺节目主持人的素质

1.思想素质

(1)清醒的政治头脑和健康的格调品味

文艺节目主持人必须自觉坚持文艺的"二为"方针，在主持中体现"民族化、大众化、精品化"的精神，把握好"雅俗共赏"和"低级庸俗"的界限，一丝不苟、时时刻刻牢记代表先进文化前进方向的职业责任。尤其是受众参与的直播节目，主持人即兴主持的比重大，他们的思想基础、文化品位、审美情趣、言行举止都要经得起受众的检验。

(2)敬业、乐业的精神

主持人应尽早地参与到前期的准备环节中来，以主创人员的主人翁精神主动、专注地投入工作。电台音乐节目主持人平素对业务信息的收集、占有及采访，在他们的生活中会占据相当大的分量；晚会主持人必须积极与策划、编导、撰稿、演员等主创人员打交道，深入了解节目的宗旨、主题、艺术风格，熟悉节目的总体安排和起承转合，掌握晚会的高潮、层次、节奏，乃至清楚每一个节目的创作背景、表演特点及幕后的故事；游戏娱乐节目主持人对每个环节、每项游戏规则、评判标准等必须了如指掌；访谈类节目主持人更应从策划开始介入，仔细研究大家提供的线索和资料，既要了解访谈对象的全貌，又要知晓典型的细节，这样，主持人才有可能真正成为节目播出过程中"出面的现场导演"。

(3)良好的职业道德、群体意识和团队精神

主持人节目需要各工种之间的协调配合，但是由于文艺节目主持人的特殊作用，

最终“露脸”给受众留下深刻印象的往往是主持人，再加上各个媒体的炒作，使得文艺节目主持人的知名度很高，“明星效应”脍炙人口。在鲜花和掌声中，主持人能够正确认识自己在节目创作群体中的位置和作用，尊重各工种的合作者，真诚热情地面对受众，保持平和心态，不以“明星”自居，就显得格外重要。

2. 专业素质

文艺节目主持人的专业素质主要指文化艺术方面的知识和素养。电视文艺节目主持人还要包括主持人形象、气质方面保持一定的赏心悦目的外部条件。

首先，文艺节目主持人应具备一定的文化修养和知识积累，熟悉各类艺术形式，有较强的艺术理解力、感悟力和鉴赏力。

其次，综艺节目主持人应有一定的表演才能和舞台经验，在文艺方面最好有一技之长。他们适当的表演使观众感到亲切，而且还能丰富串联节目的手法，增加节目的新鲜感，引起观众的兴趣。

再次，广播电视传播规律、传播手段、表现手法等知识，也应纳入文艺节目主持人的专业素质要求之中。广播音乐节目主持人需要有节目编排构思上的创新性，主持人要明确的听众意识、服务意识。电视文艺节目主持人要了解电视传播规律和手段，积极发挥主持人的能动作用，如在参与性、游戏性的环节，对其中的关键点、兴奋点、兴趣点、知识点加以点染、说明，起到烘托主题、渲染气氛、驾驭节目的作用。

总之，无论哪种类型的文艺节目，主持人都是文艺作品与受众之间的桥梁纽带。对于文艺作品，主持人是有品位的鉴赏者和真诚的爱好者；对于受众，主持人是热心的介绍者，是平等交流的朋友。优秀的主持人总是能够非常了解受众的需求，恰如其分地提供引导和服务。有的主持人摆不正自己与节目、与听众的关系，喋喋不休、自顾自地啰嗦个没完，或缠绵于自我欣赏的小情调、小趣味，或热衷于自我表现、喧宾夺主，令受众不耐烦乃至反感，这些做法都是极不明智的。

3. 语言素养

主持人的语言素养是对各个类型节目主持人共同的、基本的要求。它包括写作能力、有声语言表达能力和即兴口语三个方面。如果音乐节目主持人具备较好的音乐素养，也不乏对广播艺术规律的认识，但语言苍白呆板、了无生气，这种情况纵然有好的创意和编排，为听众奉献出的节目也难称“精品”，因为主持人语言是节目不可分割的重要组成部分。具体到音乐节目主持人的语言内在品质，一方面要求能够把音乐的专业知识转换为通俗易懂、饶有趣味的语言传达给听众，一方面能以富于生活气息和文学意味的语言与音乐的美感相契合，还要兼顾主持人个性化的特色及与听众真诚的沟通交流。音乐节目主持人语言的外在形式是丰富多样的，应能够在多种语言样态中自由转换。如与音乐融为一体的解说、旁白；与嘉宾的倾心交谈；面对话筒犹如面对听众的“类交流”；音乐会大场面的主持等。

综艺节目、游戏娱乐节目大多有欢乐喜庆的基调，有宏大的场面，有众多的现场观众，有浓淡不同的色彩和起伏变化的节奏，主持人的语言表达能力对现场的气氛起着关键性的作用。其一，主持人的语言要具有很强的感染力，声音富于弹性，高低强弱收纵自如，既能调动观众情绪，又要善于把握分寸，避免“煽情”之嫌。近年来，朗诵式的语言风格渐渐让位于互动交流的语言风格，在语言表达上要求一种“无技巧”的技巧。其二，主持人既能依“既定方针”控制场面，又能视现场情况随机应变。其三，主持人还应熟练掌握语言交流指向的变化与和谐，无论面对现场观众“一对众”“一对一”的交流，还是并不在现场的观众，亦即对摄像机镜头的“类交流”，语言样态都要有相应的调节变化，且转换自如。总之，观众对主持人语言有较高的期望值，语言内容要言之有物、言之有理、言之有趣，准确、鲜明、生动且风趣、幽默，声音形式富于轻重缓急、抑扬顿挫而又情动于衷的变化。那种内容空洞的华丽辞藻，观众不喜欢；粗陋贫乏的大白话，有损节目品位；声音洪亮而感情虚假，观众不买账；虽有感情但声音表现力单一，高不成低不就，又会给整台节目掣肘。

在电视文艺节目主持人的体态语方面，明朗畅快、发自内心的笑容，优雅大方的举止，舒展潇洒的手势，挺拔自然的站姿，环视与注视交替并准确传达内心感受的目光语等，都应与有声语言协调一致，同为主持艺术中关键性的元素。

4.心理素质

开通热线的广播文艺节目及有现场观众参与的电视综艺、娱乐或访谈节目，在传播过程中变动的、不可预知的因素较多，因此主持人的心理素质及处置能力十分重要。关于文艺节目主持人的心理素质，这里主要谈性格和应变能力两个方面。如综艺节目一般有很广泛的受众面，主持人要面对农村、城市各个文化层次的不同审美情趣的男女老幼，面临“众口难调”却要做到“雅俗共赏”，有相当的难度。不过，“众口难调”中总有一些基本的、共性的要求，如主持人的亲和力、观众意识、“台缘”等，其中有的源于性格，有的源于能力。心理学研究告诉我们，性格是“不断地受到社会环境的影响、教育的熏陶和自身的实践，长期塑造而成的”，[①]它在各种活动中，在语言上、外貌上，在对现实的态度、意志力、情绪特征、理智特征上都有所表现。对于文艺节目，人们一般喜欢性格开朗大方、真诚善良、富于激情和活力又善于自制，比较外向、积极、灵活、自信而有感染力的主持人。

综艺节目的主持人要有优秀的记忆力和观察能力，对串联词能够迅速准确地记忆，对现场细致、敏锐地观察；在应急状态下需要较强的意志力和理智，遇有意想不到的情况发生，能镇定自若、沉着冷静、不乱方寸，快速作出决断和灵活妥善的处置。相反，生性腼腆、怯懦、内向、被动、缺乏自信或者易于紧张、遇事慌乱，虽有激情但不善自

① 《普通心理学》下册，人民教育出版社1980年版。

制的人,尽管其他条件合格,若不尽快在实践中经过心理方面自觉的调整和刻苦的训练,以及某些关键因素的自我突破,是不适合做综艺节目主持人的。

由于篇幅所限,本章主要介绍广播音乐节目、电视综艺节目、游戏娱乐节目的主持艺术。

第二节　广播音乐节目的主持艺术

一、节目的编辑构思

通常情况下,广播音乐节目主持人大多是采、编、播合一的“全能型”。他们用音频工作站制作节目,在数字化、电脑化的直播间里传输节目。无疑,这里直接、间接地凝聚着集体的智慧,在节目与听众“见面”之前,主持人最重要的工作是对节目进行创意构思。主持人对节目的选题、素材、立意、表现手段、结构布局要有深入的思考和出新的追求,只有创造性的劳动才能产生为听众“喜闻乐听”又富于个性的优秀节目。

北京音乐台主持人梁洪编辑主持的专题音乐节目《流金岁月》,获得第2届中国播音与主持作品奖(政府奖)主持人节目一等奖。该节目以唱片诞生120周年、中国唱片诞生90年为契机,以独特的选题(唱片)、独到的视角(上海与唱片)、精选的素材(中国唱片、轶闻轶事、唱片发展各个时期的代表作、采访及主持人的感悟)和绝妙动听的音乐,讴歌了“旋转的唱片,留住岁月;旋转的唱片,青春常在”这样一个主题。节目的构思十分巧妙,前半部分是她在上海参加首届中国优秀广播音乐节目主持人评选的参赛录音。上海现场演示时观众非常专注,完全被梁洪选择的极具代表性的音乐片段及上海与唱片的故事所吸引了。如中国人第一次接触到的唱片《洋人大笑》;被观众称为“影帝”的电影艺术家赵丹演唱的电影插曲《春天里》的珍贵录音;著名音乐家聂耳生前弹奏的夏威夷吉他曲《纤腰舞》;由中国人自己创意、作词、作曲、编曲、演唱、制作并向全球发行的首张唱片《阿姐鼓》;挪威神秘园的《夜曲》……在参赛直播现场,梁洪在《Pops音乐会》的优美旋律里这样结束节目的现场部分:

> 是的,这就是我所知道的几个关于唱片的小故事。我相信在座的您,还有收音机前上海的听众,一定还知道不少关于唱片的故事。我们今天的节目只是一个开场,它的后半部分我们将共同完成。请您写信告诉我您所知道的唱片中的故事,请收音机前上海的听众和现场的朋友记好,我的地址是:北京音乐台,调频97.4兆赫。旋转的唱片,留住岁月;旋转的唱片,青春常在。

节目的后半部分是上海听众寄来的信和唱片。梁洪真正把广大听众看作节目的主人，以优秀的作品、精巧的构思和精良的制作来为听众服务。她回到北京不久，上海听众果真寄来新的线索和唱片，于是形成一个关于唱片的完整的节目。节目的前后两部分，梁洪用“现场的掌声”混入“街头汽车、行人的嘈杂声”做衔接，让人从听感上意识到时间和空间的转换，音响手段的运用非常自然、形象而又巧妙。接着，梁洪选读了两封上海听众的来信，并播放了他们寄来的两张有特殊意义的唱片，其中一张唱片是俄罗斯文学泰斗列夫·托尔斯泰所钟爱并写进作品的《戈帕克舞曲》，节目是这样收尾的：

> 看着这封来信，听着这欢快的《戈帕克舞曲》，我的思绪仿佛飘到了遥远的俄罗斯。我好像看到了一位睿智的老人和一群穿着鲜艳的民族服装的姑娘们在翩翩起舞。
>
> 是啊，这就是唱片的奇妙。那旋转流动着的音韵，就是转动行进的历史。无论你在地球的哪一个角落，无论你身处在哪一个时代，一张小小的唱片，便能够跨越千山万水，跨越时空隧道，把我们的心灵相连。知道吗，此刻我在想，中国关于唱片的故事也许永远无法结尾，因为生活在继续，历史在行进，唱片也必须记录下每一段岁月的音符。那旋转的唱片，便是旋转着的生活，旋转着的历史！

结尾部分的抒情和议论，交流真挚、言简意赅、水到渠成，整个节目注重用音乐“说话”，主持人必要而得体的介绍、评议有感而发，与音乐浑然一体，与观众心灵相通，节目很有感染力。

二、主持人的串联词

串联词是推介音乐作品、沟通传受双方欣赏感受的通道，是按照一定的创意结构串联起完整节目的有机的链条，是实现编辑意图、完成节目制作的关键因素。串联词负载着丰富的信息：一类是围绕作品和音乐人（音乐作品的创造者、演奏者）的，他们的生平、不同的版本等资料性信息；介绍音乐基本理论的知识性信息；评介作品的艺术价值、艺术特色的鉴赏性信息；反映音乐活动的动态性信息等。一类是主持人营造收听欣赏氛围、引导听众情感运动方向和审美感受的情感性信息、交流性信息，包括音乐与人生的哲学感悟等。这两类信息并非是截然分开的，在实际操作中，它们往往交织在一起，为听众提供服务。比如，以音乐名人的生活或感情经历贯穿节目，把介绍人物的命运与欣赏音乐作品有机地结合起来，听众通过了解音乐名人独特的经历和内心世界，加深对音乐作品意蕴的理解，使节目富于品位和震撼力。

当前在音乐节目串联词方面的误区主要有两点——“大”和“水”。前者主持人为显示自己有水平、有品位，堆砌华而不实、空洞无物的美丽辞藻，说得大，说得玄，实则远离了音乐作品本身,也远离了听众的收听需求;后者片面追求交流和所谓个性,语言混乱、随意,大白话、水词儿、痞气、小气、无病呻吟,日常生活语言中的糟粕竟然也登堂入室,为听众所不齿。究其原因,有认识上的问题,有实际水平问题,必须对症下药,尽快解决。

好的音乐节目串联词主要有以下两个特点:

(一)重格调,积极清新

采取主持人形式的音乐节目,一般比较注重贴近、亲切、轻松、平和的传递方式,追求朋友之间共同欣赏、品味、探讨的状态,摒弃"耳提面命"、好为人师的说教,拒绝"贴标签"式的直白生硬,但是,这并没有改变音乐节目"寓美育于欣赏之中"的根本宗旨。当下有些主持人把自己混同于追星族,津津乐道于歌星的生辰八字、个人趣味,谄媚地吹捧歌星的声音、长相,这完全是违背初衷的,也是对歌迷的误导。我们提倡尊重和调动听众的思维和情感,变听众的被动收听为主动收听、积极参与的状态。"主持人要为听众的情感让出地盘,轻轻地开启一扇扇通向真、善、美的窗门,串联词的意向要在听众不经意中慢慢浸润开来。"①落实到主持人的串联词上,要求寓引导于服务之中,寓提高于普及之中。一方面,语言简洁明确,散文诗似的文笔美应与音乐美融为一体,避免"反客为主"、矫揉造作;另一方面,强调口语化和交流感的主持人串联词,其格调应以清新、淡雅、平易、简洁为宜。

如陆凌涛在《老式汽车》节目里对童安格的一首歌的诠释,以朋友间真诚交谈的口吻,谈自己的理解和感受,有形象的比喻,有鲜明的对比,信息丰富,语言简练:

> 刚才是童安格创作的一首带有50年代摇滚音乐风格的全英文的歌曲《只爱你一个》(*Only Love You*),选自他那张《跟我来》的专辑。在情歌的演绎上,童安格的确有他过人的地方,有的时候细腻玲珑得像颗宝石,有的时候又大气磅礴如天空般的辽阔。而且在他的情歌里的爱,往往不仅仅局限在男欢女爱的卿卿我我,他更多是在作品里强调城市、社会以及文化环境给人、给爱情的压力、局限和无奈以及随之导致的悲欢离合。就像武侠小说,我爱看金庸的作品,而情歌我爱听童安格。

(二)巧衔接,自然熨帖

串联词是主持人穿梭于音乐作品与听众之间通幽的曲径。当一组节目是由多首作品或多个板块组合而成时,主持人常用歌名演绎一段情感或虚构一个故事,抑或在歌词上大做文章,这当然不失为重要的思路。不过,如若只是在文字游戏的层面上惨

① 吴郁:《音乐节目主持人语言漫议》,载于《节目主持艺术探》,北京广播学院出版社1987年版。

淡经营，时间一长，难免不落入俗套，出现牵强附会之败笔。串联词承上启下衔接转换要巧妙、自然、熨帖，就必须拓宽思路，在资料性信息、知识性信息、评价性信息、动态性信息以及人与音乐、音乐与生活的广阔背景中，去寻找新的角度，去开掘丰富的蕴含。撰写串联词应想得广、想得深，切入点和衔接要巧，让人听着似信手拈来，洒脱随意，随着主持人的介绍渐入佳境。我们节选陆凌涛制作、主持的《童安格专辑》的串联词为例，此例虽然平常，但却不难看出主持人重视资料和贴近听众的追求。他的思路比较开阔和活跃，善于找到一个触发点，而后展开来，亲切平易地与听众交流，让听众在其营造的氛围中聆听那些也许被他赋予了新的含义的老歌。

刚才是童安格的又一首老歌《黑白神情》，选自专辑《真爱是谁》。在听刚才那首歌的时候，我突然感觉到如果把上面放的那几首歌的名字或大意连起来，竟然出现了一个很有意思的问答式的内在逻辑锁链，在某种程度上表现了童安格思想里的某种中国传统的感情意识：其实你不懂我的心，真爱是谁？只爱你一个，我会诚心诚意等待你。

（歌曲《明天你是否依然爱我》）

又是童安格的一首经典情歌《明天你是否依然爱我》。在童安格从幕后走到幕前之前，他一直是担任词曲作者的角色，为别的歌手写歌。上面我们听到的歌几乎都是先由别的歌手唱红的：《明天你是否依然爱我》最早是写给香港的谭咏麟和关淑怡的一首重唱；而《耶利亚女郎》则更早，是他写给刘文正的歌；《一世情缘》，姜育恒也唱在童安格之前。而下面我们要听到的这首老歌《女人》，则可以说是童安格早期由自己演唱的一首很成功的作品，淡淡的 JAZZ 味道轻轻地吟唱出几丝心底的无奈和轻愁。

（歌曲《一世情缘》）

是的，童安格以前被喜欢他的人们亲切地称作“学生王子”并不是没有道理的，他有很多的作品是以学生的情感来感觉、描写这世界的。尽管从这些歌里我们可能并不一定听得到像内地“校园民谣”那样有明显的大学院墙围绕的痕迹，也不像台湾早期的校园歌曲，不停地在歌咏单纯的象牙塔、唯美的乌托邦似的世界。散文诗般充满怀旧色彩和清新、淡雅气息的歌词是人们熟悉的模式，而在童安格的歌里，你感觉不到什么模式，除了音乐，还是音乐。但是那种渗透在旋律之间的书卷气，则是学生感觉世界的时候所特有的。

（歌曲《少年路》）

可以说每个人的少年路几乎都是走得辛苦而幸福的。少年虽然贫穷，但是无忧无虑也是一种幸福，一种充满阳光的快乐，当然少年寒窗苦读的也会相当辛苦。记得有一位宋朝的词人写了一句名言：少年不识愁滋味，为赋新词强说愁。是的，那时的少年总是很少能体会到真正的忧愁。而现在，徘徊在考卷、功课、升学、就业面前的少年们大概已经过早地体会了所谓愁的滋味，于是会叹息“天热好个夏”。不过，虽然夸张点说，夏天是学生，尤其是参加高考学生们的炼狱，但是，在今天，在这里，我想说的是《努力就是希望》。

(歌曲《努力就是希望》)

请你不要忘记，努力就是你的一线希望。刚才是选自童安格1986年发行的一张专辑《我曾经爱过》中的《努力就是希望》。的确，很多事情有的时候是人很难把握的，只要努力就会有希望。这个世界上没有什么事情是只有唯一出路的，只要付出了努力。重要的在于问心无愧，对吗？然后剩下的就《不必太在意》了。

(歌曲《不必太在意》)

刚才是童安格带来的又一首熟悉的老歌《不必太在意》。如果我没记错的话，这首歌曾经被早年内地的歌星田震演唱过，那还是挺早以前的事。也许你还记得一些其他的事情，比如今天是高考考生进场的日子，像一场艰苦卓绝的战役到了最后的关头。也许他们此时正在忙于临阵磨枪，根本没有时间来同我们一起旅行。尽管我们刚才听过，也说过《努力就是希望》，剩下的《不必太在意》，但是，我想我们还是应该用这《最后一首歌》来为他们的成功祝福。

三、声韵传情的语言表达

(一)真情投入的主持状态

了解主持人在话筒前的状态，有必要先了解听众收听音乐节目的状态。有人曾做过如下分析：“笼统地说，听众欣赏音乐节目的审美状态，有着潇洒从容和若即若离的特点，审美注意力疏松而又灵动。说他潇洒从容，是因为听众欣赏音乐节目的心境多平和而轻松；说他若即若离，是因为听众的注意力在随意注意和不随意注意之间滑动；说它疏松，是因为听众往往‘一心二用’；说它灵动，是指听众被吸引、被感染，进入‘随意后注意’时，听众的审美情感与节目产生共鸣，获得审美愉悦。”我们再来看看主持人的播出状态，为了向听众提供制作精良的音乐节目，那些不开通直播热线的音乐节目一般采用录播方式制作。对于主持人来说，这种类交流状态的把握，比开通热线的交流有一定的难度，因为它的交流是虚拟性的。同时，主持人的串联词既应富于文学性，又必须符合口语特点；既要与音乐作品的意境和谐，又要求有交流的活力。因此，要产生吸引人的效果，主持人必须投入真情，必须有语言的活力。投入真情，即为听众服务的真诚热情，对音乐的真诚热爱，二者缺一不可。语言活力，除了真情还要求语言的表达能力，要把处在随意收听状态的听众带入音乐的艺术殿堂。

(二)讲究艺术性的语言表达

从某种程度上来说,音乐节目给人带来的听觉和心灵上的美感享受,是人们收听音乐节目最直接、最普遍的原因。这当中自然不能排除主持人的语言表达。在音乐节目当中,主持人的语言纵然是“配角”,但它与音乐是一个整体。迷人动听的音乐,辅以主持人声韵传情而又分寸得当的解说,诉诸听觉的两种声音艺术相互映衬,和谐一致,不是很美的艺术享受吗?试想,优美的音乐作品使你沉醉其中,如果冷不丁的,一个沙哑含混的声音,一种完全不搭调的解说插进来,使你一下跳出音乐创造的意境,你不觉得扫兴吗?难道不干扰甚至破坏你的审美感受吗?

声韵传情的表达,内为“情”,外为“声”。所谓“情”,即主持人话语中所蕴含的感情色彩和分量与音乐作品的情感、意境的和谐统一,与听众欣赏音乐的心境十分契合。所谓“声”,即主持人话语的声音形式(抑扬顿挫、轻重缓急)与音乐作品,也与主持人节目传播特色,有尽可能完美的结合。具体到音乐节目主持人语言表达的声音形式的驾驭,可以从三个方面来把握:贴切的基调、传神的语句处理、富于交流感的讲述。

1. 贴切的基调

解说的感情色彩与分量与音乐作品本身蕴含的基调一致,才能产生和谐的、整体的艺术效果。为了便于说明难以用文字描述的声音形式的变化,我们以中央人民广播电台音乐节目主持人贾际主持的一次音乐节目为例作分析。

贾际天生一副浑厚圆润的嗓音,经过后天的学习揣摩又把它锻造得游刃有余,富于弹性。贾际的主持称得上“声韵传情”,他的解说能让听众不知不觉进入音乐的意境,同时又充满生活气息,就像邀集三五知己来到家中,把珍藏的音乐佳作拿出来请大家共同欣赏,并把自己了解的有关信息说给朋友们,边听边聊,其乐融融。这是一期周末特别节目《怀旧金曲》,介绍一百多年前的美国作曲家福斯特及其作品。福斯特被美国人称作“游吟诗人”,擅长歌颂故乡、亲情、友情、爱情的歌曲创作。他的歌伤感而又迷人,流行了一百多年仍长盛不衰。作曲家的命运与他的作品一样,宛如一个动人而又令人伤感的故事。贾际对这次节目的基调有准确的把握,在整个解说中以自己中部略偏低的音区为基准,带着对作曲家的赞赏、对其作品的喜爱,以及对作曲家命运的感慨,娓娓道来,基调平和中见深情,优雅而略带伤感。歌曲的优美、作曲家的勤奋和成就,是节目中的主旋律。其中有一段叙述福斯特在贫困中死去的话,贾际是这样处理的:

……福斯特死的时候,手里还紧紧地拿着一张纸,上面写着:“亲爱的朋友,善良的心……”很显然,这是一首歌的歌词。最让人感到悲惨的是,福斯特死后,人们在他的口袋里找到了38分钱。而福斯特死的那年正好是38岁,难道这是一种巧百合吗?还是命运的安排?看来上帝并不公平,让这么一位富有才华的艺术家,带着这么多的对故乡和亲人的思念之情离开了这个世界。下面我们来听一首福斯特的名曲《故乡的亲人》,歌中这样唱道:

(在乐声中混播)

沿着那斯瓦尼河畔千里迢迢

在那里有我故乡的亲人

我日日夜夜把他们思念

走遍天涯海角到处流浪但我永远思念故乡的亲人和那古老的果园

(歌声起)

作曲家在贫困中悲惨地死去,那手中未完成的创作,那口袋里的38分钱,这些细节令人心酸。然而,贾际没有陷入其中,他准确地引导人们的思绪和感情回到作曲家的传世之作上来,与听众一起在音乐声中同抒怀念之情。为此,他还对原稿做了一点改动,把"难道这38分钱是对福斯特命运的一种象征吗?"一句改为"难道这是一种巧合吗?还是命运的安排?"变原句较为激愤的"质问"口气为自言自语似的"内心独白",犹如向朋友探询,从而缓冲了悲愤情绪,又符合人们惋惜、感慨的心情,这样转入下面的歌词朗读和歌曲欣赏,显得十分自然熨帖,也符合"基调统一而有变化"的艺术表现规律。主持人的语言表达,情与声的结合,营造出音乐的意境,牵引着听众的情感,使节目成为完整的艺术品,成为富含审美价值的精神产品。

2.传神的语句处理

具体的情感总是渗透在解说的字里行间。然而,富于讲述感的主持,不宜似朗诵般"撒开了"抑扬顿挫,更不可一成不变地"快节奏""高调门",或者淡而无味地"絮絮叨叨""自说自话"。洒脱而又平易,传神而又质朴的语句处理,是为上乘。贾际的语句处理能从整体把握出发,抓住"牵一发而动全身"的关键词语加以点染,大气而不失细腻,形象而不乏动感,颇具传神的感染力。这次解说,他节奏舒缓,起伏不大却细腻传神,如介绍福斯特的名作《班卓琴》时有这样几句话:

接下来我们来听一首福斯特很有代表性的歌曲《班卓琴》,从歌曲质朴的旋律中,您马上会联想到美国南方辽阔的牧场。其实福斯特本人并没有接触过美国南部的生活,但是后人常常有一种错觉,他们经常把福斯特的歌视为美国的民歌,其中最典型的就是下面我们将要听到的这首歌曲《班卓琴》。

经过贾际之口,这段解说最出神入化的是"南方"二字的处理。通常的习惯大多突出"辽阔"二字,贾际却于"南方"之前有一个小小的顿挫,且"美国"二字说得轻而低,然后以一种令人神往的语气,跳到较高而明亮的音高、音色,舒展地点染"南"字,气韵十足,旋即潇洒地回复到中音略低的富于交谈感的语言形态里,听来毫不费力。而那幅度虽不算大但鲜明细腻的对比,却产生了一种空间的跨越感,一片辽阔的牧场浮现在眼前，于是听众心中对这首歌有了一种向往和期待，乃至音乐一出，此景此情在歌声中得到升华，审美需求得到满足。显然，这样的传播效果与贾际精湛的艺术处理是分不开的。

3. 富于交流感的讲述

这是主持人有稿主持时为适应听众收听心理而特有的"边想边说"的声音形式。贾际在使书面语言转化为富于生命力的有声语言时，不仅仅是口语化的适当改动，也不止是停连、重音、语气、节奏的一般运用，他特别在意表现出一种"边想边说"、促膝交谈的状态。他善于通过语句的疏密变化产生"谈话"的效果，如下面这句话：

> 其实把家乡视为心中最神圣的地方无可非议，福斯特赞美家乡的歌曲佳作恰恰就带有一种宗教式的情结。福斯特被美国人称为"游吟诗人"，他一辈子对家乡都有一股眷恋之情。

贾际在娓娓道来的流畅讲述中，于"有一种"处做延长处理，而后加大力度果断而快速地说出"宗教"二字，给人思索措词的感觉。当说到"游吟诗人"时，并不在前面安排停顿，而是一字一顿地以赞许的口吻说出。这两处重音和停顿的不同处理，避免了"模式化"的机械变化，符合生活常理。因为"游吟诗人"的称呼，主持人应该是十分熟悉的，而"宗教式的情结"完全可以视为主持人在介绍过程中的即兴评述。还有一点值得强调的是，贾际从不处处着力，只在必要时予以鲜明地突出，从而给人很深的印象和感染。他没有去强调"家乡""神圣"这些也很重要的词，因为在前面的解说中，福斯特"对家乡的歌颂"这个概念已经传递给听众，这里抓住"宗教式的情结"则会进一步加深人们对作曲家的认识和感受。因此我们说，这种富于交流感的讲述，首先必须有对语言内容整体上的准确而深入的把握，据此辅以技巧上的处理，才会达到听众所希望听到的语言效果。

第三节　电视综艺节目的主持艺术

一、主持人的功能

随着综艺节目的内容和形式（节目的综合性、参与性及直播）被日益地丰富和发展变化，综艺节目处在一个有序而又多变的动态过程中，排练的"千锤百炼"和周密安排的"按部就班"，在直播时实际上蕴藏着无法预料的、鲜活的"契机"和"风险"。在这样的动态播出状态下，主持人在综艺节目中的功能不断被深化，仅靠满腔热情、声情并茂地背诵串联词，已不足以应付与场上观众的双向交流，难以对直播中的动态变化作出迅捷而得体的语言反应。主持人在综艺节目中的功能被形容为“现场的导演”、串联节目的“有机经纬”,是“穿起晚会这条美丽项链的那根线”。可以说,主持人是综艺节目风格的体现者和代表者,他(她)拓展了节目的表达空间,连缀着节目之间、荧屏内外,产生了观众与节目、场内与场外的情感互动、情感共鸣。在综艺节目中,主持人主要运用有声语言符号及非语言符号,穿针引线、营造氛围、调动情绪、控制节奏、驾驭进程、揭示主题。综艺节目主持艺术的核心是控场能力,它集中表现在主持人串联的情感把握、即兴发挥和临场应变当中。

(一)情感把握

1. 主题基调的整体性把握

每一台综艺节目都有自己特定的主题和色彩,主持人对每台晚会特定的情感色彩和氛围要有整体的把握,即对一台节目的主题、总的基调、风格特色及所张扬的总格调,要做到胸有成竹。不仅感情的酝酿、激发要准确到位,而且要有较大的深刻性和稳定性。要将饱满的感情贯穿始终,浸透在主持的整个过程当中,通过自己的声音、语言、表情、体态鲜明而生动地穿透出来,与整台节目、舞台设计、灯光所渲染、烘托的气氛相和谐,相呼应,形成体现节目主旨的合力。从观众观赏综艺节目的心理看,观众绝非被动地接受,人们一般对综艺节目有特定的期待。帷幕一拉开,绮丽的舞台设计、欢快的乐曲、演员的笑脸、华美的服装,屏幕上所有的声、光、电立体地、全方位地信息传递,立刻唤起观众的共鸣,调动起观众的热烈情绪,形成深层的心理参与。此时,主持人的话一出口,如若达不成与晚会气氛及观众情绪的和谐一致,势必会影响已营造出的现场氛围,并使观众愉悦的观赏心理转化为审视挑剔的心理,这无疑是主持人的失职。

还有一点必须强调,作为一名综艺节目主持人,表演的训练必不可少(如形体、声音的表现力),表演的才能也是需要的(如能歌善舞)。但是在节目中与观众的交流,不管是面对众人的串联词也好,“一对一”的现场采访也好,都要实实在在地“真诚面对”,绝不能用某些表情、声音上的“套路”来“表演情绪”。对于虚假、矫情、造作地“表演”一种主持状态、一种热情,到头来只能招致“职业微笑”“故作幽默”等批评指责。主持人对基调的整体把握并不意味着一成不变。主持人要善于依据既定的章法及现场的情况进行调度,使节奏有张有弛,和谐而富于变化;既要把握住分散于具体节目中的不同感情色彩,不与整体气氛产生抵牾,又要注意避免因节奏单一而产生的疲劳和苍白。

2.“驭情”和“表情”艺术分寸的把握

易于“动情”,是综艺节目对主持人的特殊要求,但是对“动情”的准确性要求很高,“过”与“不及”观众都不买账。因此,既能迅速调动自己的感情并感染观众,同时又能准确地驾驭自己的情感分寸和表达感情的尺度,是综艺节目主持人主持艺术的特色之一，也是主持人控场能力强弱的重要标志。只有富于感染力又非强加于人的情感表达方式才能唤起人们的共鸣，才具有审美价值。

“激情”与“控制”，是综艺节目主持人必须处理好的一对矛盾，是主持人的基本功，也是综艺节目主持艺术中的重点和难点。激情，关系到主持人有没有真情实感；控制，关系到情感分寸尺度的把握。主持人缺乏激情，其表达会因“寡情”或“偏情”而与节目及观众心理不协调，使节目“色调”暗淡，不能满足观众的审美需求。如果主持人失去控制，情感铺排过于浓烈，分寸不当，则会导致观众对主持人情感的真实性产生怀疑，认为主持人在“煽情”，在“做戏”，从而对主持人情感的表达和交流产生抵拒心理。

（二）即兴发挥

即兴发挥，指在没有现成文稿的情况下对眼前事物的有感而发，是相对于复现既定文稿的创作性语言。广义的即兴发挥包括常态和非常态两种情况中的语言运用。为了便于深入说明综艺节目主持艺术的规律，我们姑且把常态的即兴语言称作“即兴发挥”，突出其“既定中的即兴”之特色，把非常态的即兴语言称作“随机应变”，突出其“不测中的应变”。

综艺节目是众多工种、众多环节、众多专门人才智慧的结晶，其串联词通常由富于经验的专人撰稿，并几易其稿方能定局。主持人主持、驾驭节目的任务主要是通过表达好既定的串联词来完成的。但是，随着综艺节目内容和形式的日益出新，晚会的活跃因素也越来越多，一些环节的设定，本身就需要主持人依据现场动态作出生动得体的即兴发挥。即兴发挥，有预设的成分，是“有备而来”的，但具体的词句需要主持人根据现场情况灵活机动地加以组织，其作用是强化主题、烘托气氛、沟通舞台上下。主持人能否“有”并且是否“善于”这种即兴的语言创作，对于综艺节目的成败优劣显得十分重要。即兴发挥可以从以下几点入手：

1.切合情境，烘托主题

1996年云南丽江大地震后，《综艺大观》在昆明做了一期节目。有一段要向大家介绍震后出生的第一个孩子，他曾收到南京一位不愿透露姓名的好心人一万元捐助。原串联台本的设计是：

> 震生（孩子的名字），你是丽江震后最幸福的一个婴儿，你要感谢帮助你的人，感谢有了他们的帮助你才能健康成长。

彩排时倪萍抱着只有7个月的婴儿，看到孩子好奇地张望镜头的样子，她灵机一动，有感而发：

> 来，震生，阿姨抱抱，咱们转过脸来，让坐在电视机前的爷爷、奶奶、叔叔、阿姨、姑姑、舅舅看看，瞧，得到你捐助的小震生长得多好，多健康！

这时,孩子突然大声地“啊”了一声,全场热烈鼓掌,倪萍高兴地搂紧孩子说:

来,给捐助你的亲人们鞠个躬,告诉他们,我会使劲儿长,将来好报答他们。

孩子似乎听懂了,又神奇地“啊”了一声,现场许多观众流下了眼泪。[①]

显然,倪萍的即兴发挥要比原来的设计更自然、更亲切。她把第二人称改为第一人称,一下子拉近了与孩子的距离,没有了“你要感谢”这种略带说教、显得隔膜的口吻,以孩子及孩子母亲的语气来感谢亲人,再加上孩子神奇的呼应,立时触动了观众的心,通过一个可爱的孩子,歌颂了“一方有难,八方支援”的人间真情。这个即兴发挥,源于倪萍对主题的把握,更得益于她对现场的细致观察和灵敏感受,也和她平日里与老百姓的感情、与生活积累有关,因此,她才能捕捉于细微,即兴于瞬间。

2. 掌握节奏,推波助澜

晚会预先设定的“动情点”或高潮常常需要主持人语言的提示、烘托和催化,才能控制节奏,达到预期的目的。1992年在杭州的元宵节晚会上,导演根据苏州姑娘小徐热心帮助抗洪烈士周和平母亲的事迹创作了小品《母女情深》,并安排从未见过面的生活原型分坐在观众席中,小品演出后安排母女相认。主持人叶惠贤届时结合现场,用简洁的语言把“认女”的过程和双方的心情做了特写式的、生动的“现场解说”,犹如舞台上方的追光灯,引导着观众的视线。当她们相认的一刹那,叶惠贤又即兴发挥道出了此时此刻大家的心情:

叶惠贤:小品《母女情深》深深地打动了每个观众的心。告诉大家,这个小品不是艺术的虚构,而是真实的故事。今天,生活中的母女俩就坐在我们现场,这位就是周和平的母亲,英雄的母亲。周妈妈,今天您素不相识的女儿就坐在现场,你认得出吗?

周妈妈:不认识。

叶惠贤:您来看看能认出来吗?(搀扶着周妈妈走进观众席,一排,两排……)

叶惠贤:(边走边说)我们期待着母女的会面,母亲焦急的神色,女儿激动的泪花。(周妈妈突然加大步伐走向第4排左侧,只见一女青年抽泣着慢慢欠起身来)认出来了,认出来了!观众朋友,这是母女才能有的心灵感应,这是人间真情的特异功能。(母女抱头痛哭)

3. 即兴解说,活跃气氛

有时晚会安排的一些小节目动作性较强,如果主持人能即兴加上一些旁白,既能

---

① 倪萍:《我常常觉得自己不会说话》,《语言文字应用》1997年第4期。

帮助观众看出门道，又能促成小节目的生动表演，从而实现节目构思所预想的效果。如一次《综艺大观》中的《请你参加》让观众模仿京剧演员表演身段，演员先做示范，开始观众很拘谨，不知所措，主持人程前用“旁白”的方式启发观众进入情境，他说：“我下山了，嗬，好大一片水，望远处有一座山……”情景的描绘启发了观众的投入，游戏感增强了，节目好看了。

综节目主持人的即兴发挥不是什么插科打诨的“耍贫嘴”，要用对地方，用对火候，不应牵强。所谓“地方”“火候”，主要把握两点：一是烘托主题的关键处；一是需要向观众特别是不在现场的观众交代之处。换句话说，主持人心中，一是要有节目主旨，二是要有观众意识。

4. 体察观众，拉近关系

各类节目的表演无疑是综艺节目的主体，为了更好地激发观众的参与兴趣，活跃节目气氛，主持人需要把观众挂在心上，在节目进程中细心体察现场观众乃至电视机前观众的心理，灵活地在串联中结合节目主题反映观众的所思所想，从而有效地拉近传受关系，缩短收视的心理距离，增强传播效果。1999 年初夏在安徽电视台“‘朵而’女性新主持人大赛”晚会上，在播放参赛选手采访录像环节时，年轻的女主持人周群有几处即兴发挥准确地摸准了观众的“脉搏”，并与采访录像的内容巧妙地联系在一起，自然地推进了节目的进程。如一位选手就彩电降价在商场采访，录像放完，周群敏锐地捕捉现场反应，说了这样一段话：

> 刚才播放录像时，很多观众在台下议论，这些被采访的人是不是“托儿”啊？用我们合肥话说，是不是“假牙”呀？我要郑重地告诉大家，这些选手都是实地采访，信息绝对可靠，要买彩电的朋友尽管放心参考。下面还有很多信息继续为您传送。

当另一位选手采访陶吧的录像播放之后，周群不无幽默地开了个玩笑，活跃了现场气氛：

> 观众朋友们，看了刚才的采访，看了陶吧里温馨的氛围，可能大家和我一样都想去一试身手了。希望下次我们去玩的时候，陶吧里的老板能给我们打个折，因为我们在电视上给他做了一个免费的广告嘛！

(三)应急控场

综艺节目为了获得逼真、热烈的艺术效果，大多采用录播加直播的形式。然而，尽管经过事先多次彩排，但不可避免风险也同时存在，如技术方面的故障、表演的失误、忘词的窘迫、节目时间不够或超长等意想不到的情况随时可能发生，而这时最需要的就是主持人的应急控场能力。主持人的应急控场表现为临场的随机应变，能“力挽狂澜”,机智巧妙地圆场补台,让演员、观众的情绪一如既往,使节目得以顺畅进行。应急控场中的“随机应变”虽然同属于“即兴发挥”,不过它专指“不测”情况下的“语言急智”。上文所谈的常规控场中的即兴发挥,有它,则“锦上添花”;无它,亦“无伤大雅”。而非常态下的、应急控场中的随机应变,无它,定会陷入窘境;有它,则柳暗花明,绝处逢生。

1.以晚会主题为中心,随机应变

随机应变需要急智,是主持人立足于对晚会主题的深刻理解并结合具体情境在思维和语言上的快速反应。1995年初,在一期以母亲为主题的《综艺大观》直播现场,节目快结束时,导演急匆匆地告诉倪萍,准备的节目已经进行完了,让她即兴发挥,填满剩余的3分多钟时间。倪萍灵机一动,稳步走向现场观众,真切地发问:

> 我想知道,今天在场的观众朋友们,有哪位是陪同母亲一起来看《综艺大观》的?

观众席上站起一位小伙子,倪萍请小伙子向大家介绍了自己的母亲,倪萍带头为他们母子鼓掌,并说出自己的感慨:

> 这位妈妈,我们都为你自豪,有这么好的儿子真幸福啊! 小伙子,孝敬老人是受人们尊敬的,我们都应该向你学习。

倪萍看到导演示意还有一分钟,她又转向镜头继续说:

> 儿子带母亲来看节目本来不算什么了不起的,但我常常在我们的演播厅里看到的却是一对对情侣、一对对夫妻,有的是父母带着孩子,我却很少看见儿女陪着父母来的。其实,老人更需要多出来走走,他们更愿意来看看电视台是什么样? 演播厅是什么样? 倪萍是什么样? 我希望从今天以后能在这里见到更多的孩子陪着父母来……①

倪萍边说边用眼睛的余光注意导演在幕侧给的手势,及时推向高潮收尾。这段话,听似平常,却紧紧扣着节目的主题,又与观众息息相关,来得那么自然,说到人们的心里,温馨而又熨帖,这脱口而出的一席话透出倪萍对中华民族传统美德发自内心的赞颂。

2.善解人意,互相配合,应变圆场

优秀的综艺节目主持人在出现意料之外的“不测”时,总是能从体谅对方、为他人解围的立场出发,巧妙地转移观众的注意力,或索性点明自己的失误,自我解嘲。但是

① 倪萍:《日子》,作家出版社1997年版。

也有些主持人不是在低水平的层面上俗不可耐地插科打诨，就是说出一些很不得体的贻笑大方的话，或者故作幽默、不伦不类，要么就拿嘉宾或观众的失误开涮。这里有临场应变的经验问题，也透射出主持人骨子里是否有“先人后己”的习惯。例如，一次综艺晚会上，一个上海小姑娘做冲击“滑轮低身过竿”吉尼斯纪录的现场表演，结果滑了三次都没能成功，场面有些尴尬。谁料主持人走上前问道：“你三次都没能钻过去，一定很难过吧？”当时小姑娘眼泪都下来了，主持人这样的提问真让人觉得“残忍”。主持人如果变换一个角度，强调冲击吉尼斯纪录的难度，询问小姑娘平时刻苦训练的情况，再加以鼓励，一定能帮小姑娘走出失败的窘迫和沮丧，同时张扬了挑战和拼搏的精神，从而也能使这个小节目的意义得以升华。有无巧妙、得体、机智的语言，可看出主持人的文化积累、情趣品味以及是否具有善解人意、宽厚利他的胸怀。

第四节　电视游戏娱乐类节目的主持艺术

一、游戏娱乐类节目及其主持人的定位

（一）节目定位

游戏娱乐类节目，泛指内容上以趣味性、娱乐性、知识性为主，形式上突出参与性、游戏性而非艺术表演性的综合娱乐节目。观众的参与比其他类型的节目更具普遍性和动作性，即参与人数多、参与面广，一般带有紧张而有趣的竞技性和对抗性。游戏娱乐节目大体分为智力性竞技、体力性竞技、综艺性竞技或综合性竞技几种类型。这些分类之间没有不可逾越的鸿沟，反而有不少的交叉，只是有所偏重而已。

游戏娱乐节目定位的第一层含义，是指明确其在各类电视节目中所应占有的份额。毫无疑问，娱乐、游戏、消遣、快乐统统是人们的收视需求，游戏娱乐节目应该成为电视人奉献给观众的精美大餐中的一道菜。但它不是主菜，它不担负补充卡路里和提供营养的重任，它更像花样翻新的甜点、口味奇妙的佐餐酒。它可以刺激你的胃口，满足你对美味的多种需要，给你带来好心情。观众对于电视节目的需求是多方面的，从观众的收视目的看，“娱乐消遣”只是观众对电视传媒众多需求中的一种，而非全部。从电视传播的多种功能看，“娱乐消遣”同样只是其中的一种。况且，许多娱乐节目较高的收视率还要靠博彩的大奖撑着。对此，电视从业人员必须有清醒的认识，一哄而起，纷纷“克隆”，不恰当地强调和夸大游戏娱乐类节目的地位及作用，只会造成电视节目的单一和贫乏，现在趋之若鹜的观众到时也同样会倒胃口的。

定位的第二层含义是指游戏娱乐节目的品位。毋庸讳言，我国内地的电视娱乐节目是从国外和港台地区借鉴过来的。借鉴和学习本无可厚非，各国电视界和观众在游

戏娱乐节目的创作观念、娱乐需求上确实存在着一些相通性。但是,由于民族心理、文化传统、价值取向、观赏习惯的差异,观众对同一种做法的承受心理会有明显的区别,况且商业化是西方国家电视的主流,不承认或不重视这一点,"邯郸学步",就会事与愿违。懒人哲学的"克隆",不加选择地照搬,急功近利地追求火爆效果,娱乐节目就会滑向庸俗化和低级趣味的歧途。

对于"移植"节目的本土化,是倡导开放性和坚持民族性相结合的问题。我们的游戏娱乐节目在向境外学习时,同样不可忘记应有的调整、改造。如《快乐大本营》玩"夹面包片"的游戏时,改台湾版本的男女嘉宾用"脸夹"为"肩膀夹",避免了夹不到面包时男女嘉宾脸贴脸的尴尬;《幸运52》中有个一人做动作,一人猜词的游戏,也把境外版让明星玩改为请现场观众玩。这个改造具有现实意义,一则体现了制作者的观众意识,视观众为节目真正的主人,观众不再是被动的旁观者、欣赏者、消费者,而是节目的参与者和生产者;二则体现了健康的社会文化心理——不盲目崇拜明星。

总之,对于游戏娱乐节目的定位,"寓教于乐"并不过时,健康的、真善美的快乐,是游戏娱乐节目之魂,这一点是我们必须坚持的。游戏娱乐节目应当坚持"寓教于乐"的宗旨,开动脑筋,千方百计地提高游戏娱乐节目的艺术性、趣味性,努力发挥主持人节目的参与性特色,让观众享受释放自我及在游戏中充分挖掘智力、体力、技能潜质的无比快乐。

(二)主持人的定位

传播学研究发现,有两类传播者最易被受众接受,一是"在他谈论的领域中有威望的人",一是"与他们自己相似的人"。① 由于游戏娱乐节目的重要特征在于观众广泛的参与性,在于节目的大众化、平民化风格,这就决定了其主持人应能最大限度地与观众贴近。于是游戏娱乐节目的主持人常常不是专家学者型,也不单纯是明星偶像型,即便有时请明星大腕儿客串主持,不管他"出身"如何,哪怕他学富五车、才高八斗,哪怕他赫赫有名、如日中天,在节目中也必须以其亲切、随和、平易、居常的一面示人,与大家打成一片,真诚热心地为大家服务。可以说,游戏娱乐节目主持人的形象、言谈举止乃至气质都具有"平民化"的特色,是与观众"相似的人",是内心充满热情,能够带动、感染大家的"开心果"。对于游戏娱乐节目的主持人,观众更在意他们是否有感悟生活的智慧、健康乐观的性格、幽默风趣的谈吐以及"与民同乐"的热情投入。

---

① 威尔伯·施拉姆、威廉·波特:《传播学概论》,新华出版社1984年版。

二、游戏娱乐节目的主持艺术

（一）驾驭节目的主持功能

与综艺节目相比，游戏娱乐节目不是庆典式、仪式化的盛大晚会，主持人的串联词不是由专人撰稿，也没有诗一样的语言风格，更没有三番五次的排练，节目的环节是由主持人组织嘉宾及观众即兴完成的。主持人面对的观众不是安坐席位上的欣赏者，而是一个个跃跃欲试、生龙活虎的参与者……总之，主持人要面对太多的不确定因素。从这个角度来说，主持人在节目中的语言，担负的功能要复杂一些。主持人身兼数职：司仪、调度、导演、裁判、拉拉队。主持人是节目创意的现场体现者和组织者，节目主创人员前期付出的心力能否实现，很大程度上有赖于主持人现场灵活的调度和创造性的发挥。

（二）主持人的语言功力

主持人的语言格外重要，它是结构一台节目的脉络，是渲染气氛的兴奋剂，也是控制节奏的润滑剂。游戏娱乐类主持人使用的串联词多为即兴口语，既要脱口而出又要机智得体，既应通俗易懂又能够出奇出新，既幽默诙谐又不失品位，确实不易，它是主持人综合素质的表现和经验的结晶。游戏娱乐类节目主持人如若失之于语言的快速反应和组织能力，或词不达意，或简单乏味，或张口结舌，或唐突无礼，都会破坏游戏娱乐节目所应具有的欢乐而紧张的气氛。

主持人的声音是语言的物质外壳，应有一定的幅度和很强的感染力，因为它是传情达意、控制场面的基础，更何况在游戏节目中，众人的投入会使现场热闹非凡，分贝大增，要控制场面、吸引观众的注意力，若没有一个持久耐用、响亮集中、收纵自如、游刃有余的好嗓子，不能不说是主持人的遗憾和悲哀。主持人还要精于表达，要善于驾驭自己的声音。如果游戏节目主持人的语言缺乏内在的感情，少有抑扬顿挫、一张一弛、疏密有致的变化，只是单凭热情“一路高调”，再加上“机关枪”式的快节奏，那么，不仅观众要嫌“闹得慌”，主持人自己也是吃不消的。

第十章 广播电视文艺传播者的基本素质

第一节 传播者在广播电视文艺传播中的核心地位

广播电视文艺传播，是经由广播、电视媒体传送各种文艺信息给受众。它对接收者没有任何技术上的控制，任何人只要拥有适当的接收器，而且位于发讯器的范围之内，都可以成为受众。它是透过广播电视传送讯息给广大的受众，因而也包括了利用广播电视的符码和惯例吸引受众的观念在内。

传播者，包括使传播活动完成的各门类人员，如记者、编导、策划、主持人、制作者、发行者等，他们的实践和水平决定着传播的质量和效果。传播者对广播电视节目有着举足轻重的影响。20世纪中叶以来，世界最显著的特征之一是人类进入信息社会，信息惊人增殖，大容量信息传播呼唤着新的传播形式的出现，观众在传播过程中的地位迅速提高，盛行一时的“魔弹说”在“二战”后破产，观众作为传受双向系统中的重要一端，对于节目的生存或死亡起着决定性的作用。他们渴望参与和表现的热情受到重视，与传播者的交流和共谋成为广播电视文艺传受活动的重要因素。传播者与观众是一种互相制约的双赢关系。

一般的受众在接近传播者时，并不把他当成一个人，而是以文本去接近传播者。他们或者单独与文本交流，或者另外加上从文本互动中所认识到的传播者一块儿交流。作品本身就包括、蕴含了作者在内。例如，曾经有一段时间，广大受众对《东方时空》主持人的喜爱与厚望，与该栏目的设计形式之新颖与内容安排之贴近现实是分不开的。就常识来说，传播者的意图和技巧会支配受众如何去阅读文本的方法，文本的意义被当成是传播者本人特性的一种形式，比如《实话实说》使得千家万户把崔永元当成了自己可以拉家常、说心里话的对象。所谓“入戏太深”，受众经常会把意义视为传播者个人的天分或经验创作出来，而后经过视听转换，进入受众脑海造成的。因此，对受众而言，传播者所代表的不是个人，而是为了吸引受众进入作品之中的一种修辞，一种叙事策略上的整体效果。在所有广播电视文本中，都需要使用一定的方法引导受众到从优读解的方向上去。方法可能是强制性、打扰性的，包括用导言来告诉受众该怎么收看、收听节目。

在大众传媒领域，传播者有相当大的范围掌握自己方便处理的各种资源，他们需要不断地探索如何用视听语言更准确地表达主题，注重文字语言训练，具有高层面的文化思想动力。

"中国广播电视文艺传播者"成为一个概念，其实时间并不是太长。1979 年以来，中国以突飞猛进的速度和质量来振兴电视业，解决了许多广播电视理论与实践问题。与此同时，一个改革开放的中国，对世界产生了极大的吸引力。随着中国加入 WTO，外资和民营资本的介入，在广播电视领域，多种形式的双向交流与合作开始了。中国电视不仅要"请进来"，更要"走出去"，尤其是形象代表中国传统文化和当代先进文化的文艺节目，"走向世界"的呼声越来越高。我们需要当代广播电视文艺精品层出不穷，不仅满足国内的需求，也能成为中国与外界交流的桥梁和使者，达到社会效益、经济效益双丰收。

20 世纪 80 年代末冷战结束后，国际政治的一个显著特点是国家冲突时时以文化—民族冲突的形式出现。大众传播业的从业者不得不把一切和文化有关的问题，提升至一个相当高的层面上看待。广播电视文艺是一种文化。广播电视文艺节目的输出是商业行为，输出的结果有文化使命的效应。完全脱离了市场的广播电视宣传和文化交流难以持久，效果也不会好，这是经历史经验证明了的。市场考虑是较为长线的市场目标，任何事情都有投资期，但终究要有回报。要想得到回报，广播电视文艺节目就必须要有一个广阔的国际市场，有吸引观众的优秀传播者和节目。

1996 年 5 月 27 日，江泽民同志《在中国科协第五次全国代表大会上的讲话》中说："21 世纪对中华民族来说，将是全面振兴的世纪。"科教兴国战略、可持续发展战略，都要求经济发展与社会进步同时并举，物质文明和精神文明同步发展。中国经济体制改革不断深化，作为文化宣传部门之一的广播电视业与国家政策方针紧密相关。时势的敏感性，要求电视文艺传播者能从宏观上把握国际形势、国家路线、政策方针，有坚定的立场和较高的政治素质，坚持科学的世界观和方法论；从微观上调查发现社会生活的"焦点""热点"，能够针对这些现象、社会思潮，有效开发选题，组织节目，创造良好的社会效益和经济效益。

新的世纪是一个全球化发展、更加务实的世纪，一切生产和生活的组织都必须在市场的交换格局中进行，市场规律不以个人的意志为转移。电视文艺传播者需要具备鲜明的市场意识，包括社会主义市场经济条件下的电视文艺节目是具有特殊性的商品属性的总体判断，以及与之相关的市场定位意识、良性竞争意识、制作成本核算意识、价格衡量意识等。

今天，广播电视文艺节目在中国迅速扩张，受到大众欢迎、关心的电视文艺传播人才的文化修养显得格外更要。传播者对社会、对人生哲学的感悟和理解，能否用适当方式把一定内容有效地传递给广大受众，直接关系到广播电视文艺节目的存在价值。

有力度、有意味、有品格的电视文艺作品,凝聚着传播者平常对社会生活的观察、体验、分析、思考,是制作者长期文化积累、文化思考、社会思考的结果和体现。一旦传播结束,文本就开始有了自己的生命,它的意义将是多元的。广播电视文艺的作用不仅使从业人员产生了巨大的凝聚力,而且也增强了社会各界人民的多层面交流和情感互动,为广大广播电视受众提供了从另一个角度感受、认识和了解现实的艺术时空。

广播电视文艺传播是一种创造性的艺术,其传播是包括经济活动和审美活动的双向过程。传播者主要的专业功能,在于生产出受众喜闻乐见的产品。要想胜任传播工作角色,就需要有健康的身体和成熟的心理。传播者良好的身心条件、生理心理素质,直接影响到观众的观赏情绪和心理学趋向。

第二节　广播电视文艺传播者的基本条件和素质

一、教育背景和基本技巧

广播电视文艺传播是一个面向世界和大众的行业,它提供令人兴奋、充满活力、富有挑战性的工作机会。这个行业耗资数以亿计的资金在制作和传播文字、声音、影像上面,整个传播活动集于于一个焦点,就是信息的核心与目的。媒体科技从瞬间摄影到激光录音、录像,不断以惊人的步调高速发展,促使工作机会不断增加而且多样。科技千变万化的特质,使得广播电视文艺传播者变得更加迷人。熟谙电视业务,掌握业务工作各个环节、节目编辑创作过程的重要组成部分,是做好电视文艺传播工作的前提。大部分的广播电视文艺传播工作还需要具备操作和实务经验,具备优良的业务素质,善于准确捕捉信息,能够策划出有独特个性、应变性、外向性的选题,有组织节目、审查节目、调查研究的能力。提高专业素质,加强科技意识,克服封闭性、纯经验性,这些都需要以良好的思维技巧作为基础,包括发掘事实、资料收集与分析、深入思考和总结归纳等能力。

法国电视二台的《文学漫谈节目》,每周五晚上9点30分播出。约90分钟的节目办了十几年,影响很大,是法国电视台娱乐节目的高峰。节目不插入影片,不播音乐,全部是主持人与书的作者或读者对话。主持人伯纳德·皮沃特是一位文学硕士。他熟谙法国文学史上的名家大师,自己本身就是一位身手不凡的评论家。他每天花十几个小时阅读各种书刊,及时了解出版界的各方面状况,并且善于从文学以外的各个领域扫描捕捉对象,常常在节目中旁征博引书中某页某行的话,指出这些话自相矛盾之处,使原作者和观众目瞪口呆。这个节目不但在法国,而且在加拿大、美国等地也按时转播,无论作家还是总统都以能上这个节目谈文学为一种荣誉,密特朗、基辛格、德斯坦、巴尔、简·方达等都曾经欣然应邀上镜，因此在节目中播出过的书刊无一例外地成为畅销书。这个节目反映了法国文化中一种特有的现象，是有着悠久历史的文艺沙龙的延伸。皮沃特丰厚的人文科学素养、颇有见地的评点以及巧妙地驾驭现场的风度，给予观众多方面的享受。他的主持具有非凡的亲和力和渗透性，而且与广大受众保持一个理想的张力关系，因此伯纳德·皮沃特成为法国超级电视明星。

事实上，传播者的工作质量，与他参与和介入节目创作的深度与能力成正比。他需要熟悉电视文艺业务，掌握采访、编辑、播出等各项工作，了解广播电视传播前期、后期工作等各个环节。比如，深入实际生活中去，到第一线去采访有价值的素材；能依据专业要求和业务特点写出文章、工作台本；准确理解和安排节目内容和次序，配合有关部门得心应手地顺利完成工作任务。为此，传播者需要具备一定的教育背景和基本技巧。专门的传播类学校或院系是传播从业人员就业前最好的训练工场。传播者在这里受到严格的专业训练，形成一个传播者必备的基本知识结构框架，为今后的工作做好充分的政治、文化、心理准备。

广播电视文艺传播者包括广播电视文艺管理人员，他们除了需要具备一般传播者所必备的教育背景和基本技巧，以及广播电视训练素质外，还必须有十分广博的工作经验、人事和人力资源管理经验、商业意识、市场概念、广播电视法规等方面的知识与技能。

二、锻炼思想，勇于创新

以高新技术为主要动力的新世纪，国际竞争开始转向社会高智能化的较量，即人才的较量。广播电视文艺传播是群体性活动。这个群体的思想境界、创造素质，最终外化、凝固为栏目，人和节目、栏目融为一体，使得节目、栏目更感人、更富有人格化魅力。传播者拥有双重身份，他们既是电视机构的代表，又是民众的盟友。节目的风格设计和表现，体现着传播者强烈的事业心和为大众服务之心。时代，向每一个电视文艺传播者提出了新的要求，要求传播者具有强烈的时代感和使命感，切忌狂傲浮躁、冷热不定的情绪，冷静接受新世纪挑战，承上启下，把握时代脉搏，树立大文艺观念。

广播电视文艺传播者需要有优良的政治素质和文化素养，这是由当前的历史条件、大文艺性质决定的。国际交往日益频繁，面对尖锐复杂的政治问题、政策问题，传播者要及时加强政治素质修养(思想修养、理论修养、政策修养)，具有高度的政治思想觉悟和坚定的立场，冷静观察世界的变幻和动荡，从世界范围和历史发展角度把握是非问题，以马克思主义理论体系武装自己，了解、掌握党和国家的一系列方针政策。旧的文化体系，被新的多层次、多元化文化结构打破，综合的文化信息技术系统得以全面展开。广播电视文艺传播者必须提高文化素养、思想认识、勇于创新。因为传播者的主观价值系统决定着节目的最终形态，影响着受众的判断和思维，所以作为一个现代传播者,尤其是当下的中国广播电视文艺传播者,首先要锻炼思想、陶冶感情,培养一种宽阔的胸怀、高尚的思想道德品质,以及对真善美的执着追求,对国外社会发展史的关注,对人类进步事业、对客观事物的热爱与献身精神,在传授知识的同时,培养受众明辨是非、追求真理的思想和能力,提高全民族文化水平。

为广大受众服务,是广播电视文艺传播者的天职,只有时刻意识到与受众同在,有意识地缩短彼此的时空距离,才能更好地赢得受众的理解和支持。传播者的水平,代表着媒体的水准。传播者的主观价值系统、思想水平、政策水平的高下,是否具有敏锐的发现能力、洞察能力以及关心民众要求的情怀与立场,决定着能否制作出精美、新颖、富有创造性的作品奉献给广大受众。在法制不断健全、国际经济文化不断繁荣发展的21世纪,广播电台、电视台需要良性经营、自负盈亏、自我约束、自我发展,不断走向社会化、产业化。传播者需要有很强的时事敏感性和法律意识。时事敏感性,要求在新形势下能从宏观上把握国际形势、国家路线、政策方针、改革措施的实施情况,有坚定的政治立场、较高的政治素质,坚持科学世界观、方法论,能从微观上洞察发现社会生活“热点”及“潜在热点”,有效开发选题,创造出良好的社会效益和经济效益。

三、驾驭本体,个性魅力

新时代出色的广播电视文艺传播者需要熟悉电视本体,能够充分自由地驾驭、运用电视语言,既要有广博的知识、卓越的口才、鲜明的个性、智慧的表述,又要完成与电视技术的配合。

广播电视文艺传播者需要有口头语言的修养,他们用语言组织、传播各种信息给广大受众。具体来说需要具备:良好的语言表达能力;语言审美(比较、鉴别)能力;语言与思想的敏锐转换能力。

除了组织语言能力,电视文艺节目主持人还需要使用肢体语言,其在传播学中的专有名词是“伴随语言”。现代心理学认为,伴随语言的交流是人际交流的一个重要组成部分,它与语言交流密切相连,直接有助于增强语言的表达力量,还能达到语言所难以企及的境界和效果。伴随语言分为表情、眼神、动作三部分。美国心理学家德惠斯德尔说:“光人的脸,就能作出大约25000种不同的表情。”伴随语言能携带更大的信息量,包括那些不适宜用语言表达的微妙信息,而且更加生动、有激情、丰富和耐人寻味。

语言能力不在于语言本身,而是要言之有物、言之有理、言之有行、言之有文。主持人在各种不同的场合,面对不同的受众,要善于随机应变,灵活应对;在紧急情况下、意外时刻,能够镇定自若、从容应对。亚里士多德在《伦理学》中说道:如果传播者要使人们相信他的传播,必须“是可以胜任的,能逻辑地说理,能根据品德分析人的性格,能分析各种情绪的本性和特质”。现代传播学证明:如果传播者为人们所熟悉、了解、信任,就会极大地增强甚至决定传播的效果。这是宣传心理学上所说的“自己人效应”。

哥伦比亚广播公司的《CBS 晚间新闻》，是美国晚间新闻的佼佼者。它在招聘主持人的时候，有一条重要标准：必须为人品质高尚。人们不但看他（她）在电视上的言谈举止，还要看他（她）日常生活中的人品。晚间新闻都在黄金时段播出，观众多、影响大。主持人沃尔特·克朗凯特，长期敏锐地观察时事，有清醒的业务敏感，善于抓住矛盾症结。他以数十年的实践建立起和蔼的长者形象，用郑重其事、稳重厚实的语调，庄重、认真地播送新闻，有一种权威感和可信赖感。他采访的时候，多用软性采访，较少给对方出难题，总是力求在比较温和又富有成效的情况下进行工作。他曾经主持或参加了第二次世界大战、肯尼迪遇刺、越南战争、水门事件、种族冲突危机、阿波罗登月等历史性报道。尤其是 20 世纪 60 年代美国发动的旷日持久的对越战争。白宫、五角大楼把公众蒙在鼓里，克朗凯特率队赴越实地进行采访，不避艰险、不畏强权，全面深刻、真实客观地报道事实，冲破了军方和政府的谎言。他在一个半小时的新闻专题节目中说："看来唯一切合实际然而令人不快的结论是：我们已经陷入僵局。唯一合理的出路，在于前去谈判而不是以胜利者自居。"约翰逊总统当时看了电视新闻后对他的新闻秘书说："我失去克朗凯特的支持，就失去了美国，失去了美国大众。"克朗凯特的有理、有力、有节的报道，打破了军队和官方处心积虑、苦心经营的一边倒局面，导致后来的"巴黎和谈"，越战结束。1981 年，克朗凯特 65 岁退休以后，他的继任者丹·拉瑟既要尊重前任的成功和备受欢迎的事实，又要有自己独立的特色和风格，于是他采取了与前任同中有异的策略，沉着稳健，坚定镇静，被大家称为全美国最有风度的新闻节目主持人。

四、精品意识，恪尽职守

广播电视文艺精品，是电视业的精华，是两个文明的结晶。它给电视业带来显著的社会效益，提高了电视台的知名度，极大地调动了广播电视文艺传播者的工作热情和信心，增强了大家的荣誉感、自豪感。与此同时，通过节目之间的有序竞争，还能从根本上优化电视文艺工作者的组织结构和人力资源配置，是电视文艺工作走向良性循环的道路之一。对于国家和地区来说，电视文艺精品是电视业水平的集中体现，也是电视业繁荣的突出标志。对于电视台来说，电视文艺精品还是在激烈的市场竞争中求生存、求发展的强有力武器。要想在竞争中立于不败之地，抢占市场，开天辟地，赢得广大观众的欢迎，没有电视文艺精品是不行的。

电视文艺精品应当具有哪些明确的内涵和标准呢？大致可以归纳出如下几点：知识含量高，内容价值高，资料权威；节目和编导质量好，结构合理，表达优雅而富有个性；形式新颖、美妙，设计、策划有风格、有特色；节目高档雅观，雅俗共赏。

为了多出精品，这就需要广播电视文艺传播者整体水平突出，与世界同步接轨；人格高尚、品味高雅；具有高度的质量责任感，对节目质量精益求精。节目要追求形式完美，精心设计、安排，选题新、内容新、观点新，做到“人无我有，人有我优”。广播电视业是高投入、高产出的行业，广播电视文艺精品节目各方面要求都比较高，人力和资金投入大、成本高，在一定程度上需要传播者具有准确的市场预测能力，探索广播电视文艺节目未来发展的多种可行性。

在现实生活中，自然会有许多障碍，影响传播者工作的正常进行。主客观因素都是难免的，工作的情境、各工种的协调、约束性的法律、商业性控制因素，都是每一个广播电视文艺传播者将要面临的严峻挑战。对此，广播电视文艺传播者应注意以下几点：

首先是敬业精神。具有崇高的职业道德是电视文艺传播者必不可少的素质。敬业体现为爱业。为此，他必须训练思维，使自己反应灵敏，善于抓住时代的脉搏、问题的主要矛盾，走在社会的前面。只有这样，他才能够抵制拜金主义、急功近利的短视行为，恪尽职守建设“两个文明”，充分发挥职业长处，竭诚为观众服务，对社会负责，与同行互相支持、互相帮助，以无私奉献精神传播先进文化，出色完成传播者的本职工作。

其次，广播电视文艺传播者需要加强对电视语言的本体探索。

再次，传播者的形象塑造问题不可小觑，因为它会在很大程度上影响到节目的效果和质量。在广播电视文艺传播领域、传播系统中，传播者的工作常常是牵一发而动全身的。具体到节目主持人的服饰，需要针对不同时间、场合精心处理。

最后，广播电视文艺传播者需要培养审美思考能力。作为从事专门化、规范化职业的传播者，需要学者型人才。在电子化、科学化、国际化的环境中，广播电视文艺传播者需要通过自身文化的传播与创作，保持着人类文明的延续与传承，培养受众的审美能力。广播电视文艺传播者素质的核心内容包括四要素：人格、学问、传播观念、传播技术。它们之间有机优化组合，共同演化出传播者应有的参与、发展、研究意识与能力。

第十一章　广播电视文艺受众的审美心理

第一节　广播电视文艺受众审美心理的基本特征

一、理解与对话:中国广播电视艺术的自觉

当代中国的广播电视艺术,经历了一个从无到有、从稚嫩到成熟与自觉的历史发展过程。特别是改革开放三十多年来,中国广播电视艺术更是取得了长足的发展。这不仅仅体现为全国各级广播电台、电视台数量的剧增,广播电视文艺节目播出的时间和频率的大幅度提升,也不仅仅体现为广播电视文艺节目的新品种和样式的不断涌现以及广播电视艺术创作的空前繁荣,更重要的还体现在广播电视艺术与其受众日益密切的关联中。当前,广播电视传播中丰富多彩的文艺节目,特别是作为一种成熟形态的广播电视艺术业,已成为广大受众日常生活中不可或缺、不可替代且也越来越普遍的审美娱乐对象。

曾几何时,广播电视只是一种单纯的"宣传"工具,只是党和政府的"喉舌",广播电视文艺自然也只能被赋予"为政治服务"甚至是"为政策服务"的使命。因而,为配合政策的发布、法令的传达而不断生产出许多即时应景的"广播电视文艺"。这时的受众还只能是处于一种全然被动接受的状态,或者说,这时的广播电视文艺创作还基本上谈不上什么受众意识。新时期以来,特别是随着广播电视自身的迅速发展,媒体之间的竞争越来越激烈,收视(听)率成为决定广播电视节目生死存亡的关键。广播电视文艺在传播理念及其与受众的关系上,才逐渐实现了一个根本性的转变。这就是从对受众的漠视转变为给予受众应有的理解与尊重,或者说受众对于广播电视从完全被动地接受转变为积极主动地选择,受众审美接受的趋向对于广播电视艺术创作构成越来越明显的影响与制约。正是这种转变,带来了改革开放以来中国广播电视艺术的全新的姿态与繁荣的局面。也可以说,正是出于对受众的真正理解与尊重,并且构成与受众之间的切实的交流与对话,中国的广播电视才开始了自己艺术上的自觉与自新。

20世纪60年代,兴起于当时联邦德国的“接受美学”强调美学研究的重心应该转移到读者与观众的审美接受上来,认为文学艺术的价值和意义只有在读者和观众的自觉自愿的接受中才能得以实现和具体化。接受美学的观点与立场对于我们从受众的角度来审视广播电视艺术无疑有着重要的启发意义。从接受美学的立场上来看,广播电视艺术的受众就不止是信息的接受者,而且更重要的是这种艺术作品的完成者和艺术价值实现者。广播电视艺术并非仅仅意味着编导制作出节目,再由电台、电视台组织播出便可宣告完成,从广播电视艺术的传播和交流来看,广播电视既是手段、工具,也是目的本身。作为艺术传播的手段和工具,它必须要诉之于具体的对象,即受众;而作为一种具有自身的艺术目的和品格的艺术品种,它更需要在现实的审美接受中得以具体化,通过与受众的切实的审美交流,以实现其固有的艺术价值。从而,无论是传播各种现成的艺术,还是创造自身的艺术形象和艺术价值,广播电视艺术如果没有或者未经受众的接受,显然都只能是一种未完成品。在这个意义上,可以说,受众乃是实现和检验其艺术本体性的一个重要标志。

然而,事实上,广播电视的“受众”是一个模糊而又笼统的概念。它既是集体性的,又是个体性的。自从广播电视被发明并用之于传播各种信息以来,它的受众就是一个庞杂无比的群体。随着广播电视的迅速普及,在最初阶段的仪式化的接受之后,绝大部分的受众是在非常个人化的状态下接受信息的,依赖于作为个体的接受者的感知和体验。可以说,广播电视的受众既是作为一个外延模糊的群体而常常难以做到十分准确的量化统计,同时又是(或者本质上更属于)作为日常化接受中个性差异巨大的一个个具体的接受者,却又往往表现出相当普遍的认同趋向,甚至也不乏比较强烈的集体性的体验。面对如此复杂的研究对象,试图对于受众接受的内在心理奥妙进行深入的探究显然是相当棘手的。这里,一方面,广播电视既明显地体现出受意识形态控制或者表现某种宗教狂热的可能性,并且事实上也正是如此;另一方面,更现实地存在着广泛地满足受众多方面需要(包括信息消费与情感交流)的功能性。对于广播电视艺术来说,受众既有接受各种艺术信息与审美感染的被动性的一面,甚至不可避免地受到特定意识形态抑或某种宗教性情绪的潜在控制,同时又有不同层次的对于具体节目内容的选择、参与抑或拒绝的主动性的一面。本质上,受众既是对象,又是主体;既是艺术产品的消费者,又是艺术生产的参与者。

惟其如此,广播电视受众的接受与消费对于广播电视艺术的创作实践及形态表现,有着十分重要的价值与意义。广播电视在中国几十年的发展,从非艺术、准艺术到成为一门真正的艺术,在其创作实践的过程中,不能不体现出对于受众的越来越明显的重视。真正的艺术活动本质上都属于一种基于创作者与接受者之间相互理解之上的意向性的对话与交流活动。从而,一方面,在广播电视节目的生产与制作中,从具体节目的内容到栏目的设计越来越需要考虑到受众的审美兴趣与审美需要,需要设定具体的目标观众;另一方面,广播电视受众也必然要受到传统艺术模式的影响与制约,从接受方式到具体的观赏体验的过程，都不可避免地要通过各种已成的渠道，运用各种流行的习惯与观念来要求广播电视艺术，并且正是通过受众的接受与体认而真正确立了广播电视艺术自身的艺术本体性。在被称为“信息化时代”“大众传媒的时代”的今天，一方面是广播电视艺术作为一种意象化的创造，构造出某种社会共同的想象性关系，最广泛地体现了受众审美欲望的替代性的满足；另一方面，受众更是在某些时刻、某种特定的情境下，对于广播电视表现出异乎寻常的热情甚至过分的依赖，使得广播电视艺术成为当今大众信息消费和审美文化消费的最主要的对象。在这样的历史情势下，广播电视艺术与其受众之间，如果缺乏一种真正的理解与交流，如果不能在达成某种共识的基础上进行广泛的对话，其结果便是显而易见的。要么还是意识形态之网对于广播电视传播的严格控制，要么就是传播者“盲人骑瞎马”式的摸索，这两种情形都只会造成受众对于传播者的十足的漠视，都不可能带来广播电视艺术的真正的成熟。

在这个意义上，可以说广播电视在从作为单纯的“宣传”工具到具有多维的形态选择与多种价值取向的大众传媒的发展中，正是由于其对于受众的真正理解和尊重而体现了中国广播电视艺术的本体的自觉。这种自觉正在于不止是把受众作为对象，而且也是作为主体；不止是掌握受众的意识，满足受众需要，而且更重要的是确立真正的受众本位的立场，调动受众的热情，激发受众的参与，接受受众的选择。从而，在具体管理操作的层面上，坚持长期、有效的受众收视（听）调查，及时而准确地掌握和分析每个栏目甚至每档节目的收视（听）情况，了解受众的收视（听）需求，以便随时调整和革新栏目（节目）的播出内容、风格方式及时段等。在广播电视艺术创作的实践层面上，不是为了创作者的高蹈自娱，而是为了适应受众的观赏需求；在设定具体的目标受众、把握受众审美心理的基础上，确定适当的表现风格与作品风貌，运用某些新颖独特的表现手法和表现方式，创造出真正为受众所喜闻乐见的节目来，实现与受众的真正的审美对话和交流。最重要的是，在更为根本的立场与观念上，不断地追寻广播电视艺术的本体特性，理解并尊重受众的审美期待，走向创作者与受众之间的一种全方位的“视野融合”。

因此，从学理上来切实地审视当代中国广播电视艺术受众的审美接受与审美选择，探寻其审美心理的奥秘，揭示其审美趋向的流变，阐释当代种种与受众密切相关的大众审美现象等，就不仅是可能的，而且是必要的。诸如此类也便成为当代中国广播电视艺术研究的一个必要的视角与有待深入开掘的新的领域。

二、日常化审美：视听传播与广播电视受众的审美心理机制

事实上，视听传播乃是人类的一种最为古老的传播方式。在人类祖先的口头加形体姿势传播的时代，受众主要是靠“听”和“看”来接收信息、理解意义的。这种“听”和

"看",服从于人们直观表达的需要,常常局限在很小的时空范围内。在一些重要的仪式化的场合,特别是由于传者的神圣及所传达内容的意义重大,一般都更加需要受众专心致志地倾听和屏息静气地观看。随着文字及各种表意符号的出现,人类的传播领域迅速扩大,直观的视听接收方式被对于文字符号的阅读和理解所取代。文字被视为神圣。读书识字不仅被视为一项必要的文化修养,而且是人生最重要的接收信息的手段和获取意义的方式,因而也就成为一个人所拥有的地位与权力的象征。文字的运用,特别是印刷术的发明所带来的是人类知识的大规模的积累与传播,以及理性精神的高度张扬。近代科学正是由此而得以兴盛并迅速地流传开来,雅俗文化趋于分流。现代报业的崛起更是高度工业化的印刷术的产物,代表了文字传播的高级阶段。而现代光电技术的发展则推动了网络等新的传播媒介的出现,传播方式上也随之发生了一次革命,最古老的视听方式得以在最先进的技术条件下复活。人们预言:随着广播电视的空前普及以及国际互联网的形成与发展,人类已进入了一个全新的声像文化的时代。

诚然,对于广播电视来说,其视听传播的技术与艺术有着一个历史发展的过程。最初广播的发明与发展,以声响为传播媒介,实现了传播史上前所未有的广泛与迅捷。而电视的出现,又在声响的基础上,增加了生动活泼的影像,更是以其声画结合的视听语言实现了传播的直观性与具体性,让受众第一次有了一种更加直接的身临其境的感觉。虽然曾有论者(如加拿大的麦克卢汉)将广播与电视的媒介特性加以区分,认为广播属于"热媒体",而电视属于"冷媒体",认为它们二者之间在传播的信息量及信息的内容与特质方面有着明显的差别。但是,从传播的技术与艺术的手段及受众接收的方式与特质上来看,我们认为广播与电视的传播特性并没有什么本质上的区别。广播诉诸人的听觉,是一种有限的信息传递;而电视在此基础上再诉诸人的视觉,主要是由此增加了人们所获得的信息的复合性与全息性。尽管两者之间有着这样或那样的差异,广播与电视的受众在接收形态和方式上却并没有由此而发生根本性的变化。

问题的实质在于,由现代光电技术及快速高效的各种传输技术的发展所造就的广播电视,其视听传播的方式究竟给受众的审美接受带来了什么样的特殊性?造就了受众什么样具体的审美感受和体验?或者说,同样是视听接受,广播电视与戏剧、电影乃至与古老的巫术仪式、口头传播以及现代的计算机网络传播,在性质上有什么不一样?

这里,最重要的也许正在于广播电视受众接受与审美的日常化。所谓"日常化",乃是相对于专业化和仪式化而言的专业化涉及的是一些专门的实践领域,比如艺术领域的专业化就是以被称为艺术家的专门创作及被称为鉴赏家的高水平鉴赏来体现的;仪式化则是与一种对于对象的虔诚的情绪及高度专注的心态所分不开的。在艺术中,伴随着专业化的创作与鉴赏的必然是这种仪式化的情绪和心态,而日常化则是一种与生活的日常状态相适应的情绪心理与行为状态。艺术的日常化即艺术的生活化,艺术的创作与接受都是在一种日常的生活背景下进行的,甚至就成为人们日常生活的一部分。但是，它虽然是以艺术走出“沙龙”为标志，却并不意味着技艺水平的业余化或者思想内容的平庸化。如果说仪式化体现了古老的巫术现象在艺术中的留存，要求无论是创作还是欣赏都必须伴之以应有的虔诚和必要的专注，要求创作者和欣赏者的热情投入；专业化则是艺术发展到相对独立自主的阶段乃至逐渐走向贵族化的体现，从而它所要求的往往是与一些高雅的趣味及娴熟的技巧相适应的小众传播，或者说常常是对于大众传播的不屑一顾。那么，日常化则不仅意味着艺术创作与欣赏的仪式化的消解，同时也是作为专业化的艺术在面临着强势的大众传媒的挑战下，一种不得不然的选择，或者也可以说，这正表现出传统的注重纯粹审美经验的艺术，向现代大众审美文化转化的一种必然的趋势。

作为广播电视艺术载体的各种类型的节目（栏目）的制作以及这些节目（栏目）所传达的艺术内容，显然从一开始就是一种相对专门化的领域，属于一种专业化的创作行为。在广播电视艺术的初兴阶段，它们所要求的受众的审美接受也还多是一种承续戏剧及电影的观赏习惯而来的仪式化行为，或者多少带有一些郑重其事的色彩，体现出某种残余的仪式化的特点。虽然受众从来都难以或者很少可能达到专业化的观赏水平，但节目制作中却常常有意无意地以专业化的标准来要求受众，甚至其中多数节目的内容就是向观（听）众加以灌输的，根本谈不上什么观（听）众的自觉自愿的审美选择与接受。然而，随着广播电视的逐步普及，广播电视节目接收的越来越便捷以及广播电视各种播出频率（频道）竞争的空前激烈，人们足不出户就能够收听、收看到各种样式与类型的节目（包括一些以前普通受众难以接触到的非常专业化的艺术类节目），广播电视的审美接受也就逐渐失去其仪式化和贵族化的色彩，走向普通大众的日常化的生活领域。广播中出现了“随身听”，电视也由家庭客厅的围坐式观看而变得更加随时和随意。即使是一些直播性的、专业化和仪式化色彩都很浓郁的节目，也很难使其所有的受众都能保持整个接收过程中的全神贯注或始终如一。从广播电视节目播出时段的安排、节目形态类型的设计到目标受众的选择、收视（听）效果的测量，都不能不考虑到受众日常化审美接受方式的制约，考虑到受众日常化审美心理机制的特殊性。

具体说来，广播电视接受的日常化首先意味着审美距离的缩小或贴近。由于其传播的直观与便捷，广播电视已日益成为现代家庭中的一员。它们有时甚至就像是你的一个絮絮叨叨的亲戚或朋友，无论你乐意还是不乐意，总是在你稍有清闲的时候，向你没完没了地讲述各种各样的新闻与旧闻，讲述各种故事、逸事、趣事，传播着各种声音或声画结合的符号与信息，与你的生活既相关而又不相干，时常影响着你的情绪、感受和理解，左右着你的视线，某种意义上还潜在地规范着你对于现实的态度、评价与倾向，不知不觉中塑造着你的人格和心态。其中，既有各种专业化的艺术类节目，又有众多的新闻类、生活类、教育类以及各种形态的综合类节目。这些节目由于机械录制以及即时或延时的播出，对于受众来说，明显地造就了一种近距离的审视，造成受众一种仿佛时刻置身于广播电视的艺术氛围之中的感觉。这不止是物理空间上“距离”的位移,而更主要的是审美心理距离的贴近乃至消失,是“艺术生活化”或者说“生活艺术化”的具体体现。这里,在广播电视艺术的瞬时性的“播出—接受”的状态下,受众与其对象之间原有的时空差别消失了,艺术本体的“此在”性已经为一种“播出—接受”的“此刻”性所取代。而且,受众“此刻”的审美体验也并非是相对“孤立”的,而总是伴随着受众的各种具体的日常活动,消融在他的日常性的生活经验之中。

广播电视艺术接受中的这种日常化审美常常与受众的一种跳跃式的观赏方式分不开。特别是在广播电视非常普及的今天,收视(听)节目已经变得非常方便,甚至这种收视(听)行为不止是空闲时光的消遣,而且成为许多人的一种生活方式。所以,受众的收视(听)行为表现出十足的随意性,收视(听)的内容也具有明显的偶然性和选择性。与此相应地便是受众审美期待的相对弱化及审美注意的适时分散。受众往往是一方面在从事着其他事务,一方面在接收某个节目,于是,节目的收视(听)往往在其他事物的穿插中间歇地进行,甚至在某些受众那里,他们仅仅是把广播电视节目作为日常活动的背景。此时,受众对于节目的审美注意也只是在一种有意无意之间进行的。或者说,那些没有多少耐心的受众的审美注意总是处在不断的转移之中,他们对于广播电视节目一般只是一种印象化的随意浏览。这样,受众对于节目的接受显然没有多少潜在的心理准备与必要的心理期待,更多的只是散点式的随机选择,而且这些选择大多是被动性的,也往往由此而形成受众收视(听)中所应有的调节机制,使其不至于很容易造成神情专注状态下的审美疲惫。然而,对广播电视艺术的审美接受来说,其特殊性也许正在于这种跳跃式或间歇性的接受方式,以及受众对于节目内容的纯粹趣味性的选择,恰恰赋予了广播电视受众一种特有的被动性,以及与此相关的某种程度上的参与和介入的潜在的可能性。从而,广播电视的受众一般都需要有较多的心理提示。比如,与节目播出相配套的各类“广播电视节目报”的发行以及各种形式的节目宣传、收视(听)向导都是必要的。只有这样,才有可能造就出受众审美接受所应有的心理期待,促进受众保持应有的审美注意,激发受众必要的审美想象。

广播电视艺术的日常化接受,实质上体现为一种审美的淡化现象。审美距离的缩小乃至丧失,跳跃式的、既“入乎其内”又“出乎其外”的观赏,给受众所带来的是以专注的心态为特征的仪式化审美的逐步消解。欣赏广播电视节目,无须像以往欣赏戏剧、电影那样去剧场和影院,而是业已成为人们的家常便饭,当然也就不可能产生更多的神秘、神圣或者庄重的仪式感。广播电视受众的审美心态就不仅明显有别于置身剧场或影院里观赏戏剧、电影,而且也不同于个体倾听或者阅读状态下的凝神遐想,而是如前所述,一种消闲娱乐或者仅仅是好奇与浏览的随意性取代了审美所应有的神情专注。有人甚至以满足“偷听”和“窥视”的欲望来描述广播电视受众的心理。这种观点虽然有其明显的偏颇之处,但是也确实部分地揭示出广播电视受众接受的某种心理奥妙及其非审美的一面。惟其如此,以纯审美的眼光来要求广播电视的艺术传播显然有些过于苛刻。

广播电视日常化审美还带来了受众角色感的变化。受众在选择某个栏目(节目)的同时,广播电视纵向的时段分配与横向的波段或频道竞争也在对受众进行着一定程度上的类型化和格式化的改造。广播电视艺术在大众传播的体制下,并不排斥具体栏目(节目)样式的小众传播的格局出现。受众由于广播电视栏目(节目)的不同定位而出现明显的审美分层。作为审美的主体,广播电视艺术的受众以其在某种日常状态下的耳闻目睹来有意无意地接受各种类型的艺术熏陶,见证广播电视艺术的"此在"。特别是随着广播电视制作与传播技术的不断进步,实现了从最初的机械录制到当前各种节目的现场直播的转变,受众既是各种"已成"节目的审美消费者,更是那些"未成"节目的直接参与者,既有着单向接受的被动性、非个体性的一面,更有着对于栏目(节目)选择或拒斥的主动性以及审美体验的个体性的一面。在这个意义上可以说,广播电视的受众既是群体的,也是个体的;既是消费者,也是参与者。

三、意象的世界:广播电视受众审美想象的特质

作为一门艺术的广播电视,以其"即时""动态""综合"的技术与艺术手段所"再现"的世界,显然已经不是客观的现实,而是对现实的某种程度上的艺术复制与加工的产物,不是不加选择地通过音响和画面"复现"各种现实表象,而是通过绵绵声波、咫尺荧屏呈现出一种独特的艺术意象。并且,惟其是一种"意象",广播电视的声画世界才有可能绘声绘色、声情并茂、情景交融,才有可能在传达丰富的生活信息的同时,给予人们某种独特的情绪感受与审美体验。而能否给予受众一种审美意象的体验,恰恰正是区别艺术与非艺术的一项基本准则。可以说,广播电视艺术所呈现的便正是这样一个与受众特殊的视听接受和体验的方式分不开的意象化的世界。

这里的"意象"(Image)显然不是那种仅仅具有其摹本的某些外在形貌特征的"表象",也与一般艺术理论中的"形象"概念有一定的差别,而主要是一种与文化主体的内在心理体验相关的"心象",或者毋宁说更主要的还是指代那些具有某种文化象征意义与美感功能的感性符号性质的"类象"(Simulacrum)。也可以说,"意象"乃是一个特定时代人们自我意识的外化,一种感性文化的突出表征。意象的创造往往成为特定时代和社会人们精神和趣味的集中体现。人们在不同的历史时代表现出特定的时代风貌和自身精神品格的意象创造,正如远古时代先民们所创造出来的那些图腾成为不同民族的精神象征,现代世界借助于各种大众媒体所创造出来的可口可乐、猫王、麦当劳等形象,也明显成为美国当代文化的感性体现。当然,由于具体不同时代的审美观和工艺水平以及传播方式的不同,文化意象的形式与特质有很大的差别。特别是随着后工业文明而兴起的大众传播与消费文化,更使得当代社会呈现出一个色彩斑斓的意象世界,而广播电视的空前普及又在其中扮演着一个非常重要的角色。

与以往所有的艺术一样,广播电视艺术也必然是建立在人们的审美意象体验基础

之上的。然而,值得深究的是,广播电视艺术以其具体的视听语言和特殊的表现手段所营造出的意象世界,与其受众的审美体验之间有着怎样的同构关系,体现了受众怎样的审美心理过程与特质?换言之,广播电视艺术所给予受众的是什么样的形式与性质的意象体验,以及广播电视受众的这种意象体验又是以何种心理形式来实现的?首先,广播电视艺术所营构的意象世界,与广播电视的"此在"性及其受众审美的直观性直接相关。广播电视节目的播出往往都是"现在时"的,并且与受众"此时此刻"的直接收视(听)分不开。尽管每个广播电视节目的具体所指可能是任意时态的,但是它们给予受众的却都是当下的直观,是一种活生生的直接的体验。特别是各类直播性节目,受众更可以直接从中获得一种身临其境的感觉。于是,对于广播电视艺术的意象审美来说,现实与对象之间的时空差消失了,一切都变成为"此在"甚至就是"此刻"的,变成受众自身生活的一部分,它源自受众对于广播电视艺术的随时的、直观的视听。受众的审美想象直接受制于自身现实的生活体验,或者说,受众对于广播电视艺术的意象体验是以当下生活为其背景的。侯宝林的相声、刘兰芳的评书、各种流行歌曲及各类走红的歌星、各种通俗的电视剧与其中主人公的扮演者、春节联欢晚会乃至于作为亚艺术的各种广告等等,构成了当代中国广播电视所营构的意象世界的主体,创造出各种各样的受众心目中的"世俗英雄",成为大众趣味的集中体现。

其次,广播电视艺术以其全息性的特质及其趋近现实的品格所营构的意象世界,更直接地满足了受众的视听欲望,塑造着机械复制的声画时代的人们所特有的世界观。当代广播电视所营构的意象惟其是一种"类象",所以对于受众来说,就不可能是以往那种田园诗般的接受和品味。有论者甚至曾经指出:"面对类象,人类成为视觉心理上的速食主义者,沉溺于过度的图像化、幻觉的世界。追求简单刺激,无须费力,无须用脑,天天'暴饮暴食',想象的空间因此而萎缩,成为一味观看着的颓废者。而且,不思索,故一切都无深度;不回忆,故一切都是新的;不感受,故一切都无意义。它意味着某种普泛化了的集体仿同和闲暇追逐,是精神的松懈而不是精神的执著。"[①]这里,事实上,一方面受众通过广播电视感觉到仿佛世界上的一切都在我们的眼前耳畔,仿佛一切都触手可及,人们不再迷信权威,不再有精神上的皈依;另一方面,广播电视却又在不断地为当代的受众制造着一个又一个历史寓言和现代的神话,制造出众多而又迅速更替的世俗偶像。所以,一方面,受众从中享受着前所未有的图像化的信息便捷;另一方面又心甘情愿地欣赏着自己心造的幻影,并从中获得一种游戏的乐趣。一方面,广播电视艺术的直接性(直播)、纪实性不断得以强化,立体声、高保真、高清晰度的广播电视音像设备不断出现;另一方面,它所表现出来的又是被刻意编码过的一个个现代成人童话、寓言或者神话。广播电视使得它的受众仿佛又回到了人类的童年时期,或者说,它带来了人类历史上的又一个"镜像"时期。人们从广播电视的"镜像"中

① 潘知常:《反美学》,上海学林出版社1997年版,第289页。

认识自我的同时，也在逃避着现实。"镜像"成为受众普遍依恋的对象，犹如古希腊神话中的水仙花的传说，受众对于广播电视所提供的"镜像"的依恋，明显带有某种自恋的性质，或者说根本上还是出于受众对于自我的无意识的发现，甚至可以说是某种集体无意识的显现，使得广大受众热衷于沉湎其中而难以自拔。

然而，广播电视艺术所营造的意象世界又并非是受众可游可居的精神家园。它给予受众的应该说只是一个瞭望外部世界的窗口。它不同于传统的剧场或影院里的戏剧和电影所给予观众的那种感性的沉醉和梦幻的效果，而是一种置身于其中，与生活纠缠在一起却又挥之不去、难以拒绝的影像的诱惑，犹如一个幽居室内的人抵挡不住窗外诱人的景色一样，这就是广播电视艺术所营构的意象世界的一种"窗口"效应。它之所以不同于戏剧、电影所给予观众的那种梦幻效应，就在于观众置身于剧场、影院中观赏戏剧、电影总不免全身心地投入其中，甚至与之产生共鸣，因而，戏剧、电影的观众所获得的意象体验本质上是一种幻觉性质的。而广播电视的受众从节目观赏中所获得的意象体验，由于日常化审美环境的制约以及种种现实性因素的干扰，因而往往是非幻觉的甚至是反幻觉的。通过广播电视节目的播放而生成的种种意象就现实地存在于人们的感性生活之中，正如人们从窗口所见到的种种景象就那样真实地呈现在自己的眼前一样。而且，问题还远不止于此。广播电视艺术所营构的意象世界是那样深深地浸润在人们的现实生活之中，伴随着人们的日常生活进程，冲击着人们的视听感知，影响着人们的生活态度，甚至左右着人们的种种生活选择乃至价值取向，表现出一种巨大的感性诱惑，让人们在不知不觉中为之付出了大量的光阴。而这也正是当代广播电视艺术要么偏重写实，追求新闻性、纪实化，要么偏重娱乐，讲究趣味性、寓言化的原因之所在。

广播电视受众在这种"窗口"式的意象体验中并非是全然被动的。当代广播电视固然已经渗透进了人们日常生活的方方面面，甚至仿佛作为一种隐性的权威，已经成为维系社会平衡、实现人际沟通、满足社会的想象性需求的一种十分重要的制约性力量。但是，它又并非是绝对强制性的，起码在受众选择与拒绝的意义上还存在相当的自主性与可调节性。受众可以收视(听)，也可以不收视(听)；可以选择这一个频道，也可以选择另一个频道。广播电视的接受越来越成为受众的一种纯粹消遣性的行为，这种消遣性的接受显然有别于传统艺术欣赏中的凝神专注。"面对艺术作品而凝神专注的人沉入到了该作品中……与此相反，进行消遣的大众则超然于艺术品而沉浸在自我中。"[①]作为一种消遣，广播电视艺术的接受可以说是具有相当大的自主性的，它有别于真正的审美状态中主体凝神专注的非自主性，显示出受众自我的趣味在广播电视艺术审美接受的意象体验中发挥着主导性的作用，或者也可以说，受众自我的趣味在当代广播电视艺术的意象创造中应该占有核心地位，因此能否真正体现受众的兴趣和要

① 本雅明著，王才勇译：《机械复制时代的艺术作品》，浙江摄影出版社 1993 年版，第 78 页。

求也便成为广播电视节目(栏目)得以成功的关键性因素。当然,受众非专注的审美,根本上还体现出广播电视艺术作为一种当代大众消费文化的基本品格。广播电视的意象世界也便基本上只是一种以人们的感官为对象的消费性的存在。

与此相关,广播电视艺术从节目编排给人的总体印象到受众的非专注化审美所带来的随意性,决定了受众在广播电视艺术的接受中所体验到的基本上只能是一种“意象的碎片”,亦即广播电视的意象世界本质上缺乏一种总体性,或者说,正是这些无数的“意象的碎片”构成了广播电视的意象世界的全体。这种“意象的碎片”源自受众对于广播电视节目的一种浮光掠影式的或者说是一种散点式的接受。它在本质上有别于传统艺术的“典型”观照或“意境”体验。所谓“典型”观照,代表的是一种再现性艺术的审美经验,它离不开主体对于对象本身的由表及里的把握,需要主体由对象的具体、独特的个性而领悟其广泛、深刻的共性。所谓“意境”体验,代表的则是表现性艺术的审美经验,它与主体对于对象的整体境界的浸润分不开,与主体的一种悠然自得的观赏态度及对象本身的虚实结合、形神兼备、情景交融的品格分不开。无论是“典型”还是“意境”,作为传统艺术的审美规范,无疑都要求它的观赏者最起码要具备一种关于对象的完整的意象体验,要求主体与对象之间应有某种程度上的契合与交融,否则,便只能流于浮泛而谈不上真正的审美。然而,广播电视艺术在其制作、播出及审美接受的方式上都难以做到让受众完全地沉浸其中、凝神专注,难以像传统艺术那样普遍而有效地通过创造“典型”的方式来加以叙事,或者以古典的诗化意象来营构某种独特的“意境”,特别是广播电视的大众传播特性及其散点接受的状态,决定了其受众的意象体验只能是一些片段式与自省式的。因而,广播电视的意象世界便给人一种“破碎的镜像感”,不仅是平面化、无深度,而且往往只能是大众消费的快餐,它所提供的是一些只有热量而缺少营养的精神食品,甚至等而下之,便是人为地制造出一些想象的垃圾。当然,广播电视的意象世界作为对于社会的想象性关系的构造,仍然有其内在的整合性因素的存在。那也许就是这种想象性关系对于现实逻辑,与公众趣味的依赖,对于人们不断变化着的消费心理的倚重。所以,包括当代社会的市场观念与媚俗心态在内的各种现实逻辑也都无情地渗透并制约着广播电视的意象世界的营构,只是这种制约和渗透仍不免表现出现代消费社会的“零售”特点而使得广播电视的意象世界破碎而零乱。

第二节 广播电视受众审美感受方式的演变

一、倾听与参与

在人类的口头传播的时代,受众主要的接受方式便是“倾听”。所谓“倾听”,代表着信息传播中一种严肃的、虔诚的、无条件的接受状态。它既意味着传者特别是所传达内容的一种显而易见的权威，也体现出受传者神情的高度专注。当然，这种“倾听”基本上只是一种单向度的、灌输型的，因而也是带有某种程度上的被动性与强制性的接受状态。人类习惯于倾听最早是与神谕分不开的。在远古的原始巫术乃至于晚近的各种宗教中，人们对于神灵的敬畏与信服往往通过仪式化的顶礼膜拜和对于神谕的洗耳恭听来体现，其形式便是巫师的作法或传教士的宣讲。在人类早期的巫术活动中，维系巫师与那些俗众的便是神谕。巫师是神灵附体、代神说话，从众往往是如醉如痴、俯首帖耳。在后来各种宗教的宣讲布道中也都要求信徒对于其教义倾心聆听。惟其如此，神灵对于众生才有着无所不在的影响与不可抗拒的威力。与这种神谕或教义相类似，后世举凡代表各种权威的政令或公告的发布，各种重要的知识和经验的传授，以及种种以“教化”的面目出现的文艺形式，也多需要受众的“倾听”，并且也往往是通过种种仪式化的形式表现出来。在“倾听”之中，重要的不在于传者本身，传者也许只不过是一种“传声筒”，传播内容的神圣以及受众的虔诚向往才是“倾听”的核心之所在。

与“倾听”相对应的是受众对于传播过程的“参与”。所谓“参与”，乃是受众并不满足于信息的接受，而主动地介入传播的进程，有效地进行着信息的选择，充分地发挥受众接收信息过程中的主动性与创造性，并且积极地将信息的获得转化为某种现实的效应。“参与”不仅体现出传者与受众之间的施受关系的可逆性的一面，而且更重要的是，从“倾听”到“参与”，本质上意味着一种传播模式和立场的转变，即从传者先入为主的灌输转变为自觉接受受众的选择，激发受众的主动性和参与意识上来。在这里，传播已不再意味着传者总是居高临下、高坛讲章，而是表现出传者与其受众之间所应有的一种理解与沟通，一种发问与应答，体现出两者之间切实的交流与互动。如果说，“倾听”代表着人类传播历史上的一种专制的传统，那么，“参与”则显示出现代传播所应有的一种民主的气息。“倾听”是受众对于传者所传达的信息的臣服，是从传者直接指向受众的；“参与”则意味着受众对于信息的选择乃至改造，存在着传者与受众之间的明确的交流与反馈。所以，相对于“倾听”的单向度接受而言，“参与”更显示出受众接受的主动性及其与传者之间双向的相互作用的一面。“参与”使得受众对于信息的接受变成一个自觉与自主的过程，并通过传者与受众之间的平等对话、交互作用而产生一种特殊的“传播场”效应。

当然，作为受众的两种接受方式，“倾听”与“参与”之间又并非截然对立。两者在性质上有着鲜明差异的同时，在方式及效能上却有着明显的互补。这里，一方面可以说，“倾听”是被动的、自发的，“参与”则是主动的、自觉的；另一方面，两者却又有着明显的互渗与互动。“倾听”之中可能有着某种意义上的“参与”，而“参与”之中却必然包含有相当程度上的“倾听”。或者说，“参与”固然需要受众的一种发自内心的愿望和冲动，是受众对于传播效果的一种自觉的承担，但是在“倾听”之中，作为一种特殊的信息感受状态,受众往往更需要保持神情贯注,甚至是全身心地投入,而且往往也是可以自觉自愿的。所以即使是在人类社会早期的原始巫术中,受众在虔诚“倾听”神谕的同时,也常常还有着充满激情而热烈的“参与”,而在以“参与”为主的现代传播中,如果没有了“倾听”,没有了静观,“参与”往往流于形式而缺乏实质上的信息的交流。对于艺术的接受与审美交流来说,“倾听”与“参与”也是密不可分的。在古典艺术的审美接受中,也许更需要受众的倾心聆听,而现代艺术也相对更注重吸引受众的主动参与。但是,艺术审美接受中若能做到真正的“倾听”又何尝不是一种积极的“参与”呢?只不过这是一种以静观、沉醉、痴迷及“内模仿”为特征的参与。艺术审美的积极有效的“参与”是以审美信息接受中受众与其对象之间活生生的现实交流为特征的,其中一个必要的前提就是通过“倾听”以获得对于审美信息的准确无误的把握,并且只有获得了足够量的审美信息,也才可能产生一种切实的审美参与感。

在我国广播电视的草创阶段,受众多是以“倾听”为其主导性的接受方式。无论广播还是电视,在其兴起之初,“我播出什么你就收听(看)什么”,似乎是一件很自然的事。亦如商品生产的不发达阶段,求大于供的缺乏性市场只能是卖方市场生产方的所有产品,哪怕是劣质产品,也不愁没有消费者。这时的消费者根本谈不上选择的余地,当然更谈不上什么消费品位和档次的讲究了。广播电视的最初形式显然是以新闻信息的传达为主,而后是艺术类节目(如音乐会或戏剧演出)的直接传播,最后才有独立成熟形态的广播电视艺术节目的出现。因而,广播电视艺术节目的生产与消费便不免总是与有着“宣传喉舌”之称的广播电视的母体分不开。广播电视艺术天然地服从于宣传的需要,从一开始便较少自觉地关注受众的接受需求。再者,广播电视视听传播的效能也极大地培养了受众的一种被动接受的心理,受众只需在一定时段内打开广播电视的开关,便能非常方便地得到自己的耳目之娱,基本上无需受众的特别的努力与付出。尤其是在当前不断更新的技术条件下,广播电视全息性的视听传播更无须它的受众投入过多注意力,视听信息的密集甚至更容易让受众产生审美的疲惫,从而不仅使得受众与其对象之间保持着应有的相对理性化的审美距离,而且随意性的接受还可以使受众在收视(听)节目中得以不断地调节自己的审美注意,形成为受众所接受的一种有效的保护性的心理机制。于是,在广播电视艺术日常化的接受状态下,受众往往可以较少地付出自己的注意和期待,而无须过多地倾注专业化或仪式化审美所必需的想象和激情,由此被动的“倾听”便似乎成为受众的一种很自然的选择。

改革开放以来,随着国门的打开,传媒技术的发展,广播电视事业日益发达,传媒之间的竞争也日趋激烈,广播电视对于受众“参与”的需要更是越来越迫切。因为只有调动受众的兴趣和广泛参与,才有可能保持较高的收视(听)率,占据激烈竞争中的有利态势。这时的广播电视,特别是其中的艺术类节目,如果仍然一味地让大部分受众保持一种肃然“倾听”的姿态,显然已不太现实,甚至有可能失去更多的受众。因此,为了吸引并长时期拥有更多的受众,对于广播电视艺术的新的品格和样式的追求与创造,便成为一种必然的趋势。这就要求广播电视艺术的创造者不仅在观念上自觉地转变到“受众本位”的立场上来,而且更需要在实践中积极引导受众自主地参与其中,接受受众的选择,满足受众多方面、多层次的审美需要。调动受众自觉自愿的“参与”,接受受众的审美选择,便成为当代广播电视艺术创造的一个核心问题。

广播电视受众在审美接受的方式上从“倾听”到“参与”的转变,引发了中国广播电视艺术从观念到实践的一系列变化。或者说,当代中国广播电视艺术形态上的一系列变异,根本上都是与其受众审美心理的变迁分不开的。

首先,在观念上,最明显的莫过于中国广播电视实现了从“宣传本位”向“受众本位”的转变。“宣传本位”即以广播电视作为“团结人民、教育人民、打击敌人”的有效工具,作为整个国家宣传机器的一个重要组成部分。故而,广播电视从一开始就不是被视为单纯娱乐的工具,更主要的还是通过广播电视有效地进行宣传鼓动,或者说,宣传成为广播电视之所以存在的首要的甚至根本的目的。各种形式的广播电视节目都只不过是一种宣传的手段和工具,都要在根本上服从于宣传的需要,服务于党和政府的各项方针政策。惟其如此,直接导致了具有广泛影响的所谓“喉舌论”的出现并盛行。然而,极端的“宣传本位”的立场,使得广播电视成为单纯的意识形态的工具,进而使得广播电视的手段与目的相脱节,形式与内容相分离。在这种情况下,基本上是谈不上什么独立的广播电视艺术的,或者从“宣传本位”的立场上来看,广播电视仅仅是一种有限的宣传艺术而已。广播电视节目的播出目的不在于吸引受众,而是着眼于向受众进行“灌输”。受众从中首先获得的也不是审美,而是教育。与之相反,“受众本位”则是确立一种服务于受众、满足受众的审美需要的功能理念。“受众本位”强调广播电视本质上是与受众的审美娱乐需求分不开的。或者说,受众的审美需求从根本上决定了广播电视节目的形态和内容。这种“受众本位”强调从受众的审美需要出发,体现了广播电视艺术的目的和手段的同一。也就是说,作为一种传播艺术,广播电视从形式到内容的创造,都是立足于激发受众的欣赏热情,接受受众的审美选择。没有了受众,也就没有了传播的对象,实质上也就失去了广播电视传播本身的价值和意义。无视受众的存在,难免使得整个广播电视节目的制作及播出都变成一种“盲人骑瞎马”式的旅行,漫无目标且无所依凭。所以,为了使广播电视的制作体现出“受众本位”来,就特别需要正视并且真正理解受众的审美需求,需要为受众制造一个又一个的接受热点,力求提高广播电视节目的收视(听)率。在这个意义上,可以说,从“宣传本位”到“受众本位”,真正体现了一种本体意义上的转变。而“受众本位”观念的形成也可以说正是中国广播电视艺术走向本体自觉的开端。

其次,在实践上,中国广播电视从单纯的“播放”走向广播电视艺术本身的创造。单纯的“播放”与广播电视作为传播工具的特性分不开,也与广播电视从业者对于受众的一种有意无意的漠视分不开,是造成受众只能被动“倾听”的一个重要原因。单纯的“播放”各种现成的艺术作品,从戏剧、电影到歌舞、曲艺,似乎是广播电视作为现代传播工具的一个义不容辞的责任。然而,严格地说,这还并不是真正意义上具有独立品格的广播电视艺术。作为一种独立的艺术品种,广播电视艺术应该是一种全新的视听艺术。它不仅仅只是借助广播电视的手段和方式来传播那些已成的艺术作品,而且应该是以其独特的视听语言,构造出一种属于它本身所特有的品格和样式的审美对象。或者说,更重要的,它是在与其受众长期的、直接的审美交流中所获得的一种艺术认同。长期以来,受众的审美感受方式选择并塑造了广播电视艺术,如与受众的"倾听"相对应的可能更多是一种单纯的"播放",受众一定程度上的"参与"则促成了广播电视艺术的自觉,造就了广播电视艺术区别于以往的戏剧、电影等艺术样式的"过去式叙述""被动式审美"等一系列的特征。在这个意义上,可以说,作为一种独立的艺术品种,广播电视艺术的本性正在于受众的积极"参与"。正是有了受众自觉自愿的"参与",广播电视艺术才得以切实地体现出"现在进行时"的审美时态与"即时呈现"的传播特性。故而,在当前中国广播电视艺术的创作实践中,为了获得受众的参与,强化与受众的交流,组织现场观众、设置热线电话、安排嘉宾主持等手段和方式的运用已经非常普遍。广播剧、电视剧增加受众现场的情境,综艺晚会制造受众的现场投入,诸如此类,花样翻新,不一而足,当前各种受众参与型的广播电视节目的走红便是明证。

二、众声喧哗与大众狂欢

中国广播电视艺术受众广泛"参与"的结果,使得广播电视艺术从节目形态到审美品格都发生了深刻的巨变。一方面,广播电视艺术节目创作由明显的"教化"转向了以"娱乐"为中心,突出表现为一种娱乐观众的旨趣。在当前广播电视空前普及的情况下造就出一种"大众狂欢"的场面;另一方面,为争取更多的受众,提高收视(听)率,不同广播电视媒体之间,各节目品种、各栏目以至具体节目形态的构成之间都展开了全方位的竞争,真正形成了一种"众生喧哗"的格局。

当代中国广播电视艺术"大众狂欢"的场面突出体现在以下两个方面:

其一是以中央电视台一年一度的"春节联欢晚会"为代表的各种类型的综合性电视文艺晚会的兴盛。作为当初中国唯一覆盖全国的国家级电视媒体,中央电视台自1983年首次正式推出春节联欢晚会以来,已经连续多年不惜投入大量的资金和人力用于制作这道饕餮大宴,并且逐渐形成了一种特定的情调和模式。虽然从主创人员到不少的观众都在这种周期性的"狂欢"中感到有些审美疲惫,但又都往往难以割舍。而且,在春节联欢晚会的影响下,每逢节日,各地各级部门总免不了要推出一台电视综艺晚会。不说传统的元宵、中秋等大众节日,也不说诸如"妇女节""劳动节""教师节""国庆节"等法定的公共节庆日以及诸如"消费者权益保护日""环境日"等社会公益性纪念日,即使那些大大小小、让人眼花缭乱的诸如"服装节""啤酒节""菊花节""登山节"等等,也都伴随着规模不等的各种广播电视综艺晚会。于是,综艺晚会便仿佛成了一种时尚、一种新的民俗。这些广播电视综艺晚会以大众节日狂欢的形态出现，通过吸引受众的关注，调动受众的参与，并且以大众情调和口味，制造出一种节庆的幻象或者一种狂欢的乌托邦。其中虽然不免还有一些主流话语的强制性因素的存在，以及种种居高临下的意识形态立场，但其调动受众参与、引发受众应和的受众意识却是很明显的。特别是通过广播电视的综艺形式营造节庆气氛，达到“和同大众”“与民同乐”的目的，以表达某种价值认同和形象展示的意义，这本身就足以显示广播电视艺术发展的大众取向的大势所趋。

其二是以娱乐受众为标榜的各种类型的游戏娱乐节目的蜂起。这股以湖南卫视的《快乐大本营》为浪头的潮流很快波及全国，从中央电视台的《幸运52》到各省市上星电视台及许多有线电视台的诸如《欢乐总动员》《假日总动员》之类的游戏娱乐节目，一时间纷纷登场。虽然其滥觞可追溯到域外，或者至少在某种意义上可以认定是港台某些搞笑节目的翻版，但是，这些游戏娱乐节目之所以能够在中国内地一举走红，显然有着我们社会自身内部的文化心理的根由，或者说，本质上也正是一种“大众狂欢”心态的体现。这类节目多被安排在双休日的黄金时间段播出，目标正是人们在一周工作之余的放松休闲。节目内容以搞笑为主，并伴有不同类型、不同规模的物质刺激，或者多少带有一些博彩的意味，游戏形式更是五花八门。这里，娱乐已不再是手段，而成为节目的目的本身。它所体现的是一种广泛的“游戏精神”，甚至是相当的“媚俗情调”。然而，也正是这种“游戏精神”，对于正统的教化意识起到了一定的抵消作用，而“媚俗情调”乃是作为感性文化的大众文化的一种与生俱来的品格。因此，广播电视的游戏娱乐节目常常无须也不可能有着深入的理性内涵，而且其感性娱乐的特征某种意义上也正体现了广播电视艺术的本体要求。以中央电视台为例，广义上的游戏娱乐节目对于以往那些有较高收视率的文艺节目造成了很大的冲击，迫使这些节目(栏目)近年来不断地加以改版。而“改版”的一个明显趋向即是娱乐性不断得以强化。所以，即便是以主旋律面目出现的名牌栏目《综艺大观》《正大综艺》等，经过改版之后也表现出明显的娱乐性倾向。

当然，广播电视游戏娱乐节目的一枝独秀或者一哄而上并不一定是什么好事，很可能导致一种新的“独语”状态的出现，或者仅仅意味着一种流行趣味的单一，而不是受众真正的“游戏精神”的高扬。如果因此而竭力排斥这类游戏娱乐节目，其结果也就很可能造成一种新的话语“独裁”，就会有意无意地打消那种存在于广大受众之中的自发的“游戏精神”。当然，这类节目由于内容的浅薄，也很容易导致语言的油滑和无聊，它所带给受众的除了某种浅层次的“热闹”之外，往往别无所有，所以，对于这类节目以游戏来消解理性和崇高的危险也不能等闲视之。

如果说，“大众狂欢”体现了当代中国广播电视艺术中一种流行性、主导性的吸引受众“参与”的倾向的话，那么，“众声喧哗”则正是广播电视艺术的受众自觉地走向“参与”之后的一种必然的归宿。很显然，“众声喧哗”带来了中国广播电视艺术审美形态上的日趋多样化。所谓“众声喧哗”,当然并非是指广播电视的制作者们各自为政,狂言“独语”,而是指与其受众的需要密切相关的,代表不同受众心声的各种声音的集合。在本质上,“众声喧哗”更加印证了受众在广播电视艺术审美中的主体性。在“众声喧哗”的时代气氛下,惟其体现了受众需要的广泛性与变异性,所以,任何一种节目样式都不可能做到为所有的受众所喜爱,也不可能长时期内独霸天下。特别是通过广播电视的感性消费制造了太多的所谓“时尚”和“流行”,而这些“时尚”和“流行”却往往只能风光一时、昙花一现,事实上都难以长久下去。在这种情况下,应该说,多声部的“对话”代替作为权威出现的“独语”,代替种种自恋性质的“自言自语”,已是势趋必然。而且正是这种多声部的“对话”,真正体现了广播电视艺术的多元化发展,体现了对受众审美需要的切实的理解与尊重,或者反过来也可以说,正是受众审美需要的多样性与丰富性决定了当代广播电视艺术“众声喧哗”的可能性。在一个“众声喧哗”的时代,由于受众趣味的差异与多样化,广播电视艺术节目形态构成的栏目化和专门化也就成为广播电视艺术编导的越来越明智的选择。

在这种栏目化的趋势下,一个栏目的创办,并非只是意味着以盲目追求高收视(听)率为目标,更重要的还是需要确立一种专门化的服务意识,以满足相对固定的受众群体的收视(听)需求。起码在广播电视艺术领域内,受众的收视(听)率作为一个栏目生存发展的关键,乃是与受众对于具体栏目的相对个性化的接受分不开的。所以,每一个名牌栏目都应该有其独特的个性表现,或者说每一个栏目的创办都应该从明确自己的独特个性开始,从接受个性的角度来合理地设计其具体的目标受众开始。个性才是栏目生存和发展的关键,相反,如果一个有个性的栏目创办成功以后,群起而效之,竞相模仿,那么,后继者必然毫无个性可言,这些栏目的生命力与影响力的贫弱也便可想而知了。一哄而上之后,肯定是纷纷落马的结局,广播电视的频道大战中的许多经验和教训已经证明了这一点。而只有独具个性的广播电视艺术栏目多了,受众全方位的需求得到了充分的理解和尊重,中国广播电视艺术的真正的春天才会到来,“众声喧哗”的局面才不会显得一片杂乱,相反表现为多元而有序,也只有在这种“众声喧哗”中,中国广播电视艺术才会有着种种“和而不同”的“大乐”“至乐”的产生。

三、明星崇拜与大众自我

中国广播电视艺术中“明星现象”的产生乃是受众意识强化的重要标志。

“明星现象”曾广泛地存在于戏剧与电影及其他大众审美文化领域。但是当戏剧只是囿于贵族沙龙,电影还不过处于影像纪录的阶段,或者其他大众文化(如通俗歌舞、曲艺杂耍等)也还处于相对低级的发展阶段时,是不可能有“明星现象”的出现的。只有当戏剧成为一种普通大众的感性沉醉的对象,电影已发展成为一种全新的世俗艺术,特别是作为一种文化工业的美国好莱坞模式形成以后,戏剧、电影之类才进入了自己的“明星”时代。可以说，戏剧、电影等所造就的明星现象正是它们作为大众文化和世俗艺术的产物。特别是在当今各种传媒所造就的大众审美文化领域，众多的明星已然成为一种为大众审美的“图腾”，为大众所接受、仿效和膜拜，甚至其中一些艺术明星的世俗影响也许绝不亚于以往任何一个时代的政治明星或者宗教领袖。

作为当代最具影响力的大众传媒，广播电视更是以造就大批明星为能事。然而，如前所述，当广播电视还只是一种“宣传喉舌”的时候，当广播电视艺术还只是满足于单纯地“播放”各种现成的艺术作品的时候，虽然作为传播媒体，广播电视可以创造出众多的政治明星、社会明星、体育明星，但是却不可能产生属于自己的艺术明星。而只有当广播电视成为一种大众感性沉醉的对象，只有当广播电视艺术真正获得了受众的广泛痴迷的时候，众多属于广播电视的自己的明星才会应运而生。也就是说，正是广播电视受众的广泛接受造就出了一拨又一拨的明星来，受众的沉醉和痴迷正是社会上明星崇拜的心理前提，也正是造就明星的现实土壤。

故而，在广播电视艺术中，综艺节目或名牌文艺栏目的主持人、电视剧主人公的扮演者以及 MTV、电视小品中的歌手与演员都很容易成为受众关注的对象，成为人们兴趣的热点，并且进而很容易流传开来，广为人知。人们在对其竞相仿效的同时，更是为之痴迷，为之倾倒。这种明星现象也便成为广播电视艺术接受和消费的重要特征之一。应该说，明星的产生有着一定的积极意义。事实上，明星的产生是与广播电视艺术作品自觉的品牌意识分不开的。可以说，明星正是作为品牌形象的主要承载者而得以为受众所广泛接受的。然而，作为一种大众审美文化的产物，明星现象却又是仅仅以其平面化、消费性的品格和面貌出现的。明星之不同于传统的艺术家，正在于很多的所谓“明星”，无须讲究深厚的艺术积累，无须作出长期艰苦的艺术上的努力。明星之成为明星，固然有其一定的内在条件，但更多的却是依靠机遇和“包装”。同时，明星的闪烁，常常有意无意地消解了艺术的深层意味，甚至很多明星常常以玩弄噱头来迎合世俗的口味乃至兜售某些低级趣味。明星现象所体现的往往可能是某种虚假的文化繁荣，或者说往往成为一种消费的泡沫。

那些大大小小的广播电视的明星，从表面上看，是广播电视媒体创造出来的，是具体的广播电视艺术作品（节目）的招牌和载体。但是实质上明星更主要的还是受众的造物，是在受众对于广播电视艺术节目的收视（听）交流中产生的。或者可以说，受众乃明星之母。一部成功的作品，一档名牌艺术栏目，没有受众热切的关注和参与是不可想象的，而作为其主要的形象载体的明星，没有一群为之倾倒的崇拜者也是不可思议的。在这个意义上，可以说，广播电视的明星之所以成为明星，固然体现了广播电视媒体的影响和魅力所在，体现了广播电视艺术节目编创的一种形象策略，然而，根本上却还是与受众的感性选择、与受众审美消费的情感价值取向分不开。

当然，时下的广播电视的艺术明星多是经过层层“包装”而被“隆重推出”，多是属于编导们的精心策划、设计而被程序化地制造出来的。“造星”逐渐地成为一些编导的拿手好戏,成为一种特别的时尚和追求。通过“造星”,可以有效地创造出一部作品或一档节目(栏目)的品牌效应,使得明星成为该作品(节目、栏目)的重要的形象标志之一。“包装”明星成为整个作品创意、节目(栏目)策划乃至完整的形象体现的一部分。在这个意义上,广播电视艺术需要而且也正在不断地制造着大量的“明星”。然而,那些游离于作品之外、为包装而包装的造“星”,往往除了有意的商业炒作之外便别无是处,显然不足以走上广播电视艺术创作的正途,或者说也很难成为真正具有长久生命力的艺术明星。

这里,明星实际上已经成为一种符号。其能指固然离不开明星自身的形象设计、学识品格、文化修养以及他(她)所特有的个性色彩,离不开他(她)所扮演的角色及其被给定的含义,但其更丰富的所指则隐藏在大众流行的趣味与时尚之中。明星的意义常常是与大众心灵的秘密结合在一起的。当倪萍主持《综艺大观》而深入千家万户时,当李谷一以《难忘今宵》成为一年一度的春节联欢晚会的主角时,当费翔因春节联欢晚会上的“一把火”而红遍大江南北,韦唯因一曲《爱的奉献》而家喻户晓时,受众接受这些明星,实际上也就是在感应一种中国改革开放新时期的新气象的同时,选择一种心绪和意向的寄托,追寻一种浪漫与激情,体验一种祥和与挚爱。受众的明星崇拜,作为一种对象化的感性沉醉,既有着宗教信徒般的虔诚,又有着政治选民般的苛刻;既有一定的盲目性,又有鲜明的倾向性;既有广泛的从众性,又有具体的选择性。李谷一们今天之所以不再流行,显然亦与受众的情趣和喜好的转变密切相关,与大众审美文化的流变趋向有关。因此,可以说,在当今大众文化的时代,广播电视艺术中的造“星”本质上正意味着顺应大众趣味的选择及体现大众情绪的抒发。

那么,受众与其偶像之间是否就必然存在着一种直接的因果关系呢?或者说,在大众自我与明星崇拜之间,是否只是意味着一种被动的施受关系呢?如上所述,受众对于明星的崇拜,实质上也就是对于自我理想的张扬、自我情绪的宣泄乃至自我趣味的肯定。但是,这并不意味着明星仅仅只是受众接受中的一种心造的幻影或者受众趣味的一种人格化的对象,明星崇拜也并非就是就是受众的一种精神“自恋”。受众与其崇拜对象之间往往有着种种更为复杂的审美关联:一方面,明星事实上代表着某种公众形象,并且也主要是以其“公众形象”的魅力而形成一种对于受众的审美感召;另一方面,受众则往往是以其公众群体的身份而不是作为一个具体的接受者来实现与明星之间的交流的。明星一般可以是单数的,而受众却必然是复数的。明星往往是以其万众瞩目的形象成为人们种种欲望和情绪的象征,而受众则未必可以以一个普通崇拜者的身份受到他所崇拜的明星的特别的青睐。也就是说,受众与其所崇拜的明星之间的交流并不是对等的,或者根本就谈不上受众个体与明星之间的平等交流与对话。既然如此,何以还有那么多的受众心甘情愿地沉醉于其精心营造的明星虚幻的声音和影像里呢?这也许正是由于广播电视的媒体性质使然。如前所述,广播电视作为现代社会最具普及性的大众传媒,其日常化审美造成对于现实生活的广泛的覆盖和有效的渗透，而且，广播电视所营构的意象世界是如此贴近现实，以至于足以成为受众的日常生活的一部分。同时它又非常疏远现实，或者说只能是现实的一种幻影。从而，广播电视通过自己的艺术明星传达给受众的或许正是在日益疏远和淡化的人际交流中那种已经十分难得的仪式化的集体体验。换言之，对于广播电视的受众来说，明星的意义也许更主要在于他/她体现出了某种社会共同守望的价值理念以及对于受众造成的某种虽然虚幻却又是十分亲切的归属感与认同感。

惟其如此，可以说，广播电视艺术的造“星”工程乃是当代大众文化中的一个相当必要而又相对复杂的系统工程。广播电视文艺节目的编导忙于对明星们的“包装”只不过是其中的一个部分、一个环节而已，而且还只是相对次要的方面；本质上，造“星”体现出受众感性选择的最终的决定性意义。在整个造“星”工程中，受众的缺席，或者广播电视编导们受众意识的淡漠，只能意味着造“星”的不切实际，意味着所造之“星”的虚无缥缈。当然，如前所述，受众的明星崇拜，既有赶浪头的一面，也有制造泡沫的一面；既有自主选择的一面，又有从众的一面。所以，唯有积极而有效地引导受众参与、激发、调动并培养受众的倾听热情，在准确把握受众真正的趣味中心的基础上，经过切实而细密的调查论证，进行周详的设计和独特的处理，才有可能创造出为广大受众所接受和喜爱的作品来，也才有可能造就出真正为受众所痴迷和崇拜的艺术明星来。

第十二章 广播电视文艺的价值与功能

第一节 价值概念与功能概念的异同

要认识和理解广播电视文艺的价值与功能，首先须厘定价值概念与功能概念的内涵。因为只有弄清了这两个概念的基本含义，我们才能够进而辨析和确立广播电视文艺的价值所向和功能所在。

一、价值概念的内涵与主体性取向

何谓“价值”？按照一般文化学意义上的说法，所谓“价值”，指的是“值得期求的、美好的事物的观念，或是值得期求的、美好的事物本身。它所反映的是每个人所需求的东西：目标、爱好、期求的最终地位，或是人们心目中关于美好的和正确的事物的观念，以及人们‘应该’做什么而不是‘想要’做什么的观念。价值是内在的、主观的概念，它所提出的是道德的、伦理的、美学的标准，具有文化上和人格上的中心特性，一个人所持有的或一个团体、社会所赞同的一组相关价值叫‘价值系统’，它是一种文化系统的基础，或一种‘文化精神’。”①

这一定义，实际上明确了“价值”的三个方面的基本要义：价值是相对于人类主体而言的，与人类生存有关的一种审视与评价；价值包含了精神价值（观念）和物质价值（事物本身），以及在此基础上形成的社会价值（价值系统一世界观）三个层面；价值所反映的是人类主体的某种规范化的观念（应该做什么），有自己的相关标准。

但倘若从严格的学理意义上分析，这一定义其实只能算作是对“正价值”或“正面价值”的准确概括。因为完整的价值概念其实还包含有其“负价值”或“负面作用”的一面。因为“当一个事物、一种观念对作为主体的人存在相关意义时，可以说此事物、观

① 覃光广、冯利、陈朴主编：《文化学辞典》，中央民族学院出版社1988年版，第345、346页。

念是有价值的。对人有利的相关意义，是正价值；对人不利的相关意义，是负价值”。[①]而且应该看到，与人相关的大多数事物并非纯粹对人有利或有害，更常见的形态往往体现为具有某种双面性，即既可能有利，也可能有害，那么，趋利避害就成为人们的必要选择。一个事物或一种观念是否具有价值意义，具有什么样的价值意义，实际上与人们在实践性的评价过程中作出的意义选择和整体比较密切相关。

事实的确如此。在日常生活中，我们常说：某一事物、某一发现有价值或没有价值。比如说某个产品使用价值不高，某一现象很有分析价值；或说某部作品富有艺术价值，某一论著具有学术价值等。那么，从理论上分析，所谓“价值”，实际上是对人与对象、人与事物之间所构成的实用的或精神的利害关系和需求意义的评价。捷克学者弗·布罗日克曾谈到：“正是在评价中，表明了我们对事物在我们的存在中所居地位的态度。我们不是在描述事物的特性和断定某一事件，而是在评判它们在我们的实践中的意义；我们不是在传递思想，而是在确定：这种事物或事件对于我们来说是什么，或者可能是什么。”[②]一方面，不同的对象、不同的主体需求之间存在着不同的价值关系；另一方面，对同一种价值关系的评价有可能因为主体需求和文化取向的不同而有所不同，因而就构成了不同的价值观。换言之，价值具有相对性，不同的文化传统、不同的民族习俗之间会有价值观念上的差异。就后一方面而言，在一个国家中被人们视为有价值的很庄重的事物，在另一个国家的人们看来，却可能是无价值的可笑的事物。中国古代先贤荀子说：“干、越、异、貉之子，生而同声，长而异俗，教使之染也。”(《荀子·劝学篇》)其实讲的就是价值具有相对性的道理。

价值和价值观的相对性不但体现在横向的意义上(不同民族、不同地域、不同国家)的差异，也表现在纵向意义上的历史相对性和个体意义上的差异性，如尼采提出的“重估一切价值”的口号，就主要立足于历史发展的不断变革而提出的。就个体而言，爱人的一缕头发或一块普通的手帕对恋人来讲是富有价值的，尽管对其他人而言没有什么价值。因此，我们看到，价值关系的构成是多层面、多向度的，既可以是实用价值关系的，也可以是精神价值关系的；既可能是正面价值的，也可能是负面价值的。而我们所讨论的广播电视文艺的价值问题显然主要应归属于精神价值的层面，尽管广播电视文艺节目的具体产品也具有作为一种特殊“商品”的市场经济价值。

概括起来讲，价值就是人与对象在人类实践活动中所形成的特定需求关系。它是通过主体的再评价而得以确立的。正如马克思所指出的：“‘价值’这个普遍的概念是从人们对待满足他们需要的外界物的关系中产生的”，[③]不同的主体需求，不同的政治、经济、文化传统的存在及其制约，形成了不同体系的价值观的差异，因而价值有高低之分、正负之分和远近之分等。

---

① 覃光广、冯利、陈朴主编：《文化学辞典》，中央民族学院出版社 1988 年版，第 349 页。

② 〔捷〕弗·布罗日克：《价值与评价》，上海知识出版社 1988 年版，第 11 页。

③ 《马克思恩格斯全集》第 19 卷，人民出版社 1961 年版，第 406 页。

应申明的一点是，价值虽然具有强烈的主体性取向，并且的确和个人的理想、趣味有密切联系，但站在历史唯物主义的立场上，从价值体系的总体意义上看，价值的评判、理想的标准，却不是个人的好恶所能决定的，也不以个人的意志为转移，而是特定的历史阶段和具体社会形态的总体汇流所形成的具有“客观性”的价值体系。用韦伯的话说：“恰恰是‘人格’的那些最高的、终极的价值判断，我们也承认它们是某种‘客观的’有价值的东西。”[①]尽管韦伯是在强调经验科学的方法论并不以判断“价值有效性”为前提的语境中承认这一点的。

二、功能概念的客观性与技术意义

功能主要是从事物所具有的某种作用力或影响力而言的概念。与价值概念比较，功能概念具有更多的客观性特征。虽然功能的作用也和其与人类生活的关系分不开，但功能常常并不受人类主体的主观评价的影响，而具有某种客观属性。譬如我们说广播电视作为一种信息载体方式，它们具有远距离传播，不受地域、环境的限制而使众多的受众在同一时刻接受同样信息的传播功能。这种功能是其媒介手段属性所固有的，并不受某种文化传统或某一政治经济集团的利益需求的制约和导引，更不会由于具体个人的喜好厌恶而增益或减损。因此，尽管不同国家、不同民族、不同文化体系中的人们可以对广播电视节目的具体内容的价值评头论足、说三道四，作出各种各样的，甚至截然不同的价值评价，但对广播电视具有迅捷、广泛的传播功能，却是众El一词，没有异议的。

功能的存在与差异，主要受制于器物和技术手段的特性，更多地与事物的物质属性、技术成分和实际作用力相联系，因而不同技术特性的媒介载体会形成不同的传播功能。比如，以文字为载体的报刊、图书等媒介，由于其媒介载体与技术手段的规定，它们只能承载、传递抽象性的文字信息和静态的图像照片。尽管文字传媒中的文学形式竭尽全力去塑造生动直观、活灵活现的感性形象，以达到其作为艺术方式所应当具有的感染人、鼓舞人的艺术目的，但与广播电视的直观感性相比，却显得先天不足。换言之，文字媒介作为艺术方式，其媒介技术特性与其艺术功能存在有内在的冲突性，文学作品的艺术性与其说是让人们感受，不如说是引发人们的想象和幻觉。反过来讲，广播电视由于其技术特性使其能够以直观的视听形象为媒介载体，在呈现动态直观的形象方面得天独厚，应该说，更切合艺术方式的内在表现基质，但在表现人的内在心理活动、深层理性思考方面显然又有所局限。因而文字媒介与电子媒介在传播功能上具有相当大的差异，这种差异在媒介的信息取向、形态结构、“话语”方式乃至接受方式上都有所表现。以文字媒介的接受方式来看，无论报纸、杂志还是图书，其接受方式必然

---

① 韦伯：《社会科学方法论》，中国人民大学出版社1999年版，第4页。

是以个体的阅读领悟为主导方式的。而电子媒介的接受方式，则提供了大量的观众、听众在同一时间接受同一信息的可能性，因而后者更能体现大众传播对大众的影响力和作用力。

从功能与价值的关系角度讲，具有不同功能的媒介可以具有相同的价值取向。譬如，报纸、杂志、图书、广播、电视、电影、录像、互联网等，虽然在具体的功能层面上各不相同，各有各的作用，可它们都能够为人类的生活、学习、交流服务，生产出相类似的传播价值。譬如，它们都能给人们提供某种新闻导向、某种人类精神和生活观念，它们都可以倡导某种审美的态度和娱乐的取向，肯定或否定某种生活态度或人生信念等等。因此，它们可以统称为大众传播媒介，具有总体意义上的文化交流与传播价值。

同时，相同功能的媒介也可能会产生出不同的，甚至相反的价值意义。以电视而言，一方面，人们普遍承认电视具有巨大的文化价值，如电视是"精神地理的模型。它逐渐地建成了一座期望的精神大厦。其方法犹如学校的课程，历经数年时间，慢慢地教导无知的大脑，教它'如何思考'一般。"①"广播电视把人类带进了一个全新的天地，成了人的第二个'上帝'"，"传播媒介，尤其是广播电视，如同神奇的飘带把世界连成一体。自然与人、东方与西方、国家与国家、区域与区域在这飘带之上流动。"②我国1997年8月通过和发布的《广播电视管理条例》中指出："新中国成立40多年来，中国的广播电视事业有了巨大的发展，到1996年底，全国已建成电视台2800座，广播电台1300座，基本建成运用微波、卫星、光缆、电缆等多种技术手段的全国性的广播电视覆盖网。广播电视事业的迅猛发展，对促进中国的社会主义物质文明建设和精神文明建设，不断满足人民群众的精神文化需求，发挥了重要作用。"③这些都表明了广播电视具有巨大的文化建设、文化普及和文化推动作用。

另一方面，人们对电视所造成的负面文化作用的批评声音也不绝F耳。据有关统计资料表明，在美国的电视节目中对少年儿童可能会产生"有害的心理影响"的电视节目，占整个节目比例的57%，这是研究者们在1996年作出的统计。《电视影像如何影响儿童》(How Television Images Affect Children)，④也有文章指出："电视对社会的毒害也相当严重，它被指责用政治、思想和商业宣传来塑造人的思想。每天的电视节目中都有大量暴力和色情场面，因此有人批评它是'魔鬼的眼睛'。"参看《新周刊》。1999年第7期田本相先生文章中的引证资料。西方国家中的一些民间组织甚至发动"反抗电视"的运动，呼吁人们摆脱电视的诱惑。例如美国1994年成立的非营利全国性组织(National Nonprofit organization)"不受电视控制的美国"或"摆脱电视的美国"(TV-Free America)就是专门为抵制电视的侵害而成立的。该组织发起"全民关

① 梅尔文·德弗勒、埃弗雷特·丹尼斯：《大众传播通论》，华夏出版社1989年版。

② 施天权等编著：《当代世界广播电视》，复旦大学出版社1991年版，第1页。

③ 高树勋主编：《中国文化法规·机构》，文化艺术出版社1999年版，第96页。

④ 转引自 http://www.Yahoo.com。

闭电视周”(the Nat. ional TV-turnoff week)活动，目的是提高人们对过度观看电视会造成有害影响的意识，鼓励美国人减少花费在看电视上的时间，用更积极的活动，比如开展更多的读书与写作活动、生产性活动和参加公益活动来取代看电视。这些又无不说明电视对人类文化可能产生或已经产生的某种负面影响。因此，可以说广播电视既可能是天使，又可能是魔鬼，关键在于作为上帝的操作主体(包括接受主体)怎样来驾驭它、结构它、观赏它、评判它。

因而从价值角度审视电视与从功能角度审视电视具有不同的考量向度，是不应该笼统地混为一谈的。换言之，充分体现了媒介功能的广播电视节目，并不等于就是具有高文化价值的广播电视节目，甚至会出现成反比的现象。譬如就负面影响而言，功能发挥得越充分，其负面危害越大，如电视暴力节目的泛滥所带来的不良影响。美国境内近年来频繁发生的校园枪击事件，应该说与其影视文化中过分渲染的暴力内容不无关系。但这并非媒介功能本身的罪过，毋宁说是运用广播电视的媒介功能的操作主体之价值取向使然，并且和美国整个社会政治、伦理观念和文化氛围的影响有关。

三、价值与功能的二重关系

从以上所述，不难看出价值与功能的关系是双重性的。一方面，二者相辅相成，有功能的发挥才可能有价值的产生，有价值的评判，才有对功能的正确认识；另一方面，价值与功能又有不一致的地方，价值有正面与负面之分，但功能本身却具有更多的中立性。

因此，如何使广播电视的传播功能与其文化价值较好地统一起来，是我们考察广播电视文艺时必须正视的焦点问题。也只有明确了功能概念与价值概念的这种既相联系又有所不同的内在含义，我们才能够比较准确地把握中国当代广播电视文艺的价值与功能，进而作出正确的理解和判断。譬如，既然我们明确了功能与价值不是等同的而具有不同的取向内涵，那么，我们有什么理由指责广播电视文艺——电视剧、电视娱乐节目、广播热线节目的通俗性、大众化功能，视其为粗俗、低级趣味的表现和代表，进而把影视传播与审美追求甚至与人文精神的建设相对立呢？广播电视文艺的确具有强大的大众化、日常化传播功能，但这并不妨碍广播电视文艺为创造出艺术精品，而拥有“以高尚的精神塑造人，以优秀的作品鼓舞人”的审美艺术价值。且不说价值的实现与价值的评价并非等同于功能，就说广播电视本身拥有的大众化、通俗化功能也并不等同于粗俗或低级趣味，因为文化产品价值的高低优劣，主要取决于如何运用媒介手段，取决于如何恰当发挥其媒介功能的创作主体(包括机构主体和个人主体)，一定程度上还取决于接受主体的态度、素养和文化取向。

另一方面，价值的实现又必须充分调动和发挥媒介的传播功能，不然的话，价值的实现无从谈起。因为没有广播电视节目的制作和生产，没有产品，何以谈得上消费，又怎么去提高人们的文化素养和精神追求。因此，我们讨论人文精神建设，谈论提高人们的艺术修养时，不应当把广播电视的迅猛发展和迅速普及视为洪水猛兽，似乎是广播电视节目的感性直观、无所不在、广泛渗透，造成了人们的审美理想的丧失、精神品位的堕落，这显然是一种误解，盖源于把功能与价值概念混为一谈的偏颇。正确的态度倒是应该从传统文化媒介与广大民众的当代需求形成了某种疏离感上去寻找原因。因为在当今的信息化时代，人们的生活节奏普遍加快了，快速地、大批量地、动态地、随时随地地获取信息，享受娱乐是当下人们生活本身的要求。换言之，是需求决定着产品，而不是产品决定着需求。因而，广播电视的感性直观、无所不在、广泛渗透本身无可非议，这是其功能所在，也是其作为大众传媒的优势所在。当然，媒介手段上的优势，影响力上的优势，并不等于其必然就在传播优秀文化价值上具有优势，就像我们认为其并不必然与人文精神建设、审美追求相对立一样，优秀的具有人文审美价值的广播电视节目的生产，并不单纯取决于其节目的数量和观众、听众的拥有量，而更在于其内在的文化蕴涵和艺术魅力。从这个意义上讲，那种认为只要有资金就能够投拍影视剧，把影视节目的生产等同于普通商品的经济运作，同样是一种误解。正因为广播电视节目是一种特殊的市场“产品”，它的价值体现、市场回报，不仅需要功能的发挥，更重要的是其在人类精神、人性建设上所发挥的积极作用。因此，在我国近年来的电视生产市场上就出现了一种奇怪的错位现象：一方面，大量的资金用于投拍影视剧，据统计，我国近年来每年生产了上万部集电视剧；一方面，由于质量低下，粗制滥造，大概有一半以上不能播出，每年积压几千部集。这可以说是没有弄清楚广播电视的功能与价值关系的又一种表现。

从建设人文精神、传播优秀文化角度讲，广播电视的通俗性、大众化功能，并不妨碍其创作出优秀的艺术作品，来鼓舞人和塑造人。例如，获得全国电视“星光奖”大奖的电视散文《夏日的羡慕》（编导：瞿新华）是非常通俗、直观的电视作品，成年人能欣赏，少年儿童也感到有趣。然而，作品所展现出来的清新和雅致，同样是不容置疑的。其精巧的艺术构思、浓厚的历史内涵、内在的人文价值与当代情怀十分耐人寻味。该片通过具体的生活物象（扇子⇒电扇⇒空调）展示，经过电视语言的声、光、色的夸张、变形、虚化处理，将生活的历史进程高度浓缩，将情感的嬗变轨迹淡化处理，充分展示了电视语言的美感表现力，使全片的思想性、艺术性和观赏性有机融合，真正做到了联想丰富意境高远。其艺术手法可圈可点，其人文内涵令人深思，可谓是艺术画廊中的精品。举此例旨在说明，广播电视的通俗化、大众化功能并不必然带来低俗、庸俗，电视艺术作品同样可以也能够创造出艺术精品，关键在于如何去驾驭和发挥它们的功能，在于创作主体的艺术功力和文化追求。

第二节　广播电视文艺的功能

在大众传播媒介的范畴内，谈论广播电视文艺的功能，笔者主要是从两个层面上探讨其个性特色：第一，与其他媒介相比，广播电视作为电子媒介的传播功能特征，也可以简称其为技术功能层；第二，广播电视文艺节目作为特定门类与其他广播电视节目门类在功能特色上的不同之处，可以简称其为艺术功能层。

一、从技术功能层衡量广播电视作为电子媒介的功能

我们知道，广播电视之所以有别于传统意义上的传播媒介，首先是由它的媒介技术手段的特质所决定。从技术功能层看，广播电视媒介是以电子波为载体来传播信息的，因此与现代科学技术的发展有着十分密切的联系。比如，广播技术的产生与莫尔斯1835年发明的电报、贝尔1876年发明的电话和赫兹于1887年发现的无线电波分不开。而无线电波载体的基本技术特征，就是它可以不受具体时空的限制，远距离、覆盖广阔地传送信息。电视载体同样如此，如果没有光纤技术的开发，没有卫星技术的发展，就不会有电缆电视（Cable TV，我国习称为有线电视）和卫星电视的产生。那么，从广播电视作为电子媒介的角度讲，其具体功能体现在以下方面：

(一)远距离传送功能

这主要是从广播电视媒介的时空覆盖层面角度而言的，即是说，广播电视能够不受具体地域、具体环境的限制，远距离地、同步地传播信息。比如，英国：BBC广播电视网的节目，就覆盖了全世界的大部分国家和地区，它使全球的广播电视听众、观众在同一时间收听或收看到同样的信息，这种传播功能是纸质媒体（报纸、图书等）所难以具备的。而正是这种时空宽广的传播功能，使得原本需要经过文化精英们过滤、选择、强调和传播的文化信息和文化知识，成为一般大众日常生活的直接精神食粮。法兰克福学派的理论家们正是从这一角度来批判所谓的“文化工业”的技术决定论的：“文化工业的每一个产品，都是经济上巨大机器的一个标本，所有的人从一开始起，在工作时，在休息时，只要他还进行呼吸，他就离不开这些产品。没有一个人能不看有声电影，没有一个人能不收听无线电广播，社会上所有的人都在接受文化工业品的影响。”[①]这里且不去评说法兰克福学派对“文化工业”的批判的功过得失，但广播电视的巨大覆盖面和影响力却是不言而喻的。

---

① 霍克·海默、阿多诺：《启蒙辩证法》，重庆出版社1990年版，第118页。

（二）现场实况转播功能

广播电视媒介能够以视听形象同步动态传送报道现实生活中正在发生的事件实况的传播功能。这也是广播电视能够最大限度地吸引大众关注的主要魅力之一。

世界性的文化活动，比如，奥林匹克运动会的开幕式、国际电影节的颁奖典礼；一个国家或民族的重大庆典活动、民族文化节日的文娱活动都能够通过广播电视的现场实况转播，从而使这种活动成为全民的共同庆典、民族的集体文娱活动。以中国中央电视台从 1983 年以来年年举办的春节联欢晚会为例。不妨说，春节联欢晚会之所以能够成为中华民族的"年夜饭"，根本的技术基础就在于电视广播能够使晚会的现场节目同步地、动态地、实况地传播到全中国乃至全世界华人的面前。人们不但能被动接受观看，而且可以通过电话、电报、传真以及发送电子邮件等方式直接参与到现场的节目中去，从而使春节联欢晚会成为全民族参加的联欢活动。而近年来，无线电广播节目中不断升温的"广播热线"节目也是这一功能的有力体现，因为它已经不只是单方面地播放节目，而是与观众直接交谈的双向交流式节目。目前来看，随着电视与电脑、与互联网的"联姻"，正是这种现场实况播出或与观众、听众直接进行话语沟通的双向交流功能，使广播电视媒介具有了传统媒介不可能具有的与普通老百姓沟通的亲和力，进而使电子媒介占据了当代文化传播图景中的霸主地位。

（三）日常伴随功能

"日常性"是广播电视媒介的又一个重要功能。因为广播电视一旦开播，它就会像一个具有了生命力的有机体而融合于人们的现实生活进程中。它具有某种与人类日常生活相应和的运转规律和运动节奏，因而广播电视就像与人们朝夕相伴的亲密朋友，时时处处与人们保持着亲密接触，乃至成为人们现实生活的一个组成部分。广播电视的这种日常伴随或者说日常渗透功能，其作用力和影响力是相当巨大的。尽管表面看起来，广播电视节目似乎并没有传统文化媒介，尤其是图书媒介所具有的那种"名著"、"经典"等文化产品的历史久远性，但它对形成当下的社会生活时尚和日常的焦点话题却具有"立竿见影"的效果。用发展的眼光从更深层的文化意义来看，广播电视媒介的这种持续的，日复一日、年复一年的流转性日常伴随功能，正在改变着人们对"经典"、对"流芳百世"尊崇膜拜的古典型文化心理结构。毫不夸张地说，从 20 世纪初到今天的短短百年时间里，广播电视等电子媒介已经对有着几千年发展史的传统纸质媒介形成了巨大的挑战和强烈的冲击，并且已在人们的日常文化生活中占据了主导地位。可以说，正是广播电视媒介的这种潜移默化的，无处不在、无时不有的日常渗透功能，大大削弱了以往传统文化精英们的权威身份与话语中心地位，因为文化已然成为普通老百姓也能够参与谈论的话题。诸如时间就是金钱、信息社会、电脑网络、加入 WTO、时尚文化、模特大赛、MTV、卡拉 OK 等，已成为普通人的口头禅。于是乎，话题开始失去传统文化中所具有的那种“阳春白雪”般的纯正，传统话语所笼罩着的那种“天书神谕”般的神秘光环也开始被打破，于是乎，那些似乎并没有多少文化底蕴和文化积累的大众媒介“精英”，尤其是电子媒介“精英”成为当代社会话语场中的文化英雄。其内在根由就在于媒介精英直接渗透到了广大民众的日常生活进程中去了，进而成为把握大众心理需求、抒发普通老百姓的喜怒哀乐，筹划大众关注的话题的组织者，因此他们成为大众眼中的“明星”和“英雄”。这种中心角色转换的利弊我们暂且不论，这种转换的发生，却已经是不争的事实。

（四）包罗万象的杂糅功能

广播电视媒介的迅速崛起和“统帅”地位的形成，还表现在它所具有的无所不包的杂糅功能上。如美国传播学教授波德曼所描述的：“电视是了解我们文化的首要模式。因为站在批评的观点看，电视世界如何演出已成为现实世界如何恰当筹划的范型。电视不仅仅是荧屏上的活动，而且是全部人类话语的隐喻……就像印刷术曾支配政治、宗教、商业、教育、法律和其他重大的社会事务的风格一样，电视现在成为统帅。”[①]的确，电视媒介包罗万象的功能，使电视世界成为现实世界的浓缩和预演。它不但能够全方位地观照、反映世界，而且实际影响和参与了社会政治、经济、文化、生活等各个领域的现实构成。比如在美国的总统竞选中，电视辩论就充当了相当重要的角色。在近年来的中国现实生活中，对全国人民代表大会和中共中央全会的实况转播和同步观看也已成为广大人民群众即时了解中央决策的主要渠道。

从电视传播的内容角度讲，它囊括了新闻报道，生活知识、教育课程、经济分析、法律问题、消费信息、节日庆典、体育竞技活动、音乐歌舞、小品戏剧、电影、电视剧等等各种各样的人类文化生活层面，只要是人类社会生活中存在的事物、情感和事件，就都能够在电视屏幕上得到相应的反映和表现。

从传播手段和形式角度来讲，电视媒介语言更是丰富多彩，无所不包。诸如面对面交谈、图像资料展播、现场实况直播、录像转播、影片播放，电视剧播映等应有尽有；口头播报、文字显示，图表分析、声画组合(MTV)、舞台表演、体育竞赛、娱乐节目组合等无所不包。因而人们说，一家电视台就是一个小世界。

综合以上四大功能，笔者认为电视实际上是不同于以往的任何一种文化媒介手段和方式的新型媒介方式，其借助于高科技手段而形成的巨大功能，使它成为最“类似”于人类现实生活世界的“第二现实”。某种程度上讲，它所提供的“视听现实”甚至已经超过了现实生活本身对人类个体的观念和精神上的影响力，因为电视是经过媒介机构和媒介精英精心策划后的强化型信息环境和传播渠道，它的威力自然比个体实际生活于其中的日常生活环境的松散型影响要有力得多。

---

① *Amusing Ourselves to Death* by Neil Postman. New York：Viking Penguim，1985. P93。

广播电视的技术功能是相对于其他媒介技术而言的。在此基础上，广播电视系统自身又有着不同层次、不同功能的划分和差异。这里所谈论的广播电视的艺术功能，就是从广播电视媒介系统内部的文艺性节目与非文艺性节目的角度来加以审视的。

二、从艺术功能层衡量广播电视文艺的特色功能

广播电视文艺作为一种艺术形式，虽然与其他艺术形式具有相通的艺术功能，但由于广播电视文艺的媒介手段中有较多技术因素的参与，这使其艺术功能更多地凸现出娱乐性方面。概括起来看，主要表现在以下方面：

（一）娱乐功能

广义上的审美娱乐性应该说是一切文化媒介的内在基质，但我们这里所说的审美娱乐功能，则指一种特定的、狭义上的审美，即由艺术方式所传达、所刻画、所塑造出来的审美形象和审美情感所具有、所产生的娱乐性。

就艺术方式的意义而言，广播电视文艺与其他艺术形式一样，也是以刻画饱含思想情感的、生动感人的艺术形象为手段来达到其感染人、鼓舞人的审美目的。这显然与广播电视新闻、广播电视知识（生活）等类型的节目功能有所不同。譬如，电视剧《渴望》《编辑部的故事》《宰相刘罗锅》《英雄无悔》《牵手》等所塑造的人物形象，既是对现实生活或历史人物的反映，又是对他们的审美提炼和概括，是凝聚着审美理想而重新塑造的“艺术世界”。它并不传播实用性知识或简单地去做思想宣传，却以愉悦、娱乐的方式来吸引人，使人们在嬉笑怒骂的情感交流中，得到心灵的陶冶与人格的升华。或许正是在这个意义上，马克思告诫我们，要“更加莎士比亚化”，而不要“席勒式地把个人变成时代精神的单纯的传声筒”。[①] 也是在这个意义上，广播电视文艺所提供的娱乐是一种具有审美性质的娱乐。

谈到“娱乐性”，我国传统文艺理论中往往把它看成是摆不上台面的低层次的东西，把它与审美对立起来。其实，游戏、娱乐是人追求自由的一种表现，就像席勒所说：“在人的一切状态中游戏才使人成为完整的人，使人的双重本性一下子发挥出来。”[②] 而艺术作为人类所有游戏活动中最具有人性价值的娱乐活动，恰恰是人类超越物质现实本身的束缚而具有某种精神超越性的品质所在，是人类本质力量的审美性直观再现，因而它给人类带来的愉悦和享受是怎么强调也不过分的。

（二）教化功能

作为艺术方式，应该说广播电视文艺节目并不直接讲述大道理，也不应该具有说

① 《马克思恩格斯全集》第 29 卷，人民出版社 1972 年版。
② 张玉能译：《席勒散文选》，百花文艺出版社 1997 年版。

教性。但这并不等于说广播电视文艺不具有某种教化性。因为广播电视文艺是以刻画、塑造人的情感、人的心灵、人的理想为其本质属性的，而这种艺术世界中展示的人人事事、是是非非、喜怒哀乐、生死离别，实际上是对人类社会、人类本身所存在的善、恶、美、丑的情感与人性的表现和评判——哪种行为是正当的，哪些情感是美好的，什么样的心灵是高尚的，什么样的人生是美丽的等等，都在艺术世界中得到了淋漓尽致的表现。那么，它们必然会对人们的现实生活追求，对人们的伦理道德取向产生某种潜移默化的影响和熏陶，从而成为培育人的基本人生信念和伦理道德观念的重要途径。因此，我们说广播电视文艺虽然不直接传授某种知识或技能，但成功的、优秀的广播电视节目，在完善人的伦理道德修养、培养人的美好情感、健全人积极向上的人生态度上却有着不可替代的重要作用。这种人生信念和伦理道德上的培养作用，在当今世界快速跨入高科技社会的时代中尤其显得不可缺少。

(三)认识功能

广播电视文艺节目同时还具有某种认识功能。这主要是指广播电视文艺作为源于人类生活、人类历史的艺术产品，它必然反映和打上了某一时代、某个社会、某种民族文化的深深烙印。因而从对艺术品的欣赏和读解中，人们能够或多或少地获得某种历史文化知识、了解某些风土人情和时代精神。当然，艺术中的认识功能不是确定性的科学知识传播，也不是现实生活直接的、纯客观的反映，毋宁说是一种大而化之的文化氛围或人心世态的渲染和展示，但其传播形态上的鲜活性、生动性和接受方式上的愉悦性、内在性却是其他传播方式所难以比拟的。

应明确的一点是，当我们强调广播电视文艺的娱乐功能具有审美性或日审美娱乐性时，当我们说广播电视文艺节目具有某种教化功能时，实际上已是结合了某种价值判断而作出的理论概括。因为所谓审美，不同的价值体系有不同的审美价值标准。一些文化体系中认为是美的事物，在另一些文化体系中可能并不被接受。教化功能、认识功能也是这样。就这些功能本身而言，它们是中立性的，既可以起到正面的积极影响作用，也可能产生某种负面的消极影响作用。另一方面，广播电视文艺节目的教化功能也好，认识功能也罢，都不是一种刻板地说教和直接地描述，而是潜隐在生动活泼的艺术形式之中的，它不是灌输性的，而是感染性的，需要观众自已去作出选择和判断，同时也需要价值评判体系去作出引导和阐释。

对中国当代广播电视文艺理论研究而言，辩证地理解和把握广播电视文艺功能的两个层面(技术功能层和艺术功能层)，是我们正确理解和评判广播电视文艺价值的一个关键点。在我国近年来对广播电视文艺乃至人文精神建设的理论探讨中，要么强调广播电视文艺的大众化、通俗化特征，把广播电视作品看成是没有艺术品位的单纯娱乐大众的消遣品，而忽视了广播电视文艺作为“艺术方式”的内在属性；要么强调广播电视文艺的审美特征，而把它与大众化、通俗化的一面对立起来，似乎表明迎合了大众需求的作品就必然失去了艺术，就注定不能成为艺术精品。于是广播电视文艺成了人们讨论人文精神建设时的批判标靶。其实这种对广播电视文艺的认识体现出的是一种僵化的、向后看的思维模式，它漠视了当下中国乃至当今世界已发生了巨大变化的文化乃至艺术背景。在当今的数字化网络时代，文化已不再是原本的那种属于少数精英的权威话语，文艺也不再固守在个人化的多愁善感基础上，而更多地成为大众的乃至民族的某种心理与情感的展现与宣泄。因此只有从广播电视文艺的双层性上来把握和解释它的艺术和文化功能，才可能真正把握住广播电视文艺的功能作用与价值意义。换言之，广播电视文艺要真正实现自己的功能，既要在迎合广大观众的心理需求上下功夫，也需要在作品的文化品格和审美取向上花大力气。因此作为为最广大的人民群众服务和为社会主义文化建设服务的中国当代广播电视文艺，只有努力创造出富有艺术魅力的精品，才能吸引观众、感染观众、塑造观众，进而产生出应有的积极影响作用。这样才可能真实地发挥出它的功能作用和实现其积极的正面的价值意义。

第三节　广播电视文艺的价值

从广播电视文艺的整体社会文化建构角度而言，功能是技术、是基础；价值是目标、是追求。两者的结合，是为完整。但从人类的需求而言，功能发挥的目的，是为了实现其为人类服务的价值。否则的话，人类实在没有必要花费如此巨大的人力和物力去发展广播电视事业。自然，对价值的分析，也离不开对其功能的考量。

一、广播电视文艺的价值取向

提出广播电视文艺的价值取向问题，主要是从实现广播电视文艺价值的外部因素着眼的。因为价值的产生和存在并不是抽象的，而是和具体的个人需求、群体需求、社会需求密切相关的具体指标，尽管价值的指标并不是一成不变的，甚至是难以定量的（对属于精神—审美范畴的广播电视文艺价值来讲，尤其是这样）。因而，一系列的外部因素的要求和制约，直接影响到价值的取向乃至价值的最终实现。

（一）价值取向的立场和途径（机制）

广播电视文艺的价值当然与其媒介特性和传播功能有密切关系比如广播电视媒介的家庭性、日常性伴随功能决定了广播电视文艺所拥有的大众化、通俗性特征，这使广播电视文艺拥有了最广大的接受群体以及由此而来的广泛的社会文化影响力。但价值的最终形成主要是由操作主体（包括传播主体与接受主体）的作用与需求来决定的。传播和建构什么样的文化，是落后的、封建的、庸俗的，还是先进的、科学的和进步的文化与媒介自身的功能无关,而是由操作媒体的人类主体来选择和建构的。因而讨论中国当代广播电视文艺的价值所在的核心问题,就是要探讨中国当代广播电视文艺如何适应和满足广大人民群众El益增长的文化需求,进而为提高全民族的文化素质作出贡献的问题。因此,只有用先进的、科学的和进步的文化来鼓舞人、塑造人的广播电视文艺才真正实现了其内在的文化存在意义。这应该是当代中国广播电视文艺价值取向的基本立场。

从途径上讲,广播电视文艺要实现自身价值需要有以下五个方面的条件保证:

1. 正确的政策指导

它是实现广播电视文艺价值的政治保证。在我国的文艺发展史上,由于政策上、指导思想上的失误而造成文艺创作的混乱的实例并不鲜见。就此而言,新时期以来所提出和倡导的"弘扬主旋律,坚持多样化"的文艺指导方针,经过十多年来的实践检验,应该说是比较切合我国文艺实际的正确政策。它也是近年来我国广播电视文艺取得迅猛发展和繁荣的制度基础。

2. 开放的思想体系

它是实现广播电视文艺价值的思想基础。面向世界、面向未来;改革开放,走社会主义商品经济的道路;坚持民族文化特色,进一步与世界文化接轨等一系列基本思想方略,显示出当代中国在思想体系上的开放性,这无疑为广播电视文艺创作出立足本土、面向世界的艺术作品奠定了坚实的思想基础。改革开放以来,中国当代广播电视文艺之所以能涌现出一大批优秀的广播电视栏目和节目,与这种思想背景是分不开的。像20世纪90年代以来拍摄的电视剧《编辑部的故事》《北京人在纽约》《情满珠江》《宰相刘罗锅》《苍天在上》《雍正王朝》等,像电视艺术片《西藏的诱惑》《黄河神韵》,音乐电视栏目《MTV天籁村》,迎接香港回归的大型文艺晚会《回归颂》,第7届大连国际服装节开幕式文艺晚会《托起明天的太阳》等,都充分显示出了改革开放中的中国电视文艺立足本土、走向世界的博大胸怀和中华民族励精图治、奋发向上的文化精神。

3. 高素质的作者队伍

它是实现广播电视文艺价值的内在动力。因为任何媒介产品,都是经过职业传播者的选择与创造才能够面世的。对广播电视这种具有广泛影响力和渗透性的直观感性媒介而言,尤其要求其具有敏锐的洞察力和迅捷的审美组合能力。产品质量的高低、价值蕴涵的多少、社会影响力的大小无不与广播电视工作者的思想取向、聪明才智和具体运作密不可分。应该说,有了高素质的专业作者队伍,才可能有高质量的广播电视文艺节目。自然,所谓高素质并非一个可以定量的固定标准,而只能是一个相对而言的模糊概念,是集广播电视文艺工作者的知识功底、文化艺术修养、思想智慧能力,还有选择、组织、操作能力和对节目未来效果的预见能力乃至使命感与责任感为一体的整体概念。

4. 灵活多样的节目形态

它是实现广播电视文艺价值的具体要求。广播电视的无处不在的日常性和无所不包的杂糅功能，决定了广播电视电视节目要不断地追随着人们的现实生活进程而发展变化，既要建构出某种程式化和相对固定的节目形态（固定栏目、固定时间）来培养人们的观赏习惯和兴趣，同时又要求广播电视节目形态要不断求新、求变。这里并没有一个固定的变化程序和标准要求，但却有着审美欣赏心理机制的内在制约。大体上讲，任何一个节目，尤其是固定栏目的产生和存在，都有它的一个相对完整的运转周期，如何使一个成功的栏目在达到它的最高峰点的前夕，成功地实现某种改头换面的调整包装，应该说是使广播电视能够保持长久的创造性和吸引力的一个关键之点。

一个具体的节目（栏目）是这样，一个电视频道或广播频率，甚或一个电视台或广播电台同样如此。唯有保持和不断建构出灵活多样的节目形态，才能较好地实现自身的价值意义。

5. 市场化的运作机制

它是实现广播电视文艺价值的物质基础。从发展的角度讲，我国的广播电视机构虽然不可能像西方资本主义国家那样采用私营企业为主体的运作模式，但在社会主义商品经济的前提下，引入一定的市场化竞争机制应当是未来发展的趋势。没有竞争，就没有发展。没有竞争，也就缺乏积极自主的社会效益和经济效益的创新追求。我国部分省市已经组建和正在组建的广播电视产业集团，可以说是这种变革的写照，标志着市场化的运作机制正在显示出它越来越大的优越性。同时，市场化运作机制体现出了尊重观众、尊重接受主体意愿的现代意识，更符合中国广播电视文艺走向世界、与世界接轨的历史发展趋势。因为在中国加入 wT0 之后，包括广播电视文艺节目在内的更多的大量的国外产品会逐步地涌进国内市场，究竟哪些节目能赢得观众的喜爱与欢迎，只能通过市场来加以检验。一如豪泽尔所谈到的："只有当公众对产品产生了某种需求的时候，这种产品才会诞生。正如马克思所说，消费产生了生产的动机。因此，消费不仅仅起着调节作用，而且是生产过程的组成部分。"①

以上我们主要从广播电视文艺价值实现的途径角度做了一些简要分析。这些无疑是实现广播电视文艺价值的基本环境和必要条件。但实现广播电视价值的最重要方面，是要创作出高质量、高品位的广播电视文艺作品。再好的大环境，再好的条件，倘若不能拿出具有思想意蕴和艺术魅力的、足以打动人心和鼓舞人积极向上的广播电视文艺节目来，也就没有广播电视文艺的积极的价值意义的产生，或者说只可能产生消极的负面价值的影响。在这个意义上，我们说广播电视文艺整体上给人们培养和树

① 〔匈〕阿诺德·豪泽尔：《艺术社会学》，学林出版社 1987 年版，第 135 页。

立了一种什么样的人生观、价值观、荣辱观，这是考察其是否具有正面的、积极的价值意义的重要指标所在。

(二)价值取向受文化传统和社会制度的制约

前文中已谈到，价值与主体的需求密不可分，价值体系的形成从属于一定的文化传统和社会经济、政治制度的制约。那么，不同的文化传统、不同的社会制度之间就会形成不同的价值体系。比如，西方的文化传统中更多地关注个人利益的得失，中国的文化传统则更关注群体利益的擒纵；西方的广播电视体制更多地受经济利益的驱动，我国的广播电视体制则更注重精神文明的建设。从根本上讲，中国的广播电视文艺是为人民大众服务的文艺，是为社会主义事业、中华民族的文化建设服务的文艺。因而，中国当代广播电视文艺的价值，就体现在能否使广大人民群众得到审美娱乐，从而振奋精神，更好地投入到当前中国的改革大潮中去。

从创作角度讲，能否创作出富有中国文化内涵、中国话语特色、中华民族风格而又风格多样，具有老百姓喜闻乐见的艺术形式的广播电视文艺作品，就成为衡量其是否具有较高艺术价值的一个重要指标。从改革开放以来中国当代广播电视文艺的发展实践来看，中国当代广播电视文艺正是沿着这一方向开拓前进的(尽管还存在着某些不足和缺陷)。比如，一年一度的春节联欢晚会，在增强全球华人的民族凝聚力、发扬光大中华民族的优秀文化传统上，发挥了不可低估的积极作用。不少优秀的电视剧，包括根据我国古典四大文学名著改编的电视剧，在传承中华文化精粹、振奋民族精神上也起到了良好的推动作用。

从接受角度讲，同样存在文化传统和社会制度不同所带来的差异。比如中国的广大电视观众群体对电视节目中的暴力、色情成分有着相当强烈的抵制心理，而西方的电视观众在这方面的接受心理则相对宽容、自然。这种差异只是相对而言的。整体上讲，崇尚真善美，鞭挞假丑恶，追求健康、和平、进步、发展是全人类的共同目标。就此而言，优秀的、成功的广播电视文艺节目在追求民族风格和凸现民族特色的同时，也会具有一种世界的、全人类的价值意义。正所谓越是民族的，越是世界的。

(三)当代文化精神的要求

展示当代文化精神、表达人民心声、提高昂扬向上的民族凝聚力是中国当代广播电视文艺价值追求的核心所在。以电视剧为例，讴歌为人民群众、为广大的平凡百姓谋利益的好干部或反腐倡廉、控诉罪恶(像《孔繁森》《英雄无悔》《苍天在上》等)；诉说老百姓悲欢离合的彭事和内在情怀(像《渴望》《编辑部的故事》《贫嘴张大民的故事》等)；揭示普通人的情感轨迹与心理起伏(像《北京人在纽约》《戏剧人生》《牵手》等)；展现中国改革大潮给人们的思想与心理、精神与物质带来的巨大变化和生命活力(像《外来妹》《情满珠江》等)，都洋溢着强烈的当代精神和时代气息，体现出当下中国人的思想情怀和心理需求。因而可以说，优秀的当代中国电视作品已成为当代中国改革现实的艺术纪录、艺术观照、艺术表现和艺术想象。它们对建构人们的精神世界和人性追求，对发扬光大中华民族的优秀品质和全面发展、提高全民的文化素质起到了不可替代的建设性作用，具有积极的人文精神价值。

二、价值实现的多层性与多样性

从广播电视文艺价值的具体实现形态来讲，它具有多层性和多样性。这主要是从广播电视文艺价值产生和存在的内部因素着眼所作的考察。

所谓多层性，是指广播电视节目具有多种不同层面上的价值，具体可分为以下三个大的层面：

（一）个体价值

一般来讲，受到广大观众喜爱的广播电视文艺作品是有价值的，但这话不能说得太绝对。有时候，少数人喜爱的作品，甚至某一个人喜爱的作品同样可以是富有价值的。这是因为，价值首先是通过具体的个人接受和评判而产生的，尽管这种评判大多数情况下并不需要公布出来，但却直接影响到人们的行为和心理。通常所说的群体价值，实际上也是奠基在个体判断的基础之上。对广播电视文艺的价值实现来讲，对具体节目或日作品作出富有个性创见的艺术批评和价值判断，正是人们对广播电视文艺的接受主体，尤其是专业的评论家、批评家们的一般要求。那么，对评论家而言，作品的价值首先是他(她)依据个人的艺术感受、审美好恶、价值观等要素，对作品的艺术质量所作出的价值判断。因此每一个人对作品的感受都不会是完全等同的，其评价自然会有或大或小的差异。尤其在我国影视界，一个司空见惯的现象是，专家评论与群众的喜好和评说往往呈现出较大的距离，表现出相当大的差异性。影视界经常出现的所谓“叫好不叫座”或“叫座却不叫好”的现象可为佐证。其中所蕴涵的文化的、心理的、审美的深层动因值得玩味。

从个体角度分析广播电视文艺的价值，显然是不能作划一规定的。正所谓“情人眼里出西施”，“萝卜白菜各有所爱”。每个个体都会对自己喜爱或反感的作品作出自己的价值评判。这种评判依据个体文化水准、审美好恶的不同，甚至年龄上的差异、职业上的不同而作出，因而对广播电视文艺节目或作品价值的作出或五花八门、或截然对立的评价就不足为奇。

个体对作品的感受和评价是广播电视文艺产生价值的基础。反而言之，一个电视节目、一部电视剧要产生较大的价值，首先就要考虑如何去吸引观众的注目，激发观众的观赏兴趣，这是价值产生的第一步，也是最重要的一步。

有学者把广大的观众个体对文艺作品的这种接受与评价称之为社会感受，认为

"作家、艺术家创作了一部有价值的文艺作品,它只有通过社会感受才能作用于现实生活。因此可以说,文艺社会感受是作品的价值转化为社会价值的过程。没有社会感受,作品的价值还是内在的,不被社会公众所承认的。只有经过社会公众的感受、认知、界定,文艺的价值才能为社会所接受,才能发挥社会作用"。① 这一论断大体上是正确的。要补充的一点是,作品的价值并非先在地存在于作品内,而是在与公众的碰撞和交流中产生并最终得以实现和形成。

(二)群体价值

群体价值是相对于个体价值而言的,是一个相当宽泛的概念。它既可以代表一个阶层、一个团体,譬如知识分子阶层、青少年阶层、青年团体、妇女团体、老年团体等,也可以指代某种特定的圈子,譬如影视圈、文化圈、影迷圈、球迷圈等,或者某一类社区、组织部门,譬如居民区、公安部门、卫生组织等。但无论一个群体是大是小,都表明其是一种集体意义上的价值评判。如果说作品对个人的影响以及个人对作品的评判是众口难调、众说纷纭的话,那么,群体价值的产生则表明作品对某一阶层或某一群体的人们的现实影响。反过来讲,一个人指责一部作品时,可能并不会引起人们的关注(哪怕他或她是知名的评论家),但倘若一群人起来指责一部作品或一个节目的时候,其社会影响显然要大得多。

不同的阶层或团体有不同的知识水准和审美趣味;不同的圈子有不同的喜好和偏爱;不同的部门对事物有不同的看法和取向。正是这种种不同,要求和促使广播电视文艺在创作时必须关注接受群体的思想意识、心理结构、知识水准和艺术趣味,以及在此基础上产生的审美需求,这实际上也是促使多种多样艺术风格和艺术特色的作品产生的重要动因。

法国波尔多文学社会学学派的代表人物罗贝尔·埃斯卡皮曾谈到过一个颇耐人寻味的例子来说明不同阶层的观众对作品的不同理解:"有一位工人听到别人赞扬意大利新现实主义电影时,提了一条痛苦但具有深刻真理的意见:如果这位先生把劳累当成演戏的话,那他在生活中是不大会感到疲劳的。实际上,这就是高雅文学在大众读者面前所经历的全部悲剧之所在。有文学修养的读者,心有灵犀一点通,能够理解那种创造性的对话。然而大众读者尚未入门,只会按字面意思来理解对话。"②因此我们说,关注不同群体的审美取向和知识与心理结构是文艺作品获取价值的重要一环。尤其对广播电视文艺而言,它们面对的是更多层的不同群体,如何使自己的节目或作品既具有较强的针对性,又有较大的包容性,是一个需要认真探索的重要课题。

---

① 司马云杰:《文艺社会学论稿》,湖北人民出版社1986年版,第217页。

② 〔法〕罗贝尔·埃斯卡皮:《文学社会学》,安徽文艺出版社1987年版,第124页。

(三)社会价值

所谓社会价值,指从社会政治、经济、文化体系的整体角度而言,广播电视文艺价值的审视。从整体上讲的文艺价值,实际上谈论的是一个文艺节目或文艺作品在某一价值体系中占有的地位和产生的影响。就此而言,作品的个体价值和群体价值都会自觉不自觉地受到社会价值体系的影响和牵制。所谓个人的价值观,实际上正是社会价值体系在个体身上的具体体现。

一部广播电视文艺作品能否产生出社会价值和产生出多高的社会价值,取决于它对社会的政治、经济、文化建设作出了多大的贡献。就当下的中国广播电视文艺来看,能否"以高尚的精神塑造人",提高全民族的文化素质和审美修养,培育和造就具有健全人格和现代意识的中国人,是衡量广播电视文艺节目作品是否具有较高社会价值的主要指标。

自然,这种衡量不可能是具体量化的。因为文艺作品主要是作用于人的心灵和情感的,而心灵和情感的建设是无法用外在的统计学方法来计量的。所谓"情义无价"讲的正是这个道理。同时,我们说,评定文艺作品的社会价值大小的标准也是难以精确计量的,因为文艺作品的社会价值常常是以潜移默化的方式产生和存在的。对广播电视文艺而言,尤其如此。广播电视文艺的日常性、连续性、流逝性,其内容上的丰富饱满,形式上的多姿多彩,收看(收听)上的方便快捷使我们很难估定一个具体的广播电视文艺节目(栏目)、作品究竟具有多高的社会价值。但毋庸置疑的是,改革开放20多年来,中国的广播电视文艺得到了长足进展,为当代中国的精神文明建设和民族文化建设作出了巨大的贡献,具有相当可观的社会价值。一大批受到广泛好评的优秀电视剧,不少高质量的广播电视文艺栏目和节目的产生与流行就是证明。限于这些作品篇目的繁复多样,此处不一一列举。

多样性则是指成功的、优秀的广播电视节目有着丰富多彩的价值意义。它不但可以使人们从中获得艺术享受、审美娱乐,而且能够从中获得历史知识、文化时尚等。这当然与广播电视文艺节目是以动态直观的视听语言为载体的特质分不开。以下是几个主要方面:

1. 审美价值

所谓审美价值,指的是广播电视文艺能够以自己的节目或作品,通过对艺术形象、情感理想的塑造和刻画,使人们在日常的观赏性娱乐活动中,感受到人性的尊严、良知的力量、美好情感的宝贵、生命的价值等等,促使人去反思人的现实生存意义,去选择正确的价值观、道德观,去思考人的使命与人的自由等根本意义上的人性问题,从而提高人们对真善美的事物、行为、情感的认同感和对假丑恶的东西的憎恶感。当一个节目或一部作品使观众在观看它之后,能够获得一种情感的升华或精神的洗礼之效果,我们说这样的广播电视文艺作品具有审美价值。要强调指出的是，虽然作品的审美价值的确关系到人安身立命的基本准则问题，但它们绝不是以一种刻板的面孔和威严的姿态来向人们说教，而是通过具体的饱含情感的艺术形象、充满人情味的故事、动人心弦的舞蹈、倾诉真情的歌声等来感染人、鼓舞人的。因此，审美感受是一种娱乐性感受，既是一种快乐、一种陶醉，亦是一种感动、一种享受。同时，优秀的广播电视文艺作品在给人们带来审美价值和审美享受的同时，它也直接或间接地培养着人们的审美趣味和娱乐倾向。

一般来讲，当人们观看一部电视剧或一个广播电视文艺节目时，感到节目或作品耳目一新而不是感到沉闷俗套，感到心灵受到一种感动甚至于震撼，而不是无动于衷可、看可不看的状态，可以说，这部作品具有了一种艺术创造意义上的审美价值。

优秀的、成功的广播电视文艺作品一定是具有某种艺术创新的作品，这一点对广播电视文艺作品而言是非常重要的，可以说是生死攸关的大事。由于广播电视文艺的交流特征的独特性质，要求广播电视文艺节目要不断求新，常变常新。否则的话，再有影响力的栏目和节目也可能很快就被淘汰掉。自然，创新能否成功并不是创作者单方面所能决定的事，还有一个接受主体——广大观众、听众是否能够认可与应和的问题。

因此，广播电视文艺节目、栏目、作品的艺术创新，首先还不单纯表现为艺术语言的新颖、艺术形式的变化或艺术风格的转换问题，更为重要的还在于节目或作品所采用的新的形式、新的语言、新的风格是否能与广大观众、听众的审美情趣、心理需求相契合的问题。如果只根据创作者自己的主观情怀、思想情感、审美需求去求新、求变的话，可能效果适得其反。中央电视台春节联欢晚会三十余年来的几度沉浮有力地说明了这个道理。广播电视文艺在艺术创新问题上对接受对象的强烈依附性，可能是其他媒介，尤其是传统媒介所没有的或者说是比较少见的，从而形成了评判广播电视文艺的艺术价值时的一个特色。

2. 历史价值

广播电视文艺作品的历史价值，是从历史性的角度，即时间性的角度而言的。一方面，广播电视文艺作品作为反映几千年的中华文化文明史历程的产品本身就是历史的产物。无论从内容还是从形式语言上，其表现历史、传承历史的价值必然蕴含其中；另一方面，广播电视文艺作为当下人们现实生活、情感、追求的艺术化再现，又是历史向前发展的中继点，它作为未来发展的历史对象同样具有“纪录”现实的历史价值。这当然是以优秀的或成功的广播电视文艺节目或作品的存在为立论前提的。反过来讲，一些粗制滥造、胡乱拼凑的广播电视文艺作品则不可能具有历史价值，因为从前一方面讲，它可能是对历史的歪曲性反映(这里的歪曲不是指艺术表现历史时的正常“虚构”和必要“变形”)；从后一方面讲，它是对当下人们生活的“虚假”反映。比如，一些电视剧热衷于以豪华的楼堂馆所为剧作背景，拍摄一些以出入歌舞厅为能事的大腕儿们的生活琐事，从历史的角度看，它很难具有历史价值。这倒不是说这类题材和背景不能反映现实，而是说这些剧作脱离了具体的社会环境和人物性格，没有真实地揭示出中国人（包括大腕儿们）现实生活中的真正心态和丰富情感。

3. 文化价值

文化是一个相当宽泛的概念，而文艺实际上是一个缩小了的文化概念。那么，所谓文化价值，是指广播电视文艺节目或作品中所蕴含的所有对人们的生活、情感、思想、道德等各个方面有所启迪、有所帮助的价值意义。从某种意义上讲，任何作品（包括一些缺乏艺术创新和审美价值的平庸的广播电视文艺作品）都可以具有文化价值。为什么这样说呢？因为文化的内容太丰厚了，大到人类生存、人类社会，小到针头线脑、吃喝拉撒都蕴含着某种文化的意义。因而可以说广播电视文艺这种始终将目光瞄准广大老百姓的日常生活，时刻陪伴着人们的现实情怀的文艺形式，它的文化价值是最为丰厚的。广播电视文艺先天就具有一种土根性，是大地上的野草，而不像其他文艺形式那样需经过精致的剪裁和提炼才能培育出鲜花。

同样，广播电视文艺的文化价值也是在与广大接受者的契合中实现的，而且就文化价值而言，不同的观众或听众会从作品中获得不同的文化价值。

以上所谈的几种价值远不是广播电视文艺价值的全部。因为价值，如在前文中所谈到的，并非先在地存在于作品之中，而是在与接受主体的交流互动的过程中产生和形成的。不同的接受主体在与作品的交流中会获得不同的价值。例如当年电视连续剧《渴望》播出以后所引起的激烈争论。对刘慧芳形象究竟代表了中华民族的传统美德，还是一种缺乏现代意识的守旧的道德张扬，不同阶层的人作出了截然不同的价值评判。又如电视连续剧《牵手》，影视圈内人士看到的是作品人物关系设置上的艺术张力和作品所体现出的现代意识与思想内涵；刚刚建立家庭的少夫少妻们可能更多地看到两性关系的冲突所蕴含的家庭与事业如何兼顾的社会文化意义——夏晓雪与钟锐的婚姻破裂，问题出在哪儿？而正陷入感情纠纷的人们可能更多地看到其中的道德价值——王纯最终选择离开是否道德？从事电脑业的朋友们可能会从剧中获得某种信息价值，比如，从钟锐的电脑芯片被收买利用而加强自己的技术保密意识等等。因此，广播电视文艺的价值是多层次、多样化的，同时与接受主体的文化素养、知识结构与审美需求密不可分。

从发展的角度看，在价值的多层次中努力做到较高程度上的融合，在价值的多样性中尽可能圆满地统筹兼顾，应当是中国当代广播电视文艺的基本价值追求。换言之，节目包含的层次越丰富、蕴含的内容越多样就越有价值。真正优秀的广播电视文艺作品，既应该是含蓄蕴藉的，也应该是丰富多彩的。作为一种理想目标而言，可以说，当一部广播电视文艺作品具有百看不厌的艺术魅力和达到常看常新的艺术境界的时候，它的价值就已充分地显现出来了并得到了广大观众、听众的认可。

后　记

广播、电视都是20世纪的新生事物。各有优势，各有短长，既有竞争，又有互补。电视视听兼备，声画纷呈，生动直观，信息丰富，功能多样；广播则是声情并茂，富有想象性、联想性和可塑性。广播“短、平、快”的长处，广播“简洁、快捷”的优势，以及广播投入成本低、价格低廉、操作简便、伴随性强、便于携带的特点是其他任何媒体都无法企及的。所以说，广播电视谁也代替不了谁。它们是方兴未艾、共存共荣、相互竞争和发展的兄弟关系。

“当代中国广播电视文艺学”是“中国广播电视学”的分支学科，它是专门研究当代中国广播电视文艺现象、传播过程及其规律的一门新兴学科。顾名思义，“当代广播电视文艺学”兼有“当代”、“中国”、“广播”、“电视”、“文艺”几个关键词，也具有“当代中国”、“广播”、“电视”、“文艺学”等四个方面的特征和内涵。

“中国广播电视文艺学”作为一门独立的学科是20世纪八九十年代才真正建立起来的。广播电视文艺学的研究，总的来说，是在探索中前进，在开拓中提高，在建设中完善。几十年的发展，从无到有，由浅入深。“当代中国广播电视文艺学”的研究，曾经历了从自发到自觉，由“术”到“学”的艰难历程。

“当代中国广播电视文艺学”是中国教育部的部级重要研究项目，特邀陈志昂、陈开两位广播电视界的元老、专家担任本课题顾问，由张凤铸、胡妙德、关玲三位学者、教授担任本书主编，并组成了编委会。

编委会名单如下：

主编　张凤铸　胡妙德　关　玲

编委　(按姓氏笔画为序)

王雪梅　左　芳　关　玲　仲呈祥　吴　郁　李　岩

李显杰　张凤铸　何晓兵　杨　瑁　杨　燕　施旭升

胡妙德　耿文婷　萧盈盈　鲁　真

在全体编委和撰稿人的共同努力下，在陈志昂、陈开两位顾问的指导下，课题组全体人员团结协作,严肃认真,夙夜非懈,精益求精,终于一一交稿,圆满完成了撰稿任务。尤其是中国文联副主席、博士生导师仲呈祥教授、浙江大学的李岩教授、华中师范大学的李显杰博士、新疆师范大学的左芳教授、北京广播学院播音主持艺术学院的吴郁教授等,拨冗赐稿,而且稿子很快就寄到。由于主客观原因,出版拖了很久,在此向他们致谢、致歉!

感谢北京广播学院车晴、鲁津等科研处全体成员对本课题的大力支持,感谢北京广播学院出版社蔡翔社长、闵惠泉总编辑和责任编辑欧丽娜同志的大力支持和辛勤劳动。

本书各章撰稿人员如下:

导 论　胡妙德
第一章　第一节　张凤铸　耿文婷　第二节　王雪梅
第二章　王雪梅
第三章　张凤铸　鲁 真
第四章　杨 燕　杨 珺　萧盈盈
第五章　仲呈祥
第六章　关 玲
第七章　何晓兵
第八章　李 岩
第九章　吴 郁
第十章　左 芳
第十一章　施旭升
第十二章　李显杰

出书的过程,也是学习提高的过程。课题组的同志们都暗下决心:力求使此书具有鲜明的中国特色,既具有学术价值,又具有应用价值,还以力求具有科学性、稳定性、实践性、理论性、规范性和前瞻性为己任。但时代进步很快,广播电视的改革幅度也很大,由于科研经费的紧缺和主观努力的不够,书中不妥、不足、遗憾之处在所难免,敬请读者见谅和指正。

张凤铸
2003 年 9 月 1 日
于北京广播学院影视艺术研究所

再版后记

《中国当代广播电视文艺学》由张凤铸教授率领团队于2003年完成写作任务,并于2004年5月第一次出版。

出版后,本著作即成为广播电视艺术学专业广播电视文艺方向及电视策划方向研究生的教材,也是广大考研学子非常熟悉的考研辅导书,在全国广播电视艺术教育领域和广播电视文艺创作业界有着广泛的影响力。十三年来,本书一再重印,还是不能满足广大学子的需求,经常出现断货现象。去年应出版社要求,就想在原版的基础上修订再版,无奈我杂事缠身,未能如愿。

今年又一次出版之际,受恩师张凤铸教授嘱托,由我负责组织对部分章节进行修订。工作开始后我才发现,找到原作者对每一部分都进行修订,是一件无法完成的任务。而由我一人修订,又涉及版权问题。思来想去,本次修订由两部分组成。

一是把个别因历史局限出现的错误、失误和不准确的地方进行了修改。

二是在第三章后面加入了一章新内容。原著的历史发展部分停留在2003年,需要更新。但2003年至今的内容,一章是无法容纳,所以采取了两个步骤。一方面对1979～2016年做了一个极其简要的线索梳理,放在这章的开篇。这样可以使1979年开始的中国电视文艺第四个发展阶段有整体感,不会有局部和断裂的感觉,有利于承上启下。另一方面则将重点放在最近的2012～2015年的四年,把这四年的内容分为两节,每节两年。这两节,也是我和郑向荣副教授每年为广电总局写的《中国电视艺术发展报告》中的内容。

在本书改版之际,我要深深深深地感谢恩师凤铸老师! 当年他厚爱,让我加入写作团队,并有幸成为主编之一。现在改版,又全权委托信任我! 更重要的是,他给了我研究广播电视文艺的途径和通道,让我的研究瞬间拥有了高起点的平台。

在此,还要特别特别感谢这本书的老朋友欧丽娜! 2003年本书写作过程中,我结识她到现在已经13年了。本书出版至今,我俩每次见面居然都是为谈改版事宜！十三年来，我俩因本书建立起的友谊，也会随着本书书龄的增长而醇厚弥香。当然，也希望她看在这书香友谊上，原谅我多次食言、无数次拖延交稿时间的不仗义。

最后，想为本书做个说明或广告：这是全国唯一一本广播文艺和电视文艺在一起的书。

关玲

2016 年 9 月 5 日于北京

图书在版编目(CIP)数据

中国当代广播电视文艺学.2版/张凤铸,关玲主编.--北京:中国传媒大学出版社,2016.10(2020.7重印)

ISBN 978-7-5657-1723-9

Ⅰ.①中… Ⅱ.①张… ②关… Ⅲ.①广播电视—文艺学—研究—中国 Ⅳ.①G229.2

中国版本图书馆CIP数据核字(2016)第115792号

中国当代广播电视文艺学(第2版)
ZHONGGUO DANGDAI GUANGBO DIANSHI WENYIXUE(DI-ER BAN)

主　　编	张凤铸　关　玲
责任编辑	欧丽娜
封面设计	卡古鸟设计
责任印制	李志鹏
出版发行	中国传媒大学出版社
社　　址	北京市朝阳区定福庄东街1号　邮编:100024
电　　话	010-65450532或65450528　传真:010-65779405
网　　址	http://cucp.cuc.edu.cn
经　　销	全国新华书店
印　　刷	北京中科印刷有限公司
开　　本	787mm×1092mm　1/16
印　　张	17.75
字　　数	368千字
版　　次	2016年10月第2版
印　　次	2020年7月第4次印刷
书　　号	ISBN 978-7-5657-1723-9/G·1723　**定　价**　49.00元

版权所有　　翻印必究　　印装错误　　负责调换